歷史與現場127

台灣現代化的推手——

蔣經國傳

陶涵（Jay Taylor）◎著　林添貴◎譯

◀
襁褓中的蔣經國，抱在祖母王太夫人的懷中。（國民黨黨史會提供）

蔣經國幼年時期就讀的學校。（國民黨黨史會提供）

少年蔣經國與父親合影。（國民黨黨史會提供）

◀

民國二十六年二月，蔣經國夫婦離開俄國時，與中國駐俄人員及眷屬合影。（國民黨黨史會提供）

▼

蔣經國在擔任專員兼縣長期間，在新贛南圖書館與部屬合影。（章孝嚴先生提供）

民國二十六年五月，蔣經國夫婦回到溪口老家，又遵奉中國古禮辦婚事，方良穿上傳統的鳳冠彩裙留影。（國民黨黨史會提供）

民國二十七年八月二十九日贈友人。（章孝嚴先生提供）

◀

民國二十六年年底，日軍決定以蔣介石的家鄉為攻擊目標，毛夫人在空襲中當場殞命。蔣經國透過短波電台聽到惡耗，立刻兼程趕往溪口，汽車連開二十小時，跋涉七百公里，於毛夫人遇害次日趕到家門。蔣經國檢視母親遺體之後，安排臨時葬禮，並在遇害地點立了一塊一公尺高的石碑，上刻：「以血洗血」。（國民黨黨史會提供）

◀

蔣經國隨侍蔣介石、吳稚暉合影於民國二十六年。（章孝嚴先生提供）

著戎裝肖像。（章孝嚴先生提供）

江西省第四區行政督導專員公署保安司令部職員證。（國民黨黨史會提供）

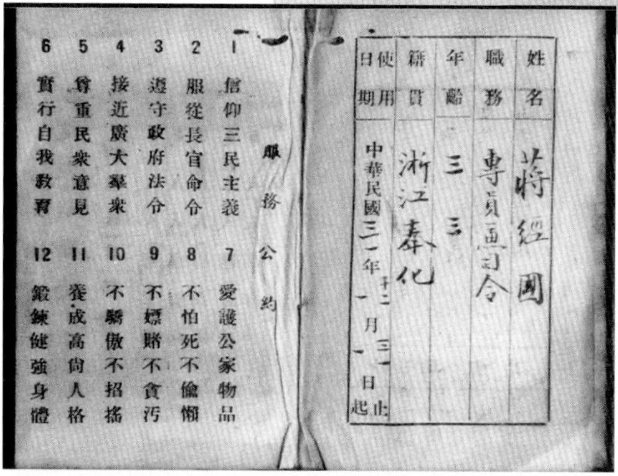

服務公約

1 信仰三民主義
2 服從長官命令
3 遵守政府法令
4 接近廣大羣衆
5 尊重民衆意見
6 實行自我教育
7 愛護公家物品
8 不怕死不偷懶
9 不嫖賭不貪污
10 不驕傲不招搖
11 養成高尚人格
12 鍛鍊健強身體

姓名	職務	年齡	籍貫	使用日期
蔣經國	專員兼司令	三三	浙江奉化	中華民國三十一年十二月三十一日止 起

◀
蔣經國任江西省第四區行政督察專員時留影。（國民黨黨史會提供）

▶

民國二十九年三月，蔣經國赴重慶向蔣介石報告贛縣實施新政的狀況。（國民黨黨史會提供）

▶

民國三十五年九月，陪侍蔣介石巡視贛縣，乘渡船過河。（章孝嚴先生提供）

◀
巡視江西南康縣北部渡河時。（章孝嚴先生提供）

◀
民國三十一年在贛南主持三南行政會議時攝。（章孝嚴先生提供）

▲
親書「遊天山瑤池歸來」。
(章孝嚴先生提供)

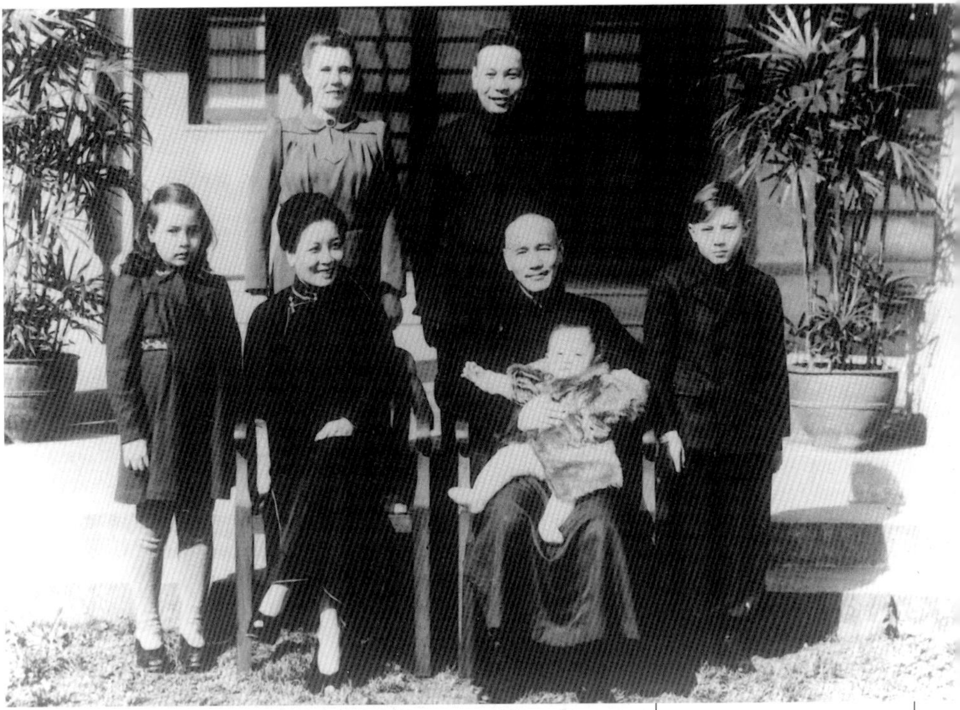

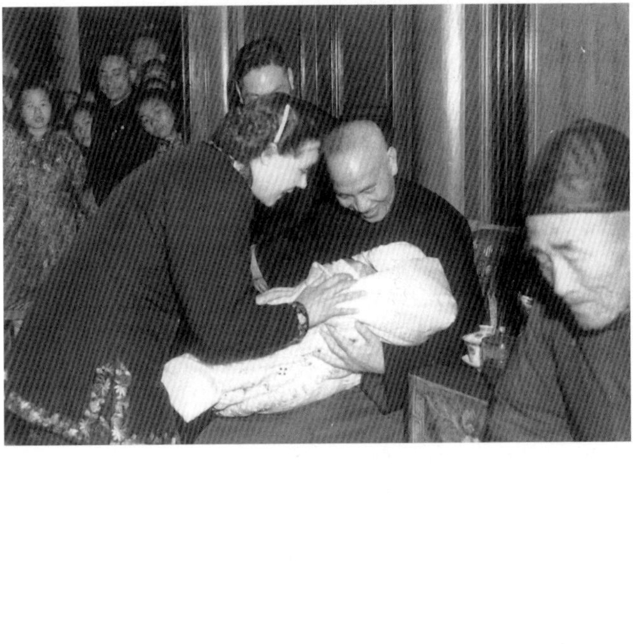

▲

民國三十五年舊曆年，蔣經國夫婦與孝文（右）、孝武（蔣介石懷抱者）、孝章（左）與蔣介石夫婦合影（國民黨黨史會提供）

◀

蔣介石逗弄甫出生數月的蔣孝勇，蔣經國夫婦隨侍在側。（國民黨黨史會提供）

▶
民國三十四年，蔣經國出任外交部東北特派員，處理東北接收事宜，抵長春時合影。（國民黨黨史會提供）

▼
與青年軍二〇九師，團級以上幹部合影於民國三十六年。（章孝嚴先生提供）

◀

民國三十五年九月二十五日，陪侍蔣介石訪南昌王陽明先生講學處。（章孝嚴先生提供）

◀

在中山陵「天下為公」坊下。（章孝嚴先生提供）

在南京下關車站與蘇聯駐華大使羅申（Nicolai Roschin）合影。（章孝嚴先生提供）

民國三十七年，擔任上海經濟管制督導員時留影。（國民黨黨史會提供）

▲
民國三十五年十二月，在南京宴請新疆制憲國大代表後共遊棲霞山。（章孝嚴先生提供）

◀
隨侍蔣介石伉儷返鄉祭祖，在妙高台用餐。（章孝嚴先生提供）

▶

夾克肖像照。（章孝嚴先生提供）

▼

攝於江西廬山仙人洞，時為民國三十六年。（章孝嚴先生提供）

◀
攝於瀋陽北陵前。（章孝嚴先生提供）

◀
民國三十八年在溪口豐鎬房為父、子攝影。（章孝嚴先生提供）

▶

民國三十九年巡視舟山群島時攝。（章孝嚴先生提供）

▲
民國三十八年，隨侍蔣介石遊四明山石窗。（章孝嚴先生提供）

▶
蔣氏父子在大雪山雪山堂前合影。（國民黨黨史會提供）

蔣經國的民主與兩岸契機

陶涵

一九八八年蔣經國過世時，他剛完成爲時二十年的改革，更於生前最後一年開啓自由、多黨民主的大門。他曉得在民主體制內，人性的奇想怪行，不論好壞，全都會釋放出來，但最後仍能去蕪存菁，只有沒有監督制衡的社會才會落到最壞的地步。所以能有今天，除了歸因於反對黨人士持續不斷的壓力和正面批判，另一就是蔣經國及其同僚的智慧。蔣經國早就了解，國民黨及蔣家要能延續，只能朝向一人一票的民主體制；反對黨人士也曉得時間站在他們這邊，使用暴力只會適得其反，會破壞島上正在進展的「經濟奇蹟」。

台灣政治火炬的傳遞，等同要少數的外省人權力交棒——他們曾經以殘暴威權掌權，造成與台灣本省人的長期對立。蔣經國曉得，由於許多台灣人嚮往台獨，這種轉變將威脅到一個中國的原則。可是，誠如本書指出，蔣經國也相信，唯有台灣人民支持，與中國大陸的統一才能完成，而且只有中國大陸變成一個民主、開放的社會，這才有可能——直到一九八九年前這似乎是進行式，其中有部分正是受到台灣政治自由的催化。

因此，天安門悲劇不僅對中國民主前景是悲慘的挫折，對中國統一的理想又何嘗不是。此後二十年，儘管中國的經濟成長成績亮麗，一九九七年全國七十三萬四千個村級單位也開始選舉，讓一些中國人學到自由的代議制度之規範和程序。可是二〇〇八年北京奧運期間，異議人士即使在官方劃定的「抗議區」活動，也遭受彈壓，以及中共政權對網路內容和使用實施歐威爾式的嚴密監控，在在顯示胡錦濤主席似乎決心加強政治彈壓，不允許逐步鬆懈。二〇〇九年三月的全國人大會議上，這些中國領導人更全面封殺台灣、印度或西式民主的所有特質，宣布中國共產黨絕不寬容社會動亂或任何對其政權的挑戰。雖然沒有點明台灣的實例，但他們誇耀中華人民共和國的民主優於台灣式的體制。

胡錦濤也和蔣介石一樣，相信儒家的觀念：良好社會應奠基在和諧之上，若無穩定和紀律，就不可能有和諧。值得注意的是，中國領導人，包含先前的蔣介石，都以儒家思想和中國歷史文化的光榮做爲國家的道德、倫理基礎。當然，蔣氏著重的還有反共，一場要到他死後才贏得的戰爭；但蔣介石更聲稱國民黨的長期政治目標是自由民主。結果他宣示的理想使舊政權處處受敵，必須對不民主的作風自圓其說，同時也把體制推向漸進改革之途。反觀，胡錦濤並未承諾有朝一日大陸會享有言論自由和不受黨控制的法治，更絕口不提可能會讓共產黨失去政權的自由選舉。

儒家也相信，要使社會和諧、井然有序且欣欣向榮，在上位者除了要有強大魄力，也必須開明、澤披四方。在這樣的體制下，統治者自然偶爾感覺到需要寬容、或假裝寬容一個相對開放的公民社會。蔣經國時期，甚至他父親的晚年，也變成愈來愈「軟性」的威權主義。之所以會如此轉變有幾個原因，諸如：斷絕外交關係後，蔣氏有需要安撫他們最重要的美國盟友；蔣經國在一九六〇年代末期體認到外省人的獨裁體制最多不會再存續超過一個世代；一九七〇年代及八〇年代初期，中國已結束孤立狀態；台灣退出聯合國之後的外交困阨。凡此種種因素之外，台灣人民日益富裕、教育發達、城市化，也都有助政治改革的推動。台灣——而不只是蔣氏政權——必須找出另一個存在的理由。但二〇〇九年，除了社會、經濟和知識界出現深層改變之外，推動台灣民主改革的這些因素，在中國大陸統統不存在。

即令如此，與台灣情況相若的是，大陸在經濟起飛之際，公民社會也相當蓬勃發展。我一九七〇年代到大陸旅行、八〇年代長住中國，當時公開存在的組織無一不是黨、政、軍的機關工具。今天，中國一般老百姓其實滿能夠隨心所欲生活，除了不能公開有政治上的反對意見之外，私底下講話也相當自由。二〇〇九年，中國號稱有近二十九萬個非政府組織、二百七十萬種期刊、一億五千萬網民。中國領導人覺得不需要表現得太獨裁專制，有一個明顯的例子，即是至今（二〇〇九年三月）對去年夏天簽署宣言，呼籲國家走上真正民主的三百名知識份子和異議人士，仍無報復行動。

目前促使北京自制、沒對公民自由設限，且主張起碼的軟性威權主義，有一個既獨特又諷刺的因素，就是他們需要去說服海峽對岸的人民，中華人民共和國儘管近來擺明摒棄改革，實際上卻和蔣經國時代的台灣一樣，在個人自由方面，曲折、緩步邁向更加開放的社會。但是，中國二〇〇八年起對西藏異議人士的鎮壓，並不利於讓台灣人接受任何表面的政治統一；至於北京是否允許香港立法會議員全部交由普選產生，將是下一個風向球。

馬英九總統曾是蔣經國的親信部屬，他在二〇〇八年以極爲懸殊的選票當選，反應出族群趨於諧和、台灣民主益加成熟。台灣完成第二次政黨和平輪替。馬英九贏得絕對多數票，意味著二〇〇八年絕大多數台灣人認爲在可預見的未來追求獨立是不可行或危險的事。同時，兩岸的經濟愈見統合，台商在大陸設立七萬家公司、投資逾一億美元，有一百萬名台灣員工和眷屬長住大陸。在馬英九總統主政下，相信此項重要關係還會成長，也有助於雙方克服漫長的世界經濟危機。更重要的是，它將有利長期的臨時協議，或甚至在兩岸政治關係出現有創意的正式協議。畢竟儒家不斷反覆教育的，正是在棘手的爭議中，尋求符合雙方原則與利益的精妙之道。

目錄

第二部　立足台灣

《蔣經國傳》的推手

丁大衛

陶涵先生的著作《蔣經國傳》，中文版權由時報出版公司取得，即將發行上市。這是西方學者針對這位重要的中國領袖，首次撰寫的一本寶貴傳記。中國時報董事長余紀忠先生和我自從一九八〇年代末期就多次談到，企盼有人對中國現代史加強研究工作。我試圖勸說余先生把他見證中國這段動盪歲月的一生事蹟，寫出他的回憶錄。余先生在中國大陸經歷對日抗戰、國共內戰，來台灣後創辦《中國時報》的成功事蹟，對台灣的社會正義和政治革新之正面影響，就足以寫成好幾卷皇皇紀錄。我誠心希望余先生肯口述其一生行誼，嘉惠後世。

我和余先生在交談當中，產生了給故總統蔣經國寫傳記的構想。我們兩人都認爲，客觀記載蔣經國一生功業行誼，饒富歷史意義，尤其他對台灣的經濟、政治發展，貢獻特別重大。余先生非常大方、睿智、有遠見；他答應我，如果我能找到一經驗豐富、學識淵博的作者，肯投注相當時間、精力，蒐集資料，從事研究，客觀地把蔣經國的生平事蹟及對他的影響寫成專書，他樂於出資贊助這一個有意義的計劃。余先生認爲，蔣經國的經驗和他在台灣的成就，對於全球華人都是一個重要典範。

陶涵先生就是我們中意的上選作者。一九七〇年代初期，他和我在美國駐香港總領事館同事，他的知識學問、待人處事，均受人敬重。他也寫過好幾本頗獲好評的專著，更重要的是，他對中國政治發展有深入的背景了解。陶涵先生親自在台灣、中國大陸和美國，訪問了一百六十多位認識蔣經國先生、在蔣先生屬下追隨任事的朋友、舊部，可謂博採周諮，完成本書。我衷心盼望，本書將是研究許多重要中國政治領導人及彼等對世界歷史影響的系列叢書的開路先鋒。

我相信，東、西方的讀者都會同意，這本傳記忠實地記錄下一位改變歷史的人物之一生事蹟。

（本文作者爲美國在台協會前任理事主席）

丁大衛先生英文序原文

The Chinese edition of Jay Taylor's biography of "Chiang Ching-kuo, The Gimo's Son" is published by the China Times Publishing Company which has the publication rights for the Chinese language edition. This important and valuable book is the first complete biography by a western scholar of this important Chinese leader. Mr. Yu Chi-chung, Chairman of the China Times and I had many conversations in the late 1980's and in the 1990's about the desirability of more historical research in the West on modern Chinese history. I tried to persuade Mr. Yu to write his own memoirs because his lifetime has spanned one of the most turbulent eras in Chinese history. The story of Mr Yu's experiences on the Mainland during the Japanese war and the civil war, his remarkable success in Taiwan with the China Times, and his positive influence on social justice and political change in Taiwan would fill several volumes. I hope I have persuaded Mr. Yu to dictate his oral history so that future generations can benefit from his experiences.

During my talks with Mr. Yu the idea of a biography of the late President Chiang Ching-kuo was raised. We both agreed that an objective account of Chiang Ching-kuo's life would be of considerable historical significance, especially Chiang Ching-kuo's role in Taiwan's economic and political development. Mr. Yu is an extremely generous, wise and far-sighted thinker. He agreed to help fund such a biography with a publisher's advance if I could find an experienced and knowledgeable author who was willing to devote considerable time to research and write an objective book about Chiang Ching-kuo's life and his impact on history. Mr. Yu believed that Chiang Ching-kuo's experiences and his achievements in Taiwan provided an important example to Chinese everywhere.

Jay Taylor was our first choice. He and I had been colleagues in the American Consulate General in Hong Kong in the early 1970's and I was impressed by his knowledge and his style. He has written several well received books. He is a talented writer and best of all he has an extensive background in Chinese political developments. Mr. Taylor interviewed over 160 individuals in Taiwan, China, and the United States who had personally known and worked with the late President Chiang Ching-kuo. Hopefully, this volume will be the first in a series on important Chinese political leaders and their impact on world history. I believe that readers in both the East and the West will find this biography an illuminating and compelling record of a man who changed history.

David Dean, Former Director, AIT

《蔣經國傳》的由來

傅建中

蔣經國的英文傳記即將問世，由哈佛大學出版社分別在美國和英國發行出售，中文譯本也同時由台北時報出版公司推出。蔣氏死後不過十二年光景，就有一本評價他一生功過的客觀傳記，而他那位曾經統治中國的父親蔣介石逝世二十五年後，在西方還沒有一本蓋棺論定的傳記，兩相比較，蔣經國的聲譽已蓋過他那名滿天下、謗亦隨之的父親了。

《蔣經國傳》能夠誕生，有兩位關鍵人物，一是前美國在台協會理事主席丁大衛，另一是《中國時報》董事長余紀忠。一九八八年，蔣經國去世不久，當時擔任美國駐台灣代表的丁大衛就已興起爲蔣立傳的念頭，而且無時或忘，目前是蔣經國基金會顧問的丁氏，卻從一開始就抗拒由基金會出錢替蔣經國寫傳，因爲那樣的一本傳記，在西方學界和媒體眼中，會被定位爲官方斥資贊助的傳記，也就是所謂的「授權的」（authorized）傳記，其客觀性和可信度均將大打折扣，與其出版這樣的傳記，還不如不出爲好。

丁大衛對余紀忠先生向極敬重，兩人友誼頗篤。丁氏亦深知余董事長與蔣經國從大陸時代即已開始的不尋常關係，故他早即屬意由余氏出面贊助英文《蔣傳》的寫作，但又不願唐突啓齒，因而數度向筆者表露此意，經筆者轉達後，余先生表示此事可做，丁大衛遂於一九九四年底赴台出席蔣經國基金會董事會議之便，親訪余董事長，口頭提出請余氏贊助《蔣傳》之事，蒙余氏概允。

丁氏返美後，即於一九九五年一月初正式馳函請余先生支持英文《蔣傳》計劃。初步計劃以兩年爲期，聘請一位專職作家從事《蔣傳》的材料蒐集和撰寫。寫作期間，由余氏提供作者的生活及旅行訪問費用。丁氏一度有意找中國通鮑大可（已故）或前《華盛頓郵報》的亞洲專家卞諾執筆。但鮑因健康欠佳，卞諾正在寫書未果，最後丁氏鄭重推薦他在國務院長期共事的老朋友陶涵（Jay Taylor）承伐其事，陶氏欣然受命，並經余先生同意，整個寫作計劃於一九九五年夏天開始。

同年八月陶涵專程去台北，持丁大衛的介紹信訪問蔣經國生前的門生故舊如李煥、王昇、蔣彥士、錢復、宋楚瑜等數十人。八月十九日，余紀忠特別爲陶涵來台訪問展開《蔣傳》寫作，在《中國時報》召開會議，俞國華、郝柏村、李煥、馬樹禮、秦孝儀、章孝嚴、宋時選、熊丸等均應邀出席了會議。余紀忠在這次會議中，宣佈他決定支持陶涵撰寫蔣傳的計劃。

余先生在會中指出，他決心贊助美國作家陶涵寫蔣傳，目的在突破中國傳統傳記的格局，讓陶涵放手去寫，爲蔣經國的生平志業留下一部中外皆能接受的信史。

與會人士俞國華首先發言，強調余先生這樣做，眞可以說給蔣先生以「公義」（justice）。郝柏村接著說，余先生完全是「道義之舉」，他也感念丁大衛以一位美國人能主持正義，主動提議爲蔣經國寫傳。李煥說，余先生以新聞界備受尊敬的鉅子地位，贊助此傳，相信將來必會有一本「眞實而能爲人接受的蔣經國傳」。馬樹禮則在會中意味深長地說，「蔣經國的傳由外國人寫，遠比中國人寫有意義。」他舉了日本《產經新聞》多年前連載《蔣總統祕錄》的例子，說明他的觀點。

秦孝儀、章孝嚴、楚崧秋、宋時選、胡佛、李雲漢亦相繼發言，他們相信書成後，可傳諸後世，不僅是中國近代歷史的重要紀錄，對中國政治亦將有其深遠影響。

《蔣傳》作者陶涵是前國務院資深官員，通曉中國語文及事務，一九六二至六五年曾任職台北美國大使館，負責政情報告與分析。在此之前，在台中接受了將近兩年的華語訓練。美國與中共建交後，陶在北京當過美國大使館的政治參事，又曾任職白宮國家安全會議，堪稱是一位經驗豐富的中國及亞洲事務專家，且著有專書數種，在學界亦有聲譽。

陶氏接受丁大衛的邀約撰寫《蔣傳》，事前提出詳細的寫作大綱與研究計劃。余紀忠先生閱後，認爲頗爲周詳，決定贊助此一計劃，並授權筆者代表時報出版公司於一九九五年七月下旬和陶涵在華府簽約，預定兩年後由作者完成《蔣傳》的初稿。陶在約中要求有「充分和完整的寫作與編審獨立自主權」。如今書成，陶涵在〈銘謝感言〉（acknowledgements）中回憶，他當初做此要求，實在是多餘的，因爲余紀忠自始至終完全讓他放手去寫，從未干預，遑論過問。余先生唯一做的是在經濟上支持他的寫作。關於他的寫作自由，陶涵有如下一段話：「余先生和時報出版公司從未試圖影響我的研究，甚至提議修改書稿的情形都沒有。」

陶涵在一九九八年殺青《蔣傳》初稿後的一座談會上回顧，他第一次（一九九五年八月）和余紀忠在台北見面時，曾向余先生表明他心中的猶豫，不知能否把飽經蘇聯訓練的特務頭子寫成一位「正面人物」(a positive figure)，余先生以鼓勵的口氣安慰他：「你會發現蔣經國是一正面人物。」現在陶涵完全同意余的先見之明。事實上，書成後，陶在一九九八年七月八日給余先生的謝函中欣喜地說：「寫這本書是一種富於挑戰而又極有收穫的經驗，蔣經國確是二十世紀非常重要且有吸引力的人物。」

《蔣傳》原定兩年完成，但由於有關蔣經國的資料和關係人物分散於台灣、中國大陸和俄國，查證這些檔案，訪問相關仍在世的人物耗時費錢，以致寫作和贊助期限均延長一年。全書用了三年時間方才竣事。余先生則始終獨力支持，至於完成。

爲了完成此書，陶涵訪問了和蔣經國有直接關係的人士超過一百六十人，專程去台灣三次、大陸兩次，到過台北、北京、南京、寧波、溪口、奉化、南昌、贛州等地，尋訪蔣經國當年的遺跡和軼事。

本書的特色之一是透過大量引用莫斯科以及美國國家檔案局迄未公開的資料，發掘了不少以前不爲人知的有關蔣經國的祕密。如蔣十六歲尚在莫斯科中山大學求學時，即已娶馮玉祥之女馮弗能爲妻，學生名冊還把他們名正言順地登記爲夫妻，這是從未見過的新材料，爲蔣經國的愛情和婚姻生活平添絢爛的一頁。蔣於一九四五年七月隨宋子文訪俄密會史達林時，蘇聯外長莫洛托夫分析蔣爲人和意識形態的備忘錄，也是不曾見過的最新文獻。此外，陶涵還運用「資訊自由法案」（FOIA），要求美國中情局、國防部、國務院等單位提供涉及蔣經國而尚未解密的文件。所以《蔣傳》引用資料之多、之廣、之新，幾可說是空前的，英文本的《蔣傳》，單單註解和索引即多達九十頁。

本書英文初稿八百多頁，哈佛大學出版社認爲太長，超出一般傳記的篇幅，陶涵分別請了兩位專業編輯濃縮刪減成現在的四百三十五頁，以符合哈佛的要求，但有些寶貴內容不得不因此割愛，至爲可惜。哈佛大學同意出版《蔣經國傳》之前，極其愼重的委託哈佛的史學教授兼歷史系主任柯偉林（William Kirby）從學術觀點評鑑此書是否值得出版，哥倫比亞大學的政治學教授黎安友（Andrew Nathan）也受託審查本書，他們給哈佛出版社的報告是：無論從史學或政治學的觀點來看，《蔣傳》都是極其精闢之作，建議出版。尤其柯偉林，一九九八年十月在華府威爾遜中心所舉辦的《蔣傳》討論會上，更是對《蔣傳》的讚揚溢於言表。他說這本書對二十世紀的中國政治，「是一個很重要的貢獻」，他雖然專治中國歷史，讀了陶涵所寫的《蔣傳》書稿後，都覺得「獲益匪淺」。

柯偉林指出，在西方關於中國近代人物的傳記，多以思想和知識界的領袖人物爲主，如胡適、丁文江、梁漱溟、李大釗等人的傳記是，但寫政治人物的傳，迄今連像樣的蔣介石和毛澤東的傳都付之闕如，陶涵的《蔣經國傳》可以說是開山之作。柯偉林認爲《蔣傳》的取材立論和文學的筆觸都是可圈可點的。他說，蔣經國是一個很複雜的人物，不易像鴿子籠式的（pigeonhole）

加以歸類，陶涵能根據訪談，使用檔案資料，寫出一本「獨一無二」（unique）的《蔣傳》，極為難得。

參加討論《蔣傳》的民進黨籍立委張旭成表示，儘管外間都認為蔣經國是台灣民主化的奠基人和催生者，他卻不認為蔣是西方人心目中的民主人士（democrat），甚至在他身邊工作或被他諮詢過的受美國教育的學者們，對蔣的民主素養與認識，也不曾發生作用。張旭成認為反倒是《中國時報》的余紀忠先生，對蔣經國的影響很大。他相信蔣經國最終決定走民主的道路，余紀忠居功甚偉。張旭成形容余是美國的保守派，但有濃厚的自由色彩，這在威權時代的台灣，已是難能可貴的報人了。

《蔣經國傳》的部份內容，對台灣的讀者而言，可能已經耳熟能詳，但書中大量引用了珍貴的解密資料，對讀者來說，仍很新鮮，乃至聞所未聞。誠如丁大衛所言：「《蔣經國傳》對美國更了解中華民國的政經發展及其未來的遠景，確有必要。《蔣經國傳》可以達到許多不同的目的，但都將是正面的，有利於中華民國。」

中文讀者看這本從英文翻譯過來的《蔣傳》，眞正的意義在於認識一位英語世界的美國作家兼外交家，如何評價「蔣介石的兒子：蔣經國與他在中國及台灣的革命」，（英文版書名，最初書名是《蔣經國：改變了中國的人》）。陶涵在書成後寫給余紀忠的信說：「蔣經國所處的時代是法西斯和共產主義日薄西山，民主與繁榮新天所帶來的希望交會的時候，我相信，蔣經國在中國和台灣實現這樣的希望，所做的貢獻是深遠的。我盼望您和深知他的人們覺得，我已捕捉到他的精神和所處的時代的重大意義。」

儘管陶涵爲寫《蔣傳》，大量閱讀中外已有的文獻，做了極爲細緻的訪問和研究，但終究是外國人，犯了一些中國人不會犯的錯誤，像把林彪說成是黃埔一期畢業生（應是四期）、孫立人案的要角郭廷亮少校的官銜誤爲上校，所幸這些都是小疵，瑕不掩瑜。如眞有缺失的話，那就是蔣經國生命中的兩位極其重要的人拒絕接受訪問，提供他們所知道的第一手資料。一是蔣經國的夫人蔣方良女士，另一是受蔣刻意栽培提攜始有今日的李登輝前總統。對此，陶涵的看法是，蔣方良有她的難言之隱，而李登輝則可能是自己有話要說，以致都不願接受訪問。

二〇〇〇年九月十五日寫於華盛頓

銘謝感言

陶涵

一九九五年我在台北與時報出版公司簽約，撰寫一本蔣經國的傳記。合約裡有一條重要條款，載明作者將對英文本、中文本都有「充分、完整的寫作與編審獨立自主權」。

我和《中國時報》董事長余紀忠先生會晤時，強調我會客觀記述蔣經國的一生事蹟，正、反面評價和爭議性評價，都會兼容並色。我提出警告，寫作中可能會呈現出蔣氏的若干瑕疵。與蔣經國相識相交多年的余先生回答說，他完全理解，也接受我們的條件。余先生和時報出版公司從未試圖影響我的研究，甚至提議修改書稿的情形都沒有。顯然當年簽約時的要求，實在是多餘的。哈佛大學出版社後來答應要出版這本英文《蔣經國傳》，它並與時報出版公司協議，由時報出版公司根據哈佛版本出版不做更動的中文版。

關於蔣經國在俄國的生活，莫斯科的遠東研究中心拉林（Alexander Larin）教授和前任駐中國大使李多夫斯基（Andrei Ledovsky），提供給我寶貴的協助。台北中央研究院余敏玲博士與我多次會晤，慷慨把她在莫斯科檔案裡整理出來的成果，分享讓我得知。透過親到中國訪談，以及經常的電子郵件往來，當年主持北京中國現代史研究時的楊天石教授，給我相當寶貴的支持。南京第二國家檔案館收藏的蔣介石日記，就是楊教授熱心提供。我也要感謝南京檔案館負責人馬成都（音譯）和上海市檔案館負責人陳正卿（音譯）的協助。奉化的研究學者王宣志（音譯），曾經針對蔣經國的早年生活寫過若干文章，他協助我到奉化、溪口訪問調查，也提供罕見的材料。

我和奉化的一批研究人員聚會研討，受益良多。這些人士包括：奉化文藝協會副秘書長王丘石（譯音）、奉化縣長斯端倫、奉化台辦幹部胡元福、竺家惠、夏明曦以及毛炳岳等蔣家遠親。

我第一次到台灣蒐集資料的得力助手是狄可（Halima Dick）小姐，後來，沈筱綺小姐的協助至爲重要，筱綺不方便時，鄭雅玲小姐迅速地頂替了她。蔣經國的舊部楚崧秋、王紹堉以及東吳大學張中訓博士，在我赴台期間的協助，至爲銘感。美國方面，維吉尼亞大學若干研究生在研究工作上提供相當重要的協助，他們是劉德彬、賀松柏。杜智平則從一開始，就是十分積極的好助手。蔻妮莉雅・李（Cornelia Levin）的生花妙手把一千兩百頁的初稿，修刪成爲不至於太過蕪蔓的版本；犬子約翰，接續完成最後的定稿。

我要感謝許多朋友與學者，審閱不同階段的稿本，提供寶貴的批評與建議。他們是：張旭成、高立夫、丁大衛、博建中、賈浩偉、許倬雲、柯偉林、冷紹烇、李潔明、班立德、楚崧秋、杜智平。當然，消息來源和評閱人士有時候對事情會有不同的解讀與詮釋。身爲作者的我，對於它們的呈現方式與內容，必須獨當責任。最後，我要感謝內人貝蒂的愛與支持，旅途中，她更義無反顧擔負起伴侶、顧問和調度管理的工作。

算命先生鐵口直斷，
蔣介石之子日後必是貴人，官位極高；
蔣經國生於浙江溪口，以十五歲之齡遠赴莫斯科，
在冰天雪地中歷盡艱辛，思想與處世皆受嚴苛淬煉。
回中國之後，在江西初露頭角，
而後歷練東北特派員、上海經濟督導員，
奠定了蔣經國的傳奇名聲與政治實力。

第一部　革命歲月

第一章　其介如石

十九世紀末葉、二十世紀初，乃是中國四千年以來最屈辱的時期。一六三六年，爲數兩百萬的滿洲人入關，擊敗明朝治下一億兩千萬漢人，建立大清帝國。但是，這個「蠻夷」征服者王朝，一如蒙古人等夷狄君主，承認漢文化的優越，採納其語文典章制度，維繫傳統社會，依賴儒紳和鄉間菁英來安定政權。中國領土雖被征服，大漢文明則昂然得勝。

西方列強在十九世紀叩關中國，卻又是另一番景象。這些「洋鬼子」不僅兵力強盛，也不接受中華文化的卓絕高妙。歷經五十年的否定，雖然間歇起而抗拒，卻頻頻在歐洲列強和日本手下嚐到羞辱敗績，中國人的信心已失。中國這種失落、惶惑的感受很難以諸文字形容。中國博大精深的文明，已經傾覆。

到了十九世紀末葉，蔣氏家族在溪口鎮山村卜居已有數百年之久。蔣經國的曾祖父蔣斯千擁有五畝山麓竹林和一小塊水稻田，後來他取得販賣鹽、酒專利，家境大爲改善。溪口蔣家鹽舖在玉表公（即蔣斯千）兒子肅庵經營下，業務蒸蒸日上，蔣家晉升爲「非士紳的菁英」之列。肅庵公決心要子弟以中國人的方式——讀書，參加科舉考試，更上層樓。

溪口鎮位於華東濱海的浙江省，距奉化縣城坐轎子或步行，足足要花一天的功夫。平民百姓也可以坐船由水路到達寧波這個鴉片戰爭後開放給洋人通商往來的港埠。山林四周丘陵散布著野花、野鳥、稻田和茶林；不遠處是陡峻的高山，距溪口鎮十公里路，就是一千公尺的雪竇山，山上有一座馳名的雪竇寺古剎。

蔣家鹽舖有圍牆和內庭，一家人就住在鹽舖樓上。肅庵公的正室生下一子一女後謝世；第二房太太不曾育子，也先行辭世；一八八六年，肅庵公第三度做新郎，娶進王采玉爲妻。王氏來自一個非常貧窮的村落，當地唯一的農作收成就是竹子，但是她精明幹練。王氏和當時絕大多數中國婦人一樣，自幼纏腳。即使兩代之後的蔣經國，依然可以見到農人背負著行動不便的妻子到田裡，胼手胝足，爬伏在田裡勞動。

一八八七年，王氏在蔣家鹽舖樓上一間小房間裡，生下一個男孩。祖父玉表公把這個孫子取名瑞元，也就是日後的蔣介石。王氏教子甚嚴，但是卻不脫中國傳統，對孫子十分溺愛。

蔣家鹽舖慢慢發展成供應一般物品的商店，全家薄有積蓄。一八八九年，蔣家搬到武嶺街上約三十公尺外的一棟中產階級、兩層樓的新房子。新居周圍多數房舍（事實上，整個溪口鎮都是）屬於蔣氏宗親所有。王氏不久又生下兩個女兒，但其中一人早夭。蔣介石的異母兄長蔣介卿自幼聰穎好學，極受父親寵愛。介石也早早進入私塾，接受古典教育。一八九四年，王氏又產下一個可愛的男嬰瑞青。一八九六年，肅庵公突然逝世，得年僅五十。家庭驟遭變故，於是將蔣介卿過繼給一位伯父，並繼承了鹽舖。由於當時女子不得擁有財產，九歲沖齡的介石，繼承了住家的房子，以及每年可有四、五十銀元收入的竹林及水稻田。（註一）

蔣介石十四歲那年，王太夫人決定給兒子成親，她挑選了鄰近岩頭村一位十九歲的姑娘毛福梅，毛福梅當時還有一名大約同年齡的陪嫁女婢阿王跟進門。福梅體格強壯，個性和藹可親，略爲纏腳，較能方便做事，王太夫人特別看中這一點。毛福梅在家時可能也學了幾個字，但是基本上，她和婆婆一樣只能說是文盲，在晚年還得央人替她讀兒子寄回的家書。

婚禮在一九〇一至〇二年的冬天舉行。毛福梅後來表示，她和夫婿婚後頭兩個月非常快樂，可是婆婆責備她教壞兒子偷懶，小倆口一起出門散步，躲在房裡說笑談天，於是她便聽話而對夫婿保持距離，以致夫妻感情不睦。

一八九九年，義和團這個狂熱反外的秘密社團在全中國興起，拆毀鐵軌、殺害傳教士。八國聯軍攻入北京，並以燒毀夏宮頤和園來報復義和團的蹂躪暴行。一九〇〇年這場動亂，在奉化縣跟在全中國一樣，更進一步挫傷清廷的威信。

中國國內及海外華人社會已經出現了革命主張。十九世紀保守的「自強運動」維新主張逐漸失勢，代之以更激進的救國主張。蔣介石還在私塾裡讀書之際，在香港習醫出身的孫逸仙已在世界各地旅行，爭取華僑支持他的革命目標——透過平均地權的主張，重新分配土地，把中國改造成爲準社會主義的共和國；通過一段時間長短不確定的「訓政時期」，把中國帶到民主的道路。

帝俄藉武力和「不平等條約」在中國東北滿洲取得極大特權。一九〇五年一月的日俄戰爭，日軍把俄國人趕出旅順和奉天。更戲劇化的一幕是，日本艦隊五月間在東鄉平八郎（Togo Heihachiro）大將率領下，殲滅俄國由波羅的海開來參戰的大型艦隊。四十年之前，日本跟中國一樣是個傳統、保守的國家，可是在略為超過一個世代的時間裡，日本富國強兵政策已經奏效，具備工業基礎和海軍兵力，能一舉擊敗歐洲強權。蔣介石因而有志投筆從戎，決心東渡日本學習軍事。

蔣介石由於無法取得日本軍事學校的入學許可，於一九〇七年進入北京附近的武備學堂（即日後的保定軍校）。不久，他被選拔進入日本振武學校此一日本軍官學校的預備班研修。週末在東京的休假期間，蔣介石與中國流亡人士交往，並進而加入孫中山成立的革命同盟會。

蔣介石利用暑假回到上海，參加同盟會設在法租界秘密總部的工作，並沒有回溪口老家。毛福梅秉持中國禮教，依然忠誠可親，可是此時的蔣介石已經嫌棄這個老式的配偶不識之無。毛福梅曾向友人訴苦，說蔣介石時常毆打她。（註二）二十年之後，蔣經國有一封致母親的信函，提到父親如何抓住她頭髮，把她拖下樓的往事。（註三）

因此，一九〇九年夏天，毛福梅似乎不會有生子的機會。但是，一位算命先生鐵口直斷，說蔣介石第一個太太生下的兒子，日後必是貴人，官位極高，王太夫人深信不疑。這是好消息，可是預言若要實現，總得安排夫妻倆有魚水之歡呀！王太夫人帶著媳婦到上海。蔣介石起先不肯聽從母親的安排，王太夫人以自殺威脅，他才不得不從。毛福梅在這年夏天與夫婿共處了一段時間，總算懷了身孕，才回到溪口。（註四）

一九一〇年四月二十七日，農曆三月十八日，毛福梅臨盆。王太夫人請來接生婆，陪嫁婢女阿王也在旁協助。福梅在蔣家宅子樓上待產時，王太夫人和親友在樓下品茗等候。好不容易，男嬰落地，接生婆切掉臍帶，用紅盆溫水洗淨嬰兒包好，送給累壞了、可又驕傲的毛福梅抱抱。王太夫人聽到嬰兒啼聲，趕緊上樓探望。同一天，她口述一封信給蔣介石，通知他已爲人父，母子均安。她也要求蔣介石准許她把男嬰在族譜上登錄爲瑞青的兒子（瑞青是蔣介石幼弟，極受母親寵愛，但是四歲就夭折）。蔣介石一口答應。因此，根據蔣氏族譜和奉化縣的紀錄，蔣經國不是蔣介石的兒子。（註五）

蔣介石已從振武學校畢業，派在日本陸軍當列兵，準備升入軍官學校。他沒有記下獲悉做了父親消息的感想；一九一〇年夏天，他又回到上海參加同盟會地下工作，也沒有回溪口探視。

蔣經國一週歲生日（照中國人算法是兩歲）當天，正好是同盟會發動一次最大規模軍事行動的日子——一九一一年四月二十七日廣州起義（譯按，即俗稱「黃花崗之役」）。雖然革命軍起義失敗，但是規模之大、犧牲之烈，對革命運動產生極大的心理提振效用。革命黨人再接再勵，計劃十月底在長江流域的武漢三鎮舉事。十月九日，革命黨人的秘密炸彈工廠內，一枚炸彈意外爆炸，事機洩露。寄身清廷部隊中的革命黨人軍士，狙殺軍官，發動革命。武漢義幟一起，一個月之內共有十三省紛起響應，決定宣告脫離清廷而獨立。在許多省份，清軍高級軍官搖身一變，成爲實質上的政府領導人。有些地方甚至是土匪酋首結合軍事單位，奪得掌控權。中國開始進入軍閥割據時期。

武漢義軍起事時，蔣介石人在日本，聞訊立刻離開駐地軍營，馳赴東京；他把制服付郵寄還部隊，搭輪船趕回上海。抵埠之後，他奉命回到浙江老家，率隊攻打省會杭州城內的巡署。蔣介石率領的這支敢死隊，成員來自上海秘密社團青幫徒眾，以及由奉化縣某漁村募來的義勇兵。這位年僅二十四歲的青年軍人給母親一封信，聲稱獻身革命，請恕不能盡孝。佔領杭州城，在革命戰役中稱不上重大事件，但是革命黨人的勇敢，民眾有目共睹。事後，蔣介石婉謝出任浙江都督，以革命軍高階軍官身分回到上海。

此後十年，蔣介石一再參與各種軍事行動——有傳統的攻擊作戰，有游擊式的突襲，也進行恐怖活動。由於當局懸賞緝拿他，通常他必須化名匿跡。身爲軍人和革命黨人，他效法心目中的英雄人物，勇敢、忠誠和自律；但是，當他不參與戰事，沒有搞規劃或讀書時，卻在上海流連花街柳巷，縱情聲色。他幾度得到性病，因而失去生育能力，但他在多年後才曉得自己失去生育能力。（註六）一九一二年，蔣介石在上海青樓邂逅姚冶誠，把她納爲側室，此後八年，姚氏與他斷斷續續同居多時。（註七）

蔣介石在這段期間也發展出許多關鍵關係，譬如他與曾留學英法的吳稚暉交情深厚；與留學日本期間就結識的戴季陶義結金蘭；陳果夫在這段期間開始追隨蔣介石，日後與弟弟陳立夫成爲國民黨內ＣＣ派祖師。蔣介石與秘密社團（尤其是青幫）的關係，也在這段期間建立。蔣的行徑與上海租界的歐洲人當局、孫逸仙以及日後的中共領導人並無二致，都試圖結納秘密社團及幫派，做爲自己政黨及個人野心的羽翼。毛澤東一九二〇年代末期，落草江西省井崗山時，也與當地土匪結盟。幫派份子不論是在上海或在山野，都樂於與革命黨人結交，一方面由於傳統上反清，一方面也盼望有朝一日與革命黨人的關係能轉爲助力。

蔣經國在這段期間平靜地成長，周圍是一些溺愛他的婦人。除了母親、祖母和婢女阿王之外，外曾祖母也不時來探望。經國是個快樂、聽話的小孩，就他的年紀而言，個頭較小，也沒有儕輩那麼強壯。溪口鎮當時根本沒有接種預防疫苗這回事；爲了替他祈福保平安，王太夫人婆媳倆平日勤於燒香拜拜，還要他佩掛銅錢劍護身。然而，經國在三歲那年，還是染上天花。祖母、母親每天都經武嶺街頭，到廟裡禱告。經過多日燒香拜拜之後，經國復原。王太夫人婆媳倆特意捐資在雪竇寺旁建造一座亭子，還鋪一條圓石子路直通雪竇寺大雄寶殿前。然而，經國的臉上已留下童年罹患天花的痕跡。

家裡的母親、祖母虔誠禮佛拜拜，經國的童年可謂充滿宗教儀規。他經常陪著祖母上雪竇寺，一手攙扶著老祖母，另一手還得幫忙提著拜拜用的謝籃。當年他不時跑到雪竇寺，夏天亦常留宿廟裡和寺僧一起睡覺、一起到山間散步徜徉。

一九一一、一二年間發生政治大動亂，類似溪口這樣的小鄉鎮，凡事都得自求多福。中國各地的法律與秩序蕩然無存，鄉間盜匪蠡起，魚肉鄰里，各地必須自組團練抵抗盜匪。然而溪口這樣偏遠的山村，大體上逃過動亂，它最顯著的變化涉及某些社會習俗。三百年來在髮式上代表向滿洲人臣服的辮子，一夕之間消失得無影無蹤。婦女也鬆開纏足舊習，強徵民伕做工也正式廢除，不過政府仍期望民間自動自發參與社區計劃。

革命過後不久，蔣氏宗親會借本地寺廟開辦武山學校。一九一六年三月，還不足六歲的經國進入一年級就學。武山學校還不是現代化的教育機構，經國的第一位老師周東是個舊派仕紳，以舊方法施教，擷取古書章節，向一年級學生灌輸方塊字。經國在武山學校唸了兩三年。

此時的歐洲陷入第一次世界大戰，最後導致德、俄帝國瓦解，也給中國提示嶄新的革命樣板——法西斯主義和共產主義。然而，歐戰立即的結果是歐洲列強無暇顧及中國，日本乘虛而入。一九一七年十一月，布爾什維克黨人先後在聖彼得堡和莫斯科奪得大權。很少人體會到這些事件對中國的意義。但是，孫逸仙致電列寧道賀。一九一九年的國際局勢發展，再度震撼中國。列強議定凡爾賽和約，正式結束第一次世界大戰；然而在和約中，列強協議把戰敗國德國在山東省的權益轉移給日本，未把全部主權交還中國。一九一九年五月四日，北京學生遊行到達東交民巷，抗議凡爾賽和約罔顧中國權益。警察驅散示威群眾，逮捕若干學生領袖，卻觸發全國各地學生群起抗議。上海等地數以千計的工人亦發動罷工響應。

上海的外國人對這場騷亂不以爲意，認爲它不外又是過去八年不時爆發的示威與失序的新篇章。然而，國際環境和本地環境都已經起了變化，中國現在已有其他選擇。一九一九年七月，莫斯科的共產政權宣布，將把帝俄沙皇不當奪自中國的一切領土歸還中國，放棄對於滿洲地區中東鐵路的控制權，放棄俄國由庚子拳亂應分得的賠償金，放棄滯留在中國的俄國人之治外法權主張。它只要求北京承認莫斯科的革命政府，做爲回報。

受到歐洲馬克思主義文章論述的影響，早在布爾什維克革命之前，上海已經出現若干小型的社會主義研究團體。俄國革命之後，北京大學一夕之間變成革命思想的溫床。左翼人物以北大文科學長陳獨秀和圖書館館長李大釗爲首。他們主張中國應建立一個嶄新、活潑、獨立的馬克思主義政權，啓發了當時在北大圖書館工作的年輕助理毛澤東。俄國大革命也在國民黨內受到注目，孫逸仙即是其中之一。蔣介石的拜把兄弟戴季陶，與陳獨秀身邊的人士接近，支持陳獨秀等人在上海組織一個共產主義核心組織。同年，數百名左翼中國青年前往法國，參加勤工儉學計劃，周恩來、鄧小平也名列其中。

中國現代革命的頭一個十年，由始至終都充滿著分裂割據、兵戎相見和陰謀背叛的情事。這段動盪歲月雖已擺脫滿清統治，卻仍不脫往昔陰影，使得蔣介石、毛澤東等青年革命家腦海裡深鑄著一個觀念：只要中國依舊有軍閥、政黨、秘密結社及其他爭權奪利團體糾纏分立，列強必將繼續荼毒中國。問題是：誰能出而統一中國？

一九二〇年代，國民黨唯一能掌控相當規模兵力的地方是廣州市及環繞著廣州的廣東省部分地區。這個時候的蔣介石，不論是潛伏在上海、流亡日本、或進行秘密任務，已經建立起個性剛愎、脾氣陰晴不定的名聲。然而，孫逸仙顯然認定這位出身溪口山村的軍官是無價瑰寶。蔣介石的脾氣令友人不快，令敵人厭惡，其實同樣的特質也使他成爲國民黨陣營最幹練的軍事領袖。他的自信心、意志力和果敢決斷，無人堪可比擬。他雖然似乎有勇無謀，卻表現出個人英勇氣概。他在革命運動中曾經扮演軍人、地下工作人員、組織策劃者、文宣作者、股票經紀人的角色，或許也有一兩次擔任刺客。他和孫逸仙一樣，一介不取，不會腐化。他和秘密團體的關係，甚至至少有一次據傳涉及搶劫（並無事證可以證實），都是爲了革命大業而不拘小節所爲。

蔣介石的衝動，經常厲聲斥責同仁、僚屬，使他一再陷入麻煩。孫中山曾在一封信裡提到，蔣常因「脾氣剛烈」「恃才傲物」，與人起爭執，很難和其他同志配合工作。孫逸仙也了解他生活糜爛，縱情聲色、飲酒無度。

大約經國十歲時，蔣介石開始有了改變。此時，他似乎已發覺經國將是他唯一的骨肉子嗣，對這個兒子開始關心，亟欲建立身教，不時灌輸兒子紀律、道德觀念。一九二〇年初，蔣介石回到奉化，親訪他的老師顧清廉，央託他協助教導經國。顧清廉是一位具有現代觀念的儒者，受託前往溪口，花時間了解經國的潛質，替他訂下研修課表，也可能一度親自爲經國授課。蔣介石在同年二月九日給經國第一封信，提到顧老師向他報告「天資雖不甚高，然頗好誦讀」，蔣介石自稱，「聞之略慰」。（註八）他又安排奉化縣另一位儒師王歐聲，教經國誦讀古籍和四書。

雖然延聘碩儒教課，蔣介石還是覺得經國不應該像他一樣躲在溪口，直到十多歲才出來見世面。經國九、十歲之際，蔣介石就把他送到自己曾經唸過書的奉化縣鳳麓學堂上學。蔣介石在一九二〇年二月、三月，分別在日記中記下，他親自批閱經國的「功課表」。四月間，蔣介石寫信訓示兒子：「當聽祖母及汝母之命，說話走路皆要穩重。」第二封信又指示經國，「不可輕佻，須要著重」。十一月間，蔣介石曾經回到溪口，與毛夫人討論到經國的教育，他在日記中記下，毛福梅的觀念對兒子有害無益。毛夫人曾經未取得丈夫同意，就把經國帶回溪口老家。這件事令蔣介石大爲不快，以致決心翌年把兒子送到上海唸書。

一九二〇年某日，蔣介石側室姚冶誠帶著一個四歲的小男孩來到溪口。這個小男孩就是蔣介石的養子蔣緯國。小孩的生父就是戴季陶，母親是戴氏流亡東京時結識的一個日本婦人。由於戴氏在國內已有家室，介石同意認養緯國。緯國和他視之猶如生母的姚媽媽，就在溪口蔣家宅子住下。此時，王太夫人已經病重，蔣介石和毛福梅依然維持正式夫婦關係。根據溪口當地人士的傳聞和緯國自己的說法，毛夫人和姚氏相處不睦。毛夫人讓她住到大宅子後面，一間原本儲放柴薪草料的小房間。緯國被跳蚤咬得很厲害，最後是他伯父出面，把姚氏和緯國帶到自己家住下。由於經國此時在奉化上學，兩兄弟並不常見面。然而，在緯國心目中，當年僅只十歲的經國已是不得了的人物。

註一：蔣介石異母兄長過繼給伯父，以及兄弟分產的故事，得自蔣緯國一九九六年六月五日於台北接受本書作者訪談所述。原書註六。

註二：丁衣，〈蔣介石婚姻生活考〉，香港《南北極月刊》一九七三年元月號。丁衣即是日後寫《蔣經國傳》遭陳啓禮等人刺殺的作家劉宜良（江南）早年另一個筆名。原書註十。

註三：《紐約時報》一九三六年二月十二日，第十二頁。原書註十一。

註四：蔣緯國一九九六年接受本書作者訪談，以及他在一九九七年過世之後發表的文件，都說蔣介石不是經國生父。緯國立論基礎是蔣介石一九〇九年沒有跟毛福梅見面，怎麼可能跟她生下兒子。然而，根據奉化方面蔣家王姓親屬一九九六年告訴本書作者，王太夫人攜媳婦到上海，似乎解答了這個問題。蔣介石也不可能接受毛福梅與別的男人生下兒子，把他視若己出。原書註十二。

註五：蔣經國登記爲瑞青之子，是蔣緯國一九九六年六月五日接受訪談時告訴作者的。孫義宣也證實這個說法（一九九六年五月十四日）。當年這種做法相當普遍。孫曾任蔣介石、蔣經國父子機要秘書。他的祖母是蔣介石的妹妹，太太是王太夫人家的親戚。原書註十四。

註六：陳潔如，《蔣介石的秘密過去》（Chiang Kai-shek's Secret Past, Boulder, Co: Westview Press, 1993），第八十三至八十五頁。原書註十七。

註七：寒山碧，《蔣經國評傳》（台北，一九八八）第二十三至二十六頁。另見柯洛齊（Brian Crozier）《丟掉中國的人》（The Man Who Lost China, New York: Charles Scribner's Sons, 1976）第四十四頁。陳潔如，前揭書，第三十三頁指稱，蔣介石告訴她，一九一六年他躲避軍閥刺客追殺時，結識青樓女子姚冶誠（譯按，另作姚怡琴）。蔣介石的養子緯國由姚氏帶大，視如己出。緯國聲稱姚氏是國民黨地下工作人員，見蔣緯國一九九六年六月五日訪談紀錄。原書註十八。

註八：蔣介石一九二〇年二月九日給經國的信，轉引自毛思誠，《民國十五年以前之蔣介石先生》（一九六五年，香港朗文版）第一〇五—一〇六頁。原書註二十七。

第二章　可教之子

蔣經國與祖母感情十分親密，王太夫人在六月四日溘然逝世，對十一歲的他是感情上極大的衝擊。然而，祖母辭世也使他有機會與父親有一段最長久、最親密的接觸機會。儘管國民黨內部鬥爭激烈，華南軍事局勢吃緊，蔣介石卻遵奉古禮服喪，在溪口守喪數個月之久。他在山上一間小屋靜思，將個人生活提升到新的境界，他正心誠意，修行起新儒家的理想，開始摒棄世俗享樂，在行爲上有更大的穩定，個性和社會環境也能融洽；對本身、對使命，充滿無限信心的蔣介石，儼然重生了！蔣介石此時已毫無疑念——堅信自己就是掌握「中國未來命運」的人！

蔣介石有一天帶著經國、緯國散步，回家後在日記記下：「經兒可教，緯兒可愛。」一九二二年給緯國的幾封信，字裡行間流露出現代父親溺愛子女的心情。譬如，其中有一封信提到：「近來我天天騎馬，而且騎得很愉快。將來我回家的時候，必定給你買一匹小馬，教你騎馬，我自己買一匹大馬，同你騎了遊行野外就是了。」

蔣介石寫這封信時，緯國只有五、六歲，以他年紀這麼小，加上剛被領養進門不久，足資證明父親對他寵愛有加，顯然緯國比起長兄更受父親疼愛。不過，蔣介石住在溪口家中，每天也都抽出時間和經國相處。父子倆有時利用傍晚時分坐上竹筏，沿著安靜的剡溪泛遊，欣賞鷺鷥抓魚，聆聽夏蟬爭鳴。然而，大部分時間，蔣介石自己沉思、讀書，思索軍事計劃，對毛夫人則不加聞問。經國對於雙親之間關係冷淡，已經習以爲常。

蔣介石把母親安葬之後，與姚氏協議分手，與毛夫人亦正式離異。起先，他告訴毛夫人不得再住在蔣家宅子，在她哭求之下，他才讓步。經國目睹這段對話經過。（註一）蔣介石寫給舅子毛懋卿的一封信，描述他對結縭二十年的妻子之感想是：「十年來，聞步聲，見人影，即成刺激……。」

蔣介石決定休妻，是因爲他熱愛上一個年輕女子陳潔如。陳潔如父親是支持孫逸仙的一個上海人。蔣介石一九一九年初識陳潔如時，她只有十三歲——照她自述。她的朋友說她像是十八歲妙齡。他一見鍾情，迷戀上她的青春無邪，甚至誘騙她到旅館，可是她機靈地跑掉。

一九二一年九月初，蔣介石一度回到上海，又見到陳潔如。這次，他決心娶她爲妻，或納爲側室——看你要相信那一種說法而定。陳母起先不肯答應，後來卻又答應。照陳潔如的說法，婚禮在一九二一年十二月五日舉行，此時她僅有十五歲。她的繼子經國，可只比她小四歲！

新婚蜜月期間，她就染上性病。蔣介石爲示痛改前非，立下重誓，今生不再喝酒、茶或咖啡。果然，從此之後，他棄絕喝酒，通常也只喝開水，不喝茶。陳潔如說，醫生把他們倆的淋病治好了。

十二歲的經國，進入上海萬竹小學四年級唸書，曾經有一段時間與陳潔如一起住在法租界聖母院路三巷九號。蔣介石大部分時間不在上海，她和經國建立起不錯的關係。他管這位只有十六歲的繼母，稱呼為「上海姆媽」。她既是他的大姊姊，又是他的少年繼母，影響到他此後一輩子對女性的羅曼蒂克理想化印象。

少年時期的蔣經國，蓄短髮，方臉像母親，額頭高像父親。當著父親面前，他拘謹有禮，相當緊張。蔣介石要求兒子每星期天要寫一封「兩三百字」的信給他，報告課業進修心得，兒子疏於寫信，必遭斥責。他建議兒子把他的去函保存下來，有暇就取出來反覆溫習。然而，他自己本人經常沒空寫信，就指示兒子要讀些什麼書。他繼續強調「四書」的重要性，尤其要求兒子要細讀《孟子》、《論語》、《曾文正公家書》和王陽明文集。孫逸仙的《三民主義》也列在書單之上，但是似乎沒有古書來得重要。蔣介石有時候也把自己批註、讀過的書寄給兒子。他建議兒子這些古書要「讀百遍以上」。

蔣介石也相當注意經國的書法，曾經規勸兒子。「你的書法尚無進步，每隔一天至少應該臨摹一兩百字。」顯然他也承認自己書法不夠俊拔，希望兒子能寫得一手好字。同時，他也一再強調要學好英文。他說：「現在時世，不懂英文，正如啞子一樣。」

一九二二年爆發的永豐艦事件，是孫、蔣關係密切的一個起始點。蔣介石回到廣州工作，發現陳炯明有叛意，向孫中山示警，孫沒有接受，他一怒辭職，又回到溪口。六月十六日，陳炯明果然進攻孫逸仙設在廣州市的總統府，蓄意殺害他。孫逸仙逃到珠江上的永豐艦，拍發電報到溪

口，受電文者是蔣緯國這個小孩子，電文說：「事緊急，盼速來。」當然，它是希望蔣介石兼程趕赴廣州。（註二）

蔣介石立刻坐船趕到香港，再租一艘汽艇溯珠江而上，六月二十九日，他趕到泊碇在黃埔小島的永豐艦，與孫中山會合。孫中山旋即在八月十四日避難到上海，並於上海會見共產國際代表馬林（Maring）。五個月之後，孫中山與蘇俄新使節越飛（Adolph Joffe）簽署聯合宣言，宣稱中國並不存在共產主義發展的條件，中國最高目標是國家統一、完全獨立。莫斯科承諾支持中國革命，包括協助孫中山改組他的政治組織——國民黨。孫、越聯合宣言引起國民黨內保守派嚴重關切，但是蔣介石是熱切支持親蘇路線的主要人物之一。

孫中山和越飛亦協商，國民黨要派代表到莫斯科考察軍事、政府和政治組織，以及取得軍火武器。孫中山指派蔣介石爲考察團團長。蔣氏在一九二三年九月二日率領另三名同志，抵達莫斯科，以近三個月時間遍歷蘇聯考察。蔣氏對所見所聞，印象深刻，尤其對政治指導員和俄共青年團的制度，鑄下深刻印象。他曾說過：「（共青團）這是蘇共最好的政策。」

三十年之後，蔣介石聲稱在蘇聯考察期間，已深信蘇維埃政治體制是「暴政、恐怖的工具」，蘇共的目標就是要把中國共產黨化爲它的工具。然而，在他訪蘇期間及回國之後寫給經國的信函中，並沒有批評蘇聯的文字，更不用說也沒有針對共產主義者的奸邪提出警告。當時人人都曉得剛成立的中國共產黨在上海快速擴張，吸收工人、學生入黨。但是蔣介石並沒有表現出他擔心兒子會受到共產主義毒素影響的說法。

孫中山本人不僅對於俄援開始注入國民黨大爲振奮，對於蘇聯亦寄予相當大的期望。蔣介石仍在蘇聯考察，共產國際新派來華的顧問鮑羅廷（Michael Borodin），已經來到廣州，立刻著手按照列寧主義路線，改組國民黨的政治、軍事機構，鮑羅廷本身亦以英文親撰中國國民黨新黨綱及宣言的草稿。一九二四年一月二十至二十四日舉行的國民黨第一屆全國代表大會，通過這項黨的基本改造方案，並且同意共產黨員可以跨黨，兼具國民黨和共產黨黨員身分。

全代會開會期間，俄京傳來列寧逝世的消息，孫中山唁電讚譽列寧是「偉人」。國民黨在這次大左轉之下，「一大」選出蔣介石爲黨軍事委員會委員，並參與在黃埔籌辦軍校。蔣在正式奉派出任黃埔軍校校長之後，親自邀請考察蘇聯時期結識的西伯利亞蘇軍總司令布魯徹（Blyucher，即加倫將軍，後被史達林整肅而死）將軍，擔任軍事總顧問。顯然他並不反對與共產黨有關係。

一九二四年五月三日，蔣介石接任黃埔軍校校長，主持開學典禮（譯按：黃埔開訓是六月十六日）。陳果夫銜命召募學生，又轉而向青幫求助。蔣經國原本經常到上海法租界陳家做客，現在因爲果夫經常不在家，立夫也在前一年赴美留學，就少上門了。

黃埔學生經歷三個月密集訓練就結業，一年下來培養出兩千名軍官。中國共產黨在軍校學生中吸收若干人入黨，譬如黃埔四期畢業的林彪即是。然而，絕大多數準軍官都非常效忠蔣介石。這些軍校生大部分出身農村地主家庭或城市家境富裕的人家。「黃埔系」成爲蔣介石日後二十五年的核心支持者，有若干人更追隨五十年，始終如一。

蔣經國在稍早的三月二十日，寫一封很有意思的信給父親，提議溪口的武山小學設立「平民」

免費夜校。

我對武山學校有一項建議，不知您是否同意。我建議在武山學校成立平民夜校，專收無力負擔上學唸書的人。我的學校已成立夜間學校，非常成功。這所夜校情況大約如下：

一、校名：武山平民學校

二、學費：免費，並供應文具

三、上課時間：夜裡七點至九點

四、年齡限制：十四歲以上

五、授課期限：十六或二十週

結業時，學員應能簡單寫字、計數；如果通過考試，則頒予證書。他們可以採用商務印書館印行的《平民千字文》做課本。我不曉得您是否會接受我的建議。如果在武山成立夜校，必能嘉惠地方人士。（註三）

經國給父親的這封信，語氣尊敬，可又非常坦率，沒有傳統孝順、謙卑的字句。然而，蔣介石冷淡地拒絕這項建議，指出溪口電力不足，農民早早就上床睡覺，而且他們也還不理解受教育的重要性。

六月間，距「一大」只有幾個月，國民黨內保守派第一次陳請中央清黨，把共產黨員逐出國民黨。根據一位友好的傳記作者所說，「蔣氏是少數認爲當此艱鉅時刻，必須團結對抗共同敵人」——華北軍閥——的人士之一。六月二十九日，蔣介石在黃埔公開演講，讚揚蘇聯共產黨：「俄國共產黨黨員樂意爲國家、百姓工作，不只爲個人利益做事。」

一九二五年一月，陳炯明再度進兵，企圖奪佔廣州。蔣介石率領黃埔師生馳援。雖然只接受幾個月的訓練，這支部隊配備俄國武器（包括大砲），英勇作戰，敉平亂軍。到了三月底，蔣介石已佔領整個粵東地區（譯按：東征之役）。就在勝利聲中，消息傳來，北上議和的孫中山因肝癌不治。

此時，蔣介石還不是國民黨中央執行委員，雖然聲譽鵲起，絕大多數觀察家和圈內人士，還不認爲他是角逐高層領導人地位的有力人士。他似乎專心致志以軍官身分效忠黨國。他屢次基於原則而辭職，更增正直的聲譽。不久，他出任廣州防衛司令，仍兼黃埔軍校校長。

經國小學畢業後，於一九二五年初升入上海浦東中學，當年春天，也就是孫中山逝世兩個月之後，上海爆發一波警方壓制民眾示威的流血風潮。五月三十日，三千名群眾圍住南京路一個警察分駐所，要求警方釋放被拘禁的學生。群眾高呼「殺死洋鬼子！」口號，湧向分駐所。一名英籍警官下令值班華、印員警開槍，當場打死十一名示威者，另有二十人受到重傷。根據《紐約時報》的報導，警方把事件歸咎是「中國布爾什維克黨人的活動，尤其是國民黨激進派」興風作浪——顯然影射經國的父親是幕後指使者；此時西方新聞界已稱呼蔣介石是「赤色將軍」。五卅事件的抗議又持續一個星期。

此時，經國受同學推舉，四次出來領導群眾活動。雖然若干作者述說經國是警局扣押的學生之一，可是上海的檔案紀錄裡找不到這項紀錄。上海、香港及其他地方紛紛爆發大罷工，抗議五卅慘案。《紐約時報》特派員撰發新聞，提出警告說，「激進黨」（國民黨）決心取消「外國人一切特殊地位、特權和治外法權」，又說日本也可能「與黃種人世界並肩對抗西方」。武漢的英國人組織義勇隊以機關槍對付數千名滋事苦力。廣州方面，六月二十三日，包括童子軍和黃埔軍校學生在內，大批示威群眾遊行經過沙面島外國租借地區，島上英國守軍向群眾開火，死者五十二人，傷者逾百。國民黨和共產黨組織人員趁勢招攬民眾入黨，中國共產黨員人數暴增兩倍，達到三千人左右。

政治熱潮迅速蔓延到湖南這類內陸省份的鄉村地區。五卅慘案發生時，毛澤東正回到湖南老家，照料垂死的母親。他立即與同志進入鄉村，組織農民社團。湖南軍閥派兵緝拿毛澤東，他迅即逃往廣州，被委任為國民黨中央宣傳部刊物《政治周報》編輯，並且主持一個培養訓練農民運動組織者的單位。一九二五年七月一日，國民黨宣布在廣州成立國民政府，推舉親蘇派人士汪精衛為新的中央政治委員會主席，掌握大權。汪精衛大有成為孫逸仙接班人的架式。國民黨現在即將面臨最大的挑戰——統一全國。

蔣介石在行將對付國內局勢之際，決定把經國送到好朋友吳稚暉這位著名學者，在北京新成立的學校唸書。這所小型學校位於南小街，教學兼採新、舊學。北京雖在軍閥馮玉祥控制下，學生的安全似乎並沒有問題。吳稚暉大概曾得到軍閥保證，國民黨學生也不會有危險。事實上，馮玉祥至少也有一名子女進入這所學校唸書。馮玉祥身材高大，說話絮聒，具有社會良知，同情國民黨。他再娶一位受過教育、信奉基督教的女士爲妻之後，成爲「基督將軍」，傳聞他以消防車水管把部屬統統施洗，命令他們信奉基督教。馮玉祥元配所生的兒子洪國和女兒弗能兩兄妹，日後在經國的人生遇合上扮演重要角色。

此時經國以「進步的革命黨人」自居。他到達北京後不久，國民黨籍的著名新聞工作者，上海大學前任副校長邵力子，介紹他認識許多共產黨人，包括身兼中國共產黨和中國國民黨中央執行委員的李大釗。

邵力子是中共地下黨員，旋即南下黃埔，成爲蔣介石的首席秘書。蔣經國很自然就與左翼學生打成一片，定期到蘇聯大使館看電影，與蘇聯大使館官員經常見面。此時，他開始萌生到莫斯科留學的念頭。

一九一七年革命以來，蘇聯已經提供軍事訓練和教育學習的機會給中國及遠東其他國家革命黨人。後來，蘇聯把幾個訓練學校合併，組成東方勞動者大學。一九二五年，蘇共決定單獨成立中山大學，專收中國留學生。蘇共中央執行委員會，偕同中國國民黨中央執行委員會，在中國共產黨中央委員會的參與下，甄選中山大學學生，國、共兩黨各自推荐若干學生做爲中山大學第一屆學生。（註四）

經國與幾位朋友決定申請，他要求吳稚暉推薦。吳稚暉問他爲什麼想遠適異國，經國答說爲了革命。吳大笑：「革命就是造反，難道你不怕嗎？」經國表示不怕。吳稚暉告訴他：「革命不是這麼簡單的吧，你再去考慮一下。」兩星期之後，經國又找吳稚暉，表示依然決心要去莫斯科。吳說：「你去試試也好，青年人多嘗試一次，都是好的。」不到一年的時間，吳稚暉成爲國民黨內反共最力的「西山會議派」主要成員，促成國民黨清共、與莫斯科決裂。但是，一九二五年夏天政治界、知識界的氣氛，與數個月之後的狀況大爲不同。吳稚暉並未勸阻蔣介石的兒子留學莫斯科，也沒有提醒他共產主義的可怕。

國民黨內的領導階層也發生劇變。八月二十日，中央執行委員會開會時，槍手衝進會場，狙殺左翼領袖廖仲愷。保守派涉嫌買兇。蔣介石領導一個三人委員會調查這樁政治暗殺事件。右翼領袖胡漢民雖然未被控涉入本案，卻被迫辭職。廖死、胡走，蔣介石不僅成爲革命軍的高階軍事領導人，也是黨內除汪精衛之外的政治強人。國民黨軍改編爲國民革命軍第一軍，蔣似乎爲了表態左傾，指派周恩來遞補廖仲愷的政治部主任職位。廣州許多支持國民黨的大地主、產業家、富商、保守派知識分子大爲震撼；許多人收拾行囊，避往上海和北京。

中國的政局因而益加混亂複雜，角色劇碼倍增。現在有了支持聯俄容共的國民黨左派；強烈反對聯俄容共的國民黨右派；奉莫斯科之命行事的中國共產黨；還有部分蘇共及中共黨員，則認爲與國民黨結盟之後將有大禍；投身與國民革命軍合作（換言之，與蔣介石合作）的蘇聯顧問；馮玉祥之類的軍閥，接受俄援、懸掛國民黨青天白日旗；也有與日本合作的軍閥張作霖、吳佩孚；還有盤據寧波、奉化之類的各省、各地軍閥，他們通常有如牆頭草，誰勢力大，就表面上奉誰爲正朔；更有一些激進派軍人，得到日本護翼，在東北割據一方。蘇聯在這場亂局中，許多利益亦不時互有衝突，譬如說，它既希望中國統一可以共同抗拒帝國主義者；又希望中國能出現布爾什維克革命；還希望避免刺激日本；更希望能在東北擴張蘇聯經濟利益。相形之下，西方列強對蘇聯、日本、中國共產黨及左翼當家的中國國民黨，也全都心存忌憚。

蔣介石並不相信共產黨人，不過他本來就不信賴太多人。雖然基於傳統價值，他傾向於排斥階級戰爭等等共產主義的極端主張，其實他最困擾的倒不是共產黨的政策。最重要的是嚴苛的政治動態：中國共產黨雖然與國民黨結盟，卻是政治上一股新興勢力與敵對組織。共產黨也跟國民黨目標一樣，不僅想恢復中國的統一和尊嚴，也想本身一手掌控權力。最讓他不安的是，中共受到北方強鄰蘇聯的支持。

蔣介石在一九二五年夏天並沒有打算把中共由國民黨廓清，也沒有計劃與蘇聯決裂。同理，史達林此時對國民黨的政策，只是理論上不同調，行動上並未另有陰謀。馬克思主義者認爲蔣介石和國民黨都是「民族小資產階級」，把他們視爲最終的階級敵人。然而，一九二四年之後改造的新國民黨，卻明明白白是個獨特的資產階級政黨，它明顯由親蘇的左翼領導人主導。畢竟其組織架構及意識形態均由莫斯科方面設計、修訂。國民黨、中國共產黨和蘇聯人士，互稱「同志」。中共和蘇共都認爲，共產黨員最後極有可能掌控住國民黨的領導機器，國民黨右翼人士將會分裂出去。孫中山日益親蘇，死前流露列寧主義立場強烈，益使他們認爲這種可能性極大。對於蔣介石，他們可就不敢這麼篤定，但是一九二五年夏天的蔣介石，似乎仍是蘇聯的好朋友，也是堅定的左翼人士。蔣介石可不是和鮑羅廷、布魯徹合作愉快嗎？他不是公開讚揚蘇聯共產黨嗎？他不是才委派周恩來出任國民革命軍第一軍政治部主任？他不是即將要送兒子到莫斯科留學嗎？

甚且，在歷史的這一刻，史達林的主要目標是推動中國統一，讓中國反帝國主義，與蘇聯親善，並做爲對付英、日的緩衝。由於以中共爲首領導統一中國的可能性還未確定，與勢力強大、日益左傾的國民黨合作，似乎是莫斯科達成目標的可行辦法。

一九二五年夏天，蔣經國前往黃埔謁見父親，討論赴莫斯科唸書的計劃。經國在見父親之前，先去探望已經是二十歲的美婦人「上海姆媽」陳潔如，向她報告自己有意前往莫斯科，請她向父親先爭取同意。

據陳潔如的說法，蔣介石起初一口就駁斥這個念頭，罵兒子「朽木不可雕也」。蔣又說，他負擔不起經國的留學費用。陳潔如替經國講話，好不容易才說服她丈夫點頭同意。如果蔣介石當時已隱伏強烈的反蘇、反共念頭，一定會跟他的好友、結拜兄弟陳果夫（譯按：蔣與陳果夫叔叔陳其美〔英士〕拜把，果夫是蔣親信副手，應該不是拜把兄弟）討論兒子有留學莫斯科的想法。不久之後就是國民黨內最積極反共的陳果夫，聽到經國的計劃不但毫無警告之意，還答應替經國準備厚重保暖衣物。果夫的弟弟立夫當時正在美國留學，一九九六年接受本書作者訪問時表示，他了解蔣介石爲什麼允許兒子前往俄國——「他當時需要蘇聯的支持。」（註五）蔣介石在一九二五年十月一日的日記簡單記述：「我再次提示經國。我決定允許他到俄國進修。」送兒子到莫斯科留學，符合蔣介石的政治和事業利益，也相當吻合他當時的意識形態傾向。不過，蔣介石倒是建議只有十五歲的經國，出國之前應先成爲中國國民黨黨員。

註一：一九九四年俄羅斯Russian Tele-Radio（RTR）電視台，由製作人澤里金（Samariy Zelikin）製作的紀錄片《易膚之人：經國先生特殊身世》（The Man Changes the Skin, or the Life and Extraordinary Metamorphoses of Mr. Ching—kuo）。蔣經國一九三五年給母親的一封信，提到毛福梅懇求留住在蔣家宅子這段事，但是經國日後宣稱這封信是在被迫之下寫就。見《紐約時報》一九三六年二月十二日第十二頁。

註二：孫中山以緯國爲受電人，急電召請蔣介石趕到廣州，這是蔣緯國一九九六年六月五日接受本書作者訪談時告訴作者。

註三：這封信現存於南京第二檔案館。

註四：嚴靈峰是中國共產黨推薦，於一九二六至二八年在莫斯科中山大學讀書的一個學生。見他一九九五年八月三十日在台北接受本書作者的訪談紀錄。

註五：陳立夫一九九六年五月二十九日在台北接受本書作者的訪談紀錄。

第三章　紅樓一夢

一九二五年十月底，蔣經國和友人登上泊碇在上海江灣的一艘蘇聯貨輪。他住的艙位原先是做運載牛隻之用。船還沒開動，他已經反胃欲吐，起了放棄成行的念頭。但是，看到同行友人強自撐著，經國曉得身爲「黃埔軍校校長的兒子」，可不能半途而廢。不久貨輪開動，沿著擁擠的黃浦江下行，經過西岸櫛次鱗比的歐式建築物，臭氣沖天的蘇州河，以及綿延數英里的骯髒工廠和船塢。學生們唱起《國民革命歌》和《國際歌》。不到一小時，船已開進混濁的長江口，最後開進了碧藍大海——東海。蔣經國此去十二年之久，不曾再踐履中國國土。

九十名學生乘客之中有位十八歲的姑娘張錫媛，她在一年之內就成了鄧小平的愛人。蔣介石的首席秘書、地下共產黨員邵力子的兒子邵志剛，還有另一位十八歲的安徽青年共產黨員陳紹禹也在船上。陳紹禹在中國共產黨內使用的化名是王明，日後成爲蔣經國和毛澤東的大敵。

學生們組成小團體，一起開會、討論、研究和進餐。經國第一次過團體生活，覺得高興又充實，大夥兒討論往往持續到夜裡，他有機會閱讀布哈林（Nikolai Bukharin）著作的《共產主義

ABC》，這是他第一次接觸到這類議題的書籍。幾天之後，學生們在海參崴下船，十月三十一日搭上一班「普通列車」前往莫斯科。

火車蒸汽引擎燃燒木頭啓動，艙位沒有暖氣，也沒有餐車。車上不僅飲用水結冰，就是廁所也是蹲坑式，沒有衛生紙，也沒水沖——一樣結冰。火車沿途頻頻靠站，既要裝載木料，也要接運新乘客。這時候，中國學生就急著跑去買食物、喝水，甚至急著如廁。（註一）儘管天寒地凍，條件惡劣，經國和許多同伴依然熱情澎湃。有些車站出現工農代表，高舉「中國革命萬歲」、「中蘇合作萬歲」的牌子，歡迎他們，甚至往往在車站月台旁舉行遊行。俄國人和這些中國學生牽手一起遊行，還高唱「前進！黎明就在前頭！」

俄國大革命發生在八年前，可是令人有恍如隔世之感。戰爭、革命、暴虐、飢荒，無情地橫掃全俄。列寧死後，建設社會主義新世紀，究竟應採取漸進手段，還是激烈手段的問題，使得蘇共領導階層分裂——或者換個更精確的說法，使得爭奪權位的領導人藉意識形態的名目，行政爭之實。爭議的根本重點在於：社會主義能在資本主義世界帶有敵意環伺之下的一個農民大國中建立起來嗎？由這個議題又引出另一個問題的爭辯：在殖民地國家或是中國這樣的次殖民地國家，蘇聯應該支持類似中國國民黨這樣的反帝國主義、具有民族主義資產階級色彩的革命，還是只能支持由共產黨人領導的革命？

如果你相信蘇聯能獨力對抗資本主義的包圍環攻，蘇聯農民可以做爲建立社會主義的基礎，接下來所有進步民族（不只是蘇聯人民）的當務之急乃是擁護、鞏固蘇聯的革命。在這場辯論中持右翼立場人士的首領，即是《共產主義ABC》作者布哈林，他相信社會主義可以、也應該在現有的混合經濟基礎上漸進建立，工業成長及朝向社會主義的進展，要依賴消費者市場的擴張，而消費者市場擴張將導致農民累積私有財產。這個過程將提供必要的資本，以備工業快速發展。因此，農業與工業可以攜手並進。

左翼人士以托洛斯基（Leon Trotsky）爲首，擔憂蘇聯社會受到資產階級化惡劣影響，也就是受到物慾污染腐化。托洛斯基堅持俄國農民不可能是好共產黨員，因此要在蘇聯完全實現社會主義，就必須在更先進的開發國家，成功完成無產階級革命。托洛斯基的這套政策被稱爲「不斷革命論」。

史達林則站在中間立場，既要挫弱托洛斯基，又要與右翼結合，以鬥垮左翼。一九二四年初，史達林已罷黜托洛斯基的作戰部人民委員（譯按：相當於國防部長）職位，使他不能再掌控紅軍部隊。然而，蔣經國一行人抵達莫斯科時，已經是托洛斯基失去軍權近兩年以後，托洛斯基和追隨他的「左翼反對派」，依然堅持信念，不肯認輸。

十一月底，這群士氣昂揚的中國學生在寒風凜冽下抵達莫斯科中央車站。中山大學校長拉狄克（Karl Radek）親率學校幹部到車站迎接，大夥兒上了巴士來到瓦和納街（Volkhona Street）十六號的中山大學。學校設於一座不起眼的四層樓樓房，房間約一百間，大樓前一排樹的樹葉早早落光。不遠之處，就是已經結冰的莫斯科河。經國等中國學生透過大門，可以看到基督救世主大教堂的圓頂。往後的歲月裡，中山大學學生晨間就在教堂前的大廣場運動健身，閒暇時就在它漂亮的花園裡散步，討論政治。

校方爲學生們取俄國名字，蔣經國此後就是尼古拉・維拉迪米洛維奇・伊利札洛夫（Nikolai Vladimirovich Elizarov），陳紹禹則是古路比夫（Golubev）同志。幾天之後，學生們參加中山大學正式開學典禮。禮堂懸掛列寧與孫中山肖像，和中國國民黨黨旗、蘇聯國旗。開學典禮由托洛斯基主持。他在讚揚國民黨和蔣介石領導的中國革命之後，話鋒一轉：「從現在起，任何俄羅斯人，不論他是同志還是公民，若是蔑視中國學生，就不配是俄國共產黨員或是蘇維埃公民。」

托洛斯基指的是俄羅斯人對蒙古人、中國人傳統上的種族歧視態度。譬如說，蔣經國和其他學生有時在街上會遇到俄國人攔路問話：「朋友，你要買鹽嗎？」他們後來才了解，俄國人提到的是居留俄境中國人有一項舊習俗——一旦有人過世，就買鹽塗裹屍身，送回中國老家安葬。

中山大學依照俄文字母簡稱「孫諾夫卡」（Sunovka），學生依黨籍、年齡和教育程度，分成十一班，每班三、四十人。第一優先的課程是俄國語文和討論共產主義及帝國主義的入門課程。它還教授一些實務技能，如何滲透到政府機關和軍隊組織，如何製造農民運動和勞工運動。夜裡，學生往往被帶到劇院觀賞敘述英、美帝國主義者如何侵凌、欺侮中國人的戲劇。

每個學生都要寫日記，記下自己的政治活動和思想，包括自我批判和批判其他學生，並且在會議中公開朗讀日記內容。（註二）蔣經國非常積極參加學校所有的政治活動，在這些批判與自我批判活動中也都不落人後。

若是比起俄國當時經濟殘破，物資困窘，中山大學學生的生活條件相當不錯。早餐有蛋、麵包、奶油、牛奶、香腸、紅茶，偶爾還供應魚子醬。學生吃膩了俄國口味，校方還雇一名中國廚子做飯，讓學生可以選擇吃俄國菜或中國菜。

每次蔣經國到電影院，都可以看到新聞影片播出他父親和國民革命軍遊行的鏡頭。《眞理報》、《消息報》（譯按：《眞理報》是蘇聯共產黨喉舌，《消息報》是蘇聯政府機關報。）和莫斯科廣播電台經常讚揚蔣介石和國民黨。經國頗以父親爲榮。中山大學每個中國學生都曉得年紀最小的經國。就是大名鼎鼎的蔣總司令的兒子。蔣經國很快就加入中國共產主義青年團，十二月間又申請加入俄共青年團。他寫了一篇文章〈革命必先革心〉，被中山大學貼上布告欄《紅牆》，校方十分欣賞這篇文章，拔擢這位年僅十五歲的作者做爲《紅牆》的編輯。

此時，托洛斯基的世界觀主導著中共旅莫支部委員會和中國共產主義青年團莫斯科支部。同時，中山大學的歐洲教師群亦不乏托派人物。校長拉狄克是俄裔波蘭革命者，列寧一九一七年秘密趕回聖彼得堡芬蘭車站時，拉狄克是隨行親信之一，現在他支持托洛斯基和左翼反對派。至於副校長米夫（Pavel Mif）則支持史達林，顯然是奉派來監視拉狄克的。

拉狄克身材短小粗壯，長得一副「猿猴臉」。額頭高，聰明外露，戴著厚厚的近視眼鏡，不時露出笑容。一個中國學生生動地形容這位無政府主義者的形貌：「他的近視眼十分嚴重，不戴眼鏡就不能走路。他經常頭不梳、鬍不剃，每天一襲深灰色衣服，似乎永遠不換。也不管菸斗裡有沒有菸草，永遠叼著一根菸斗。」

拉狄克比蔣介石長兩歲，立刻成爲經國的父親角色。他教導蔣經國這班學生中國歷史，也常找經國私下討論。拉狄克滿懷著社會主義革命若要存活，就必須向世界各地散布的想法，視蔣介石這個兒子是中國革命運動未來的領導人，也是世界革命的領導人。他鼓勵經國展現出革命人物的大膽、進取，他說：「身爲年輕的革命黨人，你第一必須勇敢；第二，必須努力不懈、積極進取……不能按部就班，循序而進，這不是革命黨人應有的精神。第三，你永遠不應退卻。」

拉狄克說，西方資本主義者利用壓榨殖民地和類似中國的次殖民地的剩餘利益，使本身的「工資奴隸」勉可餬口，因而避免了無產階級革命。因此，中國若要爭取國家自由，就得靠資本主義國家工人的奮鬥，來轉移和挫弱帝國主義者的力量。

另一個教授普里哥金（Prigozhin）提供托派文件給蔣經國等若干學生。蔣經國成爲接受托洛斯基正統立論主張的學生之一。他和一些年輕的左翼中國學生認同托洛斯基的主張，認爲共產國際必須以推動帝國主義國家的無產階級革命爲最高優先要務，否則歐洲、日本等強人的資本主義帝國，將會壓制中國這類落後社會的馬克思主義運動，從而摧毀了社會主義祖國本身。

此時的中國，北洋軍閥爆發戰爭，產生新的合縱連橫局勢，莫斯科的中國青年學生聽到馮玉祥倒戈，和張作霖、吳佩孚抗爭的消息，大爲振奮。然而，馮玉祥進佔天津，兵力過於分散，旋即被迫放棄北京。

一九二六年一月十二日，一位中國共產黨籍學生來到中山大學報到。當年二十一歲的鄧小平直接由巴黎轉來莫斯科；他在巴黎已居住五年，因爲負責主編一份油印周刊《赤光》（Red Light），得到「油印博士」的綽號。鄧小平被校方取了俄國名字伊凡·舍吉維奇（Ivan

Sergeevich)，但是不到幾星期，由於他的用功，又得到「小鋼砲」的渾號。鄧小平由於在巴黎有過一段奮鬥的歲月，在中山大學既有特權、也十分用功，他找到一個店鋪可以買到他喜愛的法式牛角麵包，也偶爾跑到俱樂部打打橋牌。

據中山大學畢業同學的說法，鄧小平和蔣經國分配在同一班，共有二十人；鄧是中國共產主義青年團的小組長，因而負責評估所有團員的意識形態和表現。（註三）可惜我們迄今還未看到他對蔣經國的評語報告；不過，鄧、蔣兩人顯然交情不錯。鄧小平身高勉強才五呎，比蔣經國還矮，兩人因體型相近，反倒倍覺親近。蔣經國經常藉著莫斯科河邊散步的機會，向鄧請教他在巴黎的經歷。於是鄧寫了幾篇文章，談論他在法國的工作經驗，交給蔣經國的《紅牆》發表。鄧小平與張錫媛熱戀——張父是鐵路局的一位主管，張本人則是與蔣經國一道跋涉到莫斯科的青年學生之一。

同年一月，陳果夫的弟弟立夫完成留學美國的課業，取得工程碩士學位，並於賓州某煤礦場有了一年實習經驗，回到廣州。陳立夫接受出任「介石三叔」機要秘書的工作。這位年輕、英俊的留美歸國學生，立刻見識到蔣介石的火爆脾氣；他向蔣報告說，他願意效忠三叔，但是如果蔣再破口大罵人，他立刻辭職走人。蔣介石保証以後不再罵髒話，果然此後二十五年都遵守承諾。陳立夫也果然如同兄長一樣，忠誠追隨蔣氏，日後成爲國民黨內的要員。

陳立夫的一部分工作就是過濾情報報告。他說，因此「他非常了解共產黨的勾當」。這些材料來自於陳果夫在青幫協助下佈建成功的線民網，陳氏兄弟把蔣氏在廣州及其他地區的敵人及潛在敵人之資訊，源源不斷提供給蔣。三月十八日，中國共產黨執委會一名成員向蔣密報，有人醞釀陰謀對付他。兩天之後，國民革命軍的砲艇「中山艦」（譯按：即永豐艦改名）突然神秘地由廣州開往黃埔，甲板上的砲亦卸下砲衣。蔣介石當機立斷，採取行動，逮捕中山艦艦長（譯按：黃埔軍校畢業生李之龍）、船員以及周恩來等二十五個共產黨員。此時，蔣已牢牢掌控國民黨的軍、政大權。他向蘇聯方面擔保，無意破壞與蘇方或中國共產黨的合作關係——他只是對付犯錯的個人。他要求回到莫斯科開會的鮑羅廷提早回廣州，也請已經奉命回國的布魯徹將軍，再回廣州復任高級軍事顧問。蔣氏並發表公開信，昭告黃埔軍校學生，他和孫總理一樣，相信若不能容共，革命陣線就不能統一，他釋放了早先扣押的周恩來等一千中共黨員，並逮捕若干右翼軍官，以示平衡。

蔣介石原本認定國民黨的聯俄容共政策，不致於嚴重威脅到本身的優勢。但是，在中山艦事件爆發之前，他已接到陳氏兄弟提供的報告，起了疑慮，遂採取行動，掌控住他在同盟中的權勢。同時，蔣氏了解，北伐要成功，蘇聯的物資援助非常重要。因此，何時、如何與共產黨絕裂分手，要視事態發展而定。在蔣氏的盤算裡，國共合作也可以無限期持續下去，只要蘇聯和中共不挑戰他的權力就行。

事實上，蔣介石此時的世界觀依然十分左傾。我們可以從他和兒子在中山艦事件爆發前的信函往來中，看到這個左傾觀點。二月十二日，經國向父親問起，日前來函似乎反映出「不脫離宗法社會的語意」，他請父親說明孫中山先生的民生主義和共產主義之間的關係，究竟如何。蔣介石答說，前一封信裡的舊式思想，意在測試經國，他很欣慰兒子本身的「思想、語言」，都很「正確」。他進一步解釋說，孫中山的民生主義就涵蓋了共產主義。他說，中國革命「只有在成為世界革命的一部分」之下，才有意義。

蔣介石三月十六日發出的信函，支持兒子加入中國共產主義青年團的決定，並表示國民黨和共產黨原是「革命同志」。蔣介石曉得蘇聯秘密警察一定會攔截、閱讀他給經國的信函，恐怕也刻意要在信中如此表態。但是，它也充分反映出蔣介石在針對中山艦事件採取行動之前四天，仍然持有激進立場。

儘管發生中山艦事件，共產國際同意繼續與國民黨結盟合作。中共領導人雖然希望與國民黨分手，仍再度服從共產國際的決定，繼續維持國共合作。史達林最關心的是，如何犧牲中國東北權益，討好日本人（托洛斯基此時的態度與史達林無異）。蘇共政治局接受「今後南滿仍由日本掌控」，也同意蘇聯應與控制東北及華北部分地區的張作霖，維持「和平、穩定的關係」。史達林明白表示，此一階段的國共聯合陣線應該極力排斥以積極軍事行動統一中國的主張，也要迴避可能把「帝國主義者推向軍事干預之路」的一切行動。

一九二六年夏天，蔣介石出任國民革命軍總司令，吳稚暉代表中央授旗。陳果夫出任國民黨中央組織部部長此一要職。陳果夫在弟弟及他人密切配合下，開始改組廣東及鄰近省份的國民黨黨部，把多數中共黨員革掉領導職位及一些基層職位。陳果夫開始把他們的秘密「政治組織」滲透進入工會、農民協會及中國共產黨之內。七月，蔣介石說服廣州總商會，以大筆金額捐助國民革命軍。蔣掌握住豐厚財源之後，開始北伐行動，要把全中國統一在國民黨旗下。蔣氏面臨十倍於國民革命軍兵力的各路軍閥部隊。

蔣經國仍以相當正面的角度看待中國的局勢發展。他了解，他的父親必須堅實掌握力量，對付廣州的異議人士。中共黨員認爲中國的革命，以及中國國民黨，終究要由他們的前鋒黨接管；蔣經國和他們看法不同，他相信，國民黨在他父親領導下，不僅將會擊敗帝國主義、統一中國，也將完成無產階級的馬克思主義革命。中國共產黨在這個大局勢之下，將是配角，最終將由國民黨這個眞正的前鋒黨，把它吸收、整合。

蔣經國在中山大學的中文期刊上發表一篇〈中國國民革命與中國共產黨〉的文章，抨擊中共阻礙革命事業，在國民黨內散播紛爭的種籽，集結遊手好閒、流浪漢起來反抗國民黨部隊。他指控中國共產黨進行滲透活動，擴大控制地區，並建立自己的武力。蔣經國認爲，中共替中國眞正的革命力量——他父親領導的國民黨，帶來麻煩。（註四）他與中國共產黨的關係自此開始惡化，也是可想而知的。

十月，史達林把托洛斯基逐出蘇共政治局，譴責托洛斯基及其追隨者是社會民主黨偏離份子。可是，中山大學絕大多數中國學生、拉狄克以及若干老師，依然贊同托洛斯基的「不斷革命論」觀點，同學們開始稱蔣經國是托派的組織者。接著，消息傳來，蔣介石不顧蘇聯反對，率領人數微寡的國民革命軍，跨出廣東，展開北伐。蔣介石正是拉狄克經常鼓吹的革命黨人大無畏的表率。

大約就在這段時間，蔣經國處於早熟的十六歲青春期，也有了一段羅曼史。他和馮玉祥的十五歲女兒馮弗能墜入情網。（馮弗能和哥哥馮洪國在五月間抵達莫斯科）馮弗能寫了許多情書給男朋友，芳心暗喜這樣一位優秀學生關心她。（註五）當時，中山大學男生人數遠遠多於女生，而且絕大多數男生都比經國年歲要大，他竟然能獨獲美女芳心，的確在同學群中成爲轟動一時的大新聞。

蔣經國身材並不高大，在同學裡也稱不上英俊貌美，但是他具備農家子弟雄獷的面貌。雖然依然瘦削，他已練就一身強壯體魄。同學們都說他幽默風趣、活力十足、信心堅強。跟在上海唸書時期一樣，他是個天生的領袖，能高瞻遠矚，看清目標，鼓勵同儕努力達成目標。

中山大學少數已婚的夫婦檔學生，起初被迫分開居住。男生住在中山大學校內，女生則安置在彼得洛夫卡街一個舊俄貴族的宅第。在學生抱怨之下，校方一邊開始興建夫妻宿舍，一邊設立「幽會室」，供夫妻檔學生燕好之用；未婚的革命情侶也偶爾利用幽會室談情說愛。

蔣經國和馮弗能的幽會乃是此後他一連串羅曼史的開端。然而，他只追求與他地位相當的女性，不像他父親多年來淨與一些煙花女來往。蔣經國自幼在呵護得無微不至的女性照料下長大，到了青少年時期，又碰上年紀足可當他女朋友的年輕「上海姆媽」，對於女性，他有種崇拜的浪漫憧憬。終其一生，他都在追求完美的愛，且發現追求的過程遠比達致目標更留下美好記憶。

蔣經國和馮弗能旋即決定成婚。當時在莫斯科，結婚是很簡單的程序，甚至根本不必辦理婚姻登記，男女雙方情投意合，同居一起，就算成婚。當年（一九二六年）中山大學的學生名冊上指出，妮芝達諾娃（Nezhdanova，馮弗能的俄國名字）是「伊利札洛夫（蔣經國）之妻」。我們猜想他們也分配到一間夫妻檔的新宿舍。由於馮弗能並不是積極參與政治活動的學生，蔣經國的一些社會主義派友人，並不贊同他們倆的結合。（註六）

蔣經國和馮弗能小倆口經常前往莫斯科的中國工人俱樂部，那裡有全市蒐藏最完備的中文報紙；他們邊喝茶或開水，留心中國的局勢發展。蔣經國好幾次被請上台，就國內局勢發表演講。有一次，他對三千名莫斯科市民，以「中國（國民黨）北伐的目標及其最後成功」爲題發表演講。後來，又對三千五百名鐵路工人以同一題目演說。

蘇聯原本擔心中國在國民黨領導之下統一，將會刺激日本與英國干預，現在疑慮已消。蔣介石在蘇聯武器援助和布魯徹將軍協助下，用兵神速，向北進伐。戰役往往十分激烈，傷亡人數很高，但是長沙首先克復，武漢三鎮旋即落入國民革命軍手中。蔣介石部隊打到長江時，已有三十四個各地軍閥見風轉舵，加入國民黨。這批雜牌軍日後對國民黨的發展，福禍難以一概而論。

一九二六年八月，莫斯科報紙報導，蔣介石部隊攻佔華中重鎮長沙之後宣稱：「革命要成功，就必須聯俄以推翻帝國主義……中國革命是世界革命的一環……」蔣介石此時很可能還相信，蘇聯仍將繼續支持類似中國境內的反帝鬥爭，不會從中混水摸魚。莫斯科方面絕大多數人非常認眞看重蔣介石這番革命言論。蔣經國尤其認爲它們証實了他心目中的父親，乃是眞正的列寧信徒，甚至是托派的信徒。

然而，國民黨的軍事指揮官在戰場上的表現，可不像左派人士。中共的煽動家在國民革命軍部隊之前，先到地方上組織農民及工人團體。可是，國民黨將領一旦佔領某地區，立刻推翻原先沒收土地的決定，並取締解放區內由中共組織起來的各式團體和工會。周恩來培訓出來的政治幹部在國民革命軍部隊中據有團級以上的職位。理論上，他們的權位高於這些第一線指揮官。可是，前敵指揮官一再不理會政工人員的命令，三月二十日之後，又自己派人換掉周恩來培訓的幹部。中國共產黨決定，命令在國民黨地區任職的中共黨員，辭去政府公職，不願對各地情勢發展承擔責任。然而，共產國際推翻這項決定。

蔣介石可以信賴國民革命軍中絕大多數的高級將領，可是共產黨員和左翼人士在國民黨中央裡勢力較大。蔣介石八月十二日離開廣州之後，這些人的影響力迅速增長。國民黨內自由派人士（包括孫中山的遺孀宋慶齡在內）越來越擔心，蔣介石意圖建立軍事獨裁。政治顧問鮑羅廷留在廣州，在左派人士之中扮演重要角色。十月間，宋慶齡等中央執行委員在廣州開會，通過決議暗批蔣介石緊抓政治大權。十一月，中執會表決把黨中央和國民政府移到比較左傾的工業重鎮武漢，不接受蔣介石屬意的南昌（蔣的軍事總部此時設在南昌）。

武漢開始出現傳單，拿蔣介石和墨索里尼相比擬。但是，莫斯科的報紙和紐約等地的馬克思主義刊物，繼續讚揚蔣的戰果。史達林在十一月間舉行的共產國際第七屆大會上，引用北伐成功，做為他政策得當的証明。史達林相信，國民黨會聽命行事，在國民黨領導下統一的中國，將會回應他的政策和利益。甚且，他相信國民黨的領導權，「無可避免」將落到勞工階級手中，中國的資產階級將會出走，或被清掃出國民黨陣營。地緣政治考量亦激勵史達林必須支持越來越強大的國民黨。史達林依然認為（他的看法正確），中國統一之後將刺激日本堅定掌握整個東北地區之霸權。當蔣介石向北挺進之際，史達林開始認為，在中國積弱、分裂之下，日本的擴張主義野心恐怕會更強大。因此，南方若出現國民黨一再擔保的友好強鄰，乃是符合蘇聯利益的發展。國民黨事實上亦派員以「副會員」身分出席十一月間在莫斯科舉行的蘇共黨代表大會。代表蔣介石向俄國「同志」提出報告的代表，不是別人，正是蔣介石的首席秘書邵力子。

一九二七年一月，鄧小平離開莫斯科，加入「基督將軍」馮玉祥部隊，擔任顧問。他回國的時機正是中國局勢大動盪的緊要關頭。桂系將領白崇禧、李宗仁率領的一支國民革命軍部隊剛剛解放了蔣介石的故鄉浙江省，通往上海之路已經敞開。起先，武漢的國民黨中央（包括共產黨人在內），希望繼續往北京進軍。蔣介石則堅持先攻略上海。如果他能掌握上海，就能掌握龐大的財政資源，可望獲得列強承認國民政府，也就不再需要事事仰承蘇聯鼻息。蔣介石部隊未經激戰，就在三月二十一日佔領上海。

中國傳來的消息，共產黨組織人員在前線迭遭迫害，國民黨持續右傾，托洛斯基和拉狄克對此起了警覺，托洛斯基首次公開主張，中共要和蔣介石及右派國民黨完全決裂。然而，他依然認定，中共不能放棄對左派國民黨人主導的武漢國民政府，以及仍在武漢政府掌控下的國民革命軍部隊之支持。拉狄克立刻遵循托洛斯基路線，要求中共和左派國民黨人攜手，從蔣介石及右派手中奪回控制權。到了三月底，拉狄克已大膽預測，蔣介石會對付共產黨人、背叛革命。

此時的蔣經國相當徬徨，他心儀的蘇聯英雄托洛斯基和拉狄克，成為他所敬仰的父親之政敵，而史達林和蘇聯官方媒體繼續替國民黨結盟辯護，也替國民黨領導人辯護。北伐軍佔領上海的消息傳到莫斯科時，俄國首都報紙出版號外，興奮的群眾擠滿街頭狂歡。中山大學學生也開會歡慶，並拍發賀電向經國的父親恭喜。蔣經國一馬當先，站在學生隊伍前排，率領數千名工人在共產國際總部前集會，群眾活動持續到深夜。此後數天，中國學生走到哪裡，都受到民眾歡呼喝采。俄國女郎還跑到中山大學，願意以身相許這些年輕的革命黨人。此時，由左派控制的國民黨中央執行委員會在武漢召開會議，發布命令，要求蔣介石總司令接受軍事委員會節制。中執會又把蔣在黨內的職位轉移給其主要對手汪精衛。這一來，局勢急轉直下。蔣介石可能直到三月底，都還未能下定決心鎮壓中國共產黨。他與陳果夫兄弟、戴季陶、吳稚暉等一小撮親信，就當前嚴峻態勢密商對策。

汪精衛在四月一日抵達上海。翌日，吳稚暉顯然在蔣氏知情之下，向國民黨中央監察委員會秘密會議提出一封信函。中央監察委員會雖然只是顧問備詢單位，卻由保守派人物居主導地位。這封信開門見山，直言建議把中共黨員「清除」出國民黨。中央監察委員會無異議通過這項清黨提案。決議案要付諸實行，必須蓋上黨部關防大印，可是關防大印在武漢；陳立夫於是設法在上海複製一顆黨部大印。

四月五日，奉系軍閥張作霖的部隊在北京闖進蘇聯大使館，逮捕藏身其內的中國共產黨員，扣押藏有秘密文件的保險箱。文件詳載蘇聯涉入中共之地下滲透活動，及近來之街頭群眾運動的狀況。張作霖把二十名逮到的共產黨員絞死，其中最有名的就是李大釗。蔣經國在北京唸書時，就認識李大釗，且相當佩服他。

國民黨的中央監察委員會在上海再度開會，成立一個委員會，執行清黨任務。清黨始於一九二七年四月十二日。根據陳立夫的說法，國民黨並沒有和青幫正式訂下合作計劃，但是「策劃、執行清黨的一個主要人物是楊虎；他是青幫領袖」。楊虎「把我們的建議傳遞給（青幫領袖）杜月笙……青幫就採取行動」。軍隊進佔總工會會所，射殺在會所和街頭反抗的工人。國民黨部隊把共產黨工人糾察隊解除武裝，沒收三千支步槍。次日，軍隊向街頭抗議群眾開火，接下來就是動刑殺人。周恩來也被逮捕，但是他設法逃走。傳說是白崇禧放走周恩來。四月十五日，蔣介石下令廣州也執行清共。陳立夫的結論是：「剷除內部敵人，手法相當殘忍。我必須承認，許多無辜者也被殺害。我們付出慘重代價。」

莫斯科中山大學學生正在籌劃慶祝五一勞動節；蔣介石和馮玉祥的肖像在學校附近到處都是。群眾在五一當天遊行經過紅場，舉著馬克思、列寧、史達林及其他社會主義知名人士的肖像，蔣介石也是其中之一。蔣氏乃是世界革命運動的英雄，全世界共產黨人的報紙無不同聲歌頌這位紅色將領的事跡。

但是，中國學生並不清楚史達林對支持蔣介石有一番嘲諷解釋。四月六日，針對托洛斯基及其他批評者的抨擊，史達林覺得有必要作答，對莫斯科的黨部工作人員發表談話，他在這項沒有公布的談話中提起中國問題。他向聽眾重申，國民黨就「好像革命議會」，有左派、右派，也有共產黨人。他問說：「當右派對我們有效用時，爲什麼要趕走他們？當他們沒有用處時，我們就會擺脫他們。」接下來，他講出他對蔣介石的印象——「像檸檬一樣擠乾、丟掉」。

六天之後，從中國傳來的消息衝擊了莫斯科，蔣介石已先發制人。中山大學學生聞訊，不敢置信。詳情逐漸明朗，學生們轉而動怒，迅速召開會議，蔣經國走上講台，宣稱「不是以蔣介石兒子身分發言，而是以共青團員之子的身分講話」。他口若懸河，譴責他父親是「叛徒、殺人兇手」，贏得聽眾如雷的掌聲。（註七）接下來，他發表一篇聲明，俄國報紙把它刊登在頭版之上。他說：

> 蔣介石是我的父親和革命友人，現在卻是我的敵人。幾天前，他已經不再是革命黨，成了反革命分子。他對革命說盡好話，時機一到卻背叛了革命……打倒蔣介石！打倒叛賊！（註八）

繼這項譴責之後，《消息報》在四月二十一日刊載一篇題爲〈父與子〉的文章，摘錄蔣經國給父親的公開信，他在公開信中說：

> 介石，我不認爲你會聽到我要說的話，你也可能根本不想讀到它們。但是，不管你讀不讀到，我都要寫出來。今天，我要重覆你曾經在信裡告訴我的話，謹記住「革命是我所知道的唯一要務，我願意爲革命赴湯蹈火……。」現在我要說，革命是我所知道的唯一要務，今後我不再認你爲父。（註九）

史達林立刻把這一變故怪罪到中國共產黨和托洛斯基頭上，聲稱他早已預見國民黨右派會掉頭出賣革命。但是他現在指望繼續與武漢左翼國民黨以及「基督將軍」馮玉祥結盟身上。史達林當時的盟友布哈林在《眞理報》發表兩篇文章，堅稱革命大業並未失敗，左派國民黨依然實力可靠。他指出，國民黨中央執行委員多數是左派，他們和中共掌握住武漢國民政府，已整合起來對抗蔣介石。托洛斯基卻主張與國民黨各派全面決裂，在中國各地建立工農蘇維埃奪權。

起先，蔣經國加強支持托洛斯基路線。他出席准許學生發言五分鐘的集會，一邊翻書尋找引用托洛斯基的話，一邊像機關槍快速發言。有位同學形容他是「條理分明」的講演員，能充分運用五分鐘的發言時間。蔣經國也寫文章讚揚托洛斯基立場，張貼到學校的《紅牆》等大字報上。他還一度與幾位同學一起去見托洛斯基。

蔣介石在上海讀到外電報導他兒子的聲明。身爲中國人，兒子宣稱以父親爲敵人，簡直就是大逆不道，難以想像。十九世紀的中國，父親可以因兒子稍有拂逆頂撞，殺死兒子，還被鄉里視爲當然。我們不清楚蔣介石對兒子的聲明反應如何。他絕口不提此事，可能是因爲既憤怒，又摻雜著歉疚。蔣介石在發動上海清黨行動之前，顯然深怕洩漏風聲，刻意不通知經國回國，他對兒子處於困境，恐怕有說不出的歉疚之意。表面上，甚或內心裡，蔣介石都接受官方解釋，認爲經國是被迫發表批判父親的聲明。他在日記或任何文件中，絕口不提這件事。

四一二上海清共事件之前，蔣介石的兒子住在莫斯科也有一項作用，可以証明史達林支持蔣介石乃是明智之舉。蔣氏「背叛」史達林之後，史達林聽到蔣經國批判父親的聲明，理解到可以拿經國當做有力武器。蔣經國在回憶錄中提到，他在此時申請回中國。如果確有此事，他一定是表明要加入反蔣革命行動。他若表露有心到南京投入蔣介石新立的國民黨中央，協助對付中國共產黨，一定會被認定是反共叛徒，史達林必然一口回絕。

共產國際一位代表通知蔣經國，中山大學規定學生修業兩年，雖然他只完成十七個月的學習，將可提早畢業，進入莫斯科一所軍校修課，準備上軍事院校進修，毫無疑問，他也清楚表明，蔣經國必須放棄親托洛斯基的活動和信念。

短短幾個月之內，十七歲的蔣經國就得面對兩項重大抉擇。四月間，他必須在父親和革命理想之間做取捨。現在，他必須決定是否放棄托派思想，還是做個烈士，無謂犧牲！

蔣經國胸懷大志，必須英勇決定，但是他識時務，會選擇有勝算的目標。當年春天，他「突然放棄托洛斯基運動」。（註十）這是他一生之中，直覺務實克服情感和智性理想的第一個實例。這個經驗讓他體會到生命的複雜和無常。此後一生，經驗判斷左右他對直覺目標的追求。行動必須以堅實的理智做基礎，不能全憑情感或政治承諾作定奪。

五月間發生若干事故，凸顯出武漢國民黨自由派人士和共產黨之間的鴻溝。國民黨左派主張現代化，也認眞推動改革，可是不脫遵守法治的溫和派色彩。六月一日，共產國際派在武漢的代表羅易（M.N Roy）收到史達林一封電報，史達林訓令他，國民黨內「搖擺不定的舊領導人」（指的是汪精衛這類的左翼資產階級）必須靠過來，否則就得設法拋掉他們。史達林的電報又說，主要任務是打定基礎，成立由中國共產黨領導的新的革命部隊。不知道爲了什麼原因，羅易竟把這封電報交給武漢國民黨左派人士過目。

大約在這個時候，鄧小平意識到馮玉祥部隊正在醞釀清共，悄悄溜走。幾天之後，馮玉祥和蔣介石在徐州會談。蔣、馮達成全面清共協議。一九二七年七月十五日，左翼掌控的國民黨中執會下令把中共黨員逐出國民黨與政府。左派國民黨部隊開始捕殺共產黨員。中共領導人四散逃亡，有人躲進武漢的外國租界，有人躲進上海的外國租界，也有人躲到中共控制的江西地區。毛澤東、鄧小平即潛入江西。鮑羅廷倉皇跑回俄國，馮玉祥部隊中的蘇聯顧問也收拾行囊，取道戈壁沙漠回國。我們不曉得馮玉祥是否考量到他在莫斯科留學的子女之命運，他的兒子馮洪國立刻譴責父親，也痛罵蔣介石「屠殺工農民眾」。（註十一）

史達林又宣稱他早就看到分裂的危機，怪罪中共領導人不能執行農業革命，把工人武裝起來。他命令中共發動革命攻勢。瞿秋白取代陳獨秀出任中共總書記，秉承莫斯科的新路線行事。毛澤東組織起一支大約兩千人的兵力，在各地發動攻擊。地方部隊很快就敉平此一秋收暴動，毛率殘部逃到江西省井崗山。他這支約一千人的部隊與當地兩股和秘密會社有瓜葛的土匪結合起來。

四一二上海清共之後，南京國民黨中央訓令莫斯科所有國民黨籍學生離開中山大學。許多人不知何去何從。俄國檔案裡有一份蔣經國在七月間寫下的自白書，宣稱他要和馮弗能終止夫妻關係。他指控說，國民黨利用她來監視經國，影響他的政治思想。可是，他們這對青年夫妻的信函往來持續到一九二七年秋天。八月五日，總共兩百三十九名學生（幾乎全是國民黨員）獲准回中國。滯留下來的三百二十名中國學生，絕大部分是中國共產黨籍。然而，其中約有五十名屬於國民黨籍，決心留在中山大學，這裡面有蔣經國、馮弗能和她哥哥馮洪國。

十一月，史達林率領蘇共政治局成員站在列寧墓前，檢閱遊行民眾和武器，歡慶布爾什維克革命十周年。貴賓席中有一位著名的國民黨左派領袖——孫中山的遺孀宋慶齡，她是蔣介石的政敵。由於沒有合適的皮靴和冬衣，她在嚴寒中顫抖了好幾個小時。

一群俄國民眾走近史達林時，突然亮出預藏的牌子，高呼口號支持托洛斯基。安全警察和便衣人員衝向這群抗議民眾，爆發鬥毆，警方在中山大學學生隊伍走近列寧墓前，把這些民眾驅離現場。一小撮親托洛斯基的師生，亮出歌頌托派的布幅標語，高呼反史達林的口號。人數眾多的親史達林民眾，旋即在安全人員協助下恢復秩序。

這一幕騷亂替托派命運敲下喪鐘。一九二八年一月，史達林下令把托洛斯基流放到中亞，拉狄克發配到西部西伯利亞。史達林又命令米夫剷除中山大學內托派，此後中大托派運動轉入地下，直到一九三〇年有三十六名中國學生被捕，多數命喪異域之後，托派才完全撲滅。

這些事件使得馮洪國學到謹慎保身之道，退出托派組織，但是他和蔣經國不同，兩兄妹決定回到中國，和父親和好。馮家兄妹一連數月，處境十分困難，從早到晚躲在圖書館裡讀著又厚又重的俄文書。

蔣介石在一九二七年上半年雖然連連得勝，但領導地位並未鞏固。七月間，他的部隊在徐州遭北洋軍閥部隊擊敗，汪精衛等左翼國民黨人恢復倒蔣政治活動。八月十三日，蔣介石宣布基於南京、武漢國民黨派系分裂，僵持不下，辭掉北伐軍總司令職位，回到故鄉。陳果夫兄弟留在南京，繼續努力佈建政治、情報網。

蔣介石率領兩百多名衛隊前往雪竇山。不時一襲長衫在山間小徑散步的蔣介石，對訪客表示已無意參與政治。事實上，蔣氏曉得國民黨少不了他。南京政府立刻發現，沒有他，不能籌足經費運作，更不用談到恢復北伐軍事行動。翌年，蔣介石將奠定他身爲現代中國領導人的地位，也一躍成爲世界舞台的一位重要政治人物。他不久也將娶進一位家財萬貫、身世顯赫的妻子。蔣介石唯一憾事就是兒子不認他爲父，成了政治上的敵人。

註一：見盛岳（Yueh Sheng），《莫斯科中山大學與中國革命》（Sun Yat-Sen University in Moscow and the Chinese Revolution），堪薩斯大學東亞研究中心，一九七一年版，第二十九頁。原書註五。

註二：俄國歷史學家、中國問題專家拉林（Alexander Georgievich Larin）一九九四年接受俄羅斯 RTR 電視台紀錄片《易膚之人；經國先生特殊身世》專訪所述。原書註八。

註三：余敏玲，〈俄國檔案中的留蘇學生蔣經國〉，收錄於《中央研究院近代史研究所集刊》，第二十九期，一九九八年六月，台北中央研究院近代史研究所出版，第一一一頁是余敏玲在俄國當代史文件保存研究中心編號 530-4-49 中找到一封信。原書註二十二。

註四：見克萊恩（Ray S. Cline）著，《悼念蔣經國》（Chiang Ching-Kuo Remembered），一

九八九年華府美國全球戰略學會出版，第一六〇至一六一頁。這本雜誌可能是《國際評論》，參見潘佐夫（Alexander Pantsor）〈由學生到異議人士：中國托派在蘇聯，第一篇〉（From Students to Dissidents: The Chinese Trotskyites in Soviet Russia, Part I），載於一九九四年三月台北國際關係研究中心出版之《問題與研究》，第一一八頁。原書註三十三。

註五：余敏玲，前引書，第一一二至一一五頁。原書註三十五。

註六：這份學生名冊曾在一九九四年俄羅斯RTR電視台紀錄片中播報。一九二七年五月的一份文件顯示，米夫主張羈押馮玉祥子女，即稱馮弗能是蔣經國妻子。見註四潘佐夫〈由學生到異議人士：中國托派在蘇聯，第三篇〉，第七十九頁。另，余敏玲於一九九八年六月二十六日傳眞給本書作者，提到當年莫斯科的結婚方式。原書註三十七。

註七：盛岳，前引書，第一二二頁。《消息報》報導莫斯科中山大學學生對上海清共事件的反應，提到蔣經國此一演講。原書註五十三。

註八：一九二七年四月二十五日《時代周刊》（Time），第四十四頁。原書註五十四。

註九：一九九四年俄羅斯RTR電視台紀錄片曾引述這封信內容。原書註五十五。

註十：盛岳，前引書，第一三一頁。潘佐夫，前引文，第二篇，第六十四頁。潘佐夫指出，蔣經國是中山大學學生中第一批退出托洛斯基反對派之一。蔣經國在哪一天做出決定，不詳。可能是四月底，距上海清共事件只有兩個星期。蔣經國曾說他在四月提前畢業，兩者對照有一致性。但是，我們也不排除，他可能是在七月份，武漢國民黨左翼人士與中共分裂之後，才決定退出托派。原書註五十九。

註十一：見一九二七年八月二十日《眞理報》。原書註六十一。

第四章 社會主義黨人

一九二七年秋天，蔣經國與其他四人被選拔進入培訓紅軍幹部的列寧格勒托馬契夫中央軍政學院（Central Tolmatchev Military and Political Institute）深造。頭一年，他研修軍事戰術、行政管理、交通運輸、地形學和火炮原理。游擊戰爭也是一項主要課程。蔣經國的軍事戰略老師是紅軍傳奇人物，內戰英雄屠卡奇夫斯基（Mikhail Tukhachevsky）元帥。托馬契夫中央軍政學院的課程還包括馬列主義，以及政治指導員在武裝部隊中工作的技巧等等。

蔣經國還未在托馬契夫中央軍政學院安定下來，中國方面已傳來許多惱人的消息。史達林下令中共在廣州發動暴動，遭到挫敗，犧牲了許多共產黨員。兩星期之前，經國的父親在上海大華飯店舉行盛大婚禮，迎娶孫中山先生的小姨子宋美齡爲妻。宋氏姊妹的父親宋查理（嘉樹），在美國受教育，回到上海後以刊印聖經和生產乾麵發財致富。他對孫中山的革命活動踴躍捐輸，但是乍聞次女慶齡要嫁給年紀大、剛離異的孫中山，卻極力反對。（宋嘉樹的長女藹齡嫁給孔祥熙，孔氏日後財富猶勝岳父。）蔣介石公開宣稱，他和經國親近的「上海姆媽」陳潔如，從未有正式婚嫁關係，他已經像對待其他側室一樣，付錢給她，結束一段感情。

蘇聯報章抨擊蔣、宋聯姻是政治婚姻，這位「國民黨獨裁者」的軍事力量與中國新興的資本主義階級財富、權勢結合起來。蔣、宋聯姻不僅在中國，在全世界都產生作用。除了宋家的財富和人脈關係之外，蔣的新娘子家世地位高，身為現代中國領導人，他需要有美齡這樣美麗、聰慧、留學美國的美眷來匹配。不過，不容諱言，蔣對宋顯然也有浪漫情愫。即使最挑剔的傳記作家，也舉出蔣氏有許多情書給美齡，充分顯露出對她的愛慕之意。

蔣經國雖然在一九二七年夏天已不再積極參與中國學生支持左翼反對派的活動，翌年一月仍然簽署一份正式聲明，表明放棄托派思想。「由於當時我本人也不認識托洛斯基理論是否眞實，遂遵照『軍校同僚』勸告，終止我和這個團體秘密活動的關係。」顯然，他發表這份聲明，才得以留在托馬契夫中央軍政學院。他的檔案中從此看不到任何他涉及托派運動的紀錄。

蔣經國告訴我們，他在托馬契夫中央軍政學院進修期間，曾在一份歷史雜誌上發表了好幾篇探討「哲學」的文章。毫無疑問，就和當時蘇聯境內發表的所有文章一樣，經國的文章反映出對生命與政治的唯物辯証詮釋。第一年，托馬契夫中央軍政學院就指派經國擔任學生連連長；他也成為蘇共青年團正式團員，反映出他的政治、軍事及學業表現都相當優秀。可是，蘇聯當局依然密切監視他的言行舉動；據說經國同寢室的室友就是安全部門特務。（註一）

一九二八年五月二十五日，馮氏兄妹終於獲准回中國。蔣經國自從進入軍校研修後，顯然已不再和馮弗能通信往來。馮弗能兄妹回國之後，洪國與父親和好；馮玉祥把兒子送到日本去唸軍校。

一九二八年初某時，中山大學幾位學生寫信給在托馬契夫中央軍政學院深造的蔣經國，擬議籌組一個江浙同學會，邀請他擔任會長。他的安全部門特務室友發現了這封信，向上級呈報。王明此時已是中國共產黨旅莫支部首腦，指責籌組的這個組織是反革命團體。然而，共產國際展開調查後，卻找不到顛覆作亂的任何證據。

蔣經國倒是花費心思，培養他和同鄉同學的革命感情。當年在中國，有心出頭做爲全國領袖的人，傳統上都會結合盟友；經國從他父親那裡學到這套做法。蔣經國偶爾會變賣個人東西，協助同學，尤其這些同學來自浙江、江蘇，更是他交好、伸援的對象。他的一位同學嚴靈峰一九九五年八月二十五日在台北接受本書作者訪談時，就提到經國有一次賣掉收音機，接濟一位同學。

一九二八年是中國肇建共和以來，第一次出現一個政府，得到全國百分之九十五以上地區承認爲當政者。一月間，國民黨再度委派蔣介石爲總司令，蔣氏新婚夫人的兄長宋子文出任財政部長。蔣介石藉著得自上海資本家的資金和馮玉祥結成同盟，恢復北伐軍事行動。

一九二八年六月四日，奉系軍閥張作霖在日本軍人陰謀下，乘坐的火車遭到炸彈攻擊而喪命。日本希望藉機尋釁，得以在東北擴張勢力。取代張作霖成爲奉系領袖的，正是比較開明、較富國家意識的兒子——「少帥」張學良。少帥夙以花名在外的紈袴子弟形象著稱，而且在一九二六年染上鴉片菸癮。然而，若有必要，他也會心狠手辣。他的民族主義意識勝過軍閥的自滿。在日本人要求下，他宣布東北維持非正式的「自治」，可是十月十日南京國民政府改組，少帥宣布東北易幟，接受出任國民政府委員。

現在，中國由烏蘇里江以迄東南亞國境，似乎終於完成統一。蔣介石成為全中國的領袖——日本及其他帝國主義者控制的少許地區，以及中共在江西及其鄰省建立的一小塊「蘇區」則不在其節制之下。然而，實質上，蔣介石的勢力只及於上海市，以及江蘇、浙江、安徽和江西四省。

其他省份的地方及區域掌權者只是表面上服從國民黨及國民政府，實則繼續維持獨立王國運作。接下來數年，投入國民黨陣營的許多軍閥，又分裂出去自立政權。馮玉祥就是最著名的一個例子。不過，包括馮玉祥在內，沒有任何軍閥具強勁實力，掌握全國大權。有實力足堪威脅、挑戰蔣介石全國領袖地位者，只有中國共產黨。

一九二八年，中國共產黨由於在國內已無一處安全落腳之地，轉到莫斯科召開第六次全國代表大會，當年稍早抵達俄京的周恩來，是出席六大的一位中共中央政治局委員。年僅三十歲的周恩來在六大召開的前一年，可謂飽經憂患，幾度死裡逃生。一九二七年四月，上海清共，周恩來幾乎喪生；七月間逃往武漢；八月間參與策劃南昌暴動，沒有成功，隨著叛軍部隊退到汕頭，染上瘧疾；被送到香港，又於十二月間潛回上海。

周恩來滯留莫斯科期間，至少曾見過一次蔣經國。他告訴經國，批判蔣介石固然是一件正確的事，但仍不應忘掉隨時給他父親寫信。蔣經國在回憶錄裡提到，六月至八月這段期間，他曾經提筆給父親寫了好幾封信，但是沒有付郵寄出。王明和莫斯科的一些中共史達林派份子，並不相信蔣經國，把他當做潛在的敵手。然而，周恩來像史達林，顯然認為小蔣日後或許可以派上用場，因此最好留個活路，說不定有朝一日他會和父親、國民黨盡棄前嫌，恢復關係。

這時候中國共產黨內的兩個主要領導人是唯史達林之命是從的李立三和王明。可是，中共最重要的活動據點是江西蘇區。朱德和毛澤東結合，組成紅四軍，口號是：「敵進我退；敵駐我擾；敵退我進；敵疲我打。」同時，鄧小平也在廣西省實行此後六十年他和毛澤東奉行不渝的原則——革命不只必須流血，而且必然不可不流血。

到了一九三〇年，世界上絕大多數政府都承認南京的中華民國是代表全中國的合法政府。散布在山區的中共只是小問題；但是，蔣介石鑒於中共有共產國際撐腰，認為若要鞏固國民黨政權，一定先得肅清中共勢力。

一九二八年初，托馬契夫中央軍政學院學生自報紙上讀到托洛斯基被史達林趕到土耳其的消息。稍後幾個月，蔣經國的導師拉狄克認錯，接受史達林的領導；史達林寬恕他，拉狄克得以回到莫斯科。這些發展都沒有撼動蔣經國對新社會主義世界理想的嚮往。同年夏天，史達林號召黨的幹部「消滅富農階級」。托馬契夫中央軍政學院學生很少聽到農村大批鬥爭富農的消息。經國入校的第二年，成為蘇聯共產黨的候補黨員。（註二）

此時東北卻發生一項外交危機。一九二九年一月，少帥張學良邀請兩位親日派高級幹部赴宴，藉詞必須注射嗎啡離席，遣人把這兩人擊斃，鞏固住對東北地區的控制大權。四月間，張學良又派軍警搜查蘇聯駐東北的領事館，暴露莫斯科利用其外交單位及中東鐵路，搞顛覆及間諜活動的文件。中東鐵路自一八九六年起依合約，即由中、俄共管，七月間，張學良以國民政府名義接管中東鐵路，逐走俄國主管。

蘇聯政府認爲張學良這麼做，侵犯其條約權利，也牴觸國際法。十一月中旬，蘇軍越過國境，稍做交戰，大敗張學良部隊。蔣介石堅持先安內、後攘外政策，不與列強發生不必要的衝突，於是下令張學良撤退。稍後，中、蘇成立伯力協議，恢復原先狀況。中國共產黨溫順地支持蘇聯動用武力，恢復它在東北經濟利益的舉動。

中國全境此時普遍動盪不安。由於國際貿易崩潰，中國剛萌芽的絲、菸草、棉花、黃豆之出口生意巨幅衰退。若干農村地區，成千上萬老百姓因鬧饑荒而餓死。南京政府原本就是由國民黨民族主義派、資本家及各色軍閥勉強結盟組合，面臨艱困情勢，更難實現口頭上高唱的財政改革和農村改革。世界經濟大恐慌產生的政治、心理衝擊效應，遠比經濟效應更爲重要。史達林見到危機當前，認定世界革命高潮更加不穩定，必須加緊自己的內部革命及整肅步伐，在國際政策上（包括對華政策）也必須更加激進——令人覺得諷刺的是，這正是托派的主張。

經濟大恐慌因而對全世界左翼、右翼意識形態的勃興，產生推波助瀾作用。這是社會大解體和日常生活大動亂交互作用的亂世。舊體制正在消逝，新危機似乎處處浮現。共產主義的幽靈助長法西斯主義，納粹主義的怪獸似乎令左翼振振有詞可以採取極端立場。納粹德國萌生征服歐洲野心；義大利法西斯黨人視非洲和巴爾幹半島爲禁臠。日本則成爲當時時代精神——歷史修正論——的沃土。日本右翼國家主義者既痛恨西方列強在亞洲作威作福，又不滿美國等地禁止日本移民，遂以白人種族主義做爲攻擊之目標，也做爲本身推動帝國霸業及大和民族興盛的樣板。日本已於一八九五年佔領台灣，一九一〇年掌控朝鮮。軍方開始以俄羅斯及中國為進一步擴張的對象。一九三〇年十一月，日本一個極端國家主義派青年，狙殺政策溫和的首相。從此之後，日本的政治權力落到激進的帝國主義派手中。

蔣介石也開始更加右傾。當他益發依賴德、義軍事顧問、教官和器材設備，他就益趨右傾。中國此時別無其他外援來源，就和蔣介石早先依靠俄援在意識形態上染上紅色一樣，他現在自然會偏向新的支持者之觀點。蔣介石雖然用不上種族主義，法西斯主義的教條鼓勵效忠領袖、服從國家，卻令他大為激賞。此後數年，他利用若干法西斯主義及共產主義伎倆，試圖替國民黨建立強大的知性及哲學基礎，並提振黨員無私無我的理想主義。

蔣經國一九三〇年五月以全班第一名的成績——每一科都是「優等」，自托馬契夫中央軍政學院畢業。他的畢業論文是探究游擊戰爭。他的個人資料檔案上，記載他「非常聰明……全校最優秀的學生。」畢業之後，蔣經國再度申請准予回國，不過他的第二志願是申請准予加入紅軍擔任軍官。事實上，他申請留在蘇聯，頗有在軍中求發展的期望。（註三）史達林本人可能認為蔣經國不應出任蘇聯紅軍軍官，因為這將有損他是中國民族主義者的聲譽，有礙他在未來的用處，因此未准許他如願從軍。

蔣經國在軍校唸書，使他體魄強健。可是，一九三〇年回到莫斯科時卻生了一場大病。這是他在留俄期間，幾度重病之一次。這些病毫無疑問與他的糖尿病有關聯，又因他大量喝伏特加酒而更加惡化。蔣經國酒量好，還教俄國朋友划拳助興。

十月間，蔣經國病癒，奉派到莫斯科一個重要工業設施——狄那莫電廠（Dynamo Electrical Plant）當見習生。起先，他要擔任機械工具操作員，每天八小時以上繁重的體力勞動，月薪只有四十五盧布。共產國際要他「親身體驗無產階級的生活」。他每天清晨七時起床，夜裡還要到列寧國際學院研修工程科學至深夜十一時。農村動盪引起食物短缺的現象，此時已蔓延到城裡，經國有時候早上沒有飯吃，就得上工，然而他善於發揮課堂所學，在電廠裡提議做了若干技術改革。五個月之內，薪水加倍。加薪，反映出史達林突然改變主意，譴責「齊頭式的平等」，在工廠內導入論件計酬制，鼓勵技術官僚的菁英制。依照蔣經國的自述，他全神投入工作，除了在工廠工作，上學研修，他每星期還抽出七個小時，在工廠講授軍事學。

大約在這段時期，蔣經國在列寧國際學院一次會議中批評王明，導致共產國際要他離開莫斯科，到西伯利亞阿爾泰（Altai）一個礦場工作。經國以身體健康爲由，向蘇聯共產黨中央申訴，得以取消此一派令。一九三〇年夏天，王明和一批親史達林的中山大學畢業生，秘密潛回上海。這批學生號稱「二十八個布爾什維克」，構成中共黨內所謂的史達林「回國學生派」，此後數年與毛澤東爭奪對中國共產黨的掌控權。同一時期，蔣介石從與黨內政敵鬥爭的倥傯百忙中抽暇，與宋美齡在上海一處教堂，依基督教儀式再辦一次婚禮，並宣誓今後一生謹守基督徒原則。婚禮之後，蔣介石針對江西省「共匪」，發動第一次圍剿作戰。毛澤東和他的軍事指揮官朱德，運用大膽巧妙的游擊戰術，躲過政府軍的攻勢。

身在華南的鄧小平，獲悉張錫媛在上海難產，母子均殞命。他不久即放棄在廣西的作戰，前往江西山區與其他中共部隊會合，此後成爲毛澤東的主要支持者，與二十八個布爾什維克對抗。一九三一年四月、七月，毛澤東和朱德又擊退蔣介石部隊的第二次、第三次圍剿攻勢，虜獲數千支武器。

日本駐華及國內軍國主義者，也逼促東京當局採取果斷行動。一九三一年九月十八日，日本軍隊在奉天（瀋陽）市郊發動事變，進佔瀋陽；朝鮮境內日軍亦跨越國境，進入東北地區。蔣介石認爲張學良還不到攤牌的時候，下令把部隊退入長城以南。

面臨日本入侵，國民黨互不相讓的各派系暫時捐棄歧見；但是，全國各地掀起一片反外情緒，學生亦抗議蔣介石不能堅決抗日。此後十四年，蔣介石在抗日這個議題上，一直處於政治守勢，備受抨擊。就中共而言，日本入侵反而是連捷的局面。如果蔣介石與日本作戰，中共受到的壓力就會消除。如果蔣氏退縮不前，勢必因拒絕捍衛中國主權，備受抨擊。中國共產黨既譴責「日本帝國主義的強盜行徑」，又責備蔣介石「對世界帝國主義卑躬屈膝」。一九三一年十一月七日，毛澤東正式宣布在江西成立中華蘇維埃共和國，自己出任主席。

日本人佔領東北，雖然多年來就在預期之中，但莫斯科還是起了警惕。現在日本皇軍沿著全世界最長的一道大陸邊界，與紅軍對峙。史達林下令把蘇聯業已極爲龐大的軍事經費，巨幅提升，並加快工業化及遷移工廠進入烏拉山區的步伐。日本人的動作也讓史達林心中拿定主意，在國內必須流血發動清算，強化備戰意志。鑒於遠東此一新局勢，中國地緣政治上的重要性益發凸顯。

日本佔領中國東北過後不久，蔣經國突然接到一個訊息——總書記史達林召見。莫斯科當局並未公布這次會面的檔案，蔣經國以中文、英文敘述他的留蘇生活經驗的各項記載，也隻字不提這次會面經過。（註四）然而，我們很可以假定，史達林希望和小蔣談談日本佔領東北，對蘇聯和中國有何影響。他必然也向經國問起他對中國國內各項發展的見解，尤其是國共兩黨彼此之政治動態關係，以及兩黨各自內部的權力鬥爭關係。最後，他很可能也問起，國共是否可能成立抗日聯合陣線；蔣經國有朝一日是否願意回到父親身邊，致力此一抗日救國聯合陣線工作。

我們由史、蔣會面之後緊接著發生的事，隱約判斷史達林曾對蔣經國提出令他大爲意外的這些意見，十二月初，蔣夫人的二姊宋慶齡在南京拜會蔣介石，討論國民黨抓到的一個叫牛蘭（Hilaire Naulen）的狀況。波蘭人牛蘭在被捕之前，從上海主持中國共產黨的地區支部，也被認爲負責印度、菲律賓、馬來亞、朝鮮、越南和日本各地的共產黨之活動。（註五）宋慶齡肯定是替莫斯科出面，提議國民黨釋放牛蘭夫婦，換取蔣經國回到中國。

這倒是恰如其時的接觸，因爲蔣介石開始思念起滯居異國的兒子。一九三一年一月二十五日，六年來的第一次，蔣介石在日記裡間接提到經國；他記下：「我年輕時，沒有努力學好約束自己，因此上不知孝敬父母，下不知疼愛子女。今既思之，實在遺憾。」十一月二十八日，也就是宋慶齡在南京出現的前幾天，蔣介石在日記裡記下他對經國的感情：「我非常想念經國，我沒有好好照顧他，實在不對。我對此殊覺抱歉。」

蔣介石並沒有立即對宋慶齡的提議作答，當他和美齡討論這件事時，談論的重點是子嗣問題。他和宋美齡成婚四年；她現在已有三十五歲。她之未能受孕（在她之前的姚冶誠、陳潔如也都未曾生下子嗣），證實了蔣介石失去生育能力。在宋慶齡提議的兩個月前，美齡湊巧也跟丈夫提到經國的地位問題，以及是否可能回國。現在，美齡力促丈夫接受這個換人之提議。蔣介石不肯，但是對自己的決定頗有天人交戰，躊躇之感。

他在一九三一年十二月十五、十六日兩天的日記裡分別記下：「自從他前往俄國，我就不再能見到我兒；而（中華）民國目前猶在襁褓。」「天啊，我既未能忠於黨國，又未能孝敬母親、照顧子女，眞是慚愧……孫夫人要求我釋放牛蘭，換取經國回國，可是我寧願讓經國遠謫蘇聯、甚至命喪異域，也不能放走一個罪人換他回來。人是否有後，國家是否受侵凌，都是天命註定，我豈能逆天？我不能違反法令、背叛國家、傷害父母令譽或虛擲生命。爲了我兒，犧牲國家利益，並不值得。」

十二月十五日，蔣介石再次下野，辭去本兼各職，帶著宋美齡離開南京，回到溪口。一般認定蔣之下野是困於國民黨內派系鬥爭，以及未能積極抗日，備遭批評所致。這些政治因素固然是部分原因，蔣氏關切兒子安危，也與他決定下野有強烈關聯。

蔣氏夫婦並沒有回到溪口舊宅居住。蔣介石和毛福梅協議離婚時，同意讓毛夫人及其若干親戚留在舊宅居住。不過，這些年來他已經擴建家業；工人已把舊宅附近二十五棟房子拆除，另在經國出生的老家旁蓋了一棟房子。這棟新房子包括一棟兩層樓的主建物，中央配置會客室，後進則是傳統庭院，闢建一個供奉祖先牌位的廳堂。舊宅是個比較樸實的居住之所，新、舊樓的二樓設有空橋連通。新樓外門上方，蔣氏掛上刻有「豐鎬房」大字的石匾，這代表著經國及養子緯國的乳名。（譯按，經國乳名建豐，緯國乳名建鎬。）

蔣介石和往常一樣，在雪竇寺住了幾天。再往山裡進去一兩公里，他在一處懸崖上建了一座樸素的僻靜小屋，可以俯瞰千仞之下的良田。這棟小屋題名「妙高台」，有兩個小房間。蔣介石躲在妙高台和雪竇寺思索、反省。他在十二月二十七日的日記中寫下：

一個人得到後世記住，是因爲他具有道德情操和功業成就，不是因爲他有子嗣。中國歷史上多少英雄、烈士、大官……都沒有子嗣，可是他們的精神和成就永垂人世。我爲自己擔心經國遇害而斷了子嗣，大爲慚愧。如果經國未被俄國敵人殺害，即使我可能再也見不到他，我深信他在我告別人世之後還是會回來。如果我死，他才能回國，我眞心希望早早謝世，以告慰雙親之靈。

蔣介石耿耿於懷的就是不能上慰祖先。孟子說：「不孝有三，無後爲大。」然而，身爲國家領導人，蔣氏認爲他不能因私人目標做出小小讓步。四天之後，他依然爲自己的決定委決不下：「我情緒極亂……忠孝不能兩全，可謂生不如死。」

不過，其他的大事需要他注意。就跟過去一樣，各方函電湧至，懇求他回南京主持軍政。蔣氏與汪精衛再次言和，帶著夫人告別溪口，回到南京。稍後不久，日軍攻擊上海守軍。（譯按：淞滬戰爭）

宋慶齡把她和蔣介石會談經過報回莫斯科，史達林研判此時仍不宜放蔣經國回中國。他把經國派到莫斯科郊外柯洛溫斯基（Korovinsky，今名雷雅札 Ryaza 區）地區朱可瓦（Zhukova）村的一處集體農場。（註六）俄國各地的經濟改造進行得相當痛苦，但是莫斯科地區則相當順利。這些農場供給莫斯科居民糧食所需，附近的「模範集體農場」又可做爲宣傳之用。

奇怪的是，經國在他的回憶錄裡只一筆帶過集體化的過程，根本沒談到富農的命運和糧食短缺的現象。鑒於朱可瓦村相對穩定，加上當時俄國人人活在歐威爾（George Orwell，編按：即爲《一九八四》、《動物農莊》的作者）式備受監視的社會裡，經國很可能相信農村必須改革，在史達林領導下也有人「令人目暈神眩，大爲成功」的成績。

朱可瓦村農民絕大多數「沒唸過書、粗魯不文」，半數以上飽受蝨、蚤纏身之苦。第一天夜裡，他睡在教堂的倉庫。第二天上午當他去吃早餐時，幾個農民嘲笑他：「瞧，來了一個只曉得吃麵包、卻不會犁田的人。」蔣經國立刻認眞學犁田。第一天就一路埋首工作到日落，吃了飯，已癱倒在床上。農民對他印象大好，十天之後就推選經國「代表他們與鎮上的組織交涉談判貸款、交稅和購買農具事宜」，再也不要求他從事體力勞動。事實上，幾個月之內，他就成爲這個集體農場的主席。可是，一九三二年十月，他突然又被調職。蘇聯方面在他的個人卷宗檔案裡，對他在朱可瓦村經驗的評語是：「堪爲領導之才，甚至足資在地區黨部供職。」

王明現在回到莫斯科，擔任中國共產黨駐共產國際代表；而共產國際正是掌控蔣經國在俄國生活、學習的機關。王明很不高興地發現小蔣也在俄京，而且與中國其他流亡人士常相往來。據傳，王明又向共產國際建議，最好派蔣經國到金礦場服務——遠離莫斯科「數千英里之遙的西伯利亞某地」。雖然中共每次整小蔣冤枉，俄國官員往往站在經國這一邊，他們卻關心莫斯科市內「相當多數」中國流亡人士，與經國同一邊，抗拒王明；他們希望能沖淡莫斯科市內中國人彼此之間的派系對立。據蔣經國自己的說法，蘇共領導告訴他：「我們希望你留在莫斯科繼續學習，可是由於你和中國共產黨代表不合，你最好還是離開。」十月間，蔣經國跋涉到史維德洛夫斯克（Sverdlovsk）這個工業城市，展開新工作。

他剛到達烏拉山區，立刻又病倒，住院長達二十五天——這是三年來第三次生重病。一九三三年一月病癒，就被送到西伯利亞的阿爾泰地區。雖然經國沒有明說去的地方是古拉格集中營，只描述這段經驗是「流亡西伯利亞」。他與「教授、學生、貴族、工程師、富農和強盜們，並肩工作」，這些人都「有一段想像不到的不幸際遇，成爲流放人士」。九個月後，獎賞他「工作紀錄良好」，經國奉准回到史維德洛夫斯克。

目前找得到的俄國材料，包括蔣經國本人一九三四年正式的自傳聲明在內，都沒有提到他在西伯利亞這段經歷。俄國學者找不到這方面的證據；說不定是他剛到史維德洛夫斯克立刻病倒，當局送他到阿爾泰地區不是懲處他，而是替他的健康著想——讓他遠離史維德洛夫斯克可怕的污染環境，俾能養病。

回到史維德洛夫斯克，烏拉地區黨委會派他到蘇聯宣傳機構號稱「工廠中的工廠」的大型機械廠「烏拉馬許」（Uralmash）工作。他先在一個雇用「數千個工人」的機械間擔任副主管。（註七）起先，有些工人非常不滿意上級派他來做副主管。蔣經國報到上班的第一天，有位女職工瑪麗亞・施曼友諾芙娜・安尼克耶娃（Maria Semyonovna Anikeyeva）回家後就向丈夫抱怨，爲什麼廠裡不找個俄國人當副主管。不過，她也不能不承認：「這個中國人……很聰明。」瑪麗亞和她丈夫費耶多（Fyodor）後來成爲經國好朋友。（註八）她說：「他臉上永遠帶著笑容，一副要坦誠相交的模樣。我們從來沒看到他露出不高興的面容。」

蔣經國到烏拉馬許工作的同一年，本地一所技術學校派了幾位年輕的女畢業生到廠裡工作，其中有位十七歲的金髮女郎芳娜・伊芭奇娃・瓦哈李娃（Faina Epatcheva Vahaleva），是個孤兒，與姊姊同住，相依爲命。照瑪麗亞的形容，芳娜是個「漂亮的平常女孩」，當她綻開笑容，以「她那日本式的雙眸」看著你，你一定大爲動心。她身材瘦長，嫻靜寡言，不擺架子，個頭和經國大約一般高。蔣經國很快就喜歡上她，而芳娜也拋棄她原來的俄國男朋友，愛上這位中國青年。

六月間，王明發電報把蔣經國召回莫斯科。經國抵達時，王明告訴他，蔣介石在上海宣布，聽說兒子即將回中國；如果消息屬實，他會當即逮捕兒子。時間又過了兩年，蔣介石其實又開始掛念遠謫異國的兒子，但他是親情牽羈，不是王明所稱的怒意未消。二月十三日日記裡，蔣介石嘆息家庭破裂，「兒子遠在他鄉」。宋美齡顯然也又和他討論到蔣經國。他在日記中寫下：「任何人認我爲父，就必須承認我妻美齡爲母。」

就外交戰線而言，國民黨中國與蘇聯增進政治目標的機會也大有改善。蔣介石認爲，中蘇關係改變或許會有一個附帶效果——經國能夠回來。一九三四年夏天，蔣介石剿匪戰事逐步進展，也使莫斯科修正觀點。張學良遊歷歐洲，回到上海，進入醫院，勒戒鴉片菸癮。蔣介石派他負責進剿鄂豫皖邊區蘇維埃的任務，少帥不負使命，立刻達成任務。國民黨部隊在德國軍事顧問協助下，節節進逼，江西的中國共產黨領導人感到壓力大增，開始討論是否應該突圍，撤退到靠近蘇聯的偏遠地區。他們也向史達林提出請示。

這位俄國獨裁者感受到希特勒崛起的威脅，最近才剛命令共產國際放棄極左的國際路線。莫斯科現在拚命想在歐洲資產階級政府裡尋找盟友。蘇聯加入國際聯盟（League of Nations），承諾協助資本主義民主國家對抗法西斯主義，並與法國、捷克簽了協定。自從九一八事變以來，史達林就期待與中國能有類似的務實外交政策，現在似乎時機成熟，可以推動。在可以預見的未來，莫斯科當局不能期待中國共產黨領導統一的中國，因此史達林看到中共立刻突圍，不再與國民黨軍事對峙，對蘇聯有相當重大好處。中共若仍在江西蘇區負隅頑抗，國民黨就不太可能接受國共聯合陣線，中蘇聯手抗日的構想。如果中共能殺出重圍，撤退到北方，中國民意說不定就會逼促蔣介石接受國共二次合作的構想。再者，如果中共在撤退過程中遭到殲滅，仍無礙於蘇聯推動與蔣介石強化合作關係。

蔣經國由莫斯科回到史維德洛夫斯克之後，中國政府主動「與俄國正式交涉」恢復南京及莫斯科之雙邊關係，以及「遣返蔣經國」的議題。共產國際工作人員牛蘭夫婦仍然羈押在南京監獄；但是老蔣並沒舊事重提，拿宋慶齡一九三一年提議的換人之議來談。大約這個時候，共產國際毫無疑問秉持史達林的意旨，建議江西的中共「撤退，另尋安全之地——必要時亦可撤到外蒙古。」

一九三四年十月十六日，中共把大約八萬人（其中三分之一持有槍械）分成幾個縱隊，開始撤出江西的長征。周恩來負責協調突圍策略；年方二十七歲的黃埔軍校畢業生林彪，率領紅一軍，彭德懷領導紅三軍。在江西負責主編黨報《紅星報》（Red Star）的鄧小平，熬過留蘇派二十八個布爾什維克的一次整肅，也參加這項漫漫的長征之旅。

史達林一連幾個月都在細細盤算蔣介石要求放經國歸國一事。蔣經國在回憶錄中提到，從八月到十一月，國家安全部（NKVD）突然密切監視他的一舉一動，兩名特務每天形影相隨跟蹤他。在緊密監視的過程中，蔣經國被拔擢爲烏拉馬許工廠報刊《重工業日報》（Heavy Machinery）的副主編。按一般常理，受到嚴重懷疑的人，不會有機會得到這個宣傳機關的職位，因此，特務可能是要查證經國的忠誠度。

過了幾個星期，國家安全部烏拉地區主管李希托夫（Lishtov）召見蔣經國，通知他，中國政府要求把他送回國。蔣經國說，李希托夫表示，國家安全部希望他寫信給莫斯科的外交部，表明「你不願意回去中國」。蔣經國聲稱他拒絕聽命，幾天後，李希托夫又對他說，中國大使館有位秘書希望跟他會面。蔣經國和這位中國外交官單獨會面，但鄰室坐了兩個人。這表示蔣經國不能自由發言。「我當然不敢多說話，也不敢透露希望回中國。我們只能談談國內的進步，以及我家人多麼盼望我回國等等。」

中國駐蘇大使館立刻把和蔣經國接觸的情形，向南京方面呈報。六十多年之後，台北當局還不肯公開當年南京和駐莫斯科大使館之間就這個議題的來往函電，顯然忌諱蔣經國當時親蘇、反國民黨的言談會引起難堪、尷尬。一九三四年十二月十四日，蔣介石在日記中記下：「當我聽到經國不願由俄國回來，知道這純是俄國敵人編造，故能平靜處之。我能對此一笑置之，應該算是有了進步。」

一九三五年一月，共產國際又要蔣經國回到莫斯科，很可能是要他參加就中國國內，以及中共黨內各項發展的討論。（長征展開之後幾個月，毛澤東在政治角力中贏了二十八個布爾什維克這批留蘇派；鄧小平成爲毛澤東最倚重的一位副手。）這一次，蔣經國也得以和史達林一起進晚餐，「喝濃湯，吃蕎麥麵包，還有果汁」。史達林此時正在國內發動血雨腥風的大恐怖整肅（Great Terror），蔣經國和俄國國內老百姓一樣，必須謹言愼行，必須表現出政治正統立場。所有跡象全都指出，事實上這個階段的蔣經國，思想大體都符合共產主義正統。

蔣經國回到史維德洛夫斯克，三月間經由簡單的註冊程序，和芳娜結爲夫妻，此時他月薪七百盧布，相當可觀。小倆口分配到一戶兩個房間的公寓，照當時的標準，公寓「相當好」。此後，伊利札洛夫（蔣經國）公寓每逢假日，不時招待賓客；由於境遇比俄國人好，他不吝以高加索舞蹈、俄羅斯歌曲和客人同歡。蔣家常客有地區黨委書記李奧波德．艾維巴赫（Leopold Averbach，托派份子），以及工廠廠長佛拉迪米洛夫（Vladimirov）同志，蔣經國和芳娜還到克里米亞度假——這可是最受組織賞識的工人和幹部才得享受的特殊招待。

蔣經國在兩份工作、研修工程學和社交活動之外，還抽出時間開始替烏拉馬許工廠寫史，就國際事務發表演講。當他要演講時，老祖母都不願在家照顧小孩，堅持要聽聽伊利札洛夫同志演講。大家公認，蔣經國是僅次於艾維巴赫書記，最佳的國際新聞分析家。瑪麗亞回想說：「天啊！他眞聰明、又博學！」

蔣經國完全沒有露出思念祖國的跡象。有位朋友說，他從來沒有提到雙親或中國。十二月，年僅十九歲的芳娜早產，生下一個僅有三磅半的兒子，經國給他取名「愛倫」（譯按：即蔣孝文），後來這個兒子的英文名字就成了Alan。頭三個月，芳娜和經國夜裡必須輪流起床，以點眼藥水的小管餵嬰兒。（註九）

一九三五年春天，蘇聯正式和法國、捷克簽訂盟約。雖然中共部隊仍在長征逃竄途中，史達林決定應在中國積極推動聯合陣線策略。大約在五、六月間，共產國際指示中共領導人，應該主張和蔣介石合作（直到這個時候，中共一直詬罵蔣是萬惡的土匪）。唯一的條件是，蔣氏必須放棄「對付自己人的作戰」，組成抵抗日本帝國主義的統一戰線。八月一日，中國共產黨正式呼籲成立「抗日人民統一戰線」。

蔣介石立刻峻拒。十月間，毛澤東率領大約九千名殘部，抵達陝西省北部荒涼的延安地區；一年前由江西突圍時的八萬人，現在僅剩下一成左右，加上陝北原本的共產黨人，以及張國燾率領的另一支部隊，中共現在只剩下大約兩萬人，而且不是全都配備步槍。蔣介石命令少帥張學良調動兵力進擊中共殘部；經過一番血戰，紅軍與東北軍雙方均傷亡慘重。

同一時期，日本軍方已在東北扶持成立滿洲國傀儡政權，野心更熾，又奪佔北平周圍的河北各縣，北平數千名學生走上街頭抗議日本侵略行爲，卻遭到北平警察鎮壓。南京及其他城市亦相繼爆發抗日示威。痛恨日本的少帥開始起了是否應該響應抗日聯合陣線的念頭。然而，蔣介石還是相信，在對抗日本之前，必須先殲滅共產黨、強化中國軍事力量。

他下令張學良再度對「共匪」增強壓力。然而，中共大力活動，號召成立抗日聯合陣線，打動了老家橫遭日本佔領的東北軍若干軍人的心，許多人開始投向中共。二月間，張學良首次和中共人員秘密見面。

納粹德國和日本關係日益密切，德國對中國武裝部隊的援助，勢必有中斷之虞，不過，蔣介石仍然盡最大能事，維繫與德方之關係。一九三六年他派次子緯國前往慕尼黑軍校就讀，這個決定跟他十一年前讓經國前往莫斯科學習，何其相似。

在這段局勢混沌不明的時候，《眞理報》刊出一篇蔣經國寫給母親毛福梅的信。（註十）語氣與上海清共後，他痛斥父親如出一轍。他譴責蔣介石是「全體人民公敵，因此也是他兒子難以和解的敵人」。經國聲稱「以這樣的父親爲恥」，沒有意願回到中國。他對母親重掃往昔遭到丈夫虐待的苦楚：「母親！您記得否？誰打了您，誰抓了您的頭髮，把您從樓上拖到樓下？那不就是蔣介石嗎？您向誰跪下，哀求讓您留在家裡，那不就是蔣介石嗎？誰打了祖母，以至於叫祖母死了的？那不就是蔣介石嗎？這就是他的眞面目，是他對待親上的孝悌與禮義。」蔣經國又稱頌他在蘇聯的經驗：「你的兒子現在非常了解人的生活，以及解放受榨欺、壓迫人民的方法……他絕不會回國去宣揚那個吹噓大話的父親手中勉強抓住的怯懦的武器。」

根據蔣經國的解釋，寫這封信是出自王明的主意；王明對他說：「中國方面謠言紛傳你在俄國被捕。你應該寫封信稟告母親，你在這裡工作、完全自由。」（註十一）王明把一封代他寫好的信交給蔣經國，蔣拒絕簽字。然而，朋友勸他，如果簽署這封信，日後可能有機會回中國。他應該就不再堅持，接受了代他擬好的稿本，但是堅持加上一句話，告訴母親，如果想見兒子，「請到西歐來會面」。

蔣經國在回憶錄中記下，他在次日去見國家安全部首腦雅哥達（Genrikh Yagoda）。這個抓了數十萬人，把他們送上斷頭台的情治機關頭子，不僅撥空接見蔣經國，還同情他，要求王明銷毀這封信。蔣經國自己草擬一封信，信中不提希望回國，但是加了一句話「試圖表達出思家之情」，這句話是：「我無日不盼望著再嘗嘗久已未嘗的家常小菜。」據蔣經國的說法，王明接受這一封信，可是卻把原先代擬的那封信送回中國，並透過《眞理報》公布全文。鑒於史達林對蔣經國的重視——雅哥達不尋常的注意王明代撰信稿事件，即是一個證據——很可能是史達林本身認爲，刺激一下蔣介石記住與唯一的兒子關係不睦，可能對俄國有某些戰術上的好處。

一九三六年夏天，歐洲、日本局勢有險峻的發展，莫斯科展開「大恐怖」的整肅行動，舉行第一波的公審活動。當局起訴十六名老布爾什維克黨人（大部分是托洛斯基的舊盟友）犯了叛國罪，他們的「認罪」，又攀引出其他人。恐怖行動立刻擴張，肇致許多駭人聽聞的控訴、光怪陸離的認罪、四處株連，許多人遭到處死或打進勞改營。史達林的頭號打手雅哥達本人也在九月間罷官，最後卑微地站到他把許多人送去的牆前，在行刑隊槍口下斃命。

蔣經國周遭的一些朋友也遭到這類的控訴，甚至消失了。蔣經國的導師拉狄克轟轟烈烈地認錯，逃過死刑，卻難逃牢獄之災，後來於一九三九年死於獄中。艾維巴赫過去也是托派，處境艱危，不久即成爲一次公審的主角人物（公審中他可能試圖誣攀蔣經國）。最後，國家安全部以反革命罪嫌逮捕了三百八十萬人，處死犯人逾七十八萬人。一九三七年，史達林整肅的矛頭指向軍方高級將領，包括曾經教過蔣經國軍事戰略的屠卡奇夫斯基元帥，以及他的妻子、兩個兄弟也難逃魔掌。蔣介石的軍事顧問布魯徹是判處屠卡奇夫斯基有罪的軍事法庭裁判員之一；然而，不久，布魯徹將軍本人也遭槍決。鮑羅廷活到一九四〇年代中期，然後不知所終。史達林總共殺掉三萬名紅軍軍官，這個數字遠勝過日後德蘇戰爭頭兩年，納粹殺死的俄國軍官的人數。幾乎蔣經國認識的地方及區域級俄共幹部，包括史維德洛夫斯克的幹部，不是命喪黃泉，就是被流放到西伯利亞。蔣經國的回憶錄隻字未提他的朋友、老師遭到整肅的事，也沒有透露他對大整肅的反應。或許，他跟當時蘇聯境內的每個人一樣，不敢對此有批評的念頭，更不敢發生質疑之聲音。甚且，史達林政權的宣傳工具把鎮壓行動合理化，成爲國家在東、西兩線瀕臨戰爭危機，必須肅清內部敵人。多數俄國人顯然接受這套說詞，甚至那些被送上斷頭台的人也認爲這麼做不無道理。這乃是當時的時代精神——崇拜、歌頌意識形態、戰爭和死亡。

蔣經國顯然依舊對共產主義堅貞不渝。一九三六年十一月十六日，他申請加入蘇聯共產黨成爲正式黨員，（註十二）這裡頭的涵意很清楚——他覺得他很可能要留在蘇聯終老，回不了中國。大約這時候，中國新任駐蘇大使蔣廷黻抵達莫斯科。蔣廷黻赴任前不久，宋美齡私下召見他，對他提起，蔣介石「非常盼望兒子（經國）能回到中國」。蔣大使與蘇聯外交部初接觸，就提起蔣經國這個議題，希望蘇方見告蔣經國的下落。蘇聯外交部副部長史狄孟尼可夫（Stemenikov）表示，恐怕很難打聽到蔣經國的下落，但是保證會去設法查查。然而，不到幾星期，中國國內發生一樁事件，國共新建聯合陣線，爲蔣經國回國，打開一扇門。

是年春天，張學良曾秘密潛往陝西中共地區，與周恩來會面。周恩來說服張學良，相信中國共產黨誠摯希望以抗日爲最高優先。稍後，堅決反共的山西軍閥閻錫山（過去是支持蔣介石的關鍵角色）也同情張學良替聯合抗日辯解的立論。夏天，華南地區與蔣同盟的重要軍頭，把部隊開進河南、江西，請命抗日。

是年秋天，與日本對峙的情勢進一步惡化。僞滿部隊在日軍飛機、坦克支援下，侵入綏遠省，可是蔣介石依然相信在抗日之前，他可以、也必須先消滅共產黨。不過，蔣介石也和毛澤東一樣，相信「打打談談」策略。他一方面針對中共以軍事行動增加壓力，一方面授意陳立夫和周恩來秘密會談。

周恩來在一九三六年底，偕同共產國際華人代表潘漢年秘密前往南京。雙方暫時協商完成聯合陣線宣言的大綱：中共同意廢除邊區蘇維埃，解散紅軍，把部隊交給政府軍事委員會節制。這正是一九三七年國共最終達成協議的條件。然而，周恩來要先回延安報告，十二月初，周抵達西安，預備先向張學良匯報在南京交涉情況。

蔣介石雖然事先接獲情報，明白西安之行可能危險，依然不顧警告，也要到西安，與立場已經動搖的將領們討論。十二月十一日，蔣氏與高階將領舉行一場氣氛凝重的會議，他一再強調必須先解決中共，才能抗日。翌日黎明時分，少帥一支部隊突襲蔣氏及隨從投宿的西安市郊溫泉勝地驪山，正在洗溫泉的蔣介石，赤身露體跳窗逃跑，在翻過一道牆時，傷到背部。張部在一處洞穴找到蔣氏，他怒聲喝斥張學良部隊：「開槍打死我吧！」帶隊的年輕上尉答說：「我們不會打死你，我們只要你領導國家抗日！」

蔣介石遭到少帥部隊挾持的消息傳出，延安和南京方面一時都亂了手腳，不知如何反應。南京政府預備派出大批部隊進擊叛軍。中共陣營有些人主張殺了蔣介石，與張學良成立抗日統一戰線。但是張學良在十二月十二日通電各方，表明他志不在推翻蔣委員長，只是要求他出面組織救國陣線。

史達林接獲西安事變的報告，了解其中既有危險，也有機會。他也曉得周恩來、陳立夫稍早在南京的接觸。如果西安事變不趕緊落幕，可能在中國引發一番新的、激烈內戰，國民黨很有可能轉向日本爭取支持。如果共產黨能扮演關鍵角色，促成蔣介石脫險，可能有助於成立抗日統一戰線。

《消息報》和《眞理報》都發表文章，譴責挾持蔣介石的行爲，聲稱中國國際地位艱難，必須團結對外，中國唯有靠蔣委員長領導才能統一。史達林拍發一則電報到延安，認爲蔣介石是唯一號召力足夠，能領導全國統一陣線的人物。史達林甚至說，可能是日本陰謀策劃挾持蔣委員長的詭計，要讓中國深陷內戰的泥淖。

毛澤東和周恩來也認爲，蔣介石一死，南京可能會出現親日的國民黨政府。毛派周恩來再到西安，斡旋釋放蔣介石。同時，張學良也讀到蔣的日記，獲悉領袖有在剿平共匪之後，與日本作戰的秘密計劃。中國國內各地亦湧現同情蔣氏的浪潮。

十二月十四日，蔣經國在史維德洛夫斯克讀到西安事變的新聞。同一天，共產國際赫然發覺，烏拉馬許黨委即將批准讓蔣經國晉升爲蘇聯共產黨正式黨員！（註十三）共產國際緊急發出電報，主張不應就此一事做出決定，並且訓令經國到莫斯科報到。十二月十六日，周恩來抵達西安，見到蔣介石。蔣介石堅拒與劫持他的人談判，聲稱唯有在無條件獲釋之下，他才肯評估聯合陣線的問題。周恩來告訴他，中國共產黨預備接受他的領導，爲示友好，擔保經國可以由俄國回來。經國是愛國份子，毫無疑問也會希望父親抵抗入侵中國的敵人。（註十四）在中國共產黨、蘇聯以及中國各地都湧現釋放蔣介石的聲浪之下，張學良屈服了。

現在，阻撓蔣委員長獲釋的唯一關鍵是：如何處置張學良？蔣介石要求少帥和他一道回南京，接受軍事審判。然而，蔣夫人宋美齡曾經向張學良保證，如果放了蔣委員長，他不會受到懲罰。聖誕節當天，蔣介石夫婦飛回南京，受到民眾熱烈歡迎。雖有蔣夫人出面陳情，軍事法庭判處張學良有期徒刑十年；蔣氏把刑期減爲無限期軟禁、管束。（註十五）蔣介石回到南京，立刻召喚陳立夫到他臥室談話。陳問：「周恩來在西安的態度如何？」蔣答說：「很好。」陳立夫進言，現在政府大批部隊已集結部署在陝西省內及周圍省份，該立刻進攻延安，收拾毛澤東及中共黨人。蔣介石低頭不答。陳立夫覺得蔣氏累了，也就不再多說而告退。

註一：嚴農、彭舍予（音譯）〈蔣經國在蘇聯〉，收於《蔣氏父子》，浙江省政治協商會議文史材料委員會編，一九九四年版，第一七三頁。當時蘇聯的國內安全機關依然稱做OGPU，它在一九三四年改名爲「國家安全部」（Ministry of State Security, NKVD），一九五三年又更名爲「國家安全委員會」（Committee of State Security, KGB）。原書註七。

註二：蔣經國一九三四年寫了一份自傳，附在《尼古拉．伊利札洛夫（蔣經國）同志所填寫的共產黨員入黨申請書問卷》，其影印本載莫斯科一九九一年八月《今日亞非洲》（Asia and Africa Today），第五十二至五十五頁。根據這份自傳，他成爲蘇共候補黨員是在一九三〇年。不過，克萊恩《悼念蔣經國》的第一六五頁則說：「一九二九年十二月，在中國共產黨代表團的壓力下，我登記成爲俄國共產黨候補黨員。」原書註二十。

註三：余敏玲一九九八年六月二十六日發給本書作者的傳眞。作者一九九五年九月二十六日在北京訪問楊天石、李玉貞，兩人也有同樣說法。原書註二十七。

註四：北京一位通曉俄文的學者在莫斯科的總統府檔案室做研究時，前任蘇聯駐中國大使雷多夫斯基（Redolfsky）給她看一九三一年史達林、蔣經國會談的卷宗之封面，標題〈九一八事變後中國之政治情勢及蘇聯對蔣介石之態度〉，但是俄方不讓她看卷宗內容。本書作者一九九五年九月九日在北京訪談李玉貞，承她見告。原書註三十三。

註五：楊天石是北京中國現代史研究所前任所長，專研民國史，他在一九九六年十月提供給本書作者的書寫字條。原書註三十四。

註六：克萊恩，《悼念蔣經國》，第一七一頁，經國稱這個村子名爲「謝可夫」（Shekov）。而他在註二提到的一九三四年自傳中，則稱這個村子「柯洛維諾」（Korovino）。朱可瓦是他居住的村子之名，柯洛維諾則是柯洛溫斯基地區首府。原書註四十二。

註七：見拉林（Alexander Larin）一九九六年一月五日由莫斯科發給本書作者的電子郵件。但是《紐約時報》一九三六年二月十二日第十二頁引述蔣經國給母親的信，則說他掌管四千名工人。原書註四十七。

註八：一九九四年俄羅斯RTR電視台紀錄片，則指瑪麗亞、費耶多兩夫婦姓安尼基夫（Anikeev）。原書註四十八。

註九：見蔣家一位家人一九九九年二月二十二日給本書作者的信。原書註六十五。

註十：見《紐約時報》一九三六年二月十二日第十二頁。原書註六十六。

註十一：蔣經國誤把他和王明會面的時間記成一九三五年，而不是一九三六年。有可能他是在一九三五年寫下這封信，《眞理報》到一九三六年二月才把它發表。但是，他比較可能是記錯年代了。原書註六十八。

註十二：這一天他把塡好的申請入黨問卷提送地方黨部。原書註七十三。

註十三：一九九四年俄羅斯RTR電視台紀錄片播出一份文件，〈一九三六年十二月十五日接受蔣經國爲第四類布爾什維克黨員的決議〉。第四類指的是「人民敵人」的子女。原書註八十。

註十四：韓素音：《長子：周恩來與現代中國之形成，一八九八至一九七六年》(Eldest Son: Chou En-lai and the Making of Modern China, 1398-1976)，第一五四頁，她引述王炳南對蔣、周這次會談的說法。原書註八十一。

註十五：王冀一九九五年十二月九日接受本書作者訪談時，稱張學良這麼說。譯按，王冀是美國國會圖書館中文部主任。原書註八十二。

第五章　抗戰爆發及父子團聚

一九三六年十二月，蔣經國到達莫斯科，外交部副部長史狄孟尼可夫告訴他，蔣介石希望他能回中國；史狄孟尼可夫又說，蘇聯政府認爲國民政府是個友好政權，準備接受這項要求。史狄孟尼可夫等人毫無疑問也告訴蔣經國，他回中國，投身抗日聯合陣線，是獻身革命大業。經國在俄京略爲逗留，就回到史維德洛夫斯克等候上級指示。數星期之後，共產國際下令結束他在烏拉馬許工廠及《重工業日報》的工作，當時，經國熟識的一些人，如拉狄克、艾維巴赫等人正在遭受審訊，爲了保命，散播出他有不正當思想的指控。史達林顯然對這些指控充耳不聞。

一九三七年開年，蔣介石依然不能確定是否能再見到親生骨肉。他在日記中寫下：「我深盼兒子能回來……但是若要我犧牲國家利益，我寧可無後。」蔣委員長沒有承諾停止內戰。此時，他的聲望又告恢復，手上握有一百五十萬大軍；空軍雖然只有一百架飛機，與日本相比是小巫見大巫，但是比起根本沒有空中武力的毛澤東又強得多。由於聽力障礙由美國陸軍航空隊退役的陳納德（Claire Chennault）出任蔣介石的空軍顧問。二月間，國民黨中央委員會不肯支持聯合陣線，重申必須加強剿共作戰。陳立夫和黨內佔優勢的保守派，想擱置和周恩來的協議草案，趕緊打勝內戰。然而，蔣介石心中已有盤算。

二月間，莫斯科再次傳喚蔣經國由史維德洛夫斯克進京，但是這一次要他帶著家人及隨身細軟。工廠裡許多同志來到史維德洛夫斯克火車站，向他們認識的伊利札洛夫同志一家人道別，大家在寒風中在月台上唱歌、跳舞，舉行茶會。蔣經國對朋友們宣稱：「(蘇共)中央派我到中國，以便把家父爭取到我們這一邊。」

鏡頭轉到莫斯科，紅軍友人在伏特加酒和豐盛的菜餚助興下告訴蔣經國，蘇聯會盡全力協助中國擊退日本。當時還未遭到整肅的屠卡奇夫斯基元帥，極可能和他見面談話。史狄孟尼可夫再次接見蔣經國，表達希望在蔣委員長領導下，中、蘇關係日益密切。最高潮是經國晉見史達林話別，談話主題無疑就是迫切需要成立抗日統一戰線。(註一)

三月初某個寒風刺骨的夜裡，蔣廷黻大使接到使館僕役報告，有位中國客人到訪，但是此人在未見到大使本人之前，不願透露姓名。這位滿臉笑容、兩頰紅潤的青年訪客進來後，立刻表明身分。蔣大使還來不及問話，經國已經問：「你認爲我父親希望我回國嗎？」蔣大使向他擔保，委員長渴望他能回國。(註二)

幾天後，芳娜陪著丈夫與蔣廷黻大使共同進餐。蔣大使在回憶錄中形容她「是個漂亮的金髮女郎，可又十分害羞」。經國在餐桌上高談闊論他的改造中國大計劃，蔣大使不以爲然，建議經國儘量多了解中國各項弊病及其原因，然後才對症下藥，提出大計劃。

蔣經國情緒十分高昂，過去已是過去。如果父親願意忘卻過去的不愉快，他也可以拋棄過去種種。經國的務實、樂觀精神，加上中國人的愛國心、且信仰馬克思主義，使他擁抱突然爲他而開啓的未來。蔣大使幫他選了禮物——一組烏拉山黑色大理石製的桌上裝飾品，送給委員長，一件波斯羊皮大衣送給夫人。大使館另外替蔣經國準備了一套西裝，給芳娜準備了一件高貴的長衫和外套。

蔣經國離開莫斯科前夕，共產國際主席狄米特洛夫（Georgi Dimitrov）告訴他，他應該向蔣委員長進言，說明中國共產黨最爲眞誠，決心與國民黨合作。狄米特洛夫又盛讚蔣介石：「我們都曉得委員長是最能幹的戰略家、最傑出的政治家，也是中國人民最偉大的領袖。」經國接受共產國際的建議，把他在蘇聯求學、生活的十二年（一九二五至一九三七年），每年各寫一篇文章記述其梗概；這些文章合輯起來，成爲一本小書《我在蘇聯的生活》（My Life in Russia），對他在蘇聯的經驗以及蘇聯的各項成就，有正面、肯定的描述。（註三）

蔣經國一家啓程前往海參崴前，有個年輕人康生前來拜訪經國。康生是中國共產黨派在共產國際的代表，專長內部安全偵防。在近月來的大整肅運動中，康生指認蘇聯境內許多華人是托派份子，使得這些人橫遭死刑。康生照會經國，他將陪著蔣家從事跨越西伯利亞的漫長旅行。（註四）登上火車之前，蔣經國拍發電報給史維德洛夫斯克的友人，提到他、芳娜和兒子東行途中，將會經過史維德洛夫斯克，安尼克耶夫夫婦等友人在火車站會見他們，與他們喜歡的這對中俄聯姻夫婦擁抱話別。接著，火車補足了木柴燃料，離開這座工業城鎮，迤邐東行。這對夫婦自此以後再也不是伊利札洛夫了！

火車要花好幾天時間穿越這塊北國冰天雪地，使經國有時間整理思緒，回想他在蘇聯的日子。與他同時代的俄國人，也罕有人像他這樣對蘇維埃社會有如此廣泛的經驗。經國現在已經是二十七歲的成熟男子漢，他的命運再次投注到中國這塊土地及其人民身上。到了海參崴，蔣經國讓家人先上郵輪，他和康生前往國家安全部本地辦事處，兩人共同署名拍發一封電報給莫斯科的中國共產黨黨部，電文說：「現在，黨派我回國，這是一件重大任務……請轉告共產國際執委會，我會恪遵黨紀……我們由蘇聯海濱向各位致上共產同志最熱忱的問候。」

不論中共或蘇共對蔣經國曾經抱持何種希望，這封電報是他對共產黨聽命行事的最後一次！（註五）

蔣經國回到中國之前，中國共產黨中央委員會已接受了周恩來與陳立夫洽妥的政治協議草案原則，把紅軍置於南京政府指揮調度之下，停止沒收、重新分配土地的做法，並在共產黨控制地區舉行民主選舉。蔣介石並不是一夕之間頭腦糊塗，對共產黨的意圖有了天眞想法。他日後就說，一九三七年初沒有堅持打下去，一舉殲滅中共紅軍部隊是致命的錯誤。但是，日本軍國主義者節節進逼，侵凌中國，蔣若執意堅持「先安內，後攘外」政策，在政治上風險極大；而且，國共聯合抗日，使得蘇聯有可能大量提供軍事援助，不僅有助國民政府抵抗日本入侵，也可以擴大國軍對中共的兵力優勢。甚且，國共和解之下，蔣委員長唯一的骨肉兒子可以回國，而且還帶回來一個孫子——總可以告慰先祖了！

蔣經國離開俄國不久，美國駐莫斯科大使戴維思（Joseph E. Davies）向華府報告，中、蘇關係「在短短幾天內」有了極大進境。戴維思研判，中、蘇雙方已有確切了解，蘇聯不會再對中國境內獨立的（意指共產黨）政治、軍事勢力提供支援。

果然不出史達林所料，國共聯合陣線激起日本軍國主義者加速針對中國全面軍事行動的時程表。日本皇軍視中國東北及廣大的華北地區爲其禁臠，但是它的眞正目標和德國一樣，覬覦俄國大片領土。日本極端的國家主義者不希望坐視中國成爲一個統一、更強大的國家。日本必須迅速征服中國，俾能把主力用到對付蘇聯之上。

然而，日本的文職領導人只想掌控中國，不想佔領中國，有些人更認爲反共最爲重要，深怕日本一腳陷入中國這塊大泥淖，無法脫身。即使在一九三七年，國民黨與日本談判之際，汪精衛、陳立夫等人還力陳，南京政府、東京政府皆有反共意識，應該結爲盟友，不應互爲仇讎。原本是左派的汪精衛，事實上後來即投日，與日方合作。但是，日本軍國主義者馳騁全中國的野心不可遏抑。從一八九五年以來，日本攻無不克，擴張勢力相當順利，令日本海、陸軍野心大熾。歐洲的局勢更似乎印證世界的未來應由尙武的民族來掌握。

一九三七年四月十九日，蘇聯貨輪緩緩駛進黃浦江，蔣經國佇立在甲板上眺望，芳娜抱著年僅兩歲的孝文陪著他。岸上的工廠、船塢，遠比經國記憶中來得多，交通、污染益發嚴重。江灣岸邊，日本海軍第三艦隊幾艘軍艦悄悄泊碇，灰色的帆布掩蓋著艦上的砲管。

主席侍從室主任和杭州市長親自到碼頭迎接蔣經國一家三口。一行人在保鏢護衛下直奔火車站，數小時後已抵達風景優美的杭州市。蔣介石在日記裡對兒子回國一事記下：「先母在天之靈一定欣慰經國回來。」但是，蔣氏並沒有迫不及待要見睽違多年的兒子。經國回國數天之後，到南京拜訪陳立夫。兩人互相擁抱之後，小蔣抱怨父親還沒見他。陳立夫說：「你現在還是共產黨員，而且還寫信罵他，你必須先寫信給他，向他報告，你已經不是共產黨員，希望加入國民黨。」（註六）

的確，經國從來沒寫信給父親請求寬恕，聲明放棄馬克思主義，以及表達恢復國民黨黨籍的意願。即使平安返抵中國，他腦子裡根本沒想到這回事。父親無條件要他回國，沒有要求他道歉，因此他也沒有道歉認錯。但是現在傳統的尊父之道，要求經國表示浪子回頭，承認過去的不是，宣布對父親忠誠。

經國提筆寫了一封信，並前往拜訪吳稚暉，十二年前經國為了前往蘇聯留學而去請教於他。吳稚暉一副兩人不久前才見過面的模樣，平靜地問他：「你嘗試的經過怎麼樣？」吳稚暉可能去見了蔣介石，向他轉達了經國在蘇聯的種種際遇。蔣氏終於同意接見兒子。父子會安排在杭州市的國民政府主席別館進行，這棟別館原本是中國招商局已故世的總董宅第。門一關上，經國已跪下，向父親三叩首。

蔣介石問起兒子對前途有何打算？經國說，他有心在工業或政治兩者之中，擇一而為。他對父親說：「我有些主張——進步的主張，希望有機會實現。」他又表示願意「在最艱鉅的條件下」，嘗試推動他的構想。（註七）老蔣強調，談論分派工作之前，必須先處理一些基本問題。首先，蔣經國現在已經不太能用中文寫東西；其次，他的古文已荒廢多時，必須密集溫習功課。最後，委員長建議經國利用這段時間把他在蘇聯的經驗寫下來。然後，蔣介石帶著兒子到客廳去見蔣夫人，經國稱呼她爲「母親」，並請准把在樓下等待的妻兒帶上來介紹謁見。

芳娜可是神經緊張地等候著晉見公婆。這位二十二歲、略敷胭脂的俄國女郎置身異國，即將謁見語言不通的中國第一家庭，怎能不緊張？芳娜是個率真、羞澀，相當單純的人，只有技術學校的學業水平。芳娜只有兩三套簡單的衣服，加上莫斯科中國大使館送給她的那套華服。現在她要見的新婆婆可是富貴聰明舉世聞名。

會面進行得十分平順。蔣夫人對這場家庭團聚可費了不少心思，儘管讓芳娜放輕鬆。或許就在這一天，蔣介石給媳婦取了中文名字「芳娘」。可是經國不喜歡，日後把它改成同音的「方良」。經國告退時，蔣夫人悄悄塞了一把鈔票給經國，囑咐他給自己和家人備置衣物。

後來，經國和蔣夫人之間意見參差，在政治上相互較勁，但是他一直很尊敬她，即使彼此的關係緊張，但都能相互尊重。（註八）方良也和婆婆維持合宜、友善又不太親暱的關係。她絕不和婆婆爭鋒頭，也不會模仿婆婆的舉止，反而一心一意持家，做個傳統的中國婦人。她和俄國，以及親友的關係全都斷了，也接受了中國習俗，說得一口道地寧波話。

杭州父子會之後，《紐約時報》引述「接近委員長的消息人士」的話，指稱外傳小蔣是個「徹頭徹尾的共產黨員」，而且還寫信詬罵父親，「全是俄國人編造的故事」。

經國一家人在一小隊隨從陪伴下，坐船到寧波，再轉搭軍車沿著新鋪的公路，穿過溪口周圍山區。浙江早春的盎然綠意，迎接著歸鄉的嬌客；軍車駛過蔣委員長在溪口鎮邊蓋起的武嶺門，引來一批小童追逐。經國指點妻兒、介紹清澈的剡溪，以及約在一里之遙聳立的青山。不一會兒，他們已經來到擴建得美輪美奐的蔣家舊宅。

雖然有一段時候，毛福梅和蔣方良這對婆媳必須比手劃腳，兩人卻一見如故，相處甚歡。毛夫人一點也不介意媳婦是個外國人，她告訴朋友，方良是她生平所見最漂亮的女人。經國夫婦回到溪口老家後，又遵奉中國古禮辦婚事，方良穿上傳統的鳳冠彩裙，好不熱鬧。按照習俗，新娘子要燒幾道菜（顯然一定是俄國菜囉）展露手藝，但是村人嬉鬧，偷偷把濕柴塞進灶裡，弄得廚房濃煙不散。

接下來的春、夏之季，方良喜歡騎自行車在鎮上逛，有時還騎馬；甚至還換上泳衣，跑到溪中游泳。這些動作讓鎮上居民看不過去，可是毛福梅挺身替媳婦辯解，解釋說在西方國家的富貴人家婦女也都這麼做。

蔣經國通常不睡在豐鎬房，而是住在他父親在城門下臨溪而蓋的一間待客小屋。蔣委員長給兒子親挑的老師徐道鄰，也搬到小屋和經國一起住。小蔣開始以俄文寫下他的回憶錄《冰天雪地》，另外還溫習寫字。老蔣又開始頻頻寫信，指示已經二十七歲的兒子如何學習。照經國的說法，父親擔心他「對中國的道德哲學和民族精神，沒有深刻了解」。

蔣介石果然又堅持兒子要專心讀曾國藩的作品，尤其是《曾文正公家書》，還要讀《論語》、《孟子》和王陽明的文章。他在五月十二日致經國一信，要他研讀《三民主義》之前，先讀兩遍

《孫文學說》。

多年之後，徐道鄰提到蔣經國對於西漢末年的爭議人物王莽（公元前五四年至公元後二十三年）推動若干社會改革的歷史，特別感到興趣。徐道鄰又說，小蔣一再稱讚蘇聯社會的平等精神及不重物質享受的特色，也欽佩蘇聯重視青年動員工作，發動群眾支持政府行動的做法等等。經國不認爲必須隱瞞他對這些事情的看法，把他離開莫斯科前夕寫下他在蘇聯生活經驗的文集，送一份給徐道鄰過目。他還把這些文章，配上他新寫的回憶錄，一起呈送給父親。老蔣對兒子表示，閱後「非常感動」：「當你記得曾經經歷的折磨，就更能體念回到祖國的可貴。」但是，蔣介石要求經國親自把回憶錄迻譯成中文，他認爲要別人幫兒子把回憶錄迻譯成爲中文，「很難爲情」。

蔣經國回到溪口後不久就到雪竇寺參拜，由雪竇寺再往山裡走，就是蔣介石蓋來軟禁張學良的一棟西式洋房。他和張學良發展出一段相交逾半世紀的友誼。他們倆人有許多共同的地方：兩人的父親都是著名的軍頭，都有威權性格。少帥也跟經國一樣，爲了自認崇高的理想，對蔣介石不忠。他們倆人也都是浪漫的理想主義者，毫不矯情、沒有架子，又精力充沛。

兩人時常相偕在樹林中散步，徐道鄰偶爾也陪著小蔣上山，對蔣、張兩人講授孔孟之道或中國歷史。少帥和經國閒暇之餘，也愛喝酒、划拳。張學良與他的紅粉知己趙四小姐自此形影不離（譯按，走筆至此，趙一荻女士甫於二〇〇〇年六月間在夏威夷溘逝，先少帥一步謝世），他亦寄情於研究明史、蒐集中國藝術品，有時也打打麻將。

蔣介石持續寫信指導經國讀書，直到七月二十四日最後一封家書抵達。他在這封信中說：「你應該專心學習中文、練習書法……不必爲日本侵略分心，我有辦法對付他們。」

蔣介石極力迴避的全面對日抗戰，終於在一九三七年七月七日於北平城郊蘆溝橋爆發。日軍和中國守軍在夜裡發生一場混戰，不分勝負。兩星期後，日本首相近衛文麿要求「徹底解決中、日關係」。蔣介石立刻回應：「吾人當前唯一之路就是領導全國民眾，萬眾一心，奮鬥到底。」日本皇軍迅速佔領北平，但是中國守軍奮勇堅守上海，鏖戰三個月，對日軍造成極大傷害。

起先，蔣介石並沒有採取撤退、焦土政策，他把德國軍官訓練的精銳師團，以及幾乎全部砲兵投入上海保衛戰。這就是他在七月二十四日給經國信上提到的「辦法」。蔣介石在上海一役，折損了六成的精銳部隊。上海淪陷之後，國軍向南京撤退。中國和蘇聯在日內瓦呼籲國際聯盟採取行動。國聯以及美國等民主國家敦促日本撤軍，也表示同情中國際遇，可是除了教會團體捐助糧食、藥物之外，西方國家並沒有伸出援手。中國人認爲蘇聯和中國是世界上唯獨願意挺身抵抗法西斯侵略者的國家——其情的確可憫。

一九三七年八月二十一日，中、蘇簽訂互不侵犯條約。蘇聯船隻開始由黑海敖得塞港（Odessa）運裝軍用設備及補給品，千里迢迢，送到廣州。數以百計的蘇聯飛行員、教官和飛機，飛越戈壁沙漠，進駐甘肅省中國基地。當蘇聯本身面對的威脅大有升高之勢時，史達林援助蔣介石的手筆、規模之大，見證了中國抗戰成功對蘇聯極具戰略意義。此後兩年，蘇聯提供給蔣介石大約一千架飛機、兩千名飛行員，以及五百名軍事顧問。由一九三七至一九四五年，中國得到的

俄援總値約兩億五千萬美元，其中絕大部分是在抗戰的頭四年提供，當時沒有其他國家認爲中國版圖的完整是一件大事。（註九）

十一月間，日本一支侵華部隊佔領杭州，開始沿著海邊南下掃蕩。有些地區，中國軍隊英勇奮戰，讓敵人付出重大代價；有些地方，守軍卻聞風潰散。十二月十三日，日軍攻進南京，展開爲期七星期的大屠殺，數萬名婦女遭到日軍強姦，被俘的中國士兵及平民慘遭斬首或以刺刀戮殺，連嬰兒、幼童也不能倖免。日軍暴行的照片震驚西方世界，可是物質援助依然不來，國軍殘部沿長江，向武漢撤退。

中共紅軍遵照與中央政府的協議，正式改編爲第八路軍，接受國民政府節制。鄧小平出任第一二九師政委，該師師長是劉伯承。長征時期流落在長江以南的共軍部隊整編成新四軍。一九三八年一月，經國出席新四軍成軍典禮，並發表演講，聲稱國、共兩黨應該「攜手並進」，擊敗日寇。

國軍遭受慘重損失之際，毛澤東的部隊卻迴避與敵軍正面對抗。這麼做符合毛澤東一九三八年的一篇論文〈論持久戰〉的精神，他定下游擊戰、政治動員和建立基地地區的策略。中共也比國民黨更有效率，在敵後地區建立地下行政體系。共產黨借日本大肆入侵激起的愛國熱潮，以及與國民黨合組聯合陣線得到的合法地位之利，大肆發展。中共黨員人數由一九三七年的四萬人，膨脹到一九四〇年的八十萬人左右。

一九三八年春天，蔣介石接受江西省主席熊式輝的建議，派經國擔任設在省會南昌的江西省保安處少將副處長。以二十七歲的青年而言，這個職位似乎滿高，但是鑒於他在蘇聯掙得的職位，他在托馬契夫中央軍政學院的紀錄以及戰事的需要，它並不算過份。

位於贛江旁的南昌是個工業、礦業城市，此時擠滿數十萬難民，一片混亂。方良剛於二月間產下女嬰愛咪（Aimeek 或 Amy，即孝章）。經國一家遷入一棟樸實、舒適的房子，他立刻投入工作。一九三八年四月，國民黨召開臨時全國代表大會，在蔣介石提示下通過決議案，成立三民主義青年團。蔣經國說服父親，應以三民主義青年團取代數年之前由情報頭子戴笠組織的藍衣社。這個法西斯主義色彩濃厚的藍衣社，表面上解散，實則還是一股堅實的政治力量。經國由蘇聯回來剛過一年，就出任三民主義青年團中央委員，兼江西省支團主任。（註十）

經國也提議，三青團團員的地位與國民黨正式黨員相等；甚且，年逾二十五歲之後，三青團團員可以無限期留在團裡，不必轉入國民黨。（註十一）三青團團員這種特殊地位，使掌控黨機器的陳果夫、陳立夫兄弟非常不痛快。陳立夫認為這是委員長的「政治動作」，也是領袖搞分而治之政治策略的又一例證。他在回憶錄中說：「一般人老是責備我們（陳氏兄弟）在黨內成立小派系，其實我們是奉命行事。」陳氏兄弟設法要掌控這個新興的權力中心，他們心裡明白蔣介石成立三青團是要讓經國以此為地盤，建立勢力。

蔣介石當仁不讓，把三民主義青年團最高領導人的位子，加進自己的一大堆官職、頭銜之中，但是他指派手下一個幹練將領——陳誠，擔任三青團中央幹事長。身材瘦削、脾氣溫和的陳誠，不僅幹練、忠誠，而且清廉——更重要的是，他也是浙江人。日後，史迪威將軍（Joseph W.

Stilwell）對陳誠亦頗有好評。此時的蔣介石視陳誠爲政治前途看好的一名將領，甚至有朝一日可以培養爲接班人。國民黨各路軍閥，以及蔣氏嫡系最資深將領何應欽，把陳誠視爲黨內同志，也是政治對手。現在，回國僅只一年的蔣經國，已成爲另一個潛在的政治競爭者。

陳誠和蔣經國也有許多共同的地方，譬如，陳誠支持小蔣把三青團與國民黨腐敗的組織隔離開來的構想。但是，陳誠在一九三八年中期沒有太多時間投入三青團業務。他已身兼第九戰區司令長官、陸軍中央訓練團教育長，以及湖北省政府主席等要職。他掛名擔任三青團中央書記長，只是代表他政治前途看好。基本上主持三青團團務的是康澤，名義上是三青團組織處處長。康澤是已經明令解散的藍衣社重要角色，與戴笠關係深厚。康澤想把三青團納進國民黨軍事情報機關的勢力範圍，並與一些相關的祕密會社掛鉤；因此，他對陳果夫兄弟也是一大威脅。陳立夫認爲康澤「野心很大」，但是他也是蔣經國非常不喜歡的法西斯型的官員。三青團成立不久，康澤就抽調十二個人（大部分是藍衣社舊部）「協助」蔣經國籌組江西支團部。根據這批人當中之一的說法，他們想要操縱蔣經國，架空他對青年團團務的權力，卻沒有成功。蔣經國有心以三青團江西支團部，做爲團中央、甚至國民黨組織的樣板模範。這使他和戴笠的藍衣社成員，以及ＣＣ派掌控的省級、地方級國民黨黨部，統統不合。

蔣經國在江西省的主要職責是政府工作。熊式輝特別爲他在省會南昌設置一個保安處副處長的位子，期待經國這個年輕人仕途有個舒適的開端，不必擔負太多實質工作。不料蔣經國卻全心投入工作。地方黨政首長相當狼狽難堪，因爲經國竟然在全省各地突襲訪視。熊式輝辦公室不久就湧進許多抱怨聲浪，指責小蔣的工作作風像共產黨。

熊式輝爲了把蔣經國羈絆在南昌，成立「江西省地方政治講習院」，並且把這位年輕的少將調爲新兵督練處處長。經國在這個職位上，第一次得負責下令把一位逃兵判處死刑！他也制訂若干新法令協助農村徵募來的兵員，例如新兵在償付舊債之前可以有三年的寬限期，地主必須繼續把土地放租給士兵家屬等等。

蔣經國因爲邀請蘇聯軍事顧問到南昌反法西斯的集會上演講，本人受邀到新四軍駐南昌聯絡辦事處演講，而招來嫌疑。連蔣介石也接到報告，指控經國過分熱心、採取左派作法。戴笠奉蔣委員長指示，召見安徽省「忠義救國軍」（戴笠控制的另一個安全組織）負責人文強少將。文強是黃埔軍校畢業生，和蔣經國年齡相若。戴笠告訴他，蔣委員長要他定期和經國談話，講解中國國內政情，兒子才不致於受到共產黨影響。此後一年半的時間，文強每個月和經國見面一次。

蔣經國和文強見面時很注意聆聽，藉此機會了解國民黨內各個派系以及重要人物之習性、底蘊。但是馬克思主義的訓練依然影響他的思想，他經常以「大資產階級」來稱呼孔祥熙、宋子文這些宋家姻親。後來他接受建議，在談及知名人物，尤其是親戚時，不要用這種說法。不過，據文強一九九五年九月二十六日在北京接受本書作者訪談時的說法，蔣經國從一開始就不想借用他父親婚姻關係帶來的方便。文強也必須提醒經國，不要對蘇聯迭有好評。文強每次和經國談完話，都做下筆記，呈交戴笠，戴笠再轉呈給蔣介石。一九四九年之後，文強決定留在中國大陸，這裡頭意味著當年他頗有可能把報告也送交延安。

蔣經國回到中國時，發現國民黨佈建相當廣泛的情治特務網。當時最大的兩個情治單位，一個是戴笠主持的軍事委員會統計調查局（軍統），一個是陳氏兄弟主持的中央統計調查局（中統）。此外，各軍種、中央警察、省政府、中央銀行及其他官僚機構，也全都備有特務，互相查伺，也偵查日本及中共活動。國軍政工人員和共軍政工人員一樣，不但監視軍人，也針對特定民間人士偵防。蔣經國了解國民黨的情治特務系統之後，感到困惑不安的不是情治機關的任務，而是它們和黑社會——中國傳統的秘密幫會——關係深厚。其實，國民黨這麼做，並不是獨一無二，孫中山、毛澤東和外國租界的歐洲官員，也全都利用秘密會社、犯罪集團和土匪，來完遂其目的。整體而言，蔣經國在國民黨主要安全機構中，並沒有居於全國級的領導地位，但是他在自己轄區內，則清除與黑社會的關聯。不過，經國依然相信非常需要維持一支秘密警察。

一九三八年四月，與蔣介石時合時分的桂系將領李宗仁，率部在山東第一次讓日軍吃了敗仗（譯按，即台兒莊大捷）。然而，這並不能阻止日軍推進，蔣下令破壞黃河河堤。黃河決堤之後，大水阻滯日軍好幾個月，但是也沖走四千個村莊，使黃河改道，出海口本來在山東半島北方，變成在山東半島南方。夏末，日軍沿長江流域深入，進襲武漢。蘇聯軍機猛轟武漢周圍日軍陣地，火力薄弱的國軍亦英勇展開保衛戰。七月，日本要求蘇聯部隊撤出中、蘇、朝鮮邊區，聲稱這塊地區屬於滿洲國領土。日本皇軍開進這片繫爭地區，不料蘇聯遠東地區紅軍部隊告捷，擊敗日軍，這也算是日、俄交戰中俄國備嘗敗績的一個歷史轉折。

十月二十五日，日軍終於佔領斷垣殘壁的武漢，蔣委員長已在長江三峽上游的重慶，建立抗日陪都。同樣在十月間，日軍佔領廣州，切斷國民政府的海上通路。蔣介石繼續對散布在各地的部隊實施統帥權，可是派系鬥爭已經使得國民政府旗下三百多個實力不足的師級部隊，不能有任何重大整合。戰爭進行了一年，日本已屠殺兩百萬中國軍民；北起東北、南迄中、越邊境、佔領一百五十萬平方公里土地，破壞許多城市，也摧毀中國的工業和基礎建設。

一九三九年三月中旬，日軍第一〇一師已推進到距南昌數英里的城郊。難民及政府公務員眷屬開始往南疏散。熊式輝下令保安司令部的新兵督練處遷到南邊的贛州。南昌在三月二十七日棄守，幾天前，經國一家人坐上軍車南撤，一路上盡是流離逃難的長龍。方良緊緊抱住襁褓中的孝章以及三歲的孝文。

江西南部山區的章水、貢水合流，成爲贛江，就在兩河匯合處有一塊平原，贛州城在此矗立。經國一家抵達時，贛縣人口大約十萬人，城裡一條大馬路南市街，兩旁是經年累月炊煙薰黑了的磚房。黃包車在石子路上顚簸，街上還有一座九層寶塔。

蔣家住到俯瞰贛州城一座小山上的西式洋房。蔣經國的新職是第四區行政專員兼保安司令；這塊統稱贛南的第四區，涵蓋整個江西南部十一個縣，人口約兩百萬。這塊地區長久以來受到桂系軍閥和地方土匪的控制，非常貧困落後。（註十二）

蔣經國邀請幾位過去在莫斯科中山大學的同學，到贛南專員公署幫忙。其中之一是黃中美，中大同學認爲他曾經替蘇聯特務機關當線民。黃中美出任經國的主任秘書，兼負成立情報網的任務。周百皆和俞季虞兩個中大同學，出任科長，另一位同學徐季元則擔任緝菸科科長。（註十三）

自稱曾被下放到西伯利亞勞改營的舊托派份子屈武，也到贛州任職。（註十四）同時，蔣介石命令他在黃埔軍校的得意門生胡軌，也到贛州輔佐經國。蔣經國指派胡軌擔任三民主義青年團江西支團幹事長，日後胡成爲小蔣親信股肱。

蔣經國奉派行政專員新職之後，立刻有系統地遍訪轄區各個角落。他每天走八十公里，不久就走遍一千五百公里，到處與農民、商人、公務員、藝文人士和難民交談。可是，他所到之處並不是人人都歡迎他。傲慢的地方仕紳難掩輕蔑之意，對他疑心十足。奸商不理他，照樣經營賭場、鴉片館，深信已經打點好的貪官污吏會保護他們。鄉間強盜攔路行搶，各姓宗族不時互相械鬥，老百姓久經欺凌，已經心如死水、漠不關心。

蔣經國認爲恢復地方治安是第一要務，定下爲期一年的「掃蕩行動」。熊式輝應他之請，把贛南已有三千兵力的保安隊再擴編；經國另外又成立一個有六百名兵勇的自衛隊。不過，他對付土匪是剿撫並用。有一天，他率領幾個隨從，不攜武器，只帶幾瓶好酒，親到崇義山區找土匪頭子周盛連。周某有如水滸中人，以攔路搶來的錢賑濟地方窮人。周某告訴蔣經國，是地方上的貪官逼得他走上梁山，落草爲寇。酒過數巡之後，蔣經國提出過去一切罪行既往不究，請周放棄不法行爲，跟隨他一起做好事。周某大受感動，同意只要經國在贛南做行政專員，他一定不爲非作歹。總共有三十四名土匪頭子接受招安。（註十五）據報導說，到了當年年底，共有五百四十一名土匪自首，經國指揮的各路警力也逮捕了兩千兩百四十六名盜匪，處死若干重犯。

蔣經國認爲要降低犯罪及盜匪，關鍵是肅清菸、賭、娼。夏天時，他宣布禁絕吸食鴉片和賭博，「絕不寬貸」。兩名地方官吏的太太打麻將賭錢被抓到，被罰跪在抗日陣亡將士紀念碑前兩天。

蔣經國宣布以一年爲勒戒期，一年之後，任何人吸食鴉片，一律處死刑。警告期滿，警方逮到一個大商人的兒子吸毒。經國正在考量是否寬赦時，接到熊式輝電報，命令他把犯人移送到臨時省會。經國獲悉富商父親進行關說，下令立刻執刑，然後向熊式輝報告，電報收到時已太遲，不及遵令解送犯人。（註十六）

取締娼妓可就更不容易。贛南十一縣共有一百五十家妓院，六百八十七名註冊公娼。傳統上縣庫收入有相當比重來自向妓院課稅。雖然如此，蔣經國還是在一九四一年取締娼妓，安排公娼轉到工廠做工，徵收妓院稅的單位也予以裁撤。據當地一名研究人員說，到了當年年底，贛南地區妓院已銷聲匿跡。

蔣經國又頒布命令，各種地租一律減租百分之二十五，引進耕者有其田政策，在佃農土地上成立示範農場，並且把荒地放給貧農耕作。貧農領耕荒地，要分期付款。兩年之內，農業生產上升百分之二十。小蔣推動這些改革時，「與地方既有體制——如地主仕紳，軍隊和黨部要員，幾乎完全沒有關係」。他努力要終止地主和「地方惡霸」加諸農民身上的許多壓榨行徑。當時安遠縣有個地主號稱丁老虎，即控制了整個村子，私人擁有一百多支槍的丁勇。蔣經國聽到各方對丁老虎的投訴，把丁老虎抓起來，沒收他的槍械，還把他當做逮到的老虎，倒吊在竹竿上抬走。

丁老虎這類的地方惡霸統統被送到「新人學校」這種再教育中心受訓。絕大多數「學員」乃是「四鬼」之一；所謂「四鬼」就是違背禁止吸食鴉片、賭博、嫖妓賣淫和酗酒命令的人。據新人學校的主管說，蔣經國指示僚屬人道對待學員，教育第一、懲罰其次。他強調，新人學校的目的是協助過去行爲放蕩的人重新做人。

蔣經國每週一次公開接見民眾。任何人有冤屈，問題，都可到場申訴。一九四二年接見人數爲一千零二十三人。美國記者傅爾曼（Harrison Forman）一九四三年到贛州採訪，訪問了蔣經國，曾經在該年七月《柯里爾》雜誌（Collier's）撰文報導他見到的一幕：

一名店主囤積十二匹布，遭到沒收；他陳情說全家五個子女將因之生活困苦。蔣經國命令部屬調查此人財務狀況，如果此人所言屬實，他會准予支付布匹成本，但是要把布匹發放給窮人。

一名盲婦帶著三個行乞的兒子，希望有飯吃。他指示她到施粥處。

她問說：「眞的有飯吃？」

「是的。」

「每天都有飯吃？」

「是的，每天都有飯吃。」

蔣經國派一名童子軍帶領她和三個兒子去施粥處，她臉上綻開了笑容。

一名手上抱著嬰兒的孕婦，請求蔣經國幫她還債，因爲丈夫被抓去坐牢，實在無力付債款。

蔣經國一口就拒絕，聲稱私人欠債怎能要政府負責幫忙，但是他主動表示可以免費提供醫院服務，直到胎兒平安落地。

傅爾曼也參觀蔣經國證婚的一項三十四對新人集體結婚婚禮。蔣經國推動的種種社會改革中，有一項就是禁止傳統的鋪張婚禮（新郎倌家人往往耗盡積蓄來辦一場婚禮），現在贛南地區只准辦理集體結婚儀式。

蔣經國也有能力讓大批群眾情緒激昂。有一天夜裡，贛南童子軍營火大會在贛州大操場舉行，他站在講台上率領數千名群眾高呼口號，「中國萬歲！委員長萬歲！打倒日本鬼子！」

接下來，小蔣問：「我們應該怎麼對付叛徒汪精衛？」（汪精衛已在一九三九年叛逃，依附日本人。）

群眾高聲喊叫：「燒死他！燒死他！」

「我們就這麼辦！」

汪精衛的芻像被推到操場上，點上火。小蔣敲起大鑼，群眾高呼：「殺！殺！殺！」同時，數千名年輕人打赤膊上陣，在三座營火火光閃爍中，舞出一條長蛇陣。小蔣由講台跳下，跟著長蛇尾巴舞動起來，他沙啞的呼喊已被群眾的喝采聲所淹沒。

鳥瞰世局，歐洲局勢發展將影響到中國戰事的方向。一九三九年初始，希特勒在德國國會高呼，徹底解決猶太人問題的辦法就是發動一場戰爭，「消滅歐洲的猶太人種」。三月間，德國侵佔捷克部分領土，墨索里尼揮師進犯阿爾巴尼亞。英國和法國向波蘭提出保證，聲稱不惜一戰以維護波蘭的獨立。史達林衡量他在德國及西方國家之間討價還價的籌碼，決定和希特勒達成協議，蘇聯可以藉此協議坐觀資本主義國家——管它是法西斯，還是資產階級民主國家——互相毀滅。這場戰爭可以讓蘇聯節蓄軍事資源，並遏止日本對西伯利亞的野心。一九三九年八月二十三日，史達林正式扭轉蘇聯的歐洲政策，撕毀人民陣線的主張（只有在殖民地或中國這類的次殖民地爲例外），與納粹德國簽訂互不侵犯條約。一週之後，德國和蘇聯軍隊入侵波蘭。英國、法國對第三帝國宣戰，全球最大規模戰爭在歐洲展開。

希特勒與蘇聯突然簽訂互不侵犯條約，令日本大吃一驚，也使日本帝國野心方向起了轉變，東京放棄侵略俄國的大計，覬覦在歐洲陷入戰局的英、法兩國的東亞殖民地。長久以來即以盎格魯·撒克遜人爲假想敵，進行全面作戰訓練的日本海軍，總算有機會放手一搏。日本戰爭計劃逐步把焦點定到東南亞及太平洋之際，中國戰場上的戰事已漸定型。日本軍隊攻打對他們有威脅的中國部隊，但罕於挺進，佔領新地區。日軍針對共產黨游擊隊及國軍正規部隊，都採取相同的戰略——前進、作戰、撤退。日軍幾已停止佔領全部江西省的作爲。這時候，贛州已是安全處所。

經國對德、蘇簽訂互不侵犯條約亦大爲意外。回國以來，小蔣始終未改信念，認爲蘇聯是維護世界和平的一股力量。蘇聯提供給中國攸關緊要的軍事援助，數千名俄國人直接參與抗日戰爭，蘇聯媒體對蔣委員長亦不斷頌揚。可是，一夕之間，蘇聯和納粹達成協議，侵佔波蘭、芬蘭，使日本有理由和餘裕全力在亞洲發展。

然而，蔣經國對社會主義母國的信心依舊沒有嚴重動搖。史達林與柏林簽訂條約後，仍向蔣介石保證，蘇聯對華關係（包括提供軍事援助在內）並無改變。德、蘇兩國外交部長李賓特洛甫（Ribbentrop）、莫洛托夫（Molotov）簽約之後一個月，蔣經國在一項青年集會裡演講，強調蘇聯仍然是協助中國抵抗日本侵略者唯一的國家；甚且，蘇聯是個社會主義國家，絕不會從事侵略行爲。他說，協助蘇聯自衛，對於抵抗侵略的其他國家，尤其是中國，都會蒙受其利。

註一：蔣經國回國後，父親替他延攬徐道鄰，在溪口爲他教讀。徐道鄰一九五三年告訴駐台北美國大使館某官員，蔣經國親口告訴他，一九三七年三月回國前曾和史達林會面。見台北美國大使館一九五三年三月三十一日致國務院的電文，收在國家檔案館國務院一九五〇至一九五四年檔案第四二二三盒 RG59 號「中國，一九五〇至一九五四」中。原書註六。

註二：蔣廷黻，《蔣廷黻回憶錄，一八九五至一九六五年》（The Reminiscences of Tsiang Ting Fu〔1895–1965〕），哥倫比亞大學東亞研究所中國口述歷史計劃，一九七四年紐約出版第二一四頁。共同作者是塞德曼（Crystal Lorch Seidman）。原書註七。

註三：余敏玲，〈俄國檔案中的留蘇學生蔣經國〉，《中央研究院近代史研究所集刊》，第二十九期，一九九八年六月，台北中央研究院近代史研究所出版，第一二八頁。原書註九。

註四：中文版《亞洲周刊》，一九九八年元月二十六日至二月八日當期，第三十至三十五頁，〈KGB檔案中的青年蔣經國：政治與婚姻〉。這篇文章引述俄國學者賈里茨基（Vladimir Prohorovich Galitsky），根據莫斯科大學亞非研究所資料所做的研究，提出此一說法。原書註十。

註五：根據某些報導，蔣經國在這時候也簽署一封信，發給他在烏拉馬許工廠《重工業日報》的編輯。這封信指控烏拉馬許工廠廠長佛拉迪米洛夫，對其兄弟參與托派活動知情，且予以支持。問題出在蔣經國爲何不在莫斯科，或於史維德洛夫斯克小停時，寄出這封信？如果這封信的確由蔣經國簽名、寄發，可能是康生在史達林示意下要求他這麼做，以測試蔣經國。如果蔣同意照辦，通過考驗，就淪爲參與俄國恐怖整肅活動的幫兇。佛拉迪米洛夫曾到蔣經國公寓做客，此時已被以重大罪名起訴，經國可能認爲他已在劫難逃。蔣經國必然曉得康生的殘暴，認爲若不合作，全家人恐怕都上不了船回國。柴澤夫（Valentin Zaitsev）一九九六年在莫斯科的《新聞記者》（The Journalist）撰文，也提到這封信，還說日期是一九三七年七月一日，是蔣經國回到中國之後兩個半月——這裡頭的矛盾暗示，國家安全部可能編造這樣一封信，過幾年才把它放進檔案裡。原書註十三。

註六：陳立夫一九九六年五月二十九日接受本書作者訪談時所表示。原書註十八。

註七：傅爾曼〈小委員長〉（Gissimo Junior），載一九四三年七月三十一日《柯里爾》雜誌。傅爾曼一九四三年到贛南訪問蔣經國。原書註二十二。

註八：席格瑞夫（Sterling Seagrave）在《宋氏王朝》（The Soong Dynasty）第三八〇頁、四五〇頁，引述若干故事，指稱經國與繼母公開不合。但是，根據蔣經國和他父親的關係，以及他在這段時期的情感、知性和政治脾氣來判斷，席格瑞夫這些說法不太可能成立。原書註二十五。

註九：《中國手冊，一九三七至一九四五年》（China Handbook, 1937-1945），上海商務印書館一九四六年出版，第八十九頁。俄援是以低利貸款方式提供，中方運交原料來償付。原書註三十九。

註十：蔡省三、曹雲霞，《蔣經國系史話》，第二十九至三十二頁。蔡省三在一九三〇年代末期、四〇年代初期，在贛南追隨蔣經國工作。（譯按，曹雲霞是蔡省三之妻。）原書註四十三。

註十一：艾啓明一九九六年六月十五日在南京接受本書作者的訪談。艾是一九四四年蔣經國主持的青幹班第一期女生隊隊長。原書註四十四。

註十二：王昇答覆本書作者書面提出的問題，但是他沒有註明日期。時間是在一九九六年春天。原書註五十九。

註十三：中共江西省委、贛州市委一九八九年在南昌召集多位蔣經國舊部屬，舉行一個討論

「蔣經國在贛南」的會議，蒐集多篇文章結集發表。見〈打擊吸毒賭博娼妓與流氓〉，收在《蔣經國在贛南》，第一二一至一二九頁。原書註六十。

註十四：賈亦斌一九九五年九月二十一日接受本書作者的訪談紀錄。蔡省三、曹雲霞，前揭書，第七十一至七十二頁。也列出其他幾位的名字，如高素明和彭建華等。原書註六十一。

註十五：漆高儒，《蔣經國的一生》，第三十至三十一頁。傅爾曼，前揭文，第十一頁、六十一頁。王昇一九九五年九月八日訪談紀錄。原書註六十七。

註十六：艾倫．懷汀（Allen S. Whiting），〈台灣的神秘人物〉（Mystery Man of Formosa），載一九五五年三月十二日《星期六晚郵報》（Saturday Evening Post）第二十六頁。原書註七十。

第六章　贛南模範

一九三九年底，日本軍事情報機關決定以蔣介石的家鄉，尤其是蔣家宅院，做爲攻擊目標。有一天上午，光天化日之下，兩架俯衝轟炸機出現在溪口鎮上空，武嶺街上的警報登時大響。毛福梅和女傭阿王正在豐鎬房二樓，趕緊扶著後頭樓梯（爲了方便纏足婦人，刻意蓋得狹窄）下樓，預備跑向屋子後方，阿王聽到炸彈呼嘯落下。他們打開後門時，炸彈已落到庭院。阿王後來傷癒，可是毛夫人當場殞命。

不到幾小時，蔣經國透過短波電台聽到噩耗，立刻兼程趕往溪口；這段路有七百公里之遙，必須穿越贛、浙兩省的山區小路。他的汽車連開二十小時，遇到橋燒毀，還得涉水而過，總算在毛夫人遇害次日趕到家門。檢視母親炸得粉碎的遺體之後，他安排臨時葬禮，並且在她遇害的地方立了一塊一公尺高的石碑，這塊石碑今天還屹立在溪口，上面鐫刻四個大字：「以血洗血」。

此後四個月，日軍連續轟炸溪口十三次，終於在一九四三年四月進佔小鎮，並以豐鎬房做爲總部，日軍司令官和汪精衛傀儡政府代表或許出於爭取蔣介石的心理，把經國的母親、祖母等蔣氏先人的墳墓打掃清潔，拍下照片，寄給蔣氏父子；不過，這一招並未奏效。

蔣經國回到贛州後，一連好幾個星期不刮鬍子，也不見笑容。他全力投入工作，紓解內心的痛苦。他認爲要把專區管好，執行改革，必須有一批信得過的助手，尤其是一群廉潔公正的督察員以確保地方官員落實他的改革方案。要得到這樣一批幹部，最好的辦法就是自己開班培訓，他的父親認可同意，於是中央軍校由當期政治訓練班一千名結業學員中挑選出七十二人，送到經國在贛州城外數里的赤硃嶺新成立的三青團幹部訓練班學習。透過競爭極爲激烈的招考，經國另外錄取七十二個學員。蔣經國定期到幹訓班講話，有時也睡在學校裡，早會時帶領學員呼口號，宣誓效忠國家和領袖。

蔣經國極力推動向他父親效忠的熱情，但是不搞個人崇拜。在對保安司令部一群士兵演講時，他注意到每當他提到「蔣委員長」或「蔣總司令」時，人人都立正。於是他改口稱他父親「老先生」，可是聽眾還是由座位站起來、立正。經國只好停止演講，不耐煩地說：「我改口稱呼委員長『老先生』，就是要避免立正致敬這一套。這是法西斯作風，以後都不要再這麼做！」

幹訓班有位學員王昇，出身贛南一個富裕的地主家庭。王昇果敢勇毅，精力充沛，以第一名畢業，被派爲主管三個縣的主任督導，由於表現良好，經國在一九四〇年把他召回贛州專員分署，讓他管理七個鄉鎮。

幹訓班第一期學員當中有位女生章亞若，出身南昌一個讀書人家。亞若十七歲時就依父母之命，嫁給一位表親。她的丈夫自殺身亡時，亞若只有二十來歲，還有兩個小孩。她是個有決心的

愛國青年，決定參加抗日工作；聽說幹訓班招生，她把兩個小孩托付給公婆，毅然投奔贛州。（註一）

根據她的照片以及朋友們對她的描述，章亞若是個漂亮、活力充沛的女性。她在幹訓班裡最好的朋友就是王昇和另一位女同學桂輝。結業之後，亞若被分發到專員公署的「抗日動員通訊社」工作，由於賣力工作，經國注意到她。她唱平劇的功力已臻職業水準，有時候還在贛州城裡票戲。某個星期六夜裡，經國聽完她唱戲，跑到後台稱讚。亞若告訴她的暱友桂輝，她當夜失眠！

不久，蔣經國調章亞若爲私人秘書。她偶爾會到蔣家，教孝文、孝章做功課。顯然她與方良也彼此認識。亞若和經國都是無可救藥的浪漫派，兩人發展出親密感情，私底下相處時，她稱呼他「慧風」，他則稱她爲「慧雲」。蔣經國只送過她一份禮物——他在重慶舊市場買來的一面歐式鏡子，他說要讓它照出她的美麗容貌。方良對於他們倆這段戀情，顯然毫無所悉。（註二）

由於背景影響，蔣經國非常注意心理作戰（包括宣傳）的重要性。當時，不少青年在「到延安去」的口號號召下，奔往毛澤東的陝北基地，蔣經國提出「到贛南來」的口號予以反制。他自己辦一份《正氣日報》，還設立通訊社、新贛南出版社、新贛南書店，以及《江西青年月刊》。這些媒體事業在在和國民黨已在江西省及贛州成立多年的單位競爭。國民黨地方官員對此頗爲不滿，認爲蔣經國意在貶抑他們，捧自己。蔣介石有一封信提醒兒子：「你應該專心地方上的實際工作，不需要對外界宣傳你的作爲，因爲我們家越能隱蔽，越不致招忌。」

陳氏兄弟掌控的中統，以及戴笠主持的軍統，此時已向重慶當局提出報告，指稱共黨份子已經潛伏進蔣經國的文宣機關工作。藍衣社舊成員也打報告，蔣經國的辦公室本身遭到共黨份子滲透。地方仕紳重彈經國在南昌時期已經被指控的舊調，認爲小蔣的做法和口號，與共產黨一模一樣。

一九四〇年六月，戴笠手下抓到一個中共地下黨員，此人負責中共在江西和廣東的青年工作。旋即同意與國民黨合作，指認潛伏在贛南工作的若干中國共產黨員之身分。

蔣委員長把兒子召到重慶，讓他讀這些報告。被指控是中共黨員的名單中，頭五名裡赫然包括蔣經國的主任秘書兼情報主管黃中美。蔣經國替這五個人擔保。他在回到贛州後，逮捕了其他涉嫌共黨份子；十二月，保安隊在贛南突襲中共黨員一項秘密會議，逮捕了二十多個共黨份子。

爲了處理這類安全問題，蔣經國派王昇擔任專區警察首長。此後，王昇就統管贛南的情報和警務工作。蔣經國又派王昇兼任軍事科科長，職責包括徵兵入伍。按照中央配下來的徵兵名額，贛南地區落後，還「欠」中央三千名新兵。王昇處理徵兵問題頗有一套，有一回逮捕兩百名拿不出身分證的年輕人，把他們統統送去當兵。不久，贛南就符合中央徵兵員額的要求了。（註三）

蔣經國掃除土匪和其他「壞份子」之後，發動一項計劃要把贛南改造成模範經濟區。一九四〇年一月，他公布「三年計劃」，提出「五有」的遠程目標——人人有衣穿、人人有飯吃、人人有屋住、人人有工作、人人有書讀。

專員公署開辦經濟開發單位。蔣經國到任前。贛南的經濟主力是礦業和艱苦的農業，生產只夠地區消費量的一半。他推動成立一些小型工廠、碾米廠、燒窯等等鄉村企業。新組訓的農業官員下鄉，鼓勵農民養蠶，並發動每個「保」（百戶爲一保）挖掘一個池塘，不僅可以養魚，還能用來灌溉菜園。

三年計劃裡頭有一個重要項目，即是教育，包括青少年強制入學唸書。他把村子裡的宗祠借來辦學校，「把新神帶進舊廟」。他又命令沒唸過書的成年人參加識字班，每十家爲一組，強迫大家每天花兩小時讀書、寫字、做算術、通曉時事。他用粗紙印出簡單的教材，有時候一個村子只夠配到一份教材。

小蔣下鄉視察時，穿著普通的棉布衫，會檢查老百姓的作業簿，聽他們唸唸書，還會檢查巡迴老師塡寫的成績單。有位美國記者跟他一起下鄉，看到村民向他下跪，經國立刻扶起他們，一邊說：「別跪！別跪！」

一九三九年夏天，蔣經國的弟弟緯國自德國慕尼黑軍校畢業。前一年，緯國身著士官（軍官候補生）制服，坐在山地師卡車，開進奧地利。納粹進佔奧地利的過程並未發生戰鬥；德軍輕易就接管了奧地利部隊；緯國和其他軍官候補生成了指揮奧地利軍隊的小軍官。十月間，德軍又佔領了捷克的蘇台德地區（Sudetenland）。緯國沒有參加這次行動，不過他在一九九六年六月五日接受本書作者訪談時，承認他會樂意參加。

緯國畢業後，中國陸軍頒授他少尉軍階。重慶的軍政部派他以觀察員身分到敖得河（Oder River）前線參加德國某步兵師。可是，緯國很遺憾沒有機會隨德軍進佔波蘭。他在前往德、波邊境途中經過柏林，向中國大使館報到，卻接奉新命令，要他到美國受訓。他在阿姆斯特丹登船，抵達美國之時，歐戰正好爆發。蔣緯國先在一個中國空軍訪美代表團擔任侍從軍官，然後到阿拉巴馬州麥斯維爾基地的美國陸軍航空隊學校受訓。然而，美國軍方獲悉緯國有在德軍服役、受訓的經驗，請他到諾克斯堡新成立的裝甲兵中心擔任顧問。此後四個月，他參加訓練以及師級的兵棋演練，也因此學會一口流利的英語。（註四）

一九四〇年十一月，蔣緯國由夏威夷搭機回遠東，中途停了六站，才抵達香港。此時，中環英國總督官邸還飛揚著英國國旗，因此由國民黨控制地區仍可前往香港。在碼頭上迎接緯國的，是一位童年的老朋友和另一個年輕人。招呼完畢，這位朋友問緯國：「你認得這個人嗎？」緯國說：「很面熟。」這個朋友才說：「他是你哥哥呀！」闊別十五年的經國、緯國擁抱成一團，回到思豪酒店，兩兄弟竟夜未眠，邊喝啤酒邊互敘別情。

次日，經國帶著弟弟去見宋美齡。緯國出發到德國之前，宋美齡和蔣介石成婚已有九年，可是他從來沒見過她，她也不曉得有他的存在。一九二七年，蔣、宋結婚之前，蔣介石就把姚夫人和緯國送回她老家蘇州居住。一九二八至一九三六年，緯國都在蘇州唸中學、大學。這段期間，緯國偶爾會到南京住個幾天，見見父親；蔣介石刻意安排，不讓緯國碰上宋美齡。然而，香港之會，蔣夫人熱烈歡迎緯國，對於蔣先生不讓他們親近，殊表遺憾。蔣夫人是到香港治病，經國奉父命陪她到香港。這是經國唯一一次親睹大英帝國東方明珠的景色。蔣家兄弟在香港住了三天，然後分途回中國。

法國在一九四〇年六月二十一日對德投降，但是到了十月，英國在不列顛之役擊敗德國空軍之進襲。史達林因此有理由希望，歐洲資本主義國家之間的殘酷血戰，還會鏖戰一段時候。然而，希特勒已經把目標秘密瞄準東方。日本此時宣布要建立大東亞新秩序以及大東亞共榮圈。九月間，日本、德國、義大利簽訂三邊同盟條約，目標不是共產俄國，而是資本主義的民主國家——美國。史達林批准開始跟東京當局談判日蘇互不侵犯條約或日蘇中立條約。蘇聯對國民政府的援助也開始減少。

歐戰戰火熾烈之際，中國方面國共之間的緊張亦急速升高。蔣介石命令長江以南的中共新四軍，在一九四〇年底以前全部開往長江以北。一九四一年一月，有一支共軍部隊卻往長江以南移動，國軍對它發動攻擊。這場「新四軍事件」（譯按，中共方面稱之爲「皖南事變」）證實，即使抗日戰爭到了緊要關頭，國共雙方都對戰後必須攤牌對決，非常重視。「聯合陣線」自此以後最多只是武裝停火而已。

新四軍事件亦進一步降低了蘇聯協助國民政府的興趣。然而，美國總統羅斯福在這個時候送給中國一百架 P40 戰鬥機，並同意美國空軍「志願隊」擔任飛行員。陳納德指揮的飛虎隊開始對日軍造成重大傷害。美國對於力抗法西斯侵略的英國和中國這兩個國家，增加物資及財務援助，戰爭的態勢開始起變化。史達林則樂得在世界政治兩極化的大局勢裡袖手旁觀。一九四一年四月十三日，史達林面帶笑容參加觀禮，俄國外交部長莫洛托夫和日本外務大臣松岡洋右簽署一項效期五年的日蘇中立條約。條約中附帶一份雙邊聯合聲明，蘇聯保證尊重滿洲國領土的完整與不容侵犯，日本也保證尊重蒙古人民共和國領土的完整與不容侵犯。日本因而可放手由滿洲國調動精銳部隊，投入即將對東南亞及太平洋地區西方民主國家屬地的作戰。

蘇聯與日本眉來眼去之際，蔣經國開始公開高唱反共。他在《青年日報》上發表兩篇反共文章，也不再發表演說替蘇聯辯護。

在莫斯科方面，一九四一年的暖春似乎預示著俄國人民會有和平的日子過。不料，德軍卻在六月二十二日對俄國發動閃電突襲。希特勒邀請日本聯手瓜分蘇聯，可是日本對德國會撕毀德蘇協定又是事先完全不知情，它決定按照新訂的南進政策擴張勢力。七月二十一日，日本皇軍佔領印度支那（即中南半島）南部，美國宣布對日本實施全面貿易禁運。東京的軍國主義者決心南征，認爲與美國交戰已無可避免，決定突襲珍珠港，摧毀美國海軍武力，奪佔整個東南亞。

蔣介石和毛澤東，也跟邱吉爾、史達林一樣，非常高興美國加入戰局。羅斯福指派史迪威將軍擔任他和蔣介石之間的軍事連絡人、中印緬戰區美軍司令，以及美國對華「租借法案」執行官。史迪威同時與何應欽共同擔任蔣介石的參謀長——名義上是蔣的部屬，也是美軍的戰場指揮官。飛虎隊正式納入美國第十四航空隊，陳納德以將軍之階正式回役。美國已經參戰，史達林覺得他已沒有必要協助國民政府或嬌寵蔣介石。一九四二年，蘇聯新聞媒體再度開始批評蔣介石和國民政府。蔣經國在贛南對朋友提到，美國人參戰之下，中國內部的衝突會日益激烈，而他們本身的工作，也會益發重要。

一九四二年一月，蔣介石把他手下的德式裝備、訓練之第五軍、第六軍投入緬甸戰場，協助英國人保衛其殖民地，尤其是要確保滇緬公路。仰光在二月底淪陷；幾星期後，蔣委員長飛到臘戍，檢閱國軍部隊。蔣經國隨侍在側，但是並未對外公布。史迪威在前往重慶報到途中，由加爾各答飛來，與蔣氏父子同一天抵達臘戍。蔣介石和史迪威有一個簡短的會晤。史迪威提到，他受到蔣「熱切的歡迎」——這恐怕是他最後一次對蔣介石的好評。

蔣經國到達臘戍，史迪威並不曉得。經國在臘戍又多逗留一星期，走遍國軍第六軍每個連隊。他每天比士兵早起床，等著和士兵一起做早操。他參觀營區廚房、廁所，鼓勵軍官主動替士兵（幾乎全都不識字）寫家書。經國和軍官談話時，強調部隊士氣是致勝的關鍵，一般士兵曉得爲何而戰、官兵團結，非常重要。回到贛州後，蔣經國還寫信給他見過的每個軍官。

蔣介石讓史迪威全權指揮駐緬甸的中國部隊。可是，中國將領常不執行史迪威的命令，有時候蔣介石沒有照會史迪威，就推翻史迪威的命令。史迪威雖有駐華經驗，也通曉中文，個性卻難以與蔣委員長或當時任何一位中方領導人打交道。史迪威沉默寡言、個性急躁、主見極強、作風直率，使他在許多情況下是個優秀的戰地指揮官，卻不是一個幹練的外交官。蔣介石不願意改組國軍部隊，投入攻勢作戰，或開革腐化無能的將領；史迪威因而備感挫折，乃是可以理解的反應。然而，從蔣委員長的角度思考，要採取上述任何動作，都會對國民政府派系勢力均衡產生重大影響，不能不謹愼從事。史迪威聽到外界對經國的好評，可是兩人沒有碰過面，實在是一大憾事；因爲史迪威提議的許多改革，經國也有同感。

蔣經國在贛南主政三年之後，他的父親對他的表現相當欣慰，曾經拍發一個電報說：「兒任專員已足三載，人民愛戴，建設進步，時用快慰！」蔣介石現在開始認爲，經國通曉俄文，又有行政才能，可以培養爲新疆省主席。到了一九四二年，雖然俄援不再經由新疆進來，這個關鍵省份的政治發展卻轉而對國民黨有利。新疆有崇山峻嶺、沙漠廣袤、平原不毛，是回族定居的一塊大地，一般又稱它爲大西北。一九三四年，曾經在北伐時期於蔣總司令麾下擔任過參謀的盛世才，藉俄國部隊之助，掌控住新疆。盛世才的省政府實質上是蘇聯的傀儡，新疆實際上由俄國顧問經管。但是，一九四二年初，蘇聯岌岌可危，顯然已瀕臨遭德軍擊潰的噩運，盛世才開始重新評估他和蘇聯的關係。因此，莫斯科與重慶關係冷卻之際，盛世才與中央的關係卻開始改善。

四月底，也就是蔣氏父子視察緬甸國軍部隊後不久，蔣介石命令經國到西北考察，還要他帶緯國同行。此行目的是讓經國有機會第一手觀察新疆局勢，並提供政策建議。

此行非常危險，經常要在前線附近出入。啓程之前，蔣介石給經國一顆毒藥，以備一旦遭日本人俘虜時可以服用。（註五）經國由重慶搭飛機飛成都，轉火車到寶雞，再乘汽車到西安與緯國會合；蔣緯國當時服役的裝甲兵部隊，駐紮在西安郊區。

兩兄弟搭火車到達與日軍防線相距頗近的潼關；再沿著一條民工以手開挖的壕溝，搭乘卡車到達洛陽。爲了防止日軍砲火攻擊，確保軍事運輸安全，民工挖了一條四公尺深，足容兩車交會的這條大壕溝。數以萬計的中國農民在洛陽城內外，獻身國防工事，使得經國大受感動，寫了一首普羅大眾的詩：「這許多勞動者的聲音匯合起來，變成了一支偉大的勞動進行曲。」

兩兄弟以二十輛卡車組織一支車隊，載滿布匹和禮物，預備送給沿路見到的少數民族領袖。他們倆謝絕軍方派兵護送，來到長城西端的嘉峪關這個遠眺一片大漠的邊城。邊塞景色壯麗讓經國大爲感動，他寫下：「西北，偉大的西北……你這個中華民族的古老的故鄉，我們祖先的墳墓，我們祖先留下的燦爛的文化、遺產都在那裡蘊藏著……那裡豐腴的物產，堅強淳樸的人民、燦爛的文化，都是抗戰建國唯一的力量……有志青年，應當回到我們這古老的故鄉去，有志的青年應當到西北去。」

他對父親報告：只要經濟開發起來，「新疆的政治問題一定可以解決」。他也相信，必須加強在西北地區對抗蘇聯和中共的努力。蔣經國到訪後不久，盛世才加快和蔣介石的修睦。一九四三年初，盛世才重新加入國民黨，最後一支蘇聯部隊撤離新疆。同年，盛世才宣稱破獲蘇聯和中共一項陰謀，大肆逮捕境內共產黨員，統統處以極刑。毛澤東的弟弟毛澤民身爲共產黨派在迪化（烏魯木齊）的代表，但也不能倖免。

珍珠港事變新聞傳抵贛州的兩個月前，蔣經國的秘書章亞若告訴經國，她懷孕了。不久，這兩位戀人話別。亞若在好友桂輝的陪伴下，坐上一輛破舊的巴士跋涉長途到桂林。她選擇景色秀麗的桂林待產，是因爲她有個弟弟在桂林附近擔任縣長。亞若和桂輝在麗獅路覓得一戶民宅落腳，見過醫生，就隱姓埋名等待臨盆。經國給了她們足夠的生活費。亞若已經生過兩個小孩，可是她立刻發覺比起前兩次懷孕，腹部似乎隆腫更大，醫生猜測她恐怕懷的是雙胞胎。

一九四二年五月二十一日，章亞若生下兩個男嬰，在經國還沒趕到之前，她以當時居住的麗獅路各取一字，替他們各取乳名爲「麗兒」、「獅兒」。幾天之後，經國趕到，很高興地抱著兩個兒子，他僅停留兩天，就趕往重慶向父親報告他和亞若的戀情，以及添了兩個兒子。（註六）蔣介石接受這個事實，以祖父的身分給這對雙胞胎取名「孝嚴」、「孝慈」，納入蔣家第三代的「孝」字輩。可是，蔣介石提議雙胞胎跟從母姓。亞若明白這項建議的意義——她和兩個兒子不會是蔣家成員。

章亞若是個解放女性，不願過著隱姓埋名的日子，開始在桂林活動。當時桂林有十多個美國機構，她請了一個美國人教她英文。桂輝說，大約六個月之後，十一月的某一天，她和亞若上街買東西，感覺有人跟蹤她們。兩天後，有小偷侵入她們住處。廣西省民政廳廳長邱昌渭聞訊，派兵保護她們住家。亞若到邱家致謝；當她回到家後，開始瀉肚子，腹部嚴重絞痛。

桂輝趕緊把她送到醫院，徹夜陪伴著她。亞若在劇痛中要求桂輝，如果她不幸死了，務必代爲照料兩個小孩。她說，蔣經國曾經答應她，日後會讓兒子認祖歸宗。她也把蔣經國送給她的鏡子、粉盒給了桂輝。翌晨，亞若腹痛未止，但似乎病情好轉。醫生檢查完，給她打了一針。幾分鐘後，亞若驚呼她眼睛看不見！醫護人員衝進病房，派桂輝去取冰塊。桂輝回來時，醫生告訴她，亞若死了。按照南方的習俗，第二天就埋了。王昇把惡耗向蔣經國報告，經國放聲痛哭，此後一連多日，戴著墨鏡，遮掩哭腫的雙眼。

桂輝把雙胞胎送交給亞若的母親周錦華，並告訴章母，她懷疑有人下毒手。照她的說法，章家也相信亞若遭到謀殺，背後另有主謀。他們擔心雙胞胎也會遭遇不測，故意把小孩登記出生在不同年份，以掩人耳目。直到今天，依然有人傳聞、臆測亞若的死因。贛州《正氣日報》編輯漆高儒，在他寫的蔣經國傳記中聲稱，亞若死前不久，他偶然聽到黃中美（蔣經國在莫斯科中山大學的同學、特務）說，章亞若在桂林自稱是蔣經國夫人，製造出麻煩。據說，黃中美指示一名部下，「把她殺了，我來負責。」漆高儒還記得，黃中美曾抱怨他替經國做了不少事，可是小蔣「不了解我」。漆高儒猜測，黃中美自作主張，下令殺害章亞若。許多中國傳記作者都相信這說法。可是，除了漆高儒事隔數十年後這段記載，以及桂輝的猜疑之外，我們找不到其他根據支持亞若是在中共、蔣介石或蔣經國本人命令之下遇害。

方良對於先生和章亞若的戀情，生下雙胞胎，渾然不知。她從來不問先生的公事，他對她的交往也定下嚴格規矩，譬如不准方良和富商太太等等有心攀附的人來往。她和經國似乎是一對摩登的親密夫婦。方良經常在機場迎送丈夫時，擁抱他、吻他，旁邊的中國人有時還挺難爲情。這段時候，經國和太太在一起，經常以俄語交談。經國也還喜歡讀俄國文學作品，譬如美國記者傅爾曼就曾經看到他讀十九世紀烏克蘭詩人謝夫欽柯（Shevchenko）的作品。後來爲了免人猜疑他們的親蘇，他和方良放棄了與俄羅斯的文化關係。

蔣經國在一九四二、四三年仍在贛南盯緊推動三年建設計劃。訪賓對於原本十分窮困落後的贛南，與中國其他地方的情況相對照，印象格外深刻。《紐約時報》記者艾特金森（Brooks Atkinson）報導，經國的改革計劃使得贛南地區面貌一新。戰前，贛州只有三家工廠，現在已有四十四家工廠，包括一家酒廠、一家麵粉廠、一家火柴廠，若干紡紗廠。透過一年兩作及新的農耕方法，贛南原本是糧食嚴重短缺的地區，現在的產量卻足可供應十個月的消耗量，預期到了一九四四年就可完全自給自足。在艾特金森眼裡，贛州是中國最現代化、最乾淨的城市。（註七）

一九四三年，數千名青少年失去父母，住在貢水岸邊難民營裡的破房子，破帳篷裡。蔣經國下令在離贛州城一小時車程的貢水岸邊，興建一所學校（命名爲中華兒童新村）。學校蓋好後，大約一千三百名中、小學學齡青少年孤兒遷入新村。蔣經國打破中國傳統，禁止校中有任何體罰，他要學生組成自治會，推選自己的市長，選派自己的糾察。（註八）

一九四三年夏天，經國經常住在新村學校裡。他早晨和學生一道起床，帶領學生做體操，然後跳進冰涼的溪水裡。他的辦公室門口只掛著一個牌子：「蔣經國先生」。今天的訪客在接待室還可以看到一排泛黃的舊照片，其中有一張是經國和方良夫婦合影，還有一張照片當年一定不會在哪裡，影中人正是漂亮的章亞若。樓上是一間小辦公室，擺著一張破舊書桌，經國在這裡至少接見了兩個美國客人，一是新聞記者傅爾曼，一是美國駐桂林領事館副領事謝偉思（Richard Service，譯按：與派駐延安的謝偉思 John Service 同姓，但不同名）。

陳納德和史迪威自從一九四二年以來就爲戰略觀點爭執不下。陳納德主張空戰優先，史迪威卻認爲首要目標應該是建立訓練精良的地面部隊。蔣介石和羅斯福支持陳納德的觀點，於是陳納德一九四三年沿著國民政府統治地區外緣，開始構工興建一系列機場。陳納德計劃以這些機場做爲 B29 轟炸機出擊基地，它們可以遠及日本本土，以及日本在泰國的基地。根據這項戰略，美國第十四航空隊要在贛州附近蓋一座機場，以便 P38 偵察機由日本上空執行任務回航途中緊急降落之用。

謝偉思搭乘一輛載運武器的貨車顛簸到贛州，安排機場興建事宜。謝偉思在新村學校蔣經國的辦公室見到他；這位美國外交官記得經國「很友善，合作，肯幫忙」。他跟謝偉思駐華多年所見過的絕大多數中國官員不一樣，「眞心關懷民眾福祉」。經國邀請謝偉思到他家吃飯，這也是謝偉思第一次獲邀到中國高級政府官員家中作客！

謝偉思記得蔣經國那位漂亮的俄國太太，說得一口寧波國語，但是她不多話。每個人「盡歡，尤其是划拳划得眞熱鬧，經國是划拳高手，老是贏」。經國隨口就是一些笑話，逗得客人大笑。餐後，經國表演一套絕技，更令人佩服。他拿出一排三張椅子，躺上去，頭在第一張椅子，腳擱在第二張椅子，屁股放在中央的第三張椅子。方良把中間椅子抽走，他竟能懸空好一會兒。美國賓客認爲經國這類大男人英雄表演，和他在俄國多年沾染的脾性有關。

據謝偉思說，蔣經國治理贛南十一個縣，在美國人心目中，彷彿「在中國打造出烏托邦」。蔣經國消滅娼妓、賭博，讓犯人做工，訓練犯人有一技之長，出獄後能找到工作，甚至史迪威也在日記裡記下，他聽說蔣經國「表現很好」。

贛州機場興建期間，經國幾乎每天都到現場觀察，與美國陸軍工程師結成朋友，邀請他們到家裡吃飯。機場竣工，他還開車到桂林，在美國總領事淩華德（Arthur Ringwalt）寓邸，和謝偉思等人吃晚飯。席間，蔣經國還是很風趣、可親、開放。據謝偉思的回憶，小蔣沒有架子、平易近人，可是「已經隱然有要人之姿，不是池中物」。當時絕大多數美國駐華外交官員認爲，蔣委員長擅長調度對日作戰，治理中國，都顯然心餘力絀，可是他這位三十三歲的英年長子，卻給人「中國就是迫切需要這一型領導人——精力充沛、幹練又廉正」的印象。

謝偉思還記得涉及蔣經國的另一樁事件。一九四四年中，甘介侯將軍告訴謝偉思，省裡軍事領袖底下有個秘密組織，對於戰事的進展不滿意。謝把他和甘介侯談話內容以秘電呈報給駐重慶美國大使館。美國大使卻犯了專業上的重大失誤，把電報交給國民政府外交部長宋子文過目。雖然電文沒有提名道姓直接點到甘介侯，宋子文卻認出這項報告的消息來源。戴笠手下立刻以洩漏敏感資料給美國人的理由逮捕甘介侯，軍事法庭判處甘介侯死刑。謝偉思找到蔣經國，蔣介入此事，救了甘介侯一命，戴笠為此大大不高興。（註九）

蔣介石繼續在百忙中寫信給經國，指示他讀書、做學問。一九四三年八月，他曾提示兒子，讀書學習「欲速則不達」。他建議經國，學習算學和英文「每週均不宜超過六小時」。除了要經國研讀中國古籍、總理遺訓之外，他還鼓勵兒子多讀《聖經》和其他基督教書籍。一九五六年經國在介紹父親行誼時，強調基督教信仰在父親一生中起極大作用。顯然父親的宣教工作收到成效。蔣經國一九三九年抵達贛州後不久，就開始讀起《聖經》。一九四三年復活節，經國一家人在重慶由畢範宇牧師施洗，正式成為基督徒。

蔣經國受洗成為美以美教派信徒（Methodist），就跟他尊奉孔、孟聖賢之道一樣，是出於父親的意旨。他和父親一樣，對誓言遵奉不渝，此後一生，經常帶著兩本書——一是日記本，一是《聖經》。在父親推薦下，經國也讀起《荒漠甘泉》。這是一本每日一題、闡述基督精神的文集。蔣介石每天讀後，就在空白處記下自己的靈思心得，他建議經國一樣讀完做眉批。《荒漠甘泉》的主旨大致是面對失敗、災禍或悲劇要如何堅毅忍耐、信念不渝。蔣介石每日批註的那本《荒漠甘泉》，現在陪著他的遺體放在慈湖的棺木中，等候有朝一日落葉歸根，歸葬故土。不知是出於孝心，還是眞心喜歡，《荒漠甘泉》也成爲蔣經國喜愛的讀物之一。一九五〇年代初期，美軍官員可以看到蔣經國在戰地翻讀一本已經快翻爛了的《聖經》。陪他一起出差的副官，夜裡到他房裡聽取最後指示時，經常看到床頭或桌上有一本《聖經》。蔣經國把《聖經》從頭到尾讀了好幾遍，每讀完一遍，他在第一頁就做個記號，在他逝世時，總共有十七個記號。

但是，據蔣家在台灣的家庭牧師周聯華說，經國在宗教信仰及其他問題上，都不堅持教條，不會有封閉心態。他只是「追求者」（seeker）。他自己研讀《聖經》，不跟周聯華或其他傳教士討論宗教問題，也僅只偶然參加做禮拜。他可以到美以美會以外的基督教會做禮拜，也可以到佛寺上香，譬如雪竇寺就是他年幼時常去的地方。

蔣經國對於三民主義青年團不能成爲動員中國青年的大力量，頗有挫折感。他認爲，跟他主持贛南專區一樣，三青團要成功，就得靠一批廉潔、堅貞的青年幹部。一九四三年蔣經國到重慶出席三民主義青年團第一次全國代表大會，會中他提議擴大幹部訓練班，成立青年幹部學校，大量培養青年領袖。在父親的贊同下，大會通過這項提案，十二月間，蔣介石任命經國爲中央幹部學校教育長，負責籌辦工作及從零開始規劃課程。

蔣經國仍保留贛南行政專員職位，經常往來重慶、贛州兩地。日本軍機兩次追逐他搭乘的飛機，不久他就把大部分時間花在重慶。王昇和他在贛州的若干部屬，跟隨他到戰時陪都重慶，進入中央幹部學校當學員。一九四四年一月十七日，日本發動「一號作戰」，針對美國空軍新闢建的一系列機場進襲。數天之內，日軍已推進到贛州城郊，經國趕回贛州處理此一危機。情勢顯示贛州守不住時，他把跟政府以及他本人關係密切的人統統疏散，方良、子女和毛夫人的侍婢阿王也都撤往重慶。二月三日，山區裡槍聲陣陣，蔣經國搭乘 DC-3 飛機從他替美國人蓋的機場起飛。二月五日，日軍進入贛州城，已是十室九空。

扣除掉宣傳和傳聞的部分，蔣經國在贛南的治績按照當時的環境條件，殊爲不易。他最可觀的一項成績是推動治安，又不失地方民心。其中關鍵訣竅在於他個人清廉正直的官聲，眞正與百姓同甘苦，因此得到百姓信任他的確爲民服務。上級交付的徵兵員額，他可以如命達成；但是和中國絕大多數地區不同的是，在贛南農村徵兵，並沒有造成百姓害怕、仇恨當局的情緒。至少，在贛南沒有人記恨，也沒有這類的記載。

但是，撇開領導人獨特的意志以及一批忠勤幹部的努力不談，在全中國要推動打造新贛南，還有其他原因，使得它困難重重，甚至寸步難行。譬如，地方上收繳的田賦，通常要上繳省政府，經國卻可以保留而增添財源——這個政策其他的地方官員就無法延用。或許，他比其他同層級官吏，更有本事說服銀行做低利放款。此外，經國得到省政府、中央政府的援助，也是其他行政專區專員所無法企求的。據當時在贛南工作的一位中國新聞記者說，經國得到的特殊協助包括保安隊、自衛隊的兵丁員額增多，憲兵、警察員額也多。此外，他可以直接指揮調度這些單位，其他的專員就沒有這種權力。贛南的政府文職公務員也比其他專區多。根據一個消息來源，經國的辦公室屬員一百人，其他專員平均只有二十來人。中央政府特別撥款，或許蔣夫人自掏腰包協助，幫助贛州若干項目（如大型操場）的建設。

贛南經驗提供蔣經國堅實的基礎，發展他的前途。他掙得幹練、有活力、有創意、清廉正直的領導人之名聲，具有行政及地方發展的經驗，包括教育、青年工作和地方治安等工作經驗。他也累積起一批可信賴的部屬追隨左右，當然同樣也樹立若干政敵！蔣經國透過在江西省經驗，深刻了解到國民黨的弊病——貪污腐敗、派系鬥爭。他深入了解新兵受到的非人待遇，軍隊組織吃空缺等等問題。他到重慶，也有助於掌握國軍軍中的基本問題——派系林立、割據爲王、兵力不足等等。他愈來愈不能相信中國共產黨。他在演講和編造口號上，能巧妙地把他重視平等、反抗既有體制的名詞，與他父親鍾愛的新儒家思想結合在一起。可是，國民黨內最保守的一些人士曉得經國與不喜歡他們，因此以牙還牙，一再傳布謠言，指控經國是蘇聯的秘密工具。

蔣介石這人沒有眞正的朋友，現在只剩下太太和兒子兩個人可以信任。父子之間開始交換日記閱讀——這是父子關係密切的跡象。此時，經國與繼母相處上沒有問題。至於緯國，並沒有重要的政治角色，因此他跟蔣夫人的關係純屬家庭親人關係。一般人認爲宋美齡比較喜歡緯國，因爲他英俊、儒雅，說得一口流利英語。然而，經國在孝道上也無懈可擊，農曆新年，他會到重慶向父母親拜年，致敬；他穿傳統長袍，進門就跪下磕頭。（註十）不過，經國在江西的生活與工作，跟他這些遵守禮儀的動作大相逕庭，呈現出他不肯太死板、頑固的一面——這種不易作風在重慶、延安高級領導人當中，都相當罕見。

註一：章孝嚴一九九六年五月十五日在台北接受本書作者訪談之紀錄。原書註九。

註二：王力行，〈蔣孝勇的最後聲音〉，載一九九六年九月十五日，《遠見雜誌》。這是蔣經國和方良幼子蔣孝勇接受訪問的一篇文章。原書註十三。

註三：見王昇一九九五年九月八日接受本書作者的訪談紀錄。原書註二十。

註四：蔣緯國，《千山獨行——蔣緯國的人生之路》，台北天下文化出版，一九九六年，第七十八頁。另見本書作者一九九六年六月七日訪問蔣緯國的談話紀錄。原書註二十五。

註五：蔣孝勇一九九六年五月十九日在台北接受本書作者的訪談紀錄。孝勇的祖父告訴他，每次派經國從事危險任務，都會給他毒藥。原書註四十。

註六：章孝嚴一九九五年九月十五日在台北接受本書作者的訪談紀錄。原書註四十九。

註七：艾特金森的報導刊在一九四三年十一月五日《紐約時報》第五頁。原書註五十八。

註八：作者一九九六年六月十三日走訪新村學校，訪問了當地方姓導遊所悉。原書註五十九。

註九：謝偉思一九九六年四月十一日接受本書作者電話訪談。原書註六十三。

註十：某位與蔣夫人關係密切的華裔美國人，一九九五年十二月接受作者訪談時，提起這個故事。原書註八十。

第七章　教育長和將軍

中央幹部學校設在重慶市郊十幾公里外幾棟舊建築物裡，於一九四四年五月五日正式開訓。蔣委員長預期中央幹校在革命之中的作用「就像黃埔」，幹校也開始自命「第二個黃埔」。這個比喻引起若干人士憂慮，因爲它透露出即將以三青團和蔣經國爲核心，出現一股新的政治力量。

蔣經國透過招考，甄選了兩百八十名第一期學員。他們是最近才從大學畢業的青年，或是對青年工作饒富經驗的幹部。另外還有六十至七十名女性的女生隊。學生多數來自中、上階層的城市家庭。他們知識水平高、愛國精神強，又充滿理想；在他們心目中，經國是他們嚮往的新領袖。一九四四年剛由大學畢業的陳正卿就是一例，他極端反共、愛國，但是認爲國民黨「腐敗、沒有希望」。他和朋友聽說蔣經國是委員長的兒子，在贛南心口如一，積極改革。陳正卿前往中央幹校參加招生考試時，看到校門貼著標語：「做官的莫進來，發財的請出去」，穿著工作服在門口招呼考生的，赫然就是教育長蔣經國。

經國喜歡這份辦學的工作，甚至到了他貴爲中華民國總統，最親近的老部屬私下都還喊他

「教育長」或「校長」。教育長住在學校一間小房子，與學生一起用餐、從事勞動。有一次突擊檢查內務，他發現某個房間裡有史達林傳記和馬克思、恩格斯的作品，他順手翻翻，沒說話就走開。早晨點名、早操完畢，儘管天氣冷峭，教育長把上衣一脫，帶領學生衝上附近一個山頭，口裡喊著：「男子漢跟上來！」不久，這裡就被取名「好漢坡」。他經常跟隨一群幹校師生到重慶聽戲。有一天夜裡，大雨滂沱，經國卻豪興大發，要求全隊跑步十幾公里回校，沿路還大唱愛國歌曲。（註一）

跟在贛南辦學校一樣，他在中央幹校也成立學生自治政府。學校實施軍事管理，但是經國不准學生向他敬禮。校規令出必行，沒有偏袒。他最重視無私、無我的奉獻服務。有一群學員建議，畢業後應該獲頒碩士學位。下次集會時，蔣經國表示，他很驚訝怎麼大家入學不久就這麼關心學位問題。

他說：「好吧，我頒給每位革命博士。」學生們笑了開來，此後大家再也不提學位問題了。（註二）

雖然自贛南撤退，頭半年中央幹校師生士氣十分高昂。蔣委員長與蔣夫人的聲望空前高漲。蔣委員長出席開羅會議，與羅斯福、邱吉爾並坐在籐椅合影的照片廣爲流傳。同盟國終於放棄帝國主義時期遺留下來的「治外法權」特權，從此以後，西方國家居住在中國的公民得以不受中國法令管轄的這項特權不再存在。由美國訓練的新一軍（軍長是美國維吉尼亞軍校畢業生孫立人）和新六軍亦由緬甸戰場傳來捷訊，令人心爲之振奮。史迪威不改尖酸脾氣，即使讚美也還要加幾分侮慢口氣，稱緬甸戰場告捷是「中國有史以來對抗第一流的敵人，第一次展現出強勁持久的攻勢」。同一時期，美國海軍在珊瑚島之役殲滅日本殘留的海軍艦隊大部分武力，美軍陸戰隊在傷亡慘重下，亦在太平洋諸島穩定進展。

然而，中國戰場上的發展就不是太順利。陳納德的飛行員和中國陸軍都沒有能力阻擋日本一號作戰的攻勢。中國高級軍事指揮部不能合作，總部對不得寵的將領不肯提供補給，而且蔣委員長下令投入好幾個師兵力防衛實際上已遭包圍的城市，也造成巨大的傷亡損失。日軍一號作戰對國民政府產生重大的軍事及政治危機，而使美國政策丕變。史迪威要求上級罷黜陳納德，可是羅斯福反而把史迪威解職，換上較諳外交之道的魏德邁將軍（Albert C. Wedemeyer）。魏德邁這位新任中印緬戰區美軍司令與蔣介石處得不錯，不過他呈報給華府的秘電中，觀點與史迪威並沒有太大差異。

中國軍隊在上海、武漢、長沙及其他戰役中，都顯示出面對強敵無畏抗戰的勇氣，也有陳誠、白崇禧、李宗仁、孫立人等一流的軍事領袖，可是領導權不統一，加上新兵（絕大多數是農民）待遇奇差，摧毀了部隊的戰鬥精神。當日軍部隊的優勢兵力再次擊潰中方防線時，蔣經國的挫折感大增。有一天，他帶父親到重慶附近一個營區視察。蔣介石目睹士兵在被子裡饑病而死，大爲震怒，用手杖怒擊主管軍官，當場予以解職。一九四四年八月，重慶市政府工人由街頭載走一百三十八具士兵屍體。蔣經國把這個狀況報告給父親，但是委員長這次並沒有親臨現場檢視。

根據長期擔任蔣經國辦公室執行官的一位軍官所述，蔣經國從來不當面頂撞父親，會委婉建言，讓委員長相信這是他自己做的裁定。（註三）蔣經國經常告訴父親，中國迫切需要的一支新軍，由愛國知識青年組成，並由情操高貴、獻身報國的忠貞將領領導。三民主義青年團與國民黨的關係既密切、又不盡然隸屬國民黨，正是徵募這樣一支精銳部隊的絕佳來源。

美方在這個時候已承諾要替國民政府訓練裝備三十九個師的兵力。蔣介石接受兒子的建議，決定以其中九個師的編制（大約十萬名兵員）組織起這樣一支知識青年新軍。十月十日，蔣委員長號召全國青年投身這支精銳部隊（譯按：「一寸山河一寸血，十萬青年十萬軍」的口號應運而生。）雖然期待許多人志願從軍，尤其是加入軍官團，蔣委員長特別組織一個全國委員會處理徵集知識青年的工作。

在中國，徵集高中、大學學生及畢業生入伍服役乃是創舉。抗戰已經進入第八年，國民政府除了徵調醫科、工科及英語專修學生（後者是擔任翻譯官）的大學生及畢業生之外，並沒有全面徵集大、中學生服役的動作。抗戰開始之際，全中國只有大約四萬名大學畢業生，當時認爲這些菁英及其他培養不易的知識青年，宜用於維持經濟建設和政府運作上。（註四）比較難以解釋的是，高中學生及畢業生也常常逃避兵役。蔣委員長一聲令下，將扭轉此一局勢，至少若干知識青年的命運會有所變化。十一月，蔣委員長替這支新軍正式取名「青年遠征軍」，派軍政部長陳誠爲總司令，蔣經國出任青年軍政治部主任。蔣委員長把青年軍政治部歸屬在軍事委員會訓練處之下，並不隸屬總政治部管轄。這個不尋常的做法使得蔣經國和青年軍享有獨特地位，不受軍方原有的政工制度節制。蔣經國決心培訓出一個眞正有效率、強悍的政治作戰幹部。到了年底，徵集及自願入伍的青年軍人員已有十四萬人。蔣經國的軍官得以從中組成九個師的兵力——番號為第二〇一師至二〇九師，以及一支三千人的女青年作戰輔助大隊。蔣經國委派由委員長正式挑選的資深軍官，做為青年軍專業的指揮官；同時，政治指導員全由經國本人親自甄選，大部分由軍隊之外取才。中央幹校第一期學員接受了約六個月的訓練，提前結業，一百多名畢業學員加入青年軍政治工作幹部行列。

到了一九四五年二月，青年軍新兵已有四萬人在訓練中，另十萬人等候設施騰出來才能受訓。根據青年軍退役老兵的說法，蔣經國一本平日習慣，每天早早起床，與新兵一起做操，然後檢查廚房、廁所。蔣委員長有一次對第一期軍官團學員講話，稱呼他們是「革命先鋒隊」，要發揮「以一當十」的作戰精神。青年軍是蔣介石倚為股肱的力量。

蔣介石又派他兒子擔任另一項工作——三青團政治部主任。陳果夫兩兄弟擔心的狀況果然出現：團員人數達五十萬之眾的三青團，加上青年軍，乃至一般青年工作，即將是蔣經國的勢力範圍；ＣＣ派成員和康澤的藍衣社舊屬，遲早會丟掉在三青團內的要職，被派到前線，屆時是否戰死就很難說了。（譯按：康澤後來被俘，並未戰死。）

時常面帶微笑的蔣經國，培養出在工作時不苟言笑的習慣。他的父親非常重視儀表外貌，一再勸他嚴肅自持。但是，蔣經國一生都維持平易近人的精神，看到有人進到辦公室，他一定起身招呼。工作餘暇，吃了飯、喝過酒之後，他會和部屬勾肩搭背講笑話、划拳助興。雖然工作之餘喝了不少酒，此時他的糖尿病痼疾還未發現診治，僅只偶爾有些麻煩。經國此時體力健康可謂處於巔峰期，依然瘦削、活潑、自信、充滿精力。

蔣經國擔頭重負越來越多，沒有太多時間與方良、子女相處。一九三五年以來慢慢演進的生活方式，現在逐漸定型。根據長久追隨他的部屬說法，經國把他的工作，家庭生活和社交生活分開來。他深愛家人，有機會也與子女玩，但是在家的時間越來越少。若干貌美、聰明的女性受到他的吸引而與他親近，已婚、單身的都有。有一位女性友人是某空軍將領的女兒，懷了身孕，前往美國。（註五）

十二月，日軍突然停止一號作戰的攻勢。太平洋戰事頻頻失利，日本不想再多佔領中國領土。中、美雙方正在規劃一項軍事行動計劃，由中方發動攻勢，美軍則由海上在華南登陸。但是，一號作戰的危機甫解，蔣委員長比以前更重視與共產黨的對決作戰。他指派陳誠兼任敵後作戰總司令。積極組建三青團以防止中共吸收青年學生，也成爲當務之急。

許多在一九四〇年代中期接近蔣經國的人士相信，蔣介石在這個時期開始考慮，陳誠是個可能的繼承人，經國則是第二人選。就經國本人而言，他曉得有些人現在開始背地裡稱他「太子」，而且他父親至少已經起了念頭，有朝一日兒子可能成爲中國的領導人。陳誠和蔣經國也努力維持平順關係，相處上大體也不錯。陳誠是蔣經國尊重的少數幾位國民黨將領之一。但是兩人之間也無可避免地會產生競爭的緊張態勢。蔣經國曾經對一名隨從透露：「如果陳誠對，我服從他；但是，他錯了，我又怎麼能服從他呢？」（註六）

全球戰局現在情勢一片大好。美軍陸戰隊攻陷硫磺島，以沖繩爲起降基地的美軍 B–29 轟炸機在日本領空如入無人之境。二月初，孫立人率領新一軍重新打下臘戍，打通滇緬公路，中國從此不再受到封鎖，可以與海路接通。

近一九四四年底時，美國新任駐華大使赫爾利（Patrick Hurley）在前來重慶途中，經過莫斯科。史達林和莫洛托夫對他表示，蘇聯已經對中國共產黨完全失去興趣，蘇聯希望與國民政府增進關係。赫爾利抵達重慶不久，蘇聯駐華大使館代辦向蔣經國建議，宜安排史達林和蔣介石會談。然而，這件事沒有下文，很可能是史達林決定暫且按下，等到雅爾達會談之後再說。（註七）

這時候，美國軍方相信，唯有藉由地面作戰才能在亞洲大陸擊敗日軍，而中國軍隊沒有能力完成此一任務。日軍一號作戰及其他事件（如蔣介石一度聲稱他若未多得到美援，即將退出戰局），使得羅斯福對國民政府失去信心。美國外交官員、新聞記者及駐華機關其他人員一再抨擊國民黨，史迪威也不時批評重慶當局，又加上好消息似乎總是由延安中共陣營傳來，對華府的對華印象起了重大影響。基於種種原因，羅斯福總統在一九四五年二月的雅爾達高峰會議裡，預備瞞著蔣介石政府及中華民國，讓中方付出重大政治代價，換取蘇聯承諾出兵中國東北，攻打日本。

美方同意把旅順港和中東鐵路交還給蘇聯控制。至於中國另一塊領土——外蒙古，羅斯福同意外蒙地位問題由蘇聯操控的公民投票來決定。他還同意，在德國戰敗、蘇聯能把二十五個師兵力部署到遠東之前，不通知重慶的美國盟友這些影響到中國領土權益的條款。

史達林告訴身染重疾的羅斯福，中國共產黨是「蘿蔔共產黨」（Radish communists）——外紅內白；史達林又保證，派兵進入東北之前，他會與國民政府簽訂一項友好同盟條約，恢復對重慶提供軍事援助。實質上，史達林此時相信中國共產黨在中國得勝的話，可以在遠東地區帶來蘇聯紅軍在東歐、中歐所導致的相同之地緣政治大轉變。（註八）毛澤東的武力已穩定成長。重慶的美國大使館已經在拍發給美國國內的電文中預測，抗戰結束之後，中國已無可避免要爆發內戰。由於國民黨部隊的腐化和無能，絕大多數美國的外交官和新聞記者相信，中共極可能贏得國共內戰。蘇聯駐華大使館的分析，以及史達林駐延安代表的報告，毫無疑問也與美方見解相同。俄國人曉得，一旦蘇聯佔領東北，中國共產黨在戰後的前途更將情勢大好。

盟國在雅爾達會談及稍後的德黑蘭會談中，議定戰後世界地圖，同意朝鮮及德國分治。從史達林的觀點看，中國分治（一半共產黨、一半國民黨）將有許多利益。但是，若是整個中國都落到中共控制更好。蔣介石直到六月份才被告知雅爾達會談有關遠東的協議，史達林可能早就通知了毛澤東。莫斯科與延安早已做好軍事規劃，中共部隊將在蘇聯紅軍打進東北之後，緊隨著搶進。然而情勢發展卻比任何人的預期發生得更快。

國、共雙方在美國人力勸之下，自從一九四四年底即就組織聯合政府一事，不時談判。周恩來代表中共在重慶談判，迭次堅持先成立聯合政府，中共才肯解散其軍事組織。國民政府當然堅持，中共先解散軍事組織輸誠，再成立聯合政府。三月份，蔣介石提議召開國民大會，結束一黨專政、起草新憲法。中共爲了強化「外紅內白」形象，四月間召開全國代表大會，在黨綱中取消言必稱蘇聯及推動世界共產革命的文字。中共新黨綱通過以「毛澤東思想」做爲黨的指針。

國民黨也在四月間於重慶召開第六次全國代表大會。國民黨六大會場卻爆發對領導體制的公開批評。這股批評浪潮肇始自三青團團員，雖然沒有指向兼團長的蔣介石，卻對黨、政、軍普遍的腐化、無能現象砲聲隆隆。毫無疑問，已具黨中央委員身分的蔣經國，在取得父親首肯下，批准三青團成員對國民黨領導體制發動口頭攻擊。蔣介石可能認爲，藉著這類批評可以駁斥外界指控國民黨不民主的說法，或許也可以迫使黨進行肅清、改造。國民黨「六大」反映著蔣經國的意願。批准三青團結束與國民黨的鬆散關係，把它轉型爲一個專司青年組訓工作的政府組織。

一九四五年五月八日，納粹德國無條件投降。五月底，史達林告訴杜魯門總統的特使霍浦金斯（Harry Hopkins），俄國可以在八月八日開始對東北用兵，蘇聯願在發動對日作戰前，與蔣介石交涉中蘇條約。史達林重申他在一九二七和三七年的說法，強調蔣介石是唯一能領導全中國的領袖。他保證允許蔣氏的國民政府在蘇軍進佔的東北地區組織地方政府。六月間，美國照會蔣委員長有關雅爾達會談的協議，也告訴他蘇聯有進攻東北日軍的計劃。

蔣介石陷入必須奮力突圍的困局。他若想在戰後的國共鬥爭中取勝，必須有美國的援助，以及莫斯科不插手，至少也得節制的條件。蔣介石曉得蘇聯必將佔領東北，更亟須爭取一切可能，與史達林獲致新協議。

新疆是國民政府必須贏得蘇聯節制的另一個重要地區。蔣介石父子相信，如果他們讓步，同意外蒙古獨立，史達林可能會在東北及新疆問題方面與國民黨合作。蘇聯自一九四三年退出西北以來，依然插手該地區事務。同時，盛世才的政策使得本地區居於多數的非漢人疏離。一九四四年底，蔣介石迫使盛世才離職之後，烏茲別克族領袖法哈德（Farkhad）在距迪化一百二十公里處宣告獨立，成立東土耳其斯坦共和國。

國民政府派到新疆的新任省主席和新疆軍事指揮官不和，使得局勢更加惡化。蔣介石派經國前往新疆化解。他在一九四五年四月十三日抵達迪化，與新疆的官員開會，也見了前往重慶履新，路經迪化的蘇聯新任駐華大使彼特羅夫（A.A. Petrov）。根據美國駐迪化領事華德（Robert S. Ward）拍發回華府的電報，經國出現新疆似乎代表「中國方面首次眞心尋求蘇聯善意表現」。甚至在迪化方面還激發一種揣測，希望蔣經國會出任新疆省主席。六月間，重慶方面有位「特別代表」建請華德，讓美國政府出面向蔣委員長提議，派經國爲新疆省主席。（註九）

新疆省主席必然會涉及到和蘇聯打交道，經國的資歷、條件非常充分。甚且，他和許多漢人官員不同，非常樂意到西北工作。但是，蔣委員長雖一度打算兒子下一個歷練的職務是新疆省主席，到了一九四五年春天，卻已另有想法。鑒於蘇聯即將出兵佔領東北，抗戰結束指日可待，蔣介石希望經國留在中央，隨侍在側諮商，父子倆也可以持續增進親密關係，不過，這趟第二次新疆行倒有助於蔣經國的下一個任務——在闊別八載之後，回到莫斯科。

六月間，蔣夫人的哥哥宋子文出任行政院長，仍兼外交部長。蔣介石指示宋子文立即率團赴莫斯科商討中蘇條約，並建議宋子文帶蔣經國（身分是顧問）一起到俄京。宋子文雖然不喜歡小蔣是他父親俄國事務的第一把手專家，當然從命帶經國同行。事實上，宋子文在舊金山（譯按，盟國籌組聯合國）開會的兩個月期間，蔣介石父子已經議定與史達林談判的策略大綱。這項政策就是，中國可以在外蒙問題上讓步，交換蘇聯承認中國在東北的主權，以及蘇方堅決承諾，不對中國共產黨和新疆的反叛團體提供援助。起先，中國代表團並不預備透露在外蒙問題上有任何彈性，可是重慶報紙顯然奉上級指示，暗示有妥協空間。

宋子文一行借用一架美國飛機及組員，於六月二十六日由重慶出發。蔣經國在青年軍中官拜中將政治部主任，在訪蘇代表團中卻只配掛上校軍階。莫托洛夫在軍用機場熱切歡迎中國代表團——他在同一個機場，也曾於一九三九年熱切歡迎希特勒的外交部長李賓特洛甫，另於一九四一年迎接過日本特使松岡洋右。宋子文與史達林有五次會談，蔣經國至少出席了其中兩次會談。宋子文是哈佛大學畢業生，以英語發言，一名蘇聯譯員譯成俄語。史達林非常親切，說話相當友善。

蔣經國在代表團裡姿勢雖然很低，卻在談判中扮演關鍵角色。令宋子文大爲不滿的是，小蔣竟然與史達林有一次私下密談。我們很可以假設，蔣經國傳遞了他父親的訊息。而史達林再次盛讚蔣介石，保證蘇聯將與國民政府密切合作，也問起蔣方良和他們在俄國出生的長子近況如何。史達林還交給經國一支槍，做爲送給孝文的禮物。蔣經國注意到，史達林辦公室外頭牆上掛了張彼得大帝的畫像，他記得多年前這塊地方，懸掛的是列寧站在坦克車上的一張畫像。他在腦海裡一轉，認爲換了畫像，反映出史達林觀點變了，民族主義勝過意識形態——他認爲，這是可喜的訊息。

中國代表團七月中旬回到重慶時，經國抱持樂觀心情。史達林向中方擔保，日本投降的三個星期之後，蘇軍就開始撤離東北，三個月內完成撤軍行動。七月二十日，儘管國民黨內部反對就外蒙古地位做出任何讓步，蔣介石批准最後訓令，只要史達林預備承諾不干涉中國內政，在這個議題上不必再堅持。宋子文在回到莫斯科之前告訴赫爾利，任何人執行這項訓令，必然毀掉政治前途。他不願做為送掉外蒙古的中方官員。宋子文後來同意率團到莫斯科，但是在中蘇條約簽字前就先離開。

蔣經國沒有參加第二次訪蘇代表團。蔣委員長顯然預料到，右派人士反彈聲浪一定十分猛烈，決定不讓他去，以減低遭抨擊的強大壓力。此外，八月六日（也就是中方代表團啓程前一天），中國聽到原子彈摧毀廣島的新聞。華府事先並未告知中方美國已有原子彈的消息，但是蔣介石當然高興原子彈派上用場。原爆一方面可以強化史達林尊重美國的實力，也可有助於中國最後一輪的談判，同樣也會鼓舞蘇聯實現中、蘇條約。中、蘇友好同盟條約簽訂於一九四五年八月十四日，保證一旦再有日本侵略事宜，兩國相互支持，互相尊重主權及領土完整的原則，互不干涉對方內政。在交換備忘錄時，中國同意在蘇聯主導的公民投票下，外蒙人民若表決贊成獨立，中國將承認外蒙的獨立。莫斯科方面則承諾道義支持國民政府，所有的軍事援助全都交付國民政府，並針對新疆最近之發展宣布「無意干預中國內政」。

中國代表團抵達莫斯科的翌日，蘇聯宣布對日本開戰，七十萬名在西線戰場戰鬥經驗豐富的紅軍，衝進東北。莫斯科在中蘇條約中重申，保證在日本投降之後三星期開始把紅軍撤出東北，三個月之內完成撤軍行動。中方可就東北解放地區派出政府代表及隨員，任何地區若不再是立即交戰區，也比照辦理，由國民政府恢復全面權力。美國駐莫斯科大使館提出警告稱，俄方對東北態度放溫和「只是表面文章」，史達林將透過運用「受培養接受其紀律要求、分享其意識形態的人士」——亦即中國共產黨——繼續追求在東北地區最大的影響力。(註十)但是,同盟國除了接受蘇聯會有善意之外,別無其他選擇。俄國對於盟國擊敗納粹,做出至關緊要的貢獻,而且遭受極大的傷亡損失。戰後新秩序必須初步以蘇聯合作為假設基礎來架構。(註十一)八月十四日,中國新任外交部長王世杰簽下中蘇條約。翌日,日本裕仁天皇以「天鶴之聲」下達旨令,宣布投降。

過去二十五年(其中八年陷入血腥交戰),人類文明在嶄新的革命動能、知識和權力時代裡,發生方向何去何從的激烈競逐。差不多在二十世紀的中間點,啓蒙時代(Enlightenment)的兩道潮流——雅各賓(the Jacobin)和民主(後者也有中國這樣的威權政府盟友)——戰勝了法西斯主義這股原始的反潮流。二十世紀下半葉將是這場全球大內戰的第二階段——激進/烏托邦的理想主義者,和自由/民主陣營,彼此各抓著一批第三世界追隨者展開鬥爭。這場鬥爭的初期在中國爆發,尤其是在東北先發生。這場鬥爭的一造是左翼極權主義的表徵——中國共產黨;另一造則是中國國民黨,結合著各種意識形態及政治勢力的大混合,國民黨一直要到和中共決戰前夕,才宣布要實施代議制民主,但是又沒有充足的時間與堅定的意志去落實此一理想。

註一:蔡省三、曹雲霞,《蔣經國系史話》,第一〇七至一〇八頁。蔡是三青團秘書,前此在贛南追隨蔣經國工作。原書註六。

註二:李煥、林蔭庭,《追隨半世紀:李煥與經國先生》,台北天下文化,一九九八年出版,第三十頁。原書註八。

註三：溫哈熊一九九六年五月十七日在台北接受本書作者的訪談紀錄。原書註十二。

註四：陳立夫與張緒心（Sindey H. Chang），《中國風雨已過》（The Storm Clouds Clear Over China），史丹福大學胡佛研究所一九九四年出版，第一七〇頁。陳立夫由一九三八年元月擔任教育部長至一九四四年十二月爲止。原書註十四。

註五：消息來源是與蔣夫人關係密切的華裔美國人。一九九六年，這位女士仍住在華府地區，但不肯接受訪問。原書註二十四。

註六：賈亦斌一九九五年九月二十一日在北京接受本書作者的訪談紀錄。（譯按，賈亦斌曾任青年軍復員管理處組長，國防部預備幹部局副局長、代理局長〔局長原本是蔣經國〕，一九四九年四月變節，率領預幹總隊在浙江起事投共。）原書註二十五。

註七：陳立夫，前揭書，第一七八頁說，蔣委員長擔心會遭綁架，沒接受史達林邀請。原書註二十六。

註八：史景遷（Jonathan Spence），《探索近代中國》（The Search for Modern China），一九九〇年版，第四八二頁。一九四五年四月，中共號稱黨員一百二十萬人，擁有九十萬名武裝部隊，佔領地區轄有人口九千五百萬人。（編按，耶魯大學東亞所所長史景遷這本巨著中文版爲時報出版公司出版）。原書註二十七。

註九：美國駐迪化領事館一九四五年六月二十二日電報，收於《美國外交關係》第七卷第一〇〇一至一〇〇二頁。原書註三十四。

註十：《美國對華關係，特別是一九四四至一九四九年期間》（United States Relations with China, with Special Reference to the Period 1944-1949），俗稱「美國對華政策白皮書」，第一二三頁。）原書註四十三。

註十一：蘇聯陣亡軍人達六百萬人、中國軍隊亦有兩百二十萬人陣亡。見帕謨（R.R.Palmer）和柯爾頓（Joel Colton），《現代世界史》（A History of the Modern World），第八六〇頁。原書註四十四。

第八章　東北交涉

曾是志得意滿的日本關東軍及僞滿部隊如今棄械投降。林彪率領十萬名八路軍緊跟著蘇聯部隊湧入東北。除了大城市之外，中共迅速在各地接管地方行政，掃除僞滿傀儡部隊，佔取由蘇軍擄獲的日軍武器。魏德邁將軍認爲，國民政府實力不足以同時接收東北，又在華北重建權力，他建議蔣介石提出東北暫時交與中、美、英、法、蘇五強共管的方案。蔣介石立予峻拒。

國共鬥爭的動態關係，加上國民黨內持續角力，使蔣介石實質上沒有選擇，必須峻拒魏德邁此一建議。廣袤的東北有五千萬人，與蘇聯毗鄰，又蘊藏中國最重要的工業及礦產資源，中、日之所以爆發戰爭，可以溯源至日本侵佔東北，國民政府若不能在東北宣示恢復治權，就是積弱不振的表徵。靠攏到國民政府旗幟下對日抗戰的東北軍，勢必因此不再支持蔣介石。而且，國家統一的問題乃是最關鍵的重要因素。自從一九一一年以來，不論是國民黨、共產黨或民主人士，統一是全體中國民族主義者的首要目標。接受魏德邁建議的方案，就代表蔣介石默認中國分裂。他不但基於歷史因素考量有所戒懼，也因爲此舉勢必使他喪失領導人地位。（註一）

甚且，蔣介石相信他可以在東北勝過共產黨。蔣介石在他的頭號俄國事務顧問經國的鼓勵下，認爲藉退讓及展現實力的綜合運用，可以取得蘇聯的合作。蔣氏父子估計，史達林有理由遵守承諾。蘇聯現在是全世界兩個超級大國之一，聲望達於鼎盛。但是俄國迫切需要休養生息、恢復秩序、重建嚴重殘破的國家，並且必須發展核子武器，以打破美國的壟斷優勢。因此，在東北這類重要關鍵地區採取合作政策，應該符合俄國的利益。針對中國這塊土地，蘇聯首要的短期目標是促使美軍撤離，這也需要蘇聯做出合理的善意表示。

兩蔣認爲對莫斯科的外交交涉有可能成功，但是他們父子倆也相信，這項策略必須有強勁的軍事力量做後盾。美國軍機對國民政府提供協助，載運十一萬名國軍部隊飛往北平、天津及華北其他城市。然而由於蘇聯作梗，美機無法降落，國軍根本進不了東北。同一時期，美國對國、共雙方升高壓力，迫使雙方找出政治解決方案。赫爾利大使飛到延安，陪著毛澤東、周恩來到重慶，進行一段相當長時間的談判（由八月二十八日進行到十月十一日）。毛、蔣自一九二六年國共第一次合作破裂以來即未再晤面，現在國共雙方態勢已有變化——蘇聯佔領東北，中共部隊（不再是軍閥）霸佔住華北及長城以北的鄉村地區。

蔣經國也列席國共重慶會談，與毛澤東也有了生平第一次、也是最後一次的握手。國共雙方努力擺出眞心要達成避免內戰協議的模樣，氣氛可謂正面、積極。毛澤東在好幾個接待會中，還率領與會人士高呼「蔣主席萬歲」的口號。然而，華北地區國、共部隊仍然不斷發生軍事衝突。

一九四五年九月四日，蔣經國奉派出任外交部東北特派員。蔣介石亦派熊式輝出任東北行轅主任，這是國民政府派到東北的最高階官員。因此，政學系領袖熊式輝再度成爲蔣經國的上司。十月一日，蘇聯通知國民政府，俄軍將在十月底開始撤離東北。十二日，經國與熊式輝飛往長春；同行者還有知名的銀行家、經濟學家張嘉璈，他的職責是與俄國人交涉經濟事務。俄軍參戰，打進東北，已近兩個月，中共部隊現在已於瀋陽、長春近郊紮營。不過，蔣經國對於即將與東北紅軍總司令馬林諾夫斯基（Rodian Y. Malinovsky）將軍交涉，仍抱持樂觀態度。蔣經國在和張嘉璈談話時，強調中、蘇關係對於中國之未來「十分重要」。中、蘇雙方在十月十三日會面。魁梧、粗壯、講話直率的馬林諾夫斯基是蘇聯的作戰英雄，在朱可夫（Zhukov）率領下捍衛史達林格勒，轉敗爲勝的一名驍將。稍後，馬林諾夫斯基率領紅軍，橫掃中國東北。這位俄軍將領表現出相當友善的態度。中方代表還沒發言，他就主動保證，紅軍會把東北的非政府部隊解除武裝。經國要求馬林諾夫斯基，准許國軍部隊在依據雅爾達協定已由紅軍佔領的旅順、大連登陸。俄方不肯，理由是大連是商港、旅順是自由港，不宜供軍隊登陸。馬林諾夫斯基建議國軍在葫蘆島登陸。美國軍艦載著國軍部隊，迅速開到葫蘆島，不料中共部隊已經佔領葫蘆島。美軍特遣艦隊最後把國軍載到長城之南上岸，根本沒能進入東北。

等到要蘇聯履行其他承諾時，蔣經國又一再碰壁。如果他想和馬林諾夫斯基或其參謀約個時間會面，俄方常常答說不曉得上級長官現在在哪裡，而且往往一連多天，不給個回音。經國在日記裡記下：「國家無實力，不得不動心忍性也。」張嘉璈想和俄方詳細磋商經濟事務，也不順利。蘇方要求把東北全部工、礦企業實際上由中、蘇共管。

東北國軍司令官杜聿明於十月二十九日抵達長春。杜聿明是黃埔軍校畢業生，曾隨史迪威在緬甸作戰；史迪威一度認為杜「不錯……精通戰術」，但是後來對杜觀感大變。當月份，五百名國民政府官員、僚屬抵達長春，預備分發到各地接收地方政府。但是，一連過了好幾個星期，俄國人不准這些官員離開長春。馬林諾夫斯基的政治指導員，反而責備國民政府在東北各地煽動反蘇活動，以致地方不靖。蔣經國答說，煽動反蘇活動的是日本人或「叛徒」。然而，在同一時期，陳立夫在中國各城市策動學生舉行一系列反蘇示威活動。蔣委員長在經國要求下，斥責陳立夫不應該搞反蘇活動。

馬林諾夫斯基終於允許國民政府官員接管各地地方政府，經國請求借汽車、飛機，輸送這些人出發接收，馬又拒絕所請。事實上，國府官員依然困在長春，動彈不得。馬林諾夫斯基又照會經國，國軍部隊只能在蘇軍撤退的四天之前，由空運送到駐地，可是蘇軍何時撤退？則是遙遙無期。這位蘇軍指揮官再度指控，有數千名國民黨秘密人員破壞蘇方設施。當蔣經國問起日軍投降後，其武器的去向時，馬林諾夫斯基卻說這些武器統統運回蘇聯去了。

十一月九日，馬林諾夫斯基告訴蔣經國，奉莫斯科當局命令，要把所有的郵政、電信設施及剩餘武器交給國民政府。可是，三天之後，林彪兩千名部隊已開進長春市。然而，經國依然極力主張忍耐為重。在這方面，他與熊式輝觀點日益分歧。經國認為熊是個「老官僚」，反蘇態度「膚淺」，缺乏「戰略見識」。譬如，儘管蘇方反對，熊依然希望派遣文職人員出外招募、組織地方部隊。經國認為，若是這麼做，必然後患無窮。

經國繼續要求同僚，必須盡最大努力對俄方忍讓，以阻止中共在鄉間穩固控制力量。可是，十一月七日，共軍部隊卻把經國和數百名國民政府官員，包圍在長春的南滿鐵路會社大樓裡。幾天後，馬林諾夫斯基通知杜聿明，蘇聯將分三階段撤出東北；他說，十二月二十五日以後，除了俄國人控制的旅順、大連之外，國軍可以在任何地區自由登陸。

大約與此同時，美國總統杜魯門照會蔣介石，他希望派遣馬歇爾（George C. Marshall）將軍來華，調停國、共爭端。陳立夫對蔣提出警告，認為馬歇爾露面將會引起和蘇聯的問題——而且，一旦馬歇爾調處失敗，恐會怪罪國民政府。陳立夫建議，最好是跟蘇聯討論國、共問題。蔣經國同意這個做法。

根據這個方向，蔣介石致函史達林（時間可能是十一月初），建議雙方會商解決危機。十一月十三日，經國接到父親手諭，得知政府決定撤回東北行轅。蔣氏建議：「讓我們等一兩天，瞧瞧蘇聯的反應如何。如果仍有希望挽回局勢，我們就可以表現出，我們的確並不希望在東北建立軍事力量，我們也不希望挑激任何人。我們可以藉普選，來建立地方政治組織。經濟上，我們可以和蘇聯合作。」蔣介石給經國這道手諭，最令人關注、不解的一點就是，暗示在某種條件下，國民政府可以不在東北尋求建立軍事力量，也會同意與蘇聯在東北廣泛實施實質經濟合作。這樣的文字很可能是由經國起草，它似乎暗示許多可能性，包括國、共部隊撤出整個或部分東北，讓蘇聯軍隊留駐這些地區。同時，中、蘇可在東北全面經濟合作，並舉行地方選舉。

同時，重慶當局照會蘇聯大使館，由於中共部隊在長春的滋擾、威脅行徑，國民政府別無辦法，只好退出長春，並警告蘇聯必須為此結果負責。除了蔣經國、張嘉璈等少數人員留下，國民政府派到東北的文職人員在十一月十七日退回北平，國軍軍事總部也移駐山海關。

蘇聯的交涉態度突然一變。十一月二十一日，馬林諾夫斯基告訴蔣經國，他對國民政府退出關外殊覺遺憾，又聲稱他並不曉得中共部隊曾包圍國民政府官員總部，接下來，俄方以認真態度開始談判經濟問題。張嘉璈和蔣經國認為，國民政府退出長春、以及美國施壓威脅，促使蘇聯坐下來談判。十一月底之際，杜聿明部隊（包括孫立人的新一軍）正沿著海岸向北推進，相信這也影響到俄方態度。大約十二月初，史達林回覆蔣介石的信，提議南京派代表到莫斯科，討論東北僵局。

張嘉璈和蔣經國主張政府不應太注意在東北可能的經濟損失。在經國的堅持下，國民政府甚至沒有針對蘇聯明目張膽掠奪東北之工廠、機器設備的行徑公開爭吵、抗議。蔣經國指出，被掠奪的設施大部分是日本人所造，在現實上，中國也必須「靠向蘇聯」。十一月二十四日，俄方向張嘉璈提出一個方案，建議中、蘇合作經營東北百分之八十的重工業。張嘉璈和蔣經國都贊成，同意俄方要求，依據這個方向達成協議。

幾天後，主持東北事務的國民政府高階官員前往重慶，與蔣主席、行政院長宋子文、外交部長王世杰開會。宋主張，與蘇聯討論未來的經濟合作之前，中、蘇之間的政治問題必須先解決——意即蘇聯必須自東北撤軍，國民政府必須有效地恢復全面控管行政、經濟。王世杰也反對在這個時刻，在經濟上做出重大讓步。蔣介石顯然支持宋、王兩人的見解。他授權經國通知俄方，有關經濟合作的詳細討論要在蘇聯撤軍後才進行，但是雙方可就東北經濟重建開始起草合作計劃。

這項建議似乎起了正面效果。馬林諾夫斯基十二月五日和蔣經國會面，同意了若干重點。他保證，國軍一個師的兵力可以安全在長春降落；也不反對另兩個師經由鐵路運送到瀋陽。他又說，蘇聯正在加緊努力促使政府不承認的部隊繳械。此外，他同意政府派任的縣市長可以就職、任事。同一天的會議裡，俄方表示，爲了有秩序的移交，撤軍必須推遲到一九四六年二月一日。

事實上，希望蘇聯慢點撤軍是毛澤東的主意，但是蔣經國不曉得，反而相信蘇軍緩撤對國民政府有利，而說服蔣介石接受。（註二）四天之後，蔣經國通知馬林諾夫斯基，中國政府接受蘇軍延遲撤退期限。又過了幾星期，蔣介石甚至批准付款給蘇方，彌補它「因推遲撤軍日期……而發生的費用」。中共及蘇聯則向外散布「延遲撤軍是出於國民政府要求」的消息。

蔣經國和張嘉璈對於蘇聯態度一新，相當「欣慰」。蔣介石十二月二十一日告訴馬歇爾，俄國人「已經停止協助中共」，於是，共軍在和國軍交戰時，遭受重大損失，爲了爭取時間，他們現在才說希望政治和解。然而，蔣氏父子依然相信，國民政府非常需要展現在必要時有意願、也有能力以軍事接管東北。

事實上，國軍已經迅速沿海岸及鐵路幹線向東北集結。到了十二月底，國軍已經接收了東北絕大多數港口，只有旅順、大連由蘇聯控制。馬林諾夫斯基卻秘密允許中共，在大連興建軍火庫，並從大連市及近郊徵集數千人入伍。孫立人率領的新一軍已進入東北中區，向中國的重要工業城市瀋陽前進。

孫立人此時已聲譽卓著，公認是不玩政治的「百分之百的軍人」。對日作戰結束，艾森豪（譯按，當時是盟軍歐洲戰場總司令）邀請孫立人參觀歐洲戰場，確立了美方推重孫氏的地位。可是，孫立人有話直說的脾氣，使得他和上司杜聿明的關係並不和諧。據他一位舊部的說法，孫立人若是美國人，他的綽號大概就跟史迪威一樣，也是「酸醋喬」（Vinegar Joe）。（註三）

國軍部隊佔領交通線和大城市之際，林彪卻在鄉村地區強固控制。經過四個月的強迫徵兵、整編僞滿傀儡部隊，他把麾下人民解放軍正規部隊擴大，組成一支大約十五萬兵力的人民自衛軍。他又吸收了張學良東北軍舊部兩萬五千名兵力。小少帥的弟弟（譯按，張學思）掛名當這些部隊的長官，並擔任遼寧省人民政府主席。相形之下，蔣介石派到東北擔任重大職位者，其實全不是東北人。

蔣經國認爲在爭取東北民心上，比起共產黨，國民黨實在太遜色。一九四五年秋天，有一批人進諫蔣介石，准許張學良復出，負責籌組一支在地方上徵兵的嶄新東北軍，經國幾可確定是其中之一。可是，蔣介石不接納，張學良依舊遭到軟禁。不久，張學良、趙四小姐和衛兵就遷移到贛州城外山區的新住處——這是經國家人喜歡避暑的佛教巖洞。在這個寧靜的地方，在東北仍有號召力的這位國軍將領，投閒置散、眼睁睁看著國共雙方競逐東北的接收。

蔣介石派經國到莫斯科，親自和史達林討論東北問題。行前，經國接觸蘇聯駐中國大使館官員李多夫斯基（Andrei Ledovski）。這位俄國官員告訴蔣經國，他在蘇聯的聲譽不錯，跟史達林談話時宜直接切入重點，不要阿諛奉承史達林。（註四）蔣經國對李多夫斯基透露了一個重要訊息，中方在全盤解決方案中預備做一項重大讓步——將來不准美國到東北做資本投資，美國在中國若享有任何經濟權利，蘇聯一體適用，一樣不少。（註五）蔣經國在一九四五年耶誕節當天隻身出發，前往蘇聯。此行在國民政府內部秘而不宣，但蔣介石通知了馬歇爾。

蔣經國十二月三十日、一月三日兩度與史達林會談，這個時候正是孫立人所部持續推進，馬歇爾的調處也出現第一個成績的時刻。國、共雙方接受馬歇爾提議，宣布一月十日起全面停火，並同意按照蔣、毛十月間原則接受的方案，召開各黨派人士的政治協商會議。若是史達林預備接受中共不接管整個東北的解決方案，這些發展應該有助於經國和史達林就東北未來前途達致協議。

可是，蘇聯外交部長莫洛托夫在呈給史達林的匯報備忘文件中，卻對這位年輕的舊布爾什維克同志，持著懷疑的評估意見：

現在，我們來看看蔣經國。蔣介石企圖在美、蘇之間玩手法，經國身爲一位舊布爾什維克黨人，也跟他父親沒有兩樣，企圖在我們和他父親之間玩弄，僞裝他是蘇聯的眞心朋友。經國可能甚至不惜以批評他父親爲方法。然而，蔣介石除非百分之百肯定兒子會遵循父親的政治目標，否則絕不會派兒子來莫斯科。接近蔣介石的人士不喜歡他兒子，不僅因爲過去他是左派，更因爲他是政治繼承人。實際上，經國非常平庸，根本比不上宋子文的老練。結論：蔣經國非常不可能被授權和我方簽署任何協定。他這次到莫斯科來的目標只是談談，可能替蔣介石本人親自到訪先做

準備。（註六）

莫洛托夫報告說，蔣經國一定會尋求史達林針對「即將來自左翼（中共）的危險」提供「道義與政治支持」，並盼望莫斯科支持國民政府，設法讓中共部隊停止爭佔東北及華北的戰事。他指出，經國會就美國未來在華角色，丟出若干讓步的訊息。他提出經國已經暗示，做爲整體協議的一部分，國民政府會不讓美國資金進入東北，美國在其他地方，享有的權利與蘇聯相等。莫洛托夫也判斷，蔣經國一定會就蘇軍遲遲不退出東北提出質疑。

莫洛托夫建議史達林反將一軍，要求美軍立即全部退出中國，南京承認蒙古人民共和國（即外蒙古），中、蘇以五五對等共同經營日本原先在東北的企業。撤軍問題則能拖則拖，藉詞蘇聯可能需要駐軍兩、三年，以保護鐵路線及蘇聯僑民。

蔣經國在會談中的確要求史達林介入國、共談判，也表示蘇聯共產黨和中國國民黨的關係，可以回復到類似一九二三至二四年水乳交融、攜手合作的地步。蔣經國又暗示，中國可在蘇聯和美國之間保持中立，並放鬆目前與華府的關係。（註七）他承諾，美軍只要完成解除日軍武裝、遣送日人回國任務，立刻統統離開中國。蔣經國很可能也重提中方附帶條件的保證，也就是莫洛托夫所報告的，排除美國資金參加東北經濟活動之議。甚且，他也有可能拋出父親一一月十三日手諭所指稱的政策路線試探俄方反應——蔣介石在手諭中告訴兒子，國民政府不尋求在東北建立軍事力量。

史達林在答覆時宣稱國共應該共存，否則國民黨會越來越腐化；美國的「門戶開放」政策是帝國主義者侵略的工具；國民政府表面對蘇聯友善，實則敵視。史達林警告說，如果這種情形持續下去，中、蘇雙邊關係不能持久。他指控，美國想以中國爲工具，必要時就會犧牲中國的利益。史達林又說他並不想干預中國內政；蘇聯樂意與鄰國保持親密關係，但是美軍持續屯駐中國，使得局勢變壞。蘇聯可以協助中國在東北建立重工業，在新疆開發經濟，但是蘇聯最重要的條件就是，中國不應該允許美國有一兵一卒留在境內。

史達林在結尾時放緩口氣，告訴蔣經國，如果美軍撤離中國，他會讓中共與蔣委員長達成理解，並支持國民政府。經國答說，如果蘇方表現出若干善意行動，他或許可以設法說服父親同意這個條件。史達林就建議，他和蔣委員長可以在邊境某地會晤，以討論種種議題。（註八）

蔣經國藉著和史達林會談當中的空檔，來到已經結冰的莫斯科河濱散步，這正是他和馮弗能、鄧小平和張錫媛儷影雙雙，徜徉散步的舊地。他轉到瓦和納街十六號的舊樓，二十年前，他和一批青年朋友就在這裡心懷宏偉大志，決心改造中國和世界。望著台階，他或許看到門廊幽暗處，革命家拉狄克的幽魂悄然隱沒。莫斯科的確有許多幽魂漂泊著。

蔣經國一月十四日回到重慶，方良到機場迎接；然而他沒有回家，反而直接去向父親報告。史達林的提議是國民政府先把美軍送出中國，然後才與蘇聯在東北達成協議，蔣介石聽了無法接受，雖然和美方偶有齟齬，現階段的蔣介石還沒有到以依然大方慷慨的美援，換取史達林空洞承諾的地步。

蔣經國安撫蘇聯，冀望爭取合作的政策失敗，引起國民黨內強烈抨擊。宋子文對這個議題一向採取「置身局外，漠不關心」的態度，外交部長王世杰則是「極端審慎」。回到長春，蔣經國發現贛南時代的舊師輔已奉派到當地擔任戴笠駐東北的分身。一九九五年，此人在接受本書作者訪談時，否認他奉命監視經國在東北的活動。但是，小蔣的托派背景，留俄經驗、親俄聲名，使得認定共黨諜影幢幢、陰謀處處的國民黨人對他特別不放心。蔣介石在黨內的政敵現在把對蘇政策失敗，怪到老先生決定讓兒子獨挑此一重任的決策頭上。結果，經國在東北的角色突然消褪。張嘉璈指出，在一月底，中、蘇之間的猜忌、不信賴與日俱增。

二月二十二日，ＣＣ陳氏兄弟又在北平及其他城市策劃一系列大規模反蘇抗議活動。示威學生搗毀重慶中共報紙辦公室，也打進蘇聯大使館。蔣經國在中央幹校的舊部、從贛南時期就追隨他的蔡省三，計劃率領幹校學生參加示威活動。可是，蔣經國一聽到消息，立刻指示蔡省三取消計劃。

蔣經國說，這類示威抗議，對蘇聯、對中共都不會有重大影響，只會給政府帶來麻煩。果然不出經國預料，東北的俄國軍人以這些示威指稱國民黨在東北幕後策動反蘇活動。他們表示，這些活動擾亂公共秩序，因此使得蘇軍不能遵守撤軍的承諾。

三月初，國民政府要求全體俄軍立即退出東北。這時候，馬歇爾等美國官員相信，國民政府已傾向以軍事全面佔領東北的政策，若是遭遇到共軍部隊，預備立予殲滅。顯然，中共也有同樣的決心與目標。一月十日停火協議實施不久，中共部隊繼續大量部署、集結到東北。到了三月中旬，林彪的部隊可能已超過國軍在東北的十三萬七千名兵力。三月二十七日，蘇聯照會中國外交部，蘇軍將在四月底以前撤出東北。

這時候，國民政府召開的政治協商會議通過一項決議，要求調查熊式輝和蔣經國處理東北問題的政策。熊式輝還被控在東北侵佔古玩珍寶，裝了一百五十大箱運回關內。這項決議要求中央把熊式輝立刻解職，並結束談判交涉「地方化」──也就是停止蔣經國的外交部東北特派員任務。（註九）某些代表甚至直接抨擊蔣經國秘訪莫斯科交涉的行動。（註十）

蔣介石公開宣布，國民政府力圖在東北達成合理的和解，中國人民不應受到「沒有根據的臆測」之誤導。他下令把對蘇交涉東北問題的職責「交回給中央政府」，換言之，由長春交還給外交部。這代表宋子文勝利，蔣經國受斥責。然而，蔣介石同時也懲戒陳立夫策劃學生示威活動顯欠穩當。

四月十五日，俄軍撤出長春的次日，業已進到城裡的中共部隊完成佔領工作。照美國國務院白皮書的說法：「這是悍然違背停止敵對行爲命令的行動……，它使得東北的中共將領得勝之餘，過份自信，更不肯妥協；可是，它也……大大強化政府內極端反動派的聲勢。」

中共亦佔領東北北部大城，例如人口八十萬、距中蘇邊境六百公里不到的哈爾濱也淪陷。國民政府中樞此時已遷回南京，南京方面卻認爲軍事前景看好。孫立人的新一軍繼續由瀋陽往北穩定推進。春天，新六軍在瀋陽東方擊敗共軍部隊，與孫部會師。這兩支美式裝備的勁旅在五月二十三日克復長春。六月初，又推進跨越松花江。可是，在馬歇爾強大壓力下，六月六日國共再次停火；這一來拯救了林彪總部，也使得東北中部地區戰線，終一九四六年，沿著松花江穩定對峙。日後蔣介石承認，這時停火是他犯下的「最嚴重的錯誤」。

此時世局發展使得莫斯科、南京和延安的好戰聲勢大漲。冷戰進入初期階段。三月五日，邱吉爾宣布，歐洲已降下鐵幕。蔣介石在信心增強下，要求共軍退出華北若干特定省份及城市，才能達致和平協議。毛澤東立予峻拒，並未出人意表。

張嘉璈認爲東北外交交涉失敗，不僅是蘇聯野心作祟，也要怪「國民黨內激進派，激起瘋狂的反共、反蘇運動，終於導致中、蘇談判破裂」。張嘉璈也認爲，鑒於蘇聯的實力和東北的局勢，國民政府要在東北取得軍事勝利，也是極爲不可能。因此，他的結論是，南京應該接受能和俄方獲致的最佳交涉，接受中國以長城爲界分治的事實。

另一方面，蔣經國則相信，國民政府若能一方面展現軍事實力，一方面對莫斯科做出重大讓步，就有可能獲致某種可以接受的解決方案，譬如東北的「暫時」分治。雖然蔣經國在蘇聯事務上採取低姿勢，他仍在幕後深深涉入其中。他還是父親實質的首要俄國事務顧問，仍主張保持門戶暢通，改善雙邊關係。蔣經國與蘇聯駐華大使館依然保持聯繫，四、五月間曾拜訪蘇聯駐華武官羅申將軍（Roschin）。蔣經國在談話裡，一度重提蔣介石、史達林舉行高峰會議的話題。據羅申的說法，史達林接受這個主意，提議在莫斯科會談，也下令一架蘇聯飛機待命，交由蔣介石使用；可是，這件事卻沒有下文。（註十一）

蔣經國不放棄與莫斯科修好的希望，還有一個有趣的例證。他在一九四六年四月十八日向魏

德邁將軍辦公室表達，堅持美國空軍放棄南京某一招待所，以騰出來交給蘇聯，供做大使館人員之用。（註十二）

此後一年之內，軍事均勢發生變化，東北果然變成魏德邁、張嘉璈等人所憂心的大陷阱。然而，蔣介石覺得必須把一切籌碼投注到東北的未來前途上；從政治，甚至從軍事的角度來看，他這項決定可能也正確無誤。不這麼做，中國一定分裂，原本已經發生的內戰，很可能更加慘烈。這場衝突也很有可能把美國牽扯進去。

蔣經國因爲在東北交涉失敗，備受抨擊，政治地位下降。此後兩年，他的能見度、曝光率極低，然而這卻另有一層意料不到的效果，在隨後發生的經濟、政治、軍事大崩潰局勢中，他的責任降低許多。

註一：顧維鈞在說明蔣介石的決定時，特別強調這一點。參見《顧維鈞回憶錄》（Reminiscences of Wellington Koo），哥倫比亞大學口述歷史，第H三六一至三六二頁。原書註三。

註二：毛澤東要求莫斯科推遲撤軍，可參見龔查洛夫（Sergei N. Goncharov）、劉易士（John W. Lewis）和薛理泰合著之《不確定的夥伴：史達林、毛澤東和韓戰》（Uncertain Partners: Stalin, Mao and the Korean War）史丹福大學一九九三年出版，第十一頁。原書註二十五。

註三：溫哈熊一九九六年五月十七日接受本書作者的訪談紀錄。原書註三十三。
註四：見李多夫斯基一九九七年九月提供給本書作者的文件。原書註三十七。
註五：莫洛托夫在一九四五年十二月二十九日呈交史達林的第四五三一號備忘錄《關於蔣經國先生之到訪》，第一至二頁，收在蘇聯外交部檔案中。李多夫斯基一九四五至四六年供職蘇聯駐華大使館，後出任蘇聯駐華大使；他把這份文件提供給本書作者。莫洛托夫在備忘錄中指出，蔣介石在經國出發前即做出這些承諾，條件是要得到全面協議。原書註三十八。
註六：同上註，第四五三一號備忘錄，第四至五頁。原書註三十九。
註七：艾倫・懷汀說，有位消息靈通的中方官員在一九五〇年代，告訴他這個消息。見懷汀著，《新疆：俎上肉或樞紐》（Sinkiang: Pawn or Pivot），密西根州立大學一九五八年出版，第一四一頁。原書註四十三。
註八：見一九四九年一月四日南京美國大使館致國務院電文。屈武這位舊托派份子敘述蔣經國與史達林這段對話。屈武的話未必正確。原書註四十六。
註九：見一九四六年四月一日，上海，《申報》。原書註五十三。
註十：見一九四六年四月一日，南京，《中央日報》第二版，以及同日之《紐約時報》、上海《申報》。原書註五十四。
註十一：見一九四九年一月四日南京美國大使館致國務院電文。李多夫斯基說，蔣經國和羅申在四月二十四日會面，見李氏一九九七年九月發給本書作者的電子郵件。原書註六十二。

註十二：南京總部吉連（Gillen）將軍一九四六年四月二十二日致駐華司令官魏德邁之最高機密電報，收於馬里蘭州國家檔案館 RG334，第九〇條，第三盒，第九項。原書註六十三。

第九章 潰敗

國、共內戰的初期階段，國軍武裝部隊兵力由一九四五年八月的三百萬人，降到一九四六年的兩百六十萬人。美方一直建議國軍精實，經國轉到南京國防部任職，負責青年軍復員工作。一般士兵解甲復員，若能拿到一點退伍金已是幸運，青年軍不然，復員軍人享有各種支援，還有高層長官關心他們的福利。（註一）

蔣經國為青年軍復員軍人制訂了類似美國大兵法案（G.I. Bill）的退伍就學、就業輔導條例。（註二）青年軍復員軍人得到許多優惠——譬如，爭取教員職位優先考量——因此構成擁護小蔣的核心。經國和他父親也認為青年軍復員軍人可以組成國軍後備軍人的菁英團隊。（註三）

為了維持復員軍人為一股有組織的力量，經國在北平、上海等城市普設復員青年軍聯誼會，希望能發揮力量，反制親共青年的政治活動。（註四）同時，經國親信胡軌出任幹事長，負責三民主義青年團的日常業務。（註五）

蔣經國在南京，住在中山路軍方一間招待所裡（到了一九九〇年代，這間招待所依然掛名中山賓館營業），他的前任隨從秘書楚崧秋與他同住一室。就官拜國軍中將的他而言，這是很簡樸的安排。中山路沿路，政府機關林立。距招待所步行十五分鐘，就是總統府和國防部。此後兩年，經國每天晨起，先跑步運動，沐浴完畢，即晉見父親。他在國防部內埋首工作，亦不時視察全國各地三青團、青年軍單位。

根據他的僚屬說法，經國把家人安置在杭州，是因為工作忙碌，且不時要離開南京出差。他也希望子女儘可能不因身為蔣介石的孫輩而受到矚目與驕寵。不過，經國定期回家，有時候方良也帶著兒女（一九四五年，他們夫婦又添了一個兒子孝武）到南京探望祖父母；蔣介石夫婦對這些漂亮的歐亞混血孫兒女，非常疼愛。

有位副官記得有一回帶十二歲的孝文去游泳，可是小傢伙實在調皮不聽話，被他修理了一頓。至少有一次，章亞若的弟弟悄悄帶著孝嚴、孝慈這對雙胞胎到南京見蔣經國。然而過後不久，經國立下誓言（可能是向父親發誓，但比較可能是對自己立誓），今後不再見這對雙胞胎。雖然他繼續透過王昇提供資助，後來也從旁建立親情關係，卻終其一生很奇特、也很不可思議地守住此一誓言。（註六）

蔣方良住在杭州，又是一個舉目無親的陌生城市。她到中國已經十年，依然是個外國人。不過，她的寧波話在杭州，可比在贛州或重慶能通行，她也和幾位地方官員內眷交了朋友。方良閒來學畫國畫，打打麻將，但是經國對於打麻將並不以為然。

賈亦斌指出，由於蔣經國為官清廉，太太必須量入為出，勤儉持家，蔣夫人也不讓經國知道，她私底下經常送點錢補貼家用。儘管夫妻分隔兩地，經國很可能偶爾與其他女性有些戀情，他和方良的夫妻關係在外表、實質上都還和諧。這時候，他在莫斯科時期的戀人馮弗能，已經另嫁他人，也住在南京，但是並無跡象顯示兩人曾再見面。（註七）

抗戰結束後不久，經國和父親回到溪口老家，安排工人修建毀於砲火的豐鎬房及蔣家其他產業。十二月，經國帶著家人又回到溪口爲母親遷葬。經國的祖母王太夫人墳地居高俯瞰山色，母親安息之地只是鎮外一座小廟後方八尺土塚。他遵循古禮，請名人給墓碑題字，老師吳稚暉受託，題下：「顯妣毛太君之墓」，小心翼翼地不提死者和蔣介石的關係。據當天參加安葬儀式的艾啓明說，經國痛哭流涕，哀痛逾恆。

經國經常到上海處理學生騷動事件。他在上海反制共產黨校園活動，握有一項重要資產，就是上海有數千名青年軍復員軍人，尤其其中五百多人已轉入大學唸書，雖然他可以動用此一群眾組織強力對抗，卻不肯這麼做。當時主持上海復員青年軍聯誼會的陳正卿，回憶起有一次經國處理復旦、暨南大學學生示威活動的情形。蔣經國指示陳正卿，把已轉爲大學生的青年軍復員軍人動員起來，號召復課。青年軍復員之大學生如命集會，可是大批左派學生聞訊，組成人牆，擋住復旦大學校門，不讓他們進去。蔣經國不僅沒有下令突破人牆，闖進復旦校園，還指揮他們移動到虹口公園，聽他演講。蔣經國在演講中強調，使用暴力阻止學生進入自己校園的是共產黨，這充分顯示「未來，我們在大學裡還有許多工作要做」。

東北戰事仍持續進行。蔣經國在八月和十月，再次接觸羅申，否認國民政府走親美路線，也再次提到中方與史達林舉行高峰會議的可能性。八月間，杜魯門總統向蔣介石提出警告，除非和解有眞正進展，美援不太可能持續。然而，國共停火還是無法持續。中共部隊現在已改稱「人民解放軍」，國軍在華北攻佔由中共長久控制的兩座主要城市。林彪的部隊跨越結冰的松花江，攻擊孫立人部隊，旋即北撤。一九四六年十二月，杜魯門重申美國不干預中國內戰的政策。美軍陸戰隊撤出華北，馬歇爾也回國就任國務卿新職。馬歇爾離華前發表聲明指稱，美方調處失敗是因爲國民黨「反動派」和共產黨「激進派」掣肘之故。

一九四七年台灣爆發二二八慘劇，凸顯出國民黨根本上的弱點——大批高級官員把官職當做是自己，乃至家人、部屬發財的大好機會。日本自從甲午戰爭之後的一八九五年就搶走台灣，一九四五年九月，國軍在一小支美國部隊協助下登陸台灣，接管行政。台灣在日據時期經濟繁榮起來，農業方面可以自給自足，工業也略有基礎。雖然受到戰火波及，港口和交通設施嚴重損毀，台灣經濟比起中國大陸任何省份都要強得多，島上居民百分之九十八爲漢人，一向痛恨日本人的高壓殖民統治，光復之初，非常歡迎國民政府來解救。

蔣介石派遣一九一一年起即追隨他的陳儀，擔任台灣省行政長官。六十二歲的陳儀，率領大批大陸人到台灣，接收政治、行政及安全方面的要職。大陸人也接管了公營事業，並立刻搜刮、自肥。極力幫忙國民政府的魏德邁將軍都說：國軍的行爲「有如征服者」。

二月二十八日，台北街頭因爲警察拘捕一名販售香菸的婦女而引發抗議，旋即升高爲動亂。陳儀認定亂事是台灣菁英中的親日人士，以及反對台灣回歸中國的激進份子在背後煽動。蔣介石派出一支高階代表團到台灣，和地方領袖會商，並決定改組省政府。台灣各界匆匆組織一個台北處理委員會，也採取溫和語調，收回早先提出的撤銷台灣警備司令部、解除國軍武裝之主張。可是，街頭的異議份子已失去控制，若干極端份子攻擊政府機關及軍警單位。（註八）

三月九日，國軍槍決數百名爲首者，在街頭也屠殺數千人。這正是傳統的殺雞儆猴「清鄉」戰術。（一九九五年，國民黨爲處理二二八事件過當正式道歉，承認遇難者高達一萬八千至兩萬八千人之多。）三月十七日，國防部長白崇禧率領一個軍、政大員（包括蔣經國在內）組成的代表團到台北，調查事件始末經過。在台灣停留三星期之後，白崇禧發表一份聲明，爲陳儀處理事件之做法辯護。四月十七日，美國大使提供一份觀點全然不同的報告給國民政府主席蔣介石。隔了幾天，蔣介石派出文人接替陳儀（譯按，行政長官公署撤廢，改爲省政府，魏道明接任省主席），但是另派新職給陳儀。

一九四七年初，雖然林彪部隊幾度跨越松花江，取得小勝，東北軍事主動權大體還掌握在國軍這邊。一九四七年三月，國軍攻佔毛澤東的延安老巢，聲勢達於鼎盛。

這時候，國民黨黨內鬥爭並未稍止。ＣＣ派和蔣經國爲了爭奪對中央政治學校的控制權，爆發一場內鬥。蔣介石派蔣經國取代陳果夫，出任中央政校教育長，但是在陳氏兄弟發動學生抗議、反對之後，經國辭而不就。（註九）在東北戰場上，林彪集結四十萬部隊，強渡松花江，孫立人寡不敵眾；共軍深入國民黨統治區，奪走大量軍事設備和補給，向瀋陽挺進。杜聿明利用空中武力優勢反攻，林彪又退回松花江。此後，國、共雙方都傷亡慘重，但是共軍力量顯然已轉強。

蔣經國對東北局勢開始轉爲悲觀。他沒有點名批評杜聿明，但是私底下卻抱怨，派到東北去的國軍「沒有得到人民支持，也沒有和地方武力維持良好關係」。經國說，到頭來，杜聿明部隊將是政府的「負擔」，而不是「資產」。（註十）

一九四七年七月四日，國民政府決定全面動員勘亂。蔣介石改組東北軍事指揮結構，解除杜聿明職務。九月間，毛澤東也下令人民解放軍發動戰略攻勢。原本看好的軍事局勢，突然爲之一變。蔣經國等人和美國國務院的「中國專家」看法相同，認爲東北挫敗，乃是國民黨的黨、政、軍高層持續腐化、無能之故。蔣經國目睹考察的台灣二二八事件，凸顯出此一事實。

蔣經國的左右彼此又討論起，以三青團爲骨幹組成政黨，向腐化的國民黨挑戰的議題。蔣經國本人也寫了一本小冊子《我們對團的建議》，似乎暗示組黨之意。九月初，三青團在避暑勝地廬山舉行第二次全國代表大會。會前，經國的親信在他房間會面，討論組黨之議。

陳立夫、黃埔系及國民黨其他元老聽到此一消息，衝進蔣介石辦公室痛斥這個想法。蔣介石本身雖然對黨、對文武百官的表現，頗有挫折感，卻反對三青團另樹一幟組黨的主意。鑑於父親的立場，經國打消組黨念頭，可是部分身邊的人仍堅持此議，在大會中提出來。蔣介石上台，明確表態：「你們實在糊塗！……我已經是國民黨總裁，還能同時再領導另一個黨嗎？」

蔣介石嘆息國民黨和三青團都「只是空殼子，沒有實力」。不但不另組新黨，蔣介石反而下令三青團併進國民黨，取消三青團中央幹事會；三青團原本形式上是獨立組織的地位，也就曇花一現斷送掉。CC陳氏兄弟和黨內其他派系都很高興。蔣經國第一次當選爲國民黨中央委員做爲補償，此外還擔任中央黨部幹部訓練委員會副主任委員，主委由他父親掛名兼任。（註十一）

蔣經國苦思如何在組織戰上對抗中共，隨即想出一個主意，即以青年軍復員軍人爲骨幹組織「戡亂建國總隊」，派到戰場從事政治工作，爭取民心，不讓民眾支持度隨著國軍失利而喪失殆盡。蔣介石批准這個計畫，經國立刻組成好幾個大隊，他正式出任戡建總隊領導人（譯按，江南在《蔣經國傳》裡說，胡軌係戡建總隊總隊長），但是，爲時已遲，戡建總隊實質上沒有起作用。

共軍在東北恢復攻勢，一再切斷連結大城市的鐵路線。國軍守備部隊越來越仰賴陳納德新成立的民間公司「民航空運公司」（Civil Air Transport, CAT）的飛機運補。蔣介石明白，軍事上、政治上，他都失去主動權。蔣介石對手下高級將領越來越失望，迭有惡評。他一度說，大部分指揮官士氣低到谷底，精神渙散，甚至還表示佩服共軍軍官的紀律嚴整，操守廉潔。

十二月間，南京突然籠罩著悲觀氣氛，外交部次長葉公超告訴美國駐華大使司徒雷登，蘇聯最近頻頻送上修好的訊號。據葉公超說，蘇聯透過一群曾在俄國受訓、通曉俄語的國防部高階軍官——最著名的就是蔣經國——這個渠道「頻送秋波」。蔣經國等人主張與中共政治和解是「唯一方法」，要尋求與蘇聯「拉近了解」以達成此一目標。據報導，蘇聯駐華武官羅申將軍鼓勵蔣經國這群人。（註十二）

一九四七年下半年軍事失利之後，蔣經國事實上再度主張試探與莫斯科接觸、修睦。蔣介石認爲這麼做，至少有可能對美方施加壓力。這個想法在十二月初十分明顯，立法院長孫科公開提出警告，如果美國政府不對國民政府提供重大援助，國民政府會投入蘇聯陣營。（註十二）大約同一時期，小蔣告訴羅申，他父親現在預備考量史達林一九四六年一月與蔣經國會談時所提議的見解，蔣介石也願意訪問莫斯科。（註十四）

張治中將軍告訴司徒雷登大使，十二月十九日他和蔣介石父子一起午餐，蔣介石授權他試探莫斯科當局，是否國、共有可能復開談判。蔣亦表示，經國已就這個題目與蘇聯大使館有過初步接觸。司徒雷登向華府報告，猜測蔣介石透露試探莫斯科意向的消息，或許是要激起美方興趣。司徒雷登的結論是，因爲中共在各方面都佔上風，似乎不太可能會接受和談。

史達林讀到駐南京蘇聯大使館電文，報告蔣氏父子的試探動作時，可能暗笑在心。史達林在這個階段，只有取得毛澤東同意才會對這些探詢作覆，不過他顯然從來沒有授權部屬對中方作答覆。（註十五）史達林苦等這個機會已經二十年，現在總算等到把蔣介石當檸檬擠完而甩掉的時機！

新任國軍東北剿匪總司令陳誠，宣布東北軍事危機已經過去，語聲稍落，林彪已經佔領遼寧若干重要城鎮，打開與山東的海路交通。國民政府此時在東北部隊兵力近五十萬人，卻只掌控住百分之一面積的土地。林彪停下來整編部隊，讓他們適應新近擄獲的美式裝備武器。陳誠稱病，離開設在長春的總部。

美國駐華軍事顧問團團長包大維少將（David Barr）勸蔣介石在國軍兵力被殲滅之前，退出東北。如果蔣介石能保住將近五十萬的兵力，及東北的龐大兵器力量，最後在長城之南的淮海戰役（譯按：這是中共的稱法，國民黨稱之為徐蚌會戰）大對決，結果可能就會不一樣。

可是同一九四五年一樣，蔣介石顯然認為此時退出東北，代表失去「天命」，寧可讓國軍奮戰到最後一兵一卒。

到了一九四八年初，史達林曉得毛澤東大約一年之內就可以佔領整個東北。美國直接介入中國大陸戰事，似乎極不可能。就史達林而言，東北前景證實了全球革命浪潮又將站上高點。中國似乎不可避免要落入共產黨手中，這場巨變將是「世界力量相對關係」變化的重大因素。

這一年中某日，蘇聯科學家向史達林報告，蘇聯可望在一九四九年試爆第一顆原子彈。蘇聯為了展示實力，六月間下令紅軍封鎖西柏林，盟國以展開大規模空運對應。捷克共產黨把布拉格民主政府趕下台；馬來亞共產黨開始對英國殖民當局發動游擊戰；胡志明在山區積極練兵，等候他的中共盟友推進到中、越邊界會師。

此時莫斯科的一大挫敗是，南斯拉夫的狄托與史達林決裂。西方國家有些人盼望毛澤東有朝一日會變成中國的狄托。史達林並不全然相信毛澤東，但是他在一九四八年認知到，他的全球戰略若要成功，他就不能把毛澤東當做其他一般共產黨領袖看待。他了解中國將是「他的夥伴，不是俎上肉」。

八月溽暑某日，林彪對他手下七十萬大軍做最後校閱。他們已經準備好進擊困守在長春、瀋陽及其他少數城市據點的國軍部隊。人民解放軍裝備精良、士氣高昂。林彪手下三個精良的師是由東北的朝鮮族後裔組成，而國軍士兵大部分來自華南。

蘇聯一九四五年在平壤扶持成立共產政權之後，迅即派出顧問建立一支兵員龐大、裝備精良的北韓部隊。金日成在一九四六至一九四八年間。得以提供人民解放軍兩千多火車車廂的作戰物資，甚至還以蘇聯培訓的北韓部隊用「自願隊」名義支援。北韓扮演人民解放軍的戰略後方基地及安全庇護所之角色，是東北爭奪戰的另一個重要因素。北韓此時義助中共，換來日後毛澤東派出「抗美援朝自願軍」參與韓戰，拯救金日成。

打開中國作戰地圖，現在國軍除了控制若干大城及連結各城的鐵路沿線之外，黃河以北已經赤焰處處。然而，就許多中國人來說，當前頭號大敵是通貨膨脹，物價飛騰，而不是共產黨。戰爭費用創造出巨額預算赤字，投機客藉機操縱圖利，助長通貨膨脹，大火燎原。上海躉售物價由一九四五年九月至一九四六年二月，增加五倍，一年之後又漲了三十倍。政府採行各種措施，包括把工資盯住生活費用運動、凍結物價與工資，工業物資及消費物品實施配給等等，但是統統不能奏效。一包米在一九四八年六月售價法幣六百七十萬元，八月份已漲到六千三百萬元。

八月十八日，國民政府頒布命令，要求老百姓交出所有的金、銀及舊鈔「法幣」，換取新鈔「金圓券」。兌換率是三百萬法幣，換一元金圓券。同時，政府禁止工資與物價上漲，也不准罷工及示威遊行。這時候，民心普遍希望（雖然還不到相信的地步）政府這次言出必行，會嚴格執行法令規定。政府的三大經濟管制區集中在上海、廣州和天津。上海管制區還涵蓋南京市及江蘇、浙江、安徽三省，可以說是成敗利鈍的考驗關鍵。如果經濟改革在上海能成功，其他各地也可能成功。

八月二十一日，蔣介石任命俞鴻鈞爲上海經濟管制督導員，賦予警察權。俞鴻鈞出身上海富商家庭，曾在美國密西根大學唸過研究所。不過，俞鴻鈞只是名義上的督導員，蔣經國奉派擔任他的副手，但大家都曉得眞正擔綱做事的是蔣經國。蔣介石在日記裡記下：「雖然我曉得這個職位可能使經國遭到忌恨，甚至斷送前程，但是我必須派他去。經國是可以承擔此一任務的唯一人選。」

蔣經國八月二十日抵達上海，立刻投入工作，當地英文報紙形容他是「在上海打經濟戰的主帥」。（註十六）他第一道命令就是要王昇把戡亂建國第六大隊帶到上海。戡建第六大隊抵埠之後，蔣經國以上海市復員青年軍注入，擴大編制員額，也派出其他大隊分駐轄下三個省。蔣經國不信任上海市官僚，派戡建大隊人員進駐各個治安機關，如上海市警察局、上海警備司令部、鐵路警察局等單位。

上海各地旋即出現公告，凡檢舉違反經濟管制者，經查屬實，可以得到沒收的黃金、銀子、外幣或囤積物資價值之三成做爲獎金。老百姓也可以把密報消息，投進設在街頭的建議箱；各方報告開始湧進蔣經國設在中央銀行內的辦公室。同時，大批青年男女亦主動支援警察及王昇的戡建大隊檢查工作。上海街頭到處突檢市場、倉庫、工廠囤積的物品，查核申報存貨與現場實際數量是否吻合。

蔣經國和部屬審閱檢舉函，必要時即對可疑設施突擊檢查。奸商速審速決，罰款、坐牢，不予寬貸。官吏貪污，刑罰最爲嚴重。財政部一位秘書（譯按，陶啓明）和上海警備部兩名軍官

（譯按，張亞尼、戚再玉）經特種刑庭判處死刑。

孔宋家族成員孔令侃在上海經營一家揚子公司，從事進出口貿易；孔令侃在商界的渾號是「南京老虎」，他和青幫首腦杜月笙關係不錯。杜月笙的綽號是「大耳杜」，有時候被稱爲「經濟老虎」。

杜月笙不但是黑社會頭子，在中國銀行、交通銀行和上海證券交易所也位居要職。他長久以來和宋子文、孔祥熙有密切往來，傳說跟蔣介石還是拜把兄弟。當經國抵達上海時，杜月笙請他吃飯，小蔣婉謝。杜月笙可不習慣被人這樣謝絕。

另一隻「老虎」是杜月笙的「外甥」萬墨林，因爲日本佔領時期從米糧上賺得大錢，綽號「米糧老虎」。蔣經國的檢查小組一開始就逮捕萬墨林，罪名是非法囤積稻米，迫使米價上揚，不當侵佔政府米穀貸款。蔣經國更放膽逮捕了杜月笙的兒子杜維屏，理由是投機炒作、囤積居奇，非法在股市交易。同一天（九月三日），他逮捕了一家棉紡廠和一家香菸公司經理，宋子文投資的永安棉紡廠經理也不能倖免，甚至棉布商公會、紙商公會、食用油商公會以及米商公會會長，統統抓起來。戡建大隊喊出「我們只打老虎，不拍蒼蠅」的口號，贏得「打虎隊」的美譽。

蔣經國命令各業公會會長轉令會員廠商，「以八月十九日的市價，將貨品上市供銷」。譬如，永安就被控，在實施物價管制後，把生產的布匹囤積在倉庫。除了杜維屏等少數人之外，這些商人准予交保釋回。次日，又有許多商界聞人一一被請進牢房。九月七日，上海銀行公會同意，市內全體商業銀行把持有的外幣和金塊交給中央政府。蔣經國掌握情報後，趕往南京，堅持逮捕財政部錢幣司司長戴銘禮。據報導，戴銘禮供出許多高級官員和金融界人士，非法由上海的銀行私運外幣、黃金到香港。

上海的外僑對於這些表現大爲讚佩。英文《華北日報》九月十一日指出：「過去三星期的經驗，讓老百姓覺得現況有了更張，產生相當大的希望。」

此時，經濟改革實施已近一個月，物價明顯穩定下來。這段期間躉售物價指數，只上升了百分之六，有三千多名套利者被捕。但是，蔣經國認定通貨膨脹不是關鍵問題，國民黨若要扭轉頹勢，唯一的方法是不再扮演既得利益團體的政黨，要再度成爲社會革命政黨。九月十二日，他在上海體育場對五千名復員青年軍群眾演講，並率領群眾唱「兩隻老虎」歌曲，呼喊口號「打倒奸商、投機客！」「搞革命！」「掃除腐敗勢力！」全場熱情澎湃。

蔣經國明白宣示，他的目標不只是控制住物價，還要終結全國財富分配不均的問題。他在演講中只有一次提到「共匪」，講話重點集中在富人的巧取豪奪：

我們過去和外國敵人……帝國主義者……作戰，現在我們在國內有了新敵人，就是鄉村的土豪劣紳、城市裡的奸商、投機客……政府頒布的經濟新政策，不僅只是法令，也有心發動社會革命運動，象徵著實現民生主義的開端。穩定物價只是技術工作，我們的目標是終止財富分配不均。明白地說，我們應該防止富者愈富，貧者愈貧的現象。

有人批評說，經濟管制可能迫使工廠關門；蔣經國提出駁斥：「有錢能買香水、吃許多豬肉的人畢竟是少數。如果豬肉、香水從市面上消失，沒有什麼問題。只要老百姓不餓肚子，所有的百貨公司、大餐廳關了門，不會有問題。」

蔣經國在日記裡對富人的不齒更加鮮明，他寫下：「他們的財富和洋房，是建立在人民的骨骸上。」他向商界保證，政府會持續保護私有財產、鼓勵民間企業，但是他也抨擊「所謂的經濟學家聲稱，要解決經濟問題，就應從經濟觀點著手」的看法。他說，這種人錯了，「經濟結構是以社會、政治力量爲基礎」。

這一時期，蔣經國還在讀馬克思主義書籍，某個星期天上午，有位部屬到他住所晉見，看到他在讀俄文本的《列寧全集》。蔣經國也替遍貼全市的海報，親撰口號，其中有一句是「打倒豪門資本！」一般解讀，這是影射蔣、宋、孔、陳四大家族，於是他把它改成「打倒官僚資本」，這又是一個左派詞語。

蔣經國最得意的口號是，「搞革命，雙線作戰！」照他的解說，「搞革命」就是實行總理遺教，支持總裁，依據三民主義完成國民革命。「雙線作戰」就是反共，同時還要和國民黨內貪污腐化反動勢力，以及土匪惡霸作戰。

蔣經國對於中國人民面臨的挑戰，用很簡單的話表述：「中國是資源豐富、人力充沛的優秀國家。如果在能幹的領導人率領下充分利用這些資源，不僅中國可以成爲強大的國家，還可以領導世界。」考驗的時刻即將到來。他對友人說：他們此舉「成敗關係到國家命運……以及我們團體的命運」。

一年之前一般還認為國民政府不可能敗北，此時卻似乎風雨飄搖，岌岌可危。國軍在東北的遼瀋戰役慘敗，局勢逆轉。毛澤東發布格殺「人民公敵」之令，名單中當然少不了蔣介石、蔣經國父子，以及宋慶齡除外的全體孔、宋家族成員。共產黨特務、煽動者在市內甚為猖獗，甚至滲透到蔣經國的辦公室。可是，經國並沒有強調共產黨顛覆滲透的危險。他在公開場合講話時，除了偶爾例行性地稱他們為「共匪」之外，繼續避免針對中共政治謾罵。他不希望重覆父親一九二七年在上海清共的大動作。更重要的是，他認知到任何大規模清共屠殺行為，都會引起反彈。

雖然蔣經國每週七天，天天辛勤工作，夜裡卻往往與朋友飲宴酬酢。有時候，莫斯科時期的同學王新衡（當時在上海市負責軍事統計調查局的情報活動）會安排上海電影明星和「社交花蝴蝶」，參加聚會。蔣方良偶爾帶子女到上海相會，但大部分時間住在杭州。然而，據一位親信副手的說法，蔣經國在上海這段期間並沒有婚外情。

蔣經國取得父親的同意，他在上海的基本政策可以放手去做，但是要讓俞鴻鈞和上海市長吳國楨知情。基本上，他主持上海的經濟、金融、商業和相關警察功能，不需請示別人。吳國楨畢業自美國普林斯頓大學，與蔣夫人關係密切；他認為沒有面子，向蔣介石提出辭呈。蔣介石不准，退回辭呈。另一位上海吳先生——蔣經國的老師吳稚暉則支持經國，鼓勵他堅持下去。有一天，有位受到調查的商人持吳稚暉的信到經濟管制處拜會蔣經國。這封信要求經國不要對持函人被指控之經濟犯罪施懲。半小時之後，吳稚暉派人送來另一封信，說明吳老所認識的這個生意人登門求助，還說吳老若不寫信給經國替他求情，他就要自殺。吳稚暉要經國不理會第一封信，凡事依法處理。

九月下旬，經國一度陶醉在他希望把贛南經驗，搬到上海，乃至華中成功推動的喜悅心情中。據「中央通訊社」報導，上海工人狂熱地相信，「只要『小人物的大朋友』與他們站在一起，他們就可以放心，不會再受到大投機客的壓榨」。然而，中央社也報導，「大企業和權勢家族」正在醞釀搞走蔣經國。

謝偉思此時已調到美國駐香港總領事館任職。他向華府報告，青幫頭子杜月笙非常生氣兒子遭到逮捕。爲了向經國證明他兒子是被刻意挑中、打擊，杜月笙提出「四大家族」以及若干華北軍事將領在上海從事經濟犯罪的證據。隔了幾天，謝偉思又報告，宋子文派妻子到上海，勸經國對永安案寬大處理。

蔣經國向父親報告逮捕杜維屏的始末經過，九月二十四日，蔣介石發電報給杜月笙，電文卻見諸上海《申報》：「我兄若能協助經國在上海經濟管制工作，無任感荷。」這似乎等於老先生公開聲明，他不會介入，讓杜維屏獲釋。這裡面的內情含混不清，但是，顯然杜月笙接到電報後，前往拜會經國，抱怨他們父子被挑出來刻意打擊，他交給經國一份非法囤積物資的公司名單（包括孔令侃的揚子公司）。

幾天之後，蔣經國的朋友賈亦斌對上司捶桌抗議：「如果孔令侃沒犯法，還有誰犯法？」經國沒有回答，但是事後告訴賈亦斌：「我無法忠孝兩全。」賈回到旅館，給經國洋洋灑灑寫了十四頁的長信，敘述他的失望：「我原本認為國民黨已經沒有希望，但仍寄希望在君身上……但是這件事點醒我，君只拍蒼蠅，不打老虎。」（註十七）

賈亦斌離開上海。在當年年底之前，就與中共取得聯繫，開始秘密和共產黨合作。（註十八）過後不久，蔣經國根據杜月笙提供的資料，控訴揚子公司經濟犯罪，逮捕孔令侃若干職員。據一個說法，經國把孔令侃軟禁，基於禮貌，通知了蔣夫人。宋美齡聞訊立刻趕到上海，和經國及外甥一起見面。她對兩人說：「你們是手足，沒有理由互鬥。」孔令侃暗示，經國如果不撤銷控訴，他會不惜暴露讓蔣家及政府難堪的事。（註十九）最後，孔令侃做出和解，據說交給政府六百萬美元，然後前往香港，再轉赴紐約。杜月笙也離開上海，前往香港，不久，杜維屏繳了大筆罰款給政府，獲准結束事業，前往香港和父親會合。永安公司以低於成本四分之一的價格，拋售囤積的大量棉花。永安的大股東郭氏家族，也移居香港。上海終於掃除了孔、杜家族。但是，這時候蔣經國的經濟管制措施已在瓦解，一般印象是，他在揚子公司一案被迫屈服。（註二十）

資本主義社會，即使具備最佳條件，也很難持續實施物價管制。除非通貨膨脹的根本病灶——通常是公共部門產生巨額預算赤字——得到解決，物價管制註定失敗。國民政府推動的幣制改革，六個星期就垮了，包括唯一一個認眞推動、執行的地區——上海，也都失敗。基本癥結出在未能全國普遍一致執行幣制改革。由於上海以外地區物價迅速攀升，商人和民眾湧入城裡，買盡一切商品、物資。雖然當年秋天浙江、江蘇省穀物大豐收，上海卻嚴重缺糧。原料也一樣缺乏，生產商遂停止生產。

幣制改革的第一週，中央銀行發行三千萬元金圓券，換取百姓繳交的黃金、白銀和外幣，可是當樂觀消褪，那些遲不兌換的人證明比較明智，可是守法者（絕大多數是中產階級老百姓）家財全毀了！辦法的嚴重不平等也是顯而易見。凡在國外持有超過三千美元以上外幣或金銀資產的人，只需申報，不需繳出來。這項例外規定適用存在香港的外幣及金銀資產，因此對孔、宋家族和杜月笙等人乃是開恩之舉。那些具有不足三千美元外幣資產（就一般中國人而言，已是大筆財富）的人，則根本不必申報。《時與文》雜誌嘆息，這整個過程只是「表面弄點改革，實則維持舊秩序」的把戲。蔣經國呼籲要採取措施，減低貧富懸殊，根本沒被政府理會。到了十月底，棉花、藥品、衛生紙、棺木壽具及其他物品，全部從市面上消失。教員、專業人士以及小生意人，過去從來沒有支持共產黨的念頭，開始認爲不管換了誰上台當政，都比國民黨要好。

經濟危機告急之際，前線又傳來惡耗。山東省會濟南未經太多抵抗，於九月二十四日淪陷。國軍在東北守住的幾個城市也岌岌可危。東北新任剿匪總司令衛立煌建議突圍，把部隊由海路撤回華北。蔣介石命令他奮戰下去，七個星期之內，蔣介石折損四十萬兵力，另十四萬人坐船逃回關內。

十月底，蔣經國對中國之命運憂心忡忡之際，接到父親緊急命令，召他到南京開會。行政院決定解除全國對物價凍結之前令，這道命令還畫蛇添足聲稱，日後將與商界研商，再依據生產成本凍結物價。次日，蔣經國的辦公室發表一紙聲明，他向上海市民道歉，告訴他們業已清楚的消息——他的任務失敗了！他承擔起讓上海市民痛苦加劇、而非減輕的全部責任，然而聲明的口氣挑釁大於後悔，他說：「我絕不願將自己應負的責任，推到任何人身上去……我堅決相信，自己所指出的〈九月二十一日演講的〉〈上海何處去〉的道路，是絕對正確的。我懇切希望上海市民應用自己的力量不再讓投機奸商、官僚政客和地痞流氓來控制上海，我始終認爲上海的前途，一定是光明的。」物價立刻飛騰。到了十一月六日，上海物價比起八月間，漲了十倍以上。中央銀行印製所日夜趕工，印製現在已經不值錢的金圓券。

一九四八年十一月美國總統大選，杜魯門意外勝選，力挫杜威，終止了國民政府盼望美國對華政策會有轉寰的希望。幾天之後，國軍最後一支部隊撤出東北。毛澤東花了三年的時間，征服了廣闊的東北，也佔領了大塊華北平原。現在，他和同志們預備發動下一階段戰事——把國軍趕到長江流域去。

蔣經國進諫父親，大幅改組政府、軍方人事。可是，蔣介石不准行政院長翁文灝辭職；接近蔣經國的人士認爲此舉代表蔣總統無意大幅更張人事。蔣介石現在接受，已無法避免在中國大陸落敗的命運。雖然他必須精心設計，讓毛澤東摸不準他會轉進何處，卻已開始規劃退到台灣。未來，忠心比什麼都更重要。他認爲，目前不宜清除ＣＣ派、黃埔系和宋家姻戚等支持者。但是，他在軍中恢復設置政治部〈原本在美國壓力下，政治部改名新聞部〉，讓經國非正式接掌。蔣經國立刻開始重新部署政治指導員，配屬到營級單位。

十一月五日，蔣經國回到上海，召集親信開會。他說：「現在，我們失敗了。我不曉得我們應該往哪裡去，也不曉得我們應該做什麼。我們以後可能就知道。將來各位應維持紀律，照顧好自己。我不確定我們是否會再一起工作。」他和眾親信話別時，痛哭流涕。

他的部屬立刻星散。蔣經國命令王昇率領戡建大隊南下。剩下的部眾改編為青年救國第一總隊，由胡軌率領。由這個大隊及其他地方甄拔的復員青年軍幹部，構成派到國軍部隊的政工人員之主幹，而這些國軍單位已預備撤退到台灣。

人民解放軍推進到徐州，距南京不到三百公里。朱德現在是整個共軍的總司令，投下六十萬兵力打淮海戰役，這是歷史上最大規模的一次會戰，戰事延伸到山東、安徽和江蘇三省。

淮海戰役激戰六十天。鄧小平是人民解放軍參與會戰的一支部隊（二野）政委。蔣緯國是國軍一個裝甲兵團長。接近年底時，徐州地區殘存的國軍部隊，絕大多數投降；部分退到南京，蔣緯國的美式M3—A1坦克車也大部分撤到南京。這批坦克沒有留下來保衛南京，而是裝上火車、運往上海，準備撤退到台灣。（註二十一）美軍駐南京顧問認定：「國民政府的軍事地位已經跌到無可復原的地步。」

年底之前，國民黨若干高級領導人及高級將領主張與中共和談。副總統李宗仁是主和派首腦；他的桂系戰友白崇禧及許多國民黨官員縱使不為別的，只為爭取時間，也力主停火、恢復和談。然而，在淮海之役以後，毛澤東願意談的，只剩下國民黨無條件投降這一項目。

註一：王紹堉一九九六年五月十一日在台北接受本書作者的訪談紀錄。王紹堉一九四六至四七年供職南京國防部預備幹部局，在局長蔣經國麾下工作。原書註二。

註二：賈亦斌一九九五年九月二十一日在北京接受本書作者的訪談紀錄。賈亦斌一九四六年是復員管理處教育組組長。原書註三。

註三：江南（劉宜良），《蔣經國傳》（美國，加州論壇報，一九八四年出版），第一三〇頁。原書註四。

註四：陳正卿一九九五年九月二十五日在上海接受本書作者的訪談紀錄。陳正卿自一九四六至四九年，擔任復員青年軍聯誼會上海分會主持人。原書註六。

註五：艾啓明一九九六年六月十五日在南京接受本書作者的訪談紀錄。艾啓明曾追隨經國在中央幹校、青年軍及復員管理處工作。原書註七。

註六：章孝嚴一九九六年五月二十三日接受本書作者的訪談紀錄。原書註九。

註七：馮弗法，《我的父親馮玉祥》，收在北京一九八二年出版的《文史資料選編》第十五卷第十九頁。馮玉祥此時擔任軍事委員會副委員長。馮弗能也住在南京。據她的妹妹馮弗法的說法，弗能「在國外結婚」，但沒有多敘詳情。原書註十二。

註八：本章有關二二八事變的敘述主要取材自賴澤涵、馬若孟（Ramon H. Myers）和魏萼，《悲劇性的開端：台灣二二八事變》（A Tragic Beginning: The Taiwan Uprising of February 28, 1947），史丹福大學一九九一年出版。（編按，中文版由時報出版公司出版）。原書註十七。

註九：見蔡省三、曹雲霞，《蔣經國系史話》第一六一至一六七頁。不過，陳立夫在一九九九六年五月二十九日接受本書作者訪談時，卻聲稱整件事是誤會。原書註十九。

註十：王楚英一九九六年六月十五日在南京接受本書作者的訪談紀錄。王當年是五十二軍軍官，在遼寧省作戰。原書註二十。

註十一：陳正卿一九九七年九月三十日接受本書作者的訪談時所說。（譯按，江南在所著《蔣經國傳》裡則說，主委是張厲生，姑且存記。）原書註二十五。

註十二：美國駐南京大使館一九四七年十二月十九日呈報美國國務院之電報。原書註二十八、二十九。

註十三：國務院致南京美國大使館之電文。原書註三十。

註十四：美國駐南京大使館一九四九年一月四日致國務院之電報。這封電報的消息來源是迪化市長屈武。屈武是蔣經國留學俄國時期的朋友，也是托派份子。屈武的話必須存疑，但是它吻合葉公超和張治中跟司徒雷登的談話內容。原書註三十一。

註十五：一九四八年十二月，屈武聲稱蘇聯對一九四七年十二月國民政府方面的探詢，給予正面反應，但是經國照會俄方，局勢轉變，蔣介石不能赴蘇京訪問了。有可能是，蔣夫人和宋子文聽到這項向蘇聯接觸的消息，說服蔣介石改變主意。然而，屈武說蘇方有正面反應時，羅申在場，他並沒有否認。見南京美國大使館一九四九年一月四日致國務院的電文。龔查洛夫說，史達林在一九四八年夏末，曾把蔣介石一封信轉給毛澤東，可能指的就是一九四七年十二月中方試探這回事。見龔查洛夫、劉易士、薛理泰合著《不確定的夥伴：史達林、毛澤東和韓戰》，第二十五頁。原書註三十四。
註十六：見一九四八年九月一日上海《華北日報》。原書註四十四。
註十七：賈亦斌一九九五年九月二十一日接受本書作者訪談時所說。原書註七十九。
註十八：見賈亦斌一九九七年二月二十四日給本書作者的電子郵件。原書註八十。
註十九：同註十七。原書註八十一。
註二十：調查結論的揚子公司的確「囤積、走私物品，並且逃稅」；而且上海市長吳國楨還設法保護揚子公司。金越光《揚子公司案調查報告》。原書註八十三。
註二十一：蔣緯國一九九六年六月五日接受本書作者訪談所說。原書註九十九。

第十章 轉進

一九四九年（牛年）伊始，蔣總統拒絕接受他已不再擁有天命的事實。他在《荒漠甘泉》之中尋求慰藉，從《孫子兵法》，尤其是〈欺敵篇〉中尋找靈感。蔣介石一輩子恬淡自持，此時益發堅韌。面臨中共勝利，他一如頻遭日軍擊潰的逆境一樣，堅信如能撤退、苦撐，世界局勢終有轉爲有利的一天。但是，他需要儘可能爭取時間執行轉進台灣的計畫，毛澤東也一樣需要一段時間整備部隊，準備渡江作戰。蔣介石冷靜地策劃保存實力，不過他必須先付出重大代價。撤退到台灣，現在只是時機和戰術問題。他需要審慎構思自己的政治動作，與大陸即將淪陷這個危機保持距離，爭取時間，讓毛澤東難以下達軍事決定。

蔣經國天生的樂觀、熱情也又恢復。蔣夫人正在美國大力推動「自由中國」，兒子成了蔣介石唯一的親信。十二月，國民黨中央發表蔣經國爲台灣省黨部主任委員，但是他並沒有急急忙忙到台北接篆。這個反常現象也是要讓中共摸不清蔣介石的意圖。蔣介石住在南京城外紫金山上、宋美齡蓋的大宅，經國隨侍在側。

談到撤退轉進的優先，就出現兩大項目，一是中國豐富的藝術珍藏，一是黃金與外幣儲備。在日本一九三七年發動侵華戰爭之前，北平故宮博物院就把龐大的珍藏裝箱後運，先送到南京，後轉運重慶。抗戰勝利，故宮人員又把這些寶物運回南京，轉運過程有不少寶物遺失或遭竊，包括北京猿人骨骸此一考古人類學的無價珍寶也不見了。不過故宮典藏實在太豐富，少了幾樣也有如九牛一毛，無損其價値。

一九四一年初，蔣介石派經國負責把故宮寶物安全運送到台灣。數天之後，經國已經出現在海軍碼頭，監督水兵把上百箱寶物運上兩艘軍艦。夜裡，兩艘軍艦悄悄拔錨，全速沿長江而下。它們在上海不停留，載著這些無價珍寶直接開往台灣北部的基隆港。（註一）

接著，蔣經國秘密前往上海，開始設法把中央銀行庫藏黃金、銀元和外幣運走。他遵照父親指示，把第一批資產運到福建廈門，這是蔣介石要讓毛澤東摸不清他是否會固守大陸部分疆土的策略。

一九四九年初，擠滿難民的軍艦、商船已經不斷穿梭往來大陸和台灣的基隆、高雄。有一艘輪船不幸沉沒，一千多人淪爲波臣。蔣介石下令把張學良和趙四小姐遷移到台灣，把他們及守衛安置在新竹。（註二）

許多人並不以台灣爲最後落腳的目的地。在美國或海外其他地方存藏了錢的人，計畫退到更安全、更接近他們財產的地方。蔣經國一度想到把妻兒子女送到香港或英國，但是他沒有錢供養他們，又不肯接受宋家的資助。（註三）更重要的是，他曉得這麼做，對他父親是雪上加霜，經國送信給杭州的蔣方良，要她準備好隨時接到通知就全家行動。他也通知了章亞若的生母章周錦華。章家包括孝嚴、孝慈，祖母和舅舅，以及舅母，六、七個小孩，及時轉進到福州，政工人員協助他們上了一艘軍艦，前往台灣。（註四）

一月十五日，華北重鎮天津被圍困不久，即向人民解放軍投降。此時已經秘密和中共有聯繫的賈亦斌，到南京勵志社招待所見蔣經國發現他正在燒毀文件。賈亦斌問他，爲什麼把一疊請帖也丟進火裡？經國說：「我們不會再請客吃晚飯了。」

一月十九日，蔣介石主持他在大陸時期最後一次行政院院會，在李宗仁帶頭下，與會者過半數呼籲停火、和談。兩天之後，蔣介石宣布由總統職位上「引退」，但仍保留國民黨總裁職務。同一天，蔣總裁率領兒子及比平常較少的隨扈，搭乘蔣夫人私人擁有的飛機「美齡號」離開南京。蔣緯國正在上海，忙著監督把坦克裝上輪船，讓他懊惱的是，經國竟然忘了通知他，父親即將宣布引退，離開南京。他從報上讀到相關消息。

蔣氏父子由南京出來，先到杭州。當年主持台灣省政失當，導致二二八血腥鎮壓的陳儀此時擔任浙江省主席，爲他們父子舉行盛宴。蔣經國並沒有笑容。陳儀的日子已經不多！

美齡號載了蔣方良母子，再次降落已是象山機場。一隊軍車載運「未能視事」的總統、經國全家人以及衛隊、隨員前往溪口。車隊穿過武嶺街上城樓時，村民如往常出現歡迎。只是這一次，除了小孩子之外，蔣氏老家鄉親神情相當緊張。當天夜裡，全家睡在豐鎬房。蔣方良把子女放到樓上冷冷的房間睡覺，故作鎮靜，裝做這是另一次到溪口度假，不是逃亡。

第一個早晨早餐時，蔣先生對經國說：「我們將在這裡住三個月。」這個預言還眞準確到一天都不差。他還要經國轉令空軍立即在舟山島定海興建一座機場。舟山離寧波不遠，距上海也只有一百多公里。蔣介石腦海裡盤算的是，他的部隊如何從上海這個大都會撤退。當天第一通電報赫然就是報告，北平守將傅作義率領二十萬守軍不戰而降，毛澤東兵不血刃，大軍開進古都。同一個上午，毛澤東在北平市郊夏宮圓明園廢墟附近，邊喝茶，邊讀蔣介石到達溪口的報告。毛主席很可能撫著下額微笑，嘗試研判舊敵的下一步往何處去。

蔣經國飛回上海監督押運中央銀行的黃金和其他資產——這次送到台灣。蔣介石提醒兒子務必保密，因爲李宗仁一定會想利用這些黃金庫存，做爲與共產黨談判的籌碼。二月十日，經國動員青年軍舊部當司機和守衛，深夜把最後一批黃金搬上停在軍用碼頭的一艘軍艦上。

黎明之前，船已啓碇，駛往基隆。搬運到台灣的這批資產，依一九四九年總值是三億到五億美元之間，照一九九八年幣值換算，則至少爲一百億美元。（註五）

但是，經國向父親覆命時，蔣介石還不滿意。他記起來，政府戰時向個人沒收充公而來的一大箱鑽石和珠寶，還存在中央銀行庫房裡。他派經國再去取這些珠寶。這時候，代總統李宗仁獲悉經國運走整個國庫黃金、外幣，大發雷霆。他下令中央銀行不得把珠寶交給經國，把掌管庫房鑰匙的官員派到香港出差，經國覺得不値得爲這批珠寶和李宗仁公開爭執，空手回到溪口。這下子，換成蔣介石震怒。他說：「當我們在台灣需要付兵餉時，每一分錢都重要。」

播遷台灣，還有一個重要的準備動作——逮捕浙江省主席陳儀。李宗仁對此，事先並不知情，指控是經國在幕後安排。陳儀不備，束手就擒，被押到台灣，旋即以陰謀勾結共產黨的罪名槍決。然而，蔣經國眞正的動機在於平緩台灣人對二二八事件的民怨。（註六）

大約在蔣介石父子抵達溪口這時期，蘇共中央政治局委員米高揚（Anastas Mikoyan）秘訪北平近郊的中共總部。中共官員日後聲稱，米高揚替史達林傳話，力促毛澤東不要爭取全面勝利，因爲這樣做可能刺激美國人替國民黨出面介入，因此建議人民解放軍打到長江就止步。（註七）米高揚就此行向史達林提出的報告現在已經公開，指證中共此一說法不確。事實上，米高揚力促毛澤東不要鬆手，要加快佔領上海及其他城市，建立新的共產政府的動作。毛澤東和史達林在函件往來中講定，向國民黨提出的和平條件，應刻意安排成不會成功，革命戰爭應堅持到底。（註八）

在外交政策方面，毛澤東重申他預備在反帝戰爭中，讓新中國與莫斯科結盟。米高揚投桃報李，討論到蘇聯未來對共產中國可提供軍事及經濟援助。不久，毛澤東就對全世界公布，一旦爆發第三次大戰，中國共產黨將與蘇聯站在同一邊。

溪口方面，蔣介石大部分時間住在雪竇山上、二十八年前他蓋的那棟小屋，距母親王太夫人墓地不遠。有時候，他身穿黑袍，花很長時間散步。蔣經國通常也一樣穿著，隨侍在父親身旁。有時候父子倆一起拾徑而上，走到雪竇寺，問起蔣介石當時都在做什麼？目前還在世的舊屬夏功權說：「他都在沉思。」然而，不久，訪客蜂擁而至，忠心的軍事指揮官、焦慮的黨政官員，紛紛前來向總裁請示。每天上午五點，有一班飛機由上海飛來，夏功權忙著迎送，這段期間每天只能睡上三、四小時。

蔣經國也把賈亦斌、胡軌、陳正卿等部屬，召來溪口個別會晤。陳正卿表示願意冒險留在大陸，經國給他一些銀元，以備他改變念頭時可做路費。已經秘密投共的賈亦斌，擔心經國已經對他起疑心。不過，即使經國曾經起疑，此時已不再介意，他要賈亦斌率領預備幹部總隊這支約一萬人，擬培訓爲排、連長的人馬，前往福建，準備撤退到台灣。

美國此時的政策是接受共產中國無可避免會出現，盼望最後會出現中國的狄托主義。然而，台灣依舊是個棘手的政治、道義難題。一九四八年底，參謀首長聯席會議照會國家安全會議，台灣若遭共產黨掌控，將對美國的安全構成「嚴重不利」的戰略影響。白宮和國務院也希望台灣不致淪入即將赤化的中國手中。但是他們也相信，在大陸如此慘敗的國民黨政權，即使得到美國大規模物資援助，也不可能守得住台灣。

同一時期，參謀首長聯席會議表示，美軍若公開表態承諾防衛台灣，「只要我們的軍事實力和我們的全球責任，仍存在當前的差距」，殊爲不智。同樣重要的是，美國的盟國也會強烈反對美國以兵力直接介入，阻止台灣落入中共手中。因此，美國在一九四九年一整年，直到一九五〇年六月爲止，採取各種不同的政治、經濟措施，企圖阻止中共掌控台灣，但是並沒有抱太多希望，認爲這些作爲能夠成功。

爲了達成這個目標，國務院開始評估以下各種可能性：在國民黨內扶植更有效的、民主的領導人，取代蔣介石；鼓勵台灣獨立運動；或在台灣建立聯合國託管。起初，國務卿艾奇遜一度認爲，如果國民黨沒有了蔣介石，還不能統治台灣，確保台灣不落入共產黨手中，則美國應該檢討發展「自發性的台灣獨立運動，進而導致聯合國就台灣前途達成協議，國際間可准許美國干預」的可能性。負責調查這些可能性的美國外交官員莫成德（Livingston T. Merchant）認定，美國依然有好感的陳誠，可能不能產生比現有政府更有效率、更得民心的政府。依據莫成德的建議，美國官員向南京的代總統建議，請李宗仁派孫立人取代陳誠，出任台灣省主席。

孫立人此時在台灣，指揮青年軍的三個師，還負責主持高雄附近的陸軍訓練中心。他徵召台灣青年入伍，補足兵力員額，可是並沒有太多軍火彈藥，也沒有重機關槍或大砲。三月初，麥克阿瑟邀請孫立人到東京訪問。孫得到蔣介石同意後，飛往東京。麥克阿瑟已經先跟莫成德交換過意見，他告訴孫立人，國民政府氣數已盡，如果孫立人承擔起台灣安全的責任，美國願意支持他。孫的答覆是，他忠於蔣介石。回到台灣後，孫立人立刻把麥克阿瑟一席話報告給陳誠，陳誠急忙到溪口向蔣總裁面報。（註九）

隔了幾星期，孫立人也親自晉見蔣介石表態效忠。蔣告訴他：「回台灣，好好訓練部隊。」同時，代總統李宗仁告訴司徒雷登大使，他沒有實權派孫立人爲台灣省主席，只有已經下野引退的蔣介石有辦法發表派令。（註十）美國就此作罷。可是，這件事卻讓蔣介石證實了已經很明顯的事態——華府當局亟欲擺脫他。這件事當然也讓他確認了孫立人的忠誠，但是同時也加強了他們父子對這位美國寵兒的戒備。美國人這次接觸孫立人，難保下次不會再試探孫的心意。

事實上，孫立人也繼續向美方表示對時局的悲觀評估。五月間，他告訴美國駐台北總領事館官員，上級許諾派他出任台灣地面部隊總司令，可是由上海撤退來台灣的部隊卻又不交給他節制。孫立人說，他認爲台灣會淪陷，原因將是內部鬥爭和缺乏組織，不是因爲外敵來犯。

美方對台灣的前途可比孫立人還更焦急，但是他們此時認爲，任何企圖弄垮蔣介石及其軍事班子的行動，都不可能成功。國民黨對在台灣武裝部隊的掌控，在蔣經國指揮佈建的政工人員運作下，非常堅牢。聯合國託管的構想也消散。蔣介石必然不會答應，蘇聯一定會作梗阻撓，英國及其他的美國盟國也不會支持。台灣獨立則更不可行。三月間，中央情報局的結論是，短期內「相當不可能」出現台灣人起事成功的情勢。

此後十五個月，美國國內針對中國局勢發展的政治壓力有增無減，杜魯門政府的官員繼續苦思，美國不要軍事干預就能解救台灣的方法。同一時期，美國的經濟、軍事援助繼續送到台灣，美國政府也支持農村復興聯合委員會（Joint Commission on Rural Reconstruction,JCRR，即農復會）這個規劃、協調台灣農村開發的中、美政府合作之機構的運作。

一九四九年四月初，張治中將軍率領國民黨一個和談代表團到北平，驚覺大勢已去，勢不可爲，他和幾位代表（包括蔣介石的秘書、一九二五年介紹蔣經國在北平認識中共領導人，顯然長期潛伏的地下黨員邵力子在內）一起投共。張治中是蔣介石最親信的部屬，因廉潔正直頗受經國敬重。他的投共對業已低迷的國民黨士氣構成嚴重衝擊。邵力子變節，也使經國吃了一驚，開始擔心共產黨人是否已滲透到他周遭的親信當中，過去他對此種威脅並未太過重視。當他獲悉，幾個星期前才剛說過話的賈亦斌，率領一萬名預幹總隊學員附匪，更加強了這份憂慮。

李宗仁相信，蔣介石已決定棄守中國大陸，如果李領導的政府能設法守住長江防線，蔣一定不會高興。如果情勢如此轉變，可以使美方轉變態度，對李提出具體支持。可是，蔣介石卻把海、空軍調到台灣，又把許多中央軍殘部派到上海，使得李宗仁在軍事戰線上取得上風的機會全然不存。

蔣氏父子有一天正在溪口武嶺學校聽平劇表演，消息傳來，陳毅率領人民解放軍沿長江三百五十公里陣線搶渡，攻陷南京。李宗仁率領政府逃出，遷到廣州。南京淪陷當天，共和黨籍聯邦參議員諾蘭（William F. Knowland）在美國國會提案，要求調查美國在遠東的外交政策。幾天之前，參議員布里吉（Styles Bridges）才指控國務卿艾奇遜，「破壞中國國民政府欲圖至少保住部分中國自由的英勇行動」。

溪口方面，蔣介石下令轉進，但是堅不透露目的地是福建還是台灣。四月二十四日，蔣經國和方良及四個子女話別，他們將坐車前往寧波附近的機場。小嬰兒孝勇發著高燒。蔣家母子在忠心耿耿的女僕阿王陪伴下，坐上軍機，第四次逃避敵人追擊。他們降落在當時人口還不多的台中。次晨，經國和父親到祖母王太夫人墳前祭別，蔣經國也獨自到母親墳前話別，然後登上溪口鎮後的小山，對這塊祖先家園投下最後一瞥。

蔣先生帶著經國、夏功權少校、幾位秘書、一位醫師及一小隊員額減少的安全隨扈，乘車離開溪口。蔣經國行李裡頭東西不多，有一樣是母親墓碑上拓下的題字，一是原來擺在武嶺學校裡的一本蔣氏家譜。這時候，溪口鎮已經少了許多人。有點辦法的蔣姓人家多已上路，退往台灣。

地方上的警察及蔣介石相當多的衛士，絕大多數是奉化老鄉，卻被棄置。

一夥人在象山小碼頭準備上船時，蔣介石瞥見夏功權，問他：「你在這裡幹什麼？」夏功權說，幫忙搬運人員、東西上船。蔣老先生命令他：「回溪口去，從上海調條船把所有的警察、衛士和他們的家屬送到廈門。」很可能是蔣介石沒有想到遺棄了一堆低階隨從在溪口，蔣經國提醒了父親。上了船之後，蔣先生第一次宣布，他既不去台灣，也不去廈門，而是要到上海。這個宣布讓經國等人大爲意外，因爲上海局勢已十分危險。

夏功權回到溪口，透過無線電，調來一艘登陸艇，把四百多名安全人員及眷屬接上船。夏功權旋即搭軍機到上海，向蔣介石報到。夏功權報告已經安排好隨員由溪口撤退事宜，但是他問到，把大家直接送到台灣，而非廈門，不是更好嗎？蔣先生在辦公室內踱步，接著宣稱：「陳誠有政治上的困難。」夏功權敬禮，趕回溪口。他了解，把安全人員送到廈門，其實也是混淆中共特務對蔣意圖研判的策略，另外也讓陳誠爭取時間，加強台灣防務，鞏固國民黨的掌控。

另一場欺敵戲則在上海演出。蔣介石發表好幾場演講，宣稱上海將是另一個史達林格勒，國軍將堅決固守，奮鬥到底，預料三年之內即可全面勝利。湯恩伯的部隊及大批民伕、苦力砍盡大樹，連高爾夫球場內的樹木也不能倖免，構築工事，沿著上海挖築一條大壕溝，並削尖竹子豎立一道三公尺高的柵欄。美國總領事報告，「部隊在屋頂設置陣地，在主要建築物和街口布置砂袋……顯然預期會爆發激烈街頭作戰」；然而，美國外交官沒有注意到，飛機、船艦正在把大部分湯恩伯部隊運往台灣及舟山。蔣介石雖然經常命令岌岌可危的城市守軍堅持到底，他卻無意死守上海。但是他也不希望整個軍隊在這個時候一起奔向台灣。

五月五日，李宗仁送一封私函給杜魯門，責怪蔣介石把中國斷送給中共，要求美國支持他。華府很爲難。經國批判李宗仁這封信「向外國人乞憐搖尾」。這時候，上海的工人如果夠幸運，可以拿到產品當工資，擠上街頭換取本身需要的實物。數十萬人擠滿了黃浦江碼頭和城西的機場大廈。在這種紊亂局面下，令人擔心共產黨會大舉滲透到台灣。經國手下政工人員忙著防堵安全漏洞。每個難民登上駛往台灣的機、船之前，都得出示政治部准予疏散的文件。

五月六日，蔣家父子登上一艘軍艦，它在翌日清晨緩緩駛出蜿蜒遲滯的黃浦江。中共三野部隊已經佔領大運河邊的古城蘇州，距上海只有八十公里；但是蔣介石似乎依然不慌不忙，好整以暇。盯住這艘軍艦行動的中共間諜大惑不解；它沒有開往台灣，反而停在舟山群島。蔣介石在舟山鎮靜地檢閱由上海撤下來的十二萬五千名部隊。

五月十五日，蔣先生指示經國飛回上海督導。經國抵達時，已可聽到遠處傳來砲聲。江灣擠滿了附近縣市湧進來的難民。輪船甲板擠滿乘客，緩緩駛出港口。蔣經國與後衛部隊指揮官開會，指示他們退出上海之前，不必做破壞動作。逮捕、公開處決黑市奸商和涉嫌或實際共產黨特務的動作持續到最後，不過顯然只有數十或數百人受到懲處，不再是成千人受懲處。

翌日，蔣經國飛到台灣西岸海峽中的澎湖，再轉往福州，與福建省主席商量興建防禦碉堡事宜——這又是刻意混淆的動作，要讓中共特務抓不住眞正動向。回到台北，經國和陳誠討論如何處理難民湧入。提供糧食、住處給數十萬擠在兩大港口的男女老幼，甚至士兵，就是一項不簡單的任務。每天約有五千名難民湧入。蔣經國也跟陳誠、彭孟緝檢討防務部署及內部安全準備。

彭孟緝一九四五年奉派到高雄擔任要塞司令，因一九四七年鎮壓二二八事件有功，此後即主掌台灣省保安司令部。他統轄的六至八萬名部隊有糧有餉，因此較守紀律。然而，某些國務院官員認爲他是「中國陸軍中最徹頭徹尾的無賴之一」。（註十一）這是台灣人所說的「白色恐怖」時期的開端。陳誠已宣布戒嚴，彭孟緝的保安司令部和其他安全機關忙著清掃嫌犯，不論是共產黨員或被認定是台灣民族主義者，全在掃除之列。台灣大學學生讀書會裡不少人遭到逮捕、殺害。

蔣經國利用在台北的這段時候，替家人在長安東路十八號租下房子。這棟房子和土地的共同主人是華南銀行和第一商業銀行。兩家銀行立刻表示願意廉價讓售，經國不肯。四十年後經國故世，他跟方良從來未曾擁有過一份不動產。

夏功權五月二十二日在台北讀到上海傳來新聞，指出上海市危在旦夕，即將淪陷。他急忙趕到無線電通信室，拍發急電給仍在上海監督坦克車裝船的蔣緯國。緯國反過來協助夏功權母親及自己的太太上了最後一班船。經國告訴夏功權，雖然上海已被重重包圍，他仍要回上海。五月二十五日，他們搭乘 C-47 運輸機起飛，越過台灣海峽。距上海機場還有二十分鐘航程，塔台緊張地報告，人民解放軍部隊已打到機場周邊外圍。夏功權把飛機轉向南方，向蔣介石的座艦（當時在舟山附近）以無線電報告。夏奉指示，把飛機降落在定海。人民解放軍就在這一天進入上海。

上海市「軟性終結」（soft ending）。美國總領事館官員預測蔣經國會「樂於夷平上海」，破壞「全市公共設施、碼頭及其他基礎建設」。事實上，他下達命令，儘量別去破壞。根據美國人接下來的報告，國軍飛機並未濫炸上海，而是集中轟炸市郊的機場和儲油設施。同一位總領事評估經國下令退出上海之後一個月的經濟情勢，指出公共設施照常運作，大約還有四十天的燃料油庫存，基本糧食亦供應無缺。碼頭沒破壞，工廠未遭祝融，上海棉紡廠甚至還有約六星期的原棉供應量。

湯恩伯後衛部隊撤退時，上海市副市長吳紹澍並沒有跟著逃走。他留下來，而且把國民黨在市內各組織之成員名單、檔案，交給中共，蔣經國三青團和復員青年軍聯誼會舊部屬名單統統曝光。吳紹澍出任中華人民共和國交通部參事，顯示他恐怕早已是潛伏在國民政府的中共地下黨員。

蔣經國忙得不可開交之時，他父親繼續在舟山逗留好幾天，湯恩伯部隊則賣命地構築工事。蔣先生到一座觀音寺以及當地著名的兩座寺廟參拜，花很多時間沉思。災難臨頭，猶能鎮靜自持，不慌不忙，從容沉思，正是蔣介石的個人奇特魅力。他能臨危不亂，說明了何以國民政府許多文武百官在必敗之局猶能堅守崗位。數以千計的國軍官兵依然拚死一鬥，遲滯人民解放軍向舟山的對岸海邊推進。誠如夏功權所說：「我們對他盲目地信服。」

蔣先生座艦悄悄駛進高雄港時，孫立人將軍親自迎迓。六月二十五日，蔣介石父子飛往台北，參加一項重要的軍事改組會議。經國堅持，軍中有些事必須立即改革，如金錢餉（包括發放糧餉）必須全部集中管控。指揮官不再掌控屬下部隊的糧餉。然而，軍中更基本的改革還得再等候一段時間。蔣介石搬進台北近郊，草山（後改稱陽明山）頂上一棟房子，它的產權屬於國營事業——台灣糖業公司所有，這座房子可以眺望美景，可是卻有一個缺點——美國總領事擁有的一間週末度假別墅，可以看到官邸的院子。蔣介石入住之後，中方安全人員立刻築起一道高高的竹牆，阻住美國總領事的視線。美國人提出抱怨，但是毫無結果。

在國際政治前線上，有許多人提出警告，認爲共產中國對美國的亞洲地位構成強大威脅，應該保全台灣做爲未來反共鬥爭中的主要盟友；毛澤東的言行使得這些人士更是振振有詞。毛澤東不僅向米高揚強烈保證合作、團結的意思，四月四日公開宣稱第三次世界大戰在所難免，更在六月三十日發表文章〈論人民民主專政〉，再次鮮明的正式表態，共產中國意欲與蘇聯結盟。他在這篇文章裡說，「中國不是倒向帝國主義一邊，就是倒向社會主義一邊，絕無例外，騎牆是不行的，第三條道路是沒有的。」

毛澤東講話後次日，他的重要副手劉少奇由北京前往莫斯科秘密會談。劉少奇此次訪俄，在意識形態及政治局勢上而言，都是一道里程碑。史達林在和劉少奇會談時，宣布他的世界觀有一項重大新發展——新興的社會主義中國和蘇聯之間要分工，這等於明白承認中、蘇是平等夥伴關係。史達林對劉少奇表示，世界革命的重心已從歐洲移到亞洲。中國共產黨的命運就是領導亞洲的反帝國主義革命。

史達林相信，第三次世界大戰在所難免，這場大戰會對帝國主義和資本主義發出致命打擊。蘇聯需要盡可能爭取時間增強實力，同時要設法讓美國分心，並削弱美國的同盟體系。針對這個目標，史達林鼓勵共產中國在亞洲張牙舞爪，讓中共在蘇聯大傘之下活動，可又不致於讓蘇聯直接涉入。這個全球戰略有一個關鍵的運作目標：共產中國持續與西方國家孤立，並仇視美國。

勝利來得太快，使毛澤東、史達林都亢奮、自信滿滿。可是，冷戰在歐洲呈現僵持對峙，核子對峙接踵而至，對美國及其盟友的鬥爭，焦點現在轉到亞洲。在這個戰場上，蘇聯與中共結盟，將發揮關鍵影響。可是，劉少奇要求蘇聯直接提供海、空支援以解放台灣，史達林予以拒絕。他說，帝國主義者會利用蘇聯伸援爲藉口而發動世界大戰，而社會主義陣營還未做好打世界大戰的準備工作。史達林只願提供軍事設備及顧問協助，包括協助中共建立現代化空軍。蘇聯軍事顧問旋即大批抵達中國，蘇聯米格機也進駐上海附近的機場。

劉少奇和史達林討論中蘇新夥伴關係，金日成也在準備侵略南韓；蔣介石也沒閒著，他努力爭取東亞地區反共政府的支持。一九四九年七月十一日，蔣介石父子飛到碧瑤會見菲律賓總統季里諾（Elpidio Quirino），發表一項聯合公報，號召在東亞成立反共聯盟。蔣介石也悄悄向季里諾提到，萬一局勢需要，要把一部分國民黨在台灣的黃金儲備移到菲律賓。蔣氏父子旋即飛到廣州，和代總統李宗仁會談。蔣介石在國民黨中央執行委員會會議上發表談話，承認對當前敗局他必須承擔相當大責任，可是廣州必須死守，他本人「願意與廣州共存亡」，可是他又不肯應眾人要求，把國軍空軍部隊調回大陸，協助防守廣州。

蔣經國在這些行程中，扮演父親的私人助理。蔣介石在廣州時，李宗仁以廣東菜招待貴賓。李發現，用餐時，小蔣「忙進忙出」。李宗仁在回憶錄中提到，小蔣檢查每道菜的材料和烹煮。李宗仁認爲：「顯然，他猜疑我要毒害他父親。」

八月七日，蔣氏父子又到南韓會見支持反共聯盟之議的李承晚總統。稍後不久，季里諾總統到華府訪問，接下來，他和李承晚總統都擱下這個提議。同樣在八月裡，美國國務院發表對華外交白皮書，把國民黨大敗歸咎於民心普遍不滿、政府無能又貪瀆成風。

胡宗南率領的三十萬大軍，此時仍在四川。八月二十四日，蔣氏父子飛往重慶視察胡宗南部隊，逗留幾近一個月。在如此危急關頭，逗留如此之久，使人相信蔣介石的說法，認爲他有心在四川及其周邊地區再度集結兵力，徐圖再起。同一時期，白崇禧率部由湖南退守廣東、廣西。

到了十一月，總數幾近兩百萬的軍、民撤退到台灣。儘管人口暴增百分之三十，由六百餘萬躍昇爲八百萬軍民，美方預測會出大亂，陳誠和農復會卻能增加農業生產，台灣並沒有發生糧食短缺和重大公共衛生危機。陳誠告訴美國官員，他訂下收容難民的限額，暗示如果有機會，還有更多難民會湧入台灣。他也監督推行由農復會設計的一項土地改革計畫，這項計畫手段漸進，影響至爲深遠，國民黨在大陸執政二十三年，無法有效推行孫中山先生「耕者有其田」的政策。既有的經濟和社會利益糾葛，一再破壞國民黨推動土地改革的努力。但是到了台灣，國民黨可以改革別人的土地——反正土地大多屬於台灣鄉紳所有，而他們多數被視爲親日份子。台灣可耕地面積的百分之二十一屬於日本人所有，國民政府沒收過來，也可以把它們出售給貧農。

土地改革先於一九四九年八月推出強制大幅降租（譯按，三七五減租），它的成功立即產生重大的政治、經濟及社會效應。此後七年，陳誠陸續推出土地改革的其他項目，台灣農民成爲國民黨的重要支撐基礎。舊地主釋出土地，拿回公債及政府接收日產成立的公營事業之股票，終於演化成爲新的資本主義階級，政治穩定攸關到他們的重大經濟利益。

蔣經國在這些經濟決策中沒有任何角色，但是根據某些參與經濟決策的人士透露，他經常列席一些討論土地改革之類重大議題的會議，把會議情形回報給蔣先生知悉。（註十二）一九四九年底，蔣經國亦與好幾位台灣大地主會晤，促請他們在土地改革計畫當中配合。其中一位大地主辜振甫，回想起當時蔣經國提醒他，辜家一向愛國不落人後，要求他協助勸說其他地主支持土地改革。（註十三）毫無疑問，蔣經國鼓勵父親，迅速、果斷地推動陳誠主持的土地改革，它遠比小蔣當年在贛南能達成的成績更爲深遠。

九月，蔣介石派孫立人爲台灣衛戍司令，部分原因是爲了討好美國人。孫立人統轄十個師的兵力，其中有五個師（即青年軍三個師，及五十二軍的兩個師）原先由美方訓練及裝備。然而，孫立人告訴美方，陳誠是區域軍事長官，拒絕給予孫適當的支持及補給。因此他認爲大陸方面入侵的勝算很大。他預測，中共可以發動一千艘民船，二十四小時之內登陸二十萬兵力，而他所轄三十萬部眾，只有六萬人是戰鬥兵員。

一九四九年十月一日，毛澤東和中共中央政治局委員站上紫禁城城樓，宣布建立中華人民共和國。站在第一排的人士，有中共第二梯隊領導人，如鄧小平、楊尚昆這兩個莫斯科中山大學畢業生（譯按，鄧只是短期進修）；以宋慶齡爲首的一群非共人士；以及若干蔣介石的舊部，最著名的是傅作義和張治中。再次一級的貴賓有些是蔣經國自莫斯科時代及稍後所結交的朋友，如邵力子夫婦及兒子、屈武、賈亦斌等。

幾天之後，白崇禧放棄廣州，率領久戰已疲的部隊退回二十多年前他們起家的廣西。蔣介石在台北發表雙十節國慶談話，譴責蘇聯帝國主義，保証奮戰到底，擊潰共產主義才罷休。五天之後，廣州淪陷。國軍若干部隊逃到海南島，政府遷到重慶，而非台北。

不過，最後總算發生幾件振奮人心的大事。十月底，共軍佔領廈門後，數千人登陸金門，可是守軍把絕大多數來犯敵人或殺、或捕（譯按：古寧頭大捷）。人民解放軍另一支部隊進攻舟山，一樣失利。十一月三日，美國駐台北總領事親自送達一份美方重要政策文件給蔣介石——這是一九四八年以來，美國官方第一次與他接觸。這份政策聲明反映出華府當局對於台灣朝不保夕的焦躁，其目的在於震醒蔣介石，強調「對台失政」，目前台灣本省同胞有不穩趨向，要讓他知道美軍不會援助他。這份文件宣稱，美國對台灣的態度「大體上要看目前（國民黨）中國政府是否能建立有效行政，設法爲人民帶來更高水平的政治、經濟福祉」而定。

蔣介石見過美國總領事之後，立刻召集蔣經國、陳誠、吳國楨及少數幾個人討論，會議持續到「深夜」。蔣先生不僅沒有覺得受到羞辱，反而十分興奮。美方官員親自傳遞訊息給他本人。他說，美國人現在再次「願意和他打交道」了。而且，美國似乎表示，如果蔣先生能實行充分改革，美方可以從基本上改變援助台灣的態度。蔣介石十一月十日召見美國總領事，讀出答覆，其口氣「不像受到警告通知的人，倒像是華府的夥伴，要英勇拯救台灣」。當然，他向美國總領事擔保，華府希望見到的改革，他統統會去實現。陳誠也向美方表示，中國政府願意照單全收美方的建議。

蔣介石受到美方接觸的重大鼓舞，意欲展現出他依然未放棄大陸。十一月十四日，他和經國搭乘夏功權駕駛的飛機，再次飛往重慶。四川的局勢顯然已無希望。鄰省雲南軍閥盧漢省主席，八月間曾答應蔣氏父子，他會奮戰到底，此時正在香港和中共代表秘商投降事宜。蔣總裁抵達重慶之後，白崇禧率部由廣西轉進越南。代總統李宗仁通電，照會蔣總裁，他要赴美國治病。逗留重慶時，蔣介石派經國到西康山區國軍某基地，傳達「告訴他們要轟轟烈烈戰死，絕不放棄」的指示。

由西康回來後，經國勸父親事不宜遲，應該離開重慶了。但是老先生不肯，聲稱他要等負責殿後護衛的指揮官由前線回來，指示他如何執行轉進任務。幾天後，這位將領回來聽令。翌日，蔣先生帶著經國到重慶市軍事委員會視察，發現已經人去樓空。省政府官員也逃跑了。

由於難民太多，蔣介石座車開不回老鷹岩寓邸，父子只好棄車步行回到下榻之處。當天夜裡，他們聽到陣陣砲火聲。天未破曉，夏功權叫醒大家，乘車前往機場。

蔣介石命令基地指揮官杜將軍，機場一隊 P47 飛機若是不能飛走，統統把它們炸毀。天一亮，蔣氏父子一行起飛前往成都。翌日，杜將軍抵達成都，報告說，由於天候不佳，加上共軍同時進襲，一大批軍機來不及炸毀。過了幾天，鄧小平率軍進入重慶——二十九年前他前往法國留學時即已闊別的大城。他接任重慶市長，又兼任西南軍區政治委員。

蔣氏父子在成都，到自殺身亡的緯國生父戴季陶墳前上香。一九四九年十二月八日，國民政府終於正式播遷到台北（美國大使館也遷至台北）（譯按，南京淪陷後，美國大使司徒雷登仍滯留南京，美方心存觀望，期待與中共有所接觸未果，此時才隨國府中樞遷台北。）十二月十六日，鄧小平大軍已進逼到成都市郊，蔣家父子才搭上滿載燃料的一架DC-4運輸機。夏功權擔任導航員。雲層擋住觀察地面方位，也沒有無線電台提供方向。夏功權只能大膽推斷；飛機飛越業已被共產黨佔領的莽莽神州上空，天色逐漸暗下來。夜裡九點鐘，雲層略爲打開，夏功權往下一望，依稀辨認出底下就是福建外海的平潭島。他走到乘客艙位向蔣先生報告，二十四分鐘後將在台灣降落。夏功權立下大功，可是老先生只是點點頭，跟平常一樣，沒有說聲謝謝。（註十四）

回到台北，國民黨內發生激辯。陳立夫等人力促蔣總裁復行視事，恢復總統職位。蔣經國堅決主張不應該這麼做。他認爲，如果父親回任總統，就會讓代總統李宗仁有藉口，把未能爭取美國支持的責任全推諉到蔣介石身上。蔣先生接受了兒子的建議。他又做出另一個重大決定，指派前任上海市長吳國楨出任台灣省主席。吳國楨悄悄對美方施壓，爭取美方承諾援助，以強化他對抗國民黨內反對改革的死硬派之地位。孫立人也加入，呼應要求美方援助。美國駐台北總領事與孫立人談過話後，報告說孫立人的工作顯示出成績，「就本島防務而言，整個局勢可以說比起兩個月前，更有鼓舞跡象」。同樣的，通貨膨脹也控制住，兩千名台灣人進入省政府擔任中、下級職務，吳國楨亦頒布規定，舉辦地方選舉。

現在是稍事休息的時刻。蔣先生帶著兒子來到台灣中部山區名勝日月潭。剛到達，電報呈上來，國軍在大陸最後一個基地淪陷！蔣介石靜坐約一小時，起身跟兒子說：「我們到山上走走吧！」揮手示意衛士不用跟上來，他們走到樹林邊，老先生又坐下來沉思良久。然後，一名漁夫搖船送他們到湖中，老先生撒下網，等他收網時，發現逮到一條大魚。可能是誇張吧，漁夫大聲說他二十年來從來沒抓過這麼大一條魚。蔣老先生說：「這是好兆頭！」（註十五）

然而，此時也有其他惡兆。蘇聯試爆原子彈，對美國人產生的震撼猶勝最近的世界大戰。毛澤東的言行更證實了巨大、可怕的紅色中國與蘇聯結盟，對美國及其盟國威脅極人。毛澤東坐著原來蔣介石使用的裝甲專車，在天寒地凍中經過十天旅程，於十二月十六日抵達莫斯科，會見中、蘇集團的老大哥、世界共產運動的領導人史達林，更彰顯出新世界勢力的相對關係。

蔣夫人在美國代表她丈夫積極奔走，得到強大的中國遊說團的支持。中國遊說團乃是政客、商人、利益團體、保守的新聞媒體人士、退役軍事將領及其他強烈支持蔣介石立場的一批人物之非正式大集合。麥克阿瑟與中國遊說團呼應，也由東京致電向參謀首長聯席會議力陳，防止台灣淪陷的極端重要性。國防部長江森（Louis Johnson）也竭盡全力要扭轉對台政策，甚至把進展不時透露給蔣夫人知悉。接近一九四九年底，美國聯合參謀本部改變立場，建議政府提供少量軍事物資援助給台灣。不過它依然重申反對派出美軍部隊到台灣。國務卿艾奇遜反對軍援台灣，理由是這會讓莫斯科有機會在外交上、宣傳上大作文章。儘管台灣的防衛戰備已有改善，中央情報局和國務院的評估意見依然不變——中國共產黨將在一九五〇年底以前佔領台灣。

註一：夏功權一九九六年五月二十二日在台北接受本書作者訪談所透露。原書註二。

註二：一名熟識張學良的華裔美國人告訴本書作者。原書註三。

註三：夏功權的訪談紀錄，又蔣徐乃錦一九九六年五月二十二日在台北接受本書作者訪談，也證實此說。原書註四。

註四：章孝嚴一九九五年九月十五日在台北接受本書作的者訪談所說。原書註五。

註五：李宗仁、唐德剛：《李宗仁回憶錄》，一九七四年版，第五〇六至五〇七頁。原書註十五。

註六：同上註，第五一一頁。原書註十八。

註七：聶榮臻，《紅星之內：聶榮臻元帥回憶錄》（北京，新世界出版社，一九八八年版），第五八五至五八六頁。原書註十九。

註八：《米高揚一九四九年一、二月訪問中國向主席團提出的報告》，文件P二三七五號，見李多夫斯基，〈米高揚一九四九年一、二月秘訪中國〉，載於一九九五年莫斯科《遠東事務》（Far Eastern Affairs）第七十三至九十三頁。原書註二十。

註九：見一九八八年三月二十二日台北《聯合報》。目前還未出現美方對麥、孫談話的紀錄。見芬克斯坦（David M. Finkelstein）著，《華府的台灣困局，一九四九至一九五〇年》（Washington's Taiwan Dilemma, 1949–1950）（喬治梅森大學出版社，一九九三年版）第一四八頁。原書註三十一。

註十：同上註。原書註三十二、三十三。

註十一：見一九四九年六月八日國務院官員克倫茲（K.C Krentz）致鮑特華斯（Butterworth）

和石博思（Sprouse）之報告。原書註五十八。
註十二：李國鼎一九九五年九月四日在台北接受本書作者訪談時所說。原書註七十四。
註十三：辜振甫一九九五年九月十一日在台北接受本書作者訪談時所說。原書註七十五。
註十四：夏功權一九九六年五月二十二日接受本書作者訪談所說。原書註八十六。
註十五：董顯光，《軍人政治家蔣介石》（Chiang Kai-shek, Soldier and Statesman）（台北，中國出版社，一九五三年版），第四七七頁。董顯光稱這條魚近兩公尺之長！原書註八十九。

第二部　立足台灣

國民政府撤退來台，風雨飄搖、岌岌可危，
蔣經國自情治安全系統入手，穩定台灣局勢，
孫立人案、陳誠過世之後，掌握軍方系統，
自一九六九年擔任行政院副院長，
蔣經國以強人之姿，集黨、政、軍權於一身，
推動審慎度的改革與逐步開放，
擘畫台灣長治久安、繁榮發展的藍圖。

第十一章　意外的苦果

遷到台灣不久，蔣經國立刻在高雄成立一個政治行動委員會，統籌協調一九四九年擠到島上的許許多多情報及秘密警察活動。（註一）除了經國之外，政治行動委員會高級成員還有彭孟緝、空軍總司令周至柔和憲兵司令。但是，這一年絕大部分時間，經國忙著陪父親四處巡察旅行，只是略爲參與，另委由三位幕僚主持委員會功能：一是小蔣的化身王昇，一是莫斯科留學回來的鄭介民，一是戴笠（墜機）亡故後接掌軍事情報籌統的毛人鳳。毛人鳳與蔣夫人關係密切。（註二）

有些台灣人估計，一九四九年這一年，秘密警察逮捕一萬名台灣人偵訊，軍事法庭判處許多人長期坐牢，還有一千多人遭到槍決。（註三）《紐約時報》記者在現場目睹，形容是「不分青紅皀白的兇殘暴虐」。駐台北的美國官員對於特務暴力頗有惡評，國務院偶爾也批准透過外交管道，針對此一議題向中華民國提出抗議。

一九五〇年上半年，經國開始積極領導國內安全事務。針對台灣本省人的壓力顯著放鬆。蔣氏父子現在把注意力集中在調集所有資源，以備應付共軍預期在初夏季節大舉犯台。秘密警察因此開始貫徹全力，搜捕去年乘亂混進台灣的中共間諜。一九五〇年上半年，治安機關就偵破三百起共黨間諜案件，涉及三千多人。（註四）

中央情報局的報告指出，毛澤東的情報單位一心滲透國軍軍事單位，尤其以海軍、空軍爲主要目標。國軍高階軍官涉嫌是共產黨潛伏份子而遭到槍決者有：副參謀總長及其妻子、兵役處處長、國防部次長、陸軍供應部司令，以及第七十師師長。一九五〇年五月一個月之內，號稱四百個共黨匪諜自首。其他機關扮演重要角色，不過逮捕行動大部分是經國指揮的政工人員傑作。這段期間逮捕的匪諜約有一成半遭到槍決。

蔣經國成立一個再教育學校關押其他犯人，這所「新生招待所」即他在贛南設立的新人學校翻版。進來的人沒有固定刑期，何時釋放要看「思想改造有多快」而定。經國也經常到設在東部外海綠島的這所學校視察，檢查「學員」的生活環境、所受待遇。

許多留美回國的官員不喜歡安全單位大舉抓人的舉動。吳國楨私底下對美國人抱怨治安機關及政工人員過分積極抓人，他認爲這些人本身需要被掃除。孫立人也告訴美國大使館官員，問題出在國民黨的秘密警察全都從大陸擠到台灣，必須爭相表現，證明自己的存在價值。

出國一年多的蔣夫人在一月十三日回國。美國右翼人士大聲疾呼，猛烈抨擊華府拋棄國民黨政府。五角大廈強烈建議送補給及器材設備給被圍困的台灣，可是杜魯門總統公開重申美國不介入中國內戰的政策。他表明美國不會提供軍事援助或顧問意見給台灣的國軍部隊。杜魯門公開聲

明後不久，艾奇遜也公開形容美國在東亞的防衛半徑不包括南韓和台灣在內。（註五）

毛澤東正在莫斯科與史達林會商，兩人對美方聲明極感興趣。這項中、蘇第一次高峰會議已歷五十年，北京中方人士對感興趣的西方人士強調，毛澤東第一次訪俄一事無成，毛主席本身抱怨：「除了吃飯、拉屎，我沒事可幹，」就是證明。（註六）不容諱言，中、蘇之間有點不平順，但是針對中、蘇文件的最新研究，卻顯示兩國領導人對地緣政治和意識形態的興趣，把兩人拉近。史達林認爲與毛澤東領導的中國結盟，是他全球戰略的重要部分，其「重要性堪稱和三強在戰時合作相等」。毛澤東則相信他自己的根本目標以及中國的目標，需要他展示「對史達林的效忠，以及樂意遵守蘇聯要求……同時亦伺機展現出他的獨立和老練」。在史達林眼裡，毛澤東的任務是「促進在越南及東南亞的革命鬥爭，威脅要進攻台灣，協助金日成進佔南韓……因而促成美國兵力分散，在兩個全球戰場上面臨作戰。」（註七）

目前找不到任何官方紀錄記載毛、史討論到金日成計畫南侵，但是赫魯雪夫在回憶錄裡提到，毛澤東同意金日成南侵，也表示他認爲美國不會干預。（註八）毛澤東過世之後，有些中國作者指出，毛主席曾經審慎促請北韓考量美國會介入的因素，但是認爲金日成心意已決，非攻打南韓不可。毛澤東很可能記得他在爭東北時得到北韓援助，遂向史達林建議，他們「應該協助小金」。毛澤東人還在莫斯科，已應金日成之請，下令把一萬四千名朝鮮裔的解放軍移交給北韓陸軍。

就軍事方面而言，奪佔南韓似乎沒有比入侵台灣來得艱險。南韓只有十萬兵員，僅有六萬五千人的裝備，既無坦克，也幾乎沒有飛機。毛澤東可能推而認定，如果金日成先有所動作，佔領南韓可以徹底摧毀台灣殘存的士氣，很可能解放軍就不必揮兵進攻台灣。爲了加速準備針對南韓、台灣用兵，蘇聯軍火開始大量透過東北鐵路線湧進中國，沿著跨西伯利亞鐵路進入北韓。接下來數年內，蘇聯供應中國將近兩千架嶄新軍機（包括最現代化的米格十五型戰鬥機）以及飛行員、教官、零組件。

台灣方面，國民黨在情勢詭譎之下也試圖進行改造。陳立夫和哥哥陳果夫長期掌控國民黨機器。當時他認爲陳誠和蔣經國兩人向老先生進言中傷他，遂決定辭職，不久就遠走他鄉，到了美國新澤西州，以私蓄四千美元，加上向孔祥熙借了一筆錢，和朋友買下一家養雞場經營。然而，不少舊部留在職位上，光是立法院、國民大會裡就有兩千多人。此外，新的老幹也進駐到位——這些中年的黨、軍、情治官員，包括軍中政工，其人生觀、統治觀和那些自從一九二八年即主導國民黨的近視世代，並無殊異。

一九五〇年三月，蔣總統復行視事，提名低調、廉潔的陳誠出任行政院長，並拔擢若干留美背景的官員，如吳國楨爲台灣省主席，葉公超爲外交部長。（葉公超是美國艾默赫斯特學院、英國劍橋大學畢業）蔣夫人堅決支持所有這些留美歸國學生。另一位受提拔的中央信託局局長尹仲容則是上海美國教會辦的聖約翰大學畢業生，他在這個混亂之世完成一項幾近奇蹟的成就——穩定住新台幣的發行幣值。

蔣介石正式任命蔣經國爲更名後的國防部總政治部主任。新官上任，依據蘇聯方式，規劃政工幹部制度徹底改造，例如在軍中設立新的監察制度，強化反情報活動，在軍中恢復國民黨黨團活動等。同時，這一年在軍中又掀起新的一波逮捕涉嫌共產黨份子的行動，與李宗仁有親密關係的將領也被禁錮。

高級將領當中，孫立人對政工人員越來越活躍，且獨立作業不受節制頗有怨言，不斷向美方人員表達其不滿之意。中央情報局在三月二十日呈一份報告給杜魯門總統，引述報導稱孫立人打算兵變。如果中央情報局聽到這種風聲，蔣經國一定也聽得到。這位維吉尼亞軍校畢業生雖然將星熠熠發亮，但針對他及其親信部屬的監視活動已經加強。

二月某日，已經晉升爲上校的夏功權到高雄參觀孫立人的訓練中心；回到台北後，夏在一次早餐會報裡向蔣總統父子報告，訓練中心辦得很好，比他過去在大陸所見過的好得太多。老先生吃完早飯，就說：「我們到孫立人的訓練中心瞧瞧！」

孫立人只有一個小時準備迎接領袖帶著夫人、經國等一行人前來視察。在機場迎接的儀隊只是一名號兵。蔣總統一行視察中心的訓練活動，經國印象極佳，蔣夫人更是高興。同一天稍後，總統在海軍司令部校閱場登上講台，許多海軍將領簇擁在側，但是蔣先生招呼孫立人，「孫將軍，你站到我右邊來。」大家都曉得下一任陸軍總司令非孫立人莫屬。果然，不到一個月，總統明令發表孫立人出任陸軍總司令。孫的成就之一就是徵集、訓練了一批新兵，這三萬五千名自願兵絕大多數是台灣本省青年。

忠心耿耿追隨蔣先生的周至柔出任參謀總長，成爲孫立人的上司。但是除了周至柔之外，蔣介石底下其他五個高階職位，包括身兼陸軍總司令及全島防衛司令的孫立人，全都由美國人及美國政府尊重的人士出任。五人當中的四個人，曾在美國讀書，得到學位，能說流利英語；三個人年紀才四十出頭。這是一支頗有吸引力的團隊，美國很難驟予放棄的團隊！

蔣介石暫時引退以來的種種策略，使他爭取到一年的時間，讓台灣做好迎戰的準備。國民黨擁有的部隊成長至六十七萬士卒之眾，其中三十七萬七千人已經隨時可以投入戰鬥。國軍擁有兩百五十至三百部輕裝坦克車，由緯國擔任指揮官，另有兩百七十架第一流的作戰飛機。這時候，蔣先生已經放棄海南島和舟山群島（不過，經國曾力主保存舟山）。蔣介石計畫，除了兩個重要外島基地之外，把力量集中在台灣。

這兩個重要據點，一是廈門港外的金門，一是扼福州港咽喉的馬祖。如果國軍能守住這堆花崗岩島群，就可以成爲蔣介石勢力不僅局限台灣、澎湖一隅之地的象徵。它們在戰略上還有一個重要功能，可以偵測、設法化解共軍跨海來襲。經國時常到金、馬視察，也向父親報告，它們的確固若金湯。蔣先生下令撤出舟山時，下令把軍事資源投注在金門、馬祖，他還命令堅守大陳等一群小島，做爲突擊隊襲擾大陸的基地。

但是，當夏天的腳步一近，所有這些小外島的命運似乎都無關宏旨。五月間，中央情報局重申它的評估報告，認爲中共可能在年底以前奪取台灣。中央情報局估計，共軍三野的三十七萬大軍已部署在沿海陣地，林彪的四野至少還有四十五萬之眾可以支援犯台作戰。解放軍已經徵集大約五千艘民船和拖船，做爲犯台之用。蔣經國爲了萬全之準備，與菲律賓方面安排妥當，蔣先生必要時前往避難的計畫。（註九）孫立人預期共軍會在颱風季節來臨之前攻台，下令部屬晝夜趕工，沿著台灣西海岸，挖掘槍砲陣地及坦克陷阱。

金日成自一九五〇年三月三十日至四月二十五日在莫斯科訪問。他告訴史達林，只要三天工夫，他就可以完成入侵、佔領南韓。史達林原則同意金日成南進用兵計畫，但是又說西方的局勢發展佔了蘇聯的注意力；他促請金日成和毛澤東商量，因爲毛「對東方事務頗爲了解」。史達林也告訴金日成，假如美國干預，蘇聯不能加入戰局。換言之，朝鮮不再屬於蘇聯勢力範圍。根據中、蘇新夥伴關係，它是中國的責任。金日成轉去見毛澤東；毛澤東表達了若干保留意見，但是最後還是預祝北韓成功。

同一時期，麥克阿瑟將軍和國防部長江森繼續在幕後運作，希望能扭轉杜魯門總統的對台政策。（註十）麥卡錫（Joseph McCarthy）參議員突然把他的攻擊重點轉到中國問題上面，使得事態益加複雜。二月間，他透露他掌握住國務院裡潛伏的共產黨間諜之名單。許多共和黨國會議員，嗅到政治血腥，集合起來聲援麥卡錫。但是多數的共和黨人，以及民主黨人、美國一般大眾，依然對美國爲了台灣而與共產中國實際交戰的主意頗爲躊躇。白宮繼續不理會台灣，認定它已經丟定了。

台灣大難罩頂之際，美國政府內部因這個議題的鬥爭卻升高。包括國務院主管東亞事務助理國務卿魯斯克（Dean Rusk）在內，華府越來越多官員心儀肯楠（George Kennan）的一項見解——推出一位自由派領導人取代蔣介石，尋求台灣交由聯合國託管。當時最常被人提到的，可以取代蔣介石的人選，是一九三八至四二年擔任駐美大使的胡適之博士。可是這個策略有個關鍵缺陷——蔣介石不會默默交出權柄。推動易人之想的人士只得又回到原點——擁立孫立人。

一年之前，麥克阿瑟建議孫立人承擔起台灣的政治領導人大任，孫立人拒絕了他。但是，即使孫立人現在肯幹，對台灣局勢有深入了解的人士（麥克阿瑟絕對不是其中之一）也不認爲孫立人有力量發動政變。要發動政變，他必須先掃除一百多位赤忱效忠蔣介石的高級將領（蔣經國也在其中）。蔣經國佈建的監察系統好到任何人都不認爲政變陰謀可以成功。何況，孫立人在台灣南部的三個師精銳部隊是青年軍，他們對蔣經國的忠心，不會亞於對孫立人的忠心。陳誠已經把孫立人屬下其他精銳部隊（五十二軍）移防到澎湖，他們也不可能參與任何政變活動。還有另一項反制政變陰謀的動作——陳誠部署在高雄和台北之間的部隊，並不是由孫立人指揮。（註十一）

共軍犯台迫在眉睫之際，孫立人似乎改變原先的主意。一九五〇年四月，美國駐台北的軍事武官報告，某位高層官員（應該指的是孫立人）告訴他，在蔣介石領導下前途無望，需要採取「激烈措施」。魯斯克和尼茲（Paul Nitze）都看到這封電報。尼茲當時取代肯楠，出任國務院政策計畫局局長。尼茲自己有一套構想，要在中國大陸和台灣都策動政變。五月三十日，尼茲、魯斯克和其他高級官員起草一項計畫，要告知蔣介石：避免中共血腥佔領台灣的唯一辦法，是蔣提出要求，讓聯合國託管台灣，然後蔣離開台灣，把政權交給孫立人。（註十二）

魯斯克推薦進國務院擔任顧問的杜勒斯（John Foster Dulles）是負責傳遞口信給蔣介石的人選。他通知蔣先生，要美國軍事保護台灣，條件是蔣先生辭職下台。杜勒斯是個強烈的保守派，私底下基本上贊同台灣獨立的方案。他曾在信中對范登堡（Arthur Vandenburg）參議員表示：「採納台灣是中國的一部分的理論，因而台灣人必須接受紅色政權與國軍決戰戰場的殘酷命運，可謂相當可恥。」魯斯克和杜勒斯都不了解，蔣介石和毛澤東都極力抗拒中國永久分裂的力道有多強。

魯斯克一九九〇年接受台北《中國時報》副總編輯杜念中的訪問時，證實他在一九五〇年六月接到孫立人派人親送的密函，信中孫立人本身提議領導政變，推翻蔣介石。（註十三）孫立人要求美國支持或默許。魯斯克深怕消息若傳回台北，蔣介石會殺孫立人，立刻把密函燒了，並直接向國務卿艾奇遜報告。艾奇遜答應他，會向杜魯門總統報告。

美國駐台北代辦在評估台灣局勢的電文中強調，蔣介石曉得華府苦思各種方案，但是他絕對不會自動把政權交給孫立人。美國軍事情報報告說，共軍部隊在台海對岸大量集結，解放軍的米格戰鬥機首度出現在空中。國務院促請美僑離開台灣。然而，所有的情報機關都不曉得，毛澤東已下令把攻打台灣的計畫推遲到一九五一年夏天。根據一項記載，北京的中央軍委認爲人民解放軍部署到東南沿海的時間，遠比預定時間要久，因此攻擊部隊無法在颱風季節之前準備就緒。但是，最重要的考量可能是中共已曉得金日成有用兵計畫。毛澤東不曉得北韓動兵的確切日期，但是知道朝鮮半島即將爆發戰事。他下令推遲攻台軍事行動，可能是盼望南韓淪陷可以使得他不戰而取得台灣。

六月二十三日，魯斯克和定居紐約的胡適晤談，他們的談話主題肯定是，如果蔣介石下台，胡適是否可以出山。胡適顯然拒絕了，現在，要除掉蔣介石唯一的辦法，只好採取支持孫立人發動政變一途。但是就在魯斯克和胡適晤談的同一天，艾奇遜召開記者會，宣布美國政策不變——美國不會干預台灣問題。艾奇遜的公開談話反映出杜魯門的立場不變，他不肯採納魯斯克、尼茲、杜勒斯的方案，不接受孫立人發動政變的秘密計畫。麥克阿瑟最近重提以軍事物資援助台灣之議，也不爲總統採納。

杜魯門了解，在台灣政變若是失敗會造成大亂，國軍士氣原本已低迷，勢必更受打擊，還可能鼓勵毛澤東發動犯台行動。批評者會責怪美國政府，聲稱就是杜魯門和艾奇遜陰謀倒蔣，才直接導致台灣淪陷，落入中共之手。孫立人本人爲什麼在六月認爲他的政變可以成功，則是一個謎。（註十四）

蔣經國雖然曉得必須盯緊孫立人，我們不清楚他手下特務是否知道孫立人六月密函給魯斯克這件事。他們可能知情。他們即使知情，蔣氏父子決定不在六月底抓孫立人，讓他繼續擔任要職。沒有必要逮捕美方鍾愛的這位國軍將領，而激惱美國人嘛！世界局勢已經變了！美國又回到國民政府這一邊。

一九五〇年六月二十五日，蔣經國的部屬一大早就吵醒他，呈上國民政府駐漢城大使館傳回來的報告。凌晨四點鐘，北韓開始砲轟三十八度線以南的甕津（Ongjin）地區，說不定這又是一次邊境事件。經國穿好衣服，趕到他在總統府裡的辦公室。大約上午六點鐘，北韓步兵及裝甲車（半數曾在中國受訓）越過邊境，並於東海岸進行兩棲作戰登陸搶灘，應該叫醒蔣總統，向他報告了！果然如蔣先生鍾愛的書本所預測，荒漠出現甘泉，這條潺潺小溪不久即蔚然匯成洪流。

杜魯門總統翌晨在布萊爾賓館召集艾奇遜、魯斯克和聯合參謀首長開會。金日成的推想、毛澤東的盼望統統落空，美方沒有把這件事看做朝鮮內部事情；美國人看到的是，在美國贊助下成立的一個弱國，突然受到共黨大國撐腰的武裝侵略。中、蘇最近締盟，立刻浮上每個人腦際。北韓的行動看來是共產主義在亞洲發動總攻勢的一部分。

杜魯門下令以軍事行動援助南韓，並訓令第七艦隊派出兵力進入台灣海峽。自由派與溫和派因爲台灣問題，早已遭受極大政治壓力，其實要他們拋棄台灣，他們私下亦頗有罪惡感。甚且，要爭取共和黨及一般民眾支持政府保衛南韓的政策，也必須一改對台政策，試圖消除對亞洲政策的激烈分立。次日，杜魯門下達命令給第七艦隊，凡對台灣有任何攻擊行動，立予反擊；他也呼籲台北當局停止針對大陸進行的海、空行動；更宣布「台灣未來地位的決定，必須等待太平洋恢復安全，與日本訂定和約，或由聯合國考量」。

蔣總統在夫人及經國陪侍下，於星期天一大早就在台北召開一連串決策會議。與會人士批准由外交部長葉公超發表聲明，宣稱中華民國接受美方要求，停止針對大陸的一切海、空行動，但是聲明亦再度強調台灣是中國的一部分。杜魯門的談話「並不影響中國對台灣的管轄」。葉公超也提議，蔣介石提出派國軍參加韓戰的方案。蔣介石和其他人起先反對國軍參戰，葉公超擔保美方一定也不肯接受之後，他們才同意，果然美方也不接受國軍介入韓戰之議。（註十五）

假設金日成不先攻南韓，換上毛澤東在六月二十五日進犯台灣，美國很可能就不會出兵干預、拯救台灣。可是北韓先動手，韓戰讓蔣介石在台灣岌岌可危的政府得到新生命。（註十六）美國在朝鮮及台灣海峽迅捷、有力做出反應，令毛澤東大爲震驚。不過，他把這項危機視爲在亞洲煽動反美革命熱浪的大好機會。這項衝突也排除了人民解放軍計畫犯台所牽涉到的高度風險。

杜魯門和艾奇遜希望在對蔣提供承諾時有所限制，以避免中國共產黨介入韓戰，或在台灣海峽發生衝突。然而，麥克阿瑟從頭就堅持全力支持國民政府，利用台灣這個戰略資產保護及發揮美國的力量。麥克阿瑟未經國務院同意，就在七月一日飛抵台北，和蔣總統會面。麥克阿瑟答應台灣可以得到它需要的所有軍事設備和補給供應，他的幕僚也立刻在台北成立聯絡辦事處。（註十七）美軍顧問團和大批軍需武器要到次年才出現，但是第七艦隊巡弋台灣海峽已使台灣沒有實質危險。

九月初，即將卸任的美國駐台北大使館代辦抱怨，蔣總統及國民政府高級官員與麥帥派在台北的幕僚來往，公然不理會他這位政府正式代表。蔣經國派了幾位親信（包括楚崧秋在內）前往麥克阿瑟東京總部擔任聯絡官，他們每天可以接觸到對戰事的情報報告，以及對中國大陸動態的情報分析。（註十八）美國代辦離開台北，一向強烈支持國民政府的職業外交官藍欽（Karl Rankin）出任大使。此後，美國大使館的報告再也沒有抱怨麥克阿瑟，或是台灣的秘密警察活動之類的內容。藍欽在陽明山的官邸前那道竹林牆也拆了。

雖然美國對台灣未來前途的官方政策仍不明朗，蔣氏父子覺得他們地位已夠堅強，可以完成自一九四九年即規劃的黨的改造工作。距韓戰爆發不到一個月，蔣介石裁撤成員兩百八十六人的國民黨中央執行委員會，指派十六名同志（包括蔣經國與陳誠）成立改造委員會。中央改造委員會不僅負責國民黨的組織變革，還將擔任黨的執行機構。

改造工作有一項重要任務——清理黨籍（譯按，辦理黨員重新登記）。年輕、受過良好教育的幹部（許多與蔣經國有關係）接掌中央黨部工作。蔣經國採取一項變革措施：新進黨員限大學畢業以上！現在，黨內不再有派系，黨員、幹部必須互相攀附、競爭。此後，提名誰出任中央委員，必須得到總裁蔣介石的批准。其結果就是對黨的組織與運作，有了比大陸時期更緊密的控制。即將卸任的美國駐台北大使館代辦在呈送華府的最後電文裡說，國民黨改造的主要效應，就是賦予蔣總統的長子「掌握黨、政、軍、警大權」。

國民黨新的政治綱領在一九五〇年九月一日正式頒布，對政治權利並不重視。蔣經國、他的父親，乃至整個國民黨領導階層都曉得，全面開放自由、民主選舉會產生一個台灣人、非國民黨、可能還傾向獨立的政府。一黨式的地方選舉，但是允許無黨無派人士參選，就是對主張民主政治者的唯一讓步。這是為了讓台灣人參與新體制、使美國人不吵的最低限度讓步。

新綱領也反映出在國民黨老一代和蔣經國這一世代之中，其經濟思想依然具有社會主義色彩——至少在國家集中制上面是如此。國民黨宣稱鼓勵家庭農作、私人企業，也預備把許多工廠民營化。可是它也把許多接收自日本人的主要工業，如鋼鐵、工礦、石油、電力、造船、糖、肥料等，由省政府移轉給中央政府。省政府保留對菸酒和林業的所有權及經營權。

儘管北京湧現敵視、謾罵言辭，中、美部隊並沒有爆發軍事衝突或小磨擦。一九五〇年八月及九月初，北韓繼續節節進逼被打得抬不起頭的南韓部隊，以及第一批趕到朝鮮半島支援的美軍部隊。這時候，麥克阿瑟採取了他戎馬一生最後一次精彩戰術表演——九月十五日，聯合國部隊（絕大多數是美軍）在漢城南側的仁川登陸。北韓部隊戰線拉得太長，又被切斷供應補給，大敗潰散。北韓潰敗後撤之際，史達林致電毛澤東問起，中國能否派兵援助北韓。周恩來兼程趕到莫斯科會商。史達林提出中、蘇新的全球夥伴關係之後第一次具體執行分工的方案：中國提供人力援助北韓，蘇聯供應彈藥、飛機、大砲、坦克及其他裝備。

史達林認爲，鑒於美國在核子領域方面獨佔優勢，不惜任何代價，必須避免與美國爆發核子大戰。但是，他估計，蘇聯以大量物資援助中國「志願軍」在朝鮮作戰，甚至有限度的運用蘇聯飛機（換上解放軍或北韓的徽記），是值得一試的賭博。韓戰拖延著打，讓美國人分心，蘇聯就可以在歐洲爭取利益。當然，若能讓美國結結實實吃敗戰，就有更深遠的影響。同時，史達林爲了把美、蘇人員直接衝突的機會降到最低程度，下令所有的蘇聯顧問撤離北韓。當周恩來離開他的辦公室時，史達林已經可以心滿意足抽著菸斗。美、中對打，中國依賴蘇聯，天下大勢定矣！

從另一個角度來看韓戰，台北可以從美國得到重大利益，以及長期保護傘對抗強敵。不過，毛澤東也沒有因爲美國升高軍事干預而驚惶。中國與「美帝」的惡鬥既然不可避免，最好就在朝鮮開打。毛澤東等中共領導人在美軍登陸仁川之前，其實就已決定投入戰局。美國人則不相信毛澤東會不惜付出重大代價、冒著重大風險，大舉進兵朝鮮戰場。十一月二十四日，麥克阿瑟還對美軍說，大家可以回家過聖誕節。三天之後，中共三十萬「志願軍」在彭德懷率領下，攻擊美國陸軍及陸戰隊的前鋒部隊。

美國這下子陷入重大危機意識。此後兩年半的時間，好幾萬名美國子弟與中國共產黨鏖戰而捐軀。提供軍援給在台灣的反共盟友，成爲美國的高度優先工作。中央情報局與蔣經國的情報機關及特種作戰部隊配合，經費可以說是不虞匱乏。美國在此後二十多年，承認福建外海台灣島上的威權政府是中國的合法政府。這個政府是美國在遠東的重要盟友，地位僅次於日本和南韓。

註一：錢復一九九五年八月二十九日在台北接受本書作者訪談時所說。原書註一。

註二：一九五〇年及六〇年代駐在台灣的美國中央情報局官員，自一九九五年至一九九八年間陸續接受本書作者訪談。原書註二。

註三：柯喬治（George Kerr），《被出賣的台灣》（Formosa Betrayed）一九七六年版，第三六八頁。原書註三。

註四：一九九六年五月二十五日，王昇在台北接受作者訪問時表示，一九四九年至五一年間偵破的共產間諜超過兩千七百人。原書註五。

註五：見一九五〇年一月十六日，美國《國務院快訊》（State Department Bulletin）第七十九頁。原書註十四。

註六：見沙茲柏里（Harrison E. Salisbury）《俄、中之戰》（War Between Russia and China），一九六九年版，第九十七頁。原書註十五。

註七：見龔查洛夫、劉易士、薛理泰，《不確定的夥伴：史達林、毛澤東和韓戰》，第七十六至一二九頁。原書註十六。

註八：見陶伯特（Strobe Talbott）譯，《赫魯雪夫回憶錄》（Khrushchev Remembers）第三六八至三六九頁。俄文原文則見龔查洛夫等著《不確定的夥伴》，見註二所引第三二五頁。（譯按，陶伯特是美國總統柯林頓少時拿羅德獎學金在英國唸書時的同學，進入新聞界工作，後被柯林頓總統延攬到國務院擔任國務次卿、副國務卿。）原書註十八。

註九：見康明思（Bruce Cumings），《韓戰的起源》（Origins of the Korean War），普林斯頓大學一九八一年版，第五三一頁引述美國軍事情報文件所稱。原書註三十四。

註十：唐耐心（Nancy Bernkopf Tucker）〈分裂之家：美國、國務院及中國〉（A House Divided: The United States, the State Department and China），收在孔華潤（Warren I. Cohen）和入江昭（Akiru Iriye）主編的《東亞列強，一九五三至一九六〇年》（The Great Powers in East Asia, 1953-1960），紐約哥倫比亞大學一九九〇年出版，第三三〇至三三一頁。原書註三十六。

註十一：王楚英（音譯）一九九六年六月十五日在南京接受本書作者訪問時所說。王楚英當年在台灣五十二軍服務。原書註三十八。

註十二：見康明思，前揭書，第五三五及五三七頁。原書註三十九、四十。

註十三：杜念中一九九〇年訪問魯斯克（月份、日期不詳），載於台北出版，一九九〇年九月一日至七日當期《中國時報周刊》第八至十一頁。訪問之後，魯斯克才赫然驚悉孫立人依然健在，幽居在台灣，會因爲他透露內情而難堪。本書作者一九九六年五月在台北與杜念中交談，承他見告。原書註四十三。

註十四：見杜念中報導，第十一頁。魯斯克說，孫立人沒有提議政變「計畫」，只是談到政變的「構想」。原書註四十八。

註十五：魯斯克在他的回憶錄《我見我聞》（As I Saw It）中告訴巴普（Daniel S. Papp），「某位非常高階（台北）官員」告訴他這則故事，幾乎可以確定此人就是葉公超。蔣總統出兵之議附有條件，就是美方要以現代化武器完全裝備好國軍三萬三千名部隊，並提供兩年的訓練。見《我見我聞》第一七五至一七六頁。原書註五十一。

註十六：有一項因素可能是中共部隊發生疫病，無力犯台。見史景遷，《探索近代中國》，第五二六頁。原書註五十二。

註十七：夏功權一九九六年五月二十二日接受本書作者訪談時所說；夏功權曾出席這次會談。原書註五十五。

註十八：楚崧秋一九九六年六月六日在台北接受本書作者訪談。原書註五十八。

第十二章　秘密戰爭

韓戰戰火日益熾熱，台灣成爲美國針對中國大陸從事情報蒐集及秘密作戰的重要基地。台灣雖然不見得是「不沉的航空母艦」，對於中央情報局而言，倒不愧爲「不沉的基地」。據一九五〇、六〇年代長駐台灣的一位美國軍事情報官員告訴作者，韓戰以來的二十年裡，中央情報局提供給國民政府「大量的金錢、武器、設備和訓練」。中央情報局一連串的台北站站長的言談、行動，都以台灣島上主要決策者自居。這些站長養成習慣，凡事都不跟名義上的上司——美國駐華大使——打個招呼。

韓戰的頭兩年，政策協調處（Office of Policy Coordination, OPC）——它是第二次世界大戰期間著名的戰略服務處（Office of Strategic Services, OSS）改組而成的情報機關——從台灣發動美國一切秘密作戰。一九四九年八月，在政策協調處協助下，陳納德把他那家已經破產的民航空運公司（CAT）以九十五萬美元賣給中央情報局。這使得政策協調處及其後的中央情報局，擁有一家民用航空公司——CAT同時還繼續擔任中華民國國家航空公司之角色；中央情報局運用它，針對中國及北韓進行秘密空中作業，後來轉而用來對付中南半島及印尼的敵人。民航公司及其他掩護公司（較著名者是美國航空公司 Air America 和亞洲航空公司 Air Asia）是由一家名爲太平洋公司（Pacific Corporation）的中情局外圍控股公司所擁有，它在此後二十年以台灣爲活動大本營。韓戰期間，它出動一萬五千次的支援任務，不時飛越敵人領域。中央情報局甚至還擁有一架 B-17 轟炸機，有二十小時的續航力，可以飛越中國大陸，直抵西藏。（註一）

中央情報局（譯按，它是由政策協調處改組而成）台北站擴張到擁有六百多名職員。它的活動其實也到了不避人耳目的地步，台北市的計程車司機都曉得中山北路上的西方公司（Western Enterprises）就是中情局台北站。第一任站長莊士敦（Charlie Johnston）警界出身，渾身幹勁十足。二次大戰期間，莊士敦即加入戰略服務處，一度參與美方與戴笠軍統局的聯合作業。莊士敦的主要目標是支援蔣氏父子聲稱仍在中國大陸活動的一百六十萬名反共游擊戰士。美軍顧問團及軍事情報單位不久亦深深介入這類秘密活動，有時與中情局配合，有時則否。

宋美齡依然是她丈夫在涉及美國的外交及政治事務首席顧問。現在，她的觸角伸至就情報及秘密活動與中央情報局高階層聯絡事宜，直接對蔣先生報告負責。（註二）但是，督導、掌管台灣整個情報及秘密行動，包括與美方配合行動者，其實是蔣經國。（註三）他所掌控的特戰中心負責指揮調度執行秘密任務的單位。這個中心下轄兩個特種部隊群，員額七千人，另有一支五千五百名兵力的反共救國軍。美國人形容他們是「非常精良的部隊……團隊精神很高，但不是經常遵守軍紀」。另外還有一支「孤兒部隊」，大約六百人，是在大陸作戰殉職的國軍軍官遺孤，培養

來從事游擊作戰。美軍顧問團支持另兩個特戰部隊群，員額六千人，也隸屬在蔣經國的特戰中心底下。（註四）

根據若干接近蔣經國的中方軍官所言，亦經當時駐台中央情報局官員證實，蔣夫人和她的繼子在情報及秘密活動上面，偶爾發生政策歧見。但是，他們不會公開顯露不合。通常，他們分別去見蔣先生，討論他們不同意的問題。

鐵幕迅速落下，中央情報局實際在中國大陸毫無可靠的情報資產，因此它急於支持蔣經國的地下情報蒐集工作，包括進行通訊攔截、空中偵察，乃至派員潛入大陸從事間諜活動等等。這些情報蒐集活動立即在台灣雇用了好幾千人，中國人、美國人都有。

蔣經國在大陸的情報來源就是戴笠的軍統局，以及國民政府各個秘密勤務單位留下的人馬。台北透過短波無線電與一些間諜聯絡，但是中共迅速偵破，破壞這些消息來源，許多人搖身一變，成爲「雙重間諜」，開始送回由中國共產黨和人民解放軍情報機關掌控的情報。

絕大多數美國官員很快就認定蔣經國的特務及潛伏在大陸的間諜所送回的情報價值不高。筆者訪問了十多位熟悉國民黨間諜提供情報之美國中情局和軍方官員，除了一個人之外，全都認爲它們基本上沒有用處，有時是由共產黨、甚至國民黨本身所製造。當時的許多國務院官員對它們評價也都不高。（註五）

在中央情報局及國家安全局（National Security Agency，譯按，美國專司電子情報戰的安全單位）的協助下，攔截大陸的通訊成爲最可靠的訊息來源。韓戰爆發不久，美國國家安全局就在台北近郊架設一處繁複的無線電偵聽站，蔣經國掌握的偵聽單位提供數千名人員記錄、分析中國大陸的軍事及政府無線電通訊。另外，國民政府飛行員還飛越中國大陸上空，記錄人民解放軍雷達通訊。這類的電子資訊提供極佳的戰鬥序列、兵力部署情報，給予中、美最高指揮部。

一九五〇年初，國軍將領胡宗南企圖重整他已被擊潰的第三軍殘部，在中、緬邊境成立游擊部隊。不到幾個月，這項作爲失敗，胡宗南調回台灣。可是，他的數千名部屬在李彌將軍率領下，逃入緬甸山區。一九五〇年秋天，這支國軍殘部前途未卜，幸好援助即將到來。年底之前，蔣經國的特戰中心規劃出，運用李彌部隊進攻華南的一項計畫，政策協調處的美國秘密活動專家支持這個計畫，可是中央情報局局長史密斯（Walter Bedell Smith）反對，認爲它必敗無疑。不料，杜魯門總統推翻史密斯的決定。這時候，美國保守派要求白宮准許麥克阿瑟對中國境內軍事目標發動空襲，也要求白宮不要再綁住蔣介石，應該讓國軍打共產黨，李彌部隊可以擊敵之所不備，成本也不高，白宮不能放棄這樣一個機會。

由緬甸出兵計畫的假設前提是，國民政府聲稱它在華南散落了數十萬游擊部隊，只要略受鼓勵，就會揭竿而起。蔣經國心知肚明這些殘部敗軍不可能成爲一支有效的部隊，但是他們父子樂於一試，反正可以激化中、美敵意，把美國與國民政府關係拉近，又能替經國的特戰機關帶來更多經費、器材和工作，何樂而不爲？在泰國政府秘密合作下，民航公司飛機開始運送武器、裝備、訓練員及美國政策協調處顧問，到達李彌的基地。

一九五一年四月，麥克阿瑟公開呼籲與中國全面開戰，包括接受蔣介石提議，讓國軍開赴朝鮮半島參戰；還建議美國支持國軍反攻大陸，在中國開闢第二戰場。很少美國人了解，即使有美國海、空支援，蔣介石並沒有反攻大陸的念頭。杜魯門把麥帥這位太平洋戰爭的英雄解職，換上李奇威將軍（Matthew Ridgway）爲盟軍總司令。杜魯門在朝鮮打有限戰爭的政策受到猛烈抨擊，遂傾向於讓主張秘密作戰的人士試試運用國民黨的游擊武力。

六月間，李彌率領兩千名部屬跨過中、緬邊境，行軍一百公里，進入雲南。此時，中共民兵發動猛攻，殲滅許多國軍以及若干美國人。李彌率眾退回緬甸。另一支部隊在稍南之處進擊中國，也遭逢同樣命運。儘管出兵失利，緬甸政府高聲抗議，《紐約時報》也揭露由台灣秘密運補的消息，中央情報局依舊繼續支持蔣經國增強游擊武力。一九五一年底，李彌飛回台北，逗留三個月，與蔣經國會商下一步。李彌後來帶著七百名國軍正規部隊回到緬甸，於一九五二年八月發動最後一次大進擊。解放軍再度重創入侵部隊，李彌又退回緬甸，把許多傷亡的袍澤棄置不顧。

史密斯對此敗績大爲光火，撤銷了政策協調處，把它併入中央情報局的特種作業處。至於國民黨的官兵滯溜在緬甸，只好另闢新生活。他們娶當地土著婦女爲妻，偶爾進擊中國大陸「蒐集情報」，但是絕大部分時間從事獲利豐厚的鴉片生意，扮演中間人、運貨者或安全保鑣。不久，就控制了百分之九十的販毒生意。

一九四九年以前，蔣經國在許多中、外人士心目中，已經享有清廉、果決、親切、務實、不擺架子、精力旺盛的口碑，更重要的是，大家公認他是眞正關切老百姓福祉的官員。他的政敵認爲他太過理想化、天眞、左傾，可是幾乎人人（甚至共產黨私底下也承認）認爲他關心民瘼。可是到了台灣，也就是一九五〇年之後，他卻被視爲白色恐怖的執行者。台灣人（譬如一九五〇年代以黨外人士當選台北市長的高玉樹）承認蔣經國廉潔、關心百姓，但也認爲他個人必須對一九五〇年代初期的殘酷鎭壓負責。（註六）

美國海軍開進台灣海峽，蔣經國和父親就比較不必擔心共產黨的滲透或是台灣人的抗拒。已經潛伏到台灣的中共特務感到氣餒，許多匪諜開始自首。一九五〇年十二月，保安司令部宣布又有五百個「共產黨地下工作者」自首。日後，蔣經國說，到了當年年底，中共已經不再對台灣構成威脅。（註七）

但是在一九五〇年六月以後，安全重點轉回到偵防涉嫌反國民黨及支持台獨運動的台灣人身上。中央情報局報告指出，「高壓活動」明顯增加，引起台灣「民心轉爲反對政府」。藍欽大使到任之前的美國大使館代辦，形容這是「恐怖統治」，只不過「比其他國家、其他時期較爲溫柔而已」，即使對政府溫和批評，也會被抓，甚至失蹤。一九五〇年在台北參與中央情報局企業的一名高級官員說他聽到體育場槍決犯人的槍聲。他說：「經國抓了所有的共產黨，但是也株連了許多人。」

其實很少台灣人在這個階段會從事以武力，甚至非武力反對國民黨政權的活動。一九四九年剛大肆抓人，一九四七年二二八事件記憶猶新，台灣人似乎被深刻鎭壓住。一九九六年王昇告訴作者，台灣獨立運動在一九五〇年代初期，「是個問題，不過問題相當小……不太嚴重。」

根據中央情報局的資料，以及吳國楨、蔣經國和保安司令部的聲明來研判，一九五一年和一九五二年因顛覆罪遭判決的個人大約五百人，一九五四年約七百五十人。還有更多人可能被抓，然後開釋。（註八）這個數字在一九五五年開始下降。一九五〇年代中期，綠島關押的政治犯大約有一萬四千人。（註九）台灣在一九八七年取消戒嚴，由一九四九至一九八七年官方宣布的抓人數字是兩萬九千四百零七人。（註十）如果王昇估計大約百分之十五被逮捕者遭到槍決是正確無誤，這三十八年間，處死的總數在四千五百人左右。這個數字與一位台灣作家、電視紀錄片製作人在一九九七年的估算相符。（註十一）

一九五〇年八月，蔣經國再度改組情報及秘密警察體系，抓緊控制。這次改組使他有了無人可與倫比的機會，深入了解台灣所有的文武官員。一九五四年，他以國家安全局爲最高的中央情報協調機構。他在國家安全局只掛名副局長，但是實際當家作主的就是他。同時，他還兼任國民黨中央黨部第六組副主任。中六組職司安全、情報事務，使他對情治機關又有另一條直接指揮線。

蔣經國把他在青年軍、三青團的舊部，安插進各個主要情報機關，以及台灣省警備總司令部（由保安司令部改組成立）。警備總部功能極多，新聞檢查即是其中之一（通常是書刊出版後檢查）。蔣經國還推出許多新措施，其中之一是每個大企業都得聘一個退役軍官或安全人員擔任人事部門高階位置。（註十二）蔣經國改組情治單位，倒是有一項立竿見影的成績，他把情治單位和各種幫派、秘密結社歷史悠久，牽扯不清的關係切斷。不少個別的情治人員、軍官仍與這些團體保持私人關係，不過此後三十年這種不光彩的關係在官方層級上並不存在。

蔣經國其實並不是殘暴的人，他還頗具同情心。然而，他和友人認為為了保存政權完整，進而確保中國統一，有必要實施「白色恐怖」。從他們的政治觀點思考，他們面臨嚴重的顛覆可能性之威脅——不僅威脅到他們的統治，也威脅了中國的民族主義。採取極端措施以確保其政權存活，以及中國統一此一政治原則的存活，當然也吻合蔣經國等人的個人利益及權力利益。到了一九九○年代，還活在人世的蔣經國當年舊屬依然聲稱，如果他們沒有把潛伏的抗拒鎮壓下去，一定會出現煽動台灣人起來抓權的聲浪，而且還會聲勢高漲，在隨之而來的動亂中，國民政府裡的外省籍軍人以及國民黨內強硬的右派就會接管，發動更慘烈的恐怖統治。

不論用什麼合理化藉詞來解釋，歷史並不乏其他例子，有大權威、本質上善良的人卻濫用權力，還要找藉口替自己的行為合理化。有一個故事反映出蔣經國雖然主持殘暴鎮壓，也不是沒有人性，他並沒有睚眥必報的性格。有一位自從一九四二年就認識蔣經國的五十二軍軍官，向蔣經國報告說，妻兒都淪陷在大陸，他希望回大陸和妻兒團聚。經國提議替這位軍官物色個太太，但是此君答說，他深愛家人，只想回老家。經國建議換個話題，不要再說下去。可是，幾天之後，這位軍官突然奉命調到香港國民黨的外圍單位。此君由香港潛回大陸，經歷一連串可怕的鬥爭清算，熬了過來，在一九九六年他和家人依然健在人間。（註十三）

一九五一年，蔣經國在台北近郊北投，設立政工幹校（後來改名政治作戰學校）；王昇出任教育長、政治教官，並晉昇為校長。王昇後來成為國民黨的意識形態掌旗人。反共鬥爭是三分軍事、七分政治，它成為政工幹校教學課程的基礎。政工幹校基本課程要上四年，畢業生可獲頒相等於大學或軍事院校的學位。課程包括軍事科學以及歷史、外國語文等。在意識形態課目上強調國民黨矢志追求國家現代化、重視民生福祉，更要保存中國傳統文化。（註十四）這個哲學替威權統治找到正當解釋，不過它跟法西斯主義毫無關係，跟極權主義、種族主義或邪惡的民族主義也都沒有關係。國民黨式的警察國家雖然緊密監視社會、文化、經濟生活等等層面，並沒有要消除這些部門的自治。它聲稱信仰人本主義、民主政治，可是根本不尊重政治權利。它對未來世代的價值觀念產生極大影響。

政工幹校畢業生分發到部隊擔任政治指導員（譯按，基層連隊政工後改稱輔導長、政戰幹事）。他們對戰鬥任務不得置喙，但是負責偵察官員兵是否不忠或涉及顛覆活動，也有責任糾舉貪瀆、濫權行爲。他們負責對單位裡每位軍官建立一份政治考核報告。國軍更設立心理作戰的特別部門，爭取敵軍投誠；譬如空飄裝有傳單的汽球到大陸，或是用飛機空投傳單，都是他們的職掌。一九五三年，總政戰部宣布它空投了三億份傳單到中國大陸。一旦風向轉變，中共同樣也對台灣及金門馬祖空飄汽球！

政工人員也負責部隊福利——如糧、餉、眷舍及眷屬照顧等。幾年之內，總政戰部就大幅改善了國軍部隊及眷屬的居住條件，紛紛興建眷村、軍醫院和軍人子弟小學；它對殉職官兵之眷屬發放撫卹金，對傷殘官兵提供復健及就業輔導。這是國軍部隊普通士兵待遇上的一大改革。總政戰部還有一項業務頗受歡迎——它經營三十七家「軍中樂園」，聘有約一千名軍妓。金門、馬祖都有軍中樂園，女服務生由台灣運來，服務期限六個月。

到了一九五七年，三軍共有一萬七千一百三十九名政工人員，換算起來，國軍每三十五人就有一人是政工人員。經國和每一位政工人員都握過手，他們的晉階也都由他親自批示。其中約百分之八十六曾到過政工幹校受訓，因而培養出一批年輕、熱忱，受過教育的政治幹部，他們忠於黨國、主義，對蔣總統父子忠心耿耿；他們與校長王昇的關係也十分深厚。

蔣經國不但在國軍部隊中重新佈建政工人員，還在連隊以上復設國民黨的小組，恢復黨對軍的控制。到了一九五四年，六十萬國軍官兵當中有二十一萬人是國民黨黨員。事實上，每個常備軍官都是黨員，全都參加單位裡的國民黨黨團會議。黨的控制使得政工人員恢復大權，他們可以在黨團會議裡提出對帶兵官不同的意見；若有不能解決的問題，也可透過黨的管道向上申訴。

許多高階帶兵官對於此一狀況頗有怨言。譬如，蔣緯國有一次就對王昇高聲抱怨政工人員的做法，這些話傳到經國耳裡，加深了兩兄弟之間的「誤解」。美軍顧問團在一九五一年進駐台灣，團長蔡斯（William C. Chas）少將就毫不掩飾他對軍中設置政工人員，大不以爲然的態度。蔡斯第一次晉見蔣總統時就說：「軍中普設政工人員是一項極可反對的制度，它會壓制主動創意、破壞每個階層指揮官的權威。」一九五三年六月，美國參謀首長聯席會議主席雷德福（Arthur W. Radford）海軍上將訪問台灣，就對蔣總統表示：「過度灌輸政治思想、施加政治控制，會對青年軍官產生不利影響，製造出不安全感，也挫弱指揮系統。」

蔣總統這一次可不想更動政工制度，迎合美方意見。可是，蔣經國表現出樂意討論總政戰部的角色，也樂意聽取美方意見，倒讓美國人大爲動容。他降低黨對軍的控制，強調政工人員在部隊福利及士氣方面的功能，就彷彿他們大部分是在籌劃體育競賽、分發點心似的。在蔣經國邀請下，美方派出一名顧問進駐總政戰部，以便讓美軍顧問團多了解這一支陌生隊伍的功能。蔣經國爲示向美方讓步，也正式把國軍政治課佔操課訓練時數，由百分之二十五降至百分之十。這些姿態讓美方並不預備以蔣經國根本改變政工制度，做爲美國軍援台灣與否的條件。（註十五）

雖然如此，美軍顧問團初來乍到就反對政工制度，倒鼓勵了孫立人更坦率反對此一制度。他對美國官員說，國軍的雙元領導制度「對於要達成良好的軍紀、高昂的士氣及有效的戰鬥力，構成幾乎無法克服的障礙」。針對政工人員角色之爭，反映出蔣經國和孫立人之間對於未來後蔣介石時代領導地位，產生競逐的態勢。（註十六）某些高級軍官（包括周至柔在內）也不滿意蔣經國年方四十，就高掛二級上將軍銜，握有大權。蔣經國爲了降低這類感受，刻意不張揚軍階，很少穿軍服出現——一如他在大陸時期的作風。

台灣省主席吳國楨對於蔣經國及情治人員的活動也越來越不滿。據吳國楨的說法，兩人失和的第一個跡象是，有位外省籍商人被控與共產黨有關係，可是證據不足，他下令予以釋放。蔣經國和彭孟緝到吳的辦公室拜訪，說明奉總統之命要槍斃這個商人，沒收其公司財產。吳國楨上書總統抗議，蔣先生讓步，改判這個商人有期徒刑七年。一九五二年一月，吳國楨又向總統反映，「秘密警察無法無天，軍事法庭淪爲笑柄」。他聲稱他向蔣總統進言：「您若愛惜令郎，就別讓他擔任秘密警察首長，別讓他成爲人民仇恨的目標。」

雖然吳國楨是蔣夫人的親信愛將，經國力促父親把吳調職。吳國楨後來說他要辭職，可是蔣先生不准，卻又間接威脅他。後來發生一次車禍，使吳國楨相信有人企圖謀害他，在蔣夫人協助下，他帶著妻子匆匆前往美國。

翌年三月，流亡在美國的吳國楨公開與蔣介石決裂，發表給蔣先生和國民大會的公開信，列舉蔣經國種種不義行爲。吳國楨指責蔣先生把絕大部分權力委託給經國，他（吳）「幾乎無日不與秘密警察苦鬥」。吳國楨又聲稱秘密警察一再阻撓他要在地方層級辦自由選舉的作爲。他指稱，在一九五二年十二月地方選舉之前，秘密警察以「流氓」罪名逮捕了三百九十八名台灣人。可是，台灣人聽不見吳國楨的指控，反而台北盛傳吳國楨捲公款五十萬美元而逃。吳國楨事件對經國在台灣島內印象毫無影響，在美國則起了重大反響，讓大家更覺得他心狠手辣。

艾森豪在一九五三年一月接任美國總統，提名杜勒斯爲國務卿，杜的弟弟艾倫・杜勒斯爲中央情報局局長。艾森豪的第一要務是達成朝鮮半島停火協議。艾森豪在第一次國情咨文演說裡，取消杜魯門不讓國民政府對大陸採取軍事行動的限制。蔣介石在擺脫羈絆之後，雖然口頭上一再講反攻，提出一連串不實際的計畫，卻沒有向美方提出大反攻的認眞方案。

中共部隊的抗美援朝志願軍，有一萬五千人被俘，其中約七成希望到台灣；北京不肯答應讓他們送回台灣，使得停火談判遲滯一年多，未能達成協議。毛澤東在一九五三年七月勉強同意不再堅持戰俘遣返問題，有兩個因素。第一是史達林在三月五日去世，第二是艾森豪捎給北京一個訊息——如果朝鮮半島戰事不停止，他將批准動用核武器，並把戰爭擴張到中國大陸。我們找不到任何紀錄載明，蔣介石父子在這段期間曾公開或私下表示，如果中華人民共和國繼續阻止韓戰停火協議，他們仍反對美國動用核子彈對付中國部隊或是打向中國。

事實上，艾森豪透過兩個私人管道向北京示警，這兩個管道一是印度總理尼赫魯，另一則是蔣介石。（註十七）

蔣介石毫無疑問，很高興受邀傳達警訊。我們也毫不懷疑，負責把美國消息傳遞給蔣先生當年黃埔軍校同事周恩來的就是蔣經國；傳話的中間站可能是香港。艾森豪預備動用核武器的哀的美敦書沒嚇到毛澤東，倒令莫斯科的新領導階層大爲緊張。蘇聯跟中國簽署了軍事同盟，美國若對中國進行核子攻擊，勢必釀成大災難，蘇聯向中方明白表示，應該見好就收，可以宣布在朝鮮打勝美帝，結束交戰了。雖然北京可以聲稱跟美國及其盟國打得不分勝負，但是在美國以動用核武要脅，而且在戰俘問題上又大失面子，這樣子來結束戰爭，對毛澤東乃是嚴重挫折。美國到底不是紙老虎；世界革命在亞洲沒有得到進展；把蔣介石趕出台灣基地的希望，與三年前相比可謂大爲逆轉；北京現在得要大大仰仗蘇聯軍力支持，包括得靠莫斯科的核子傘保護才行。

戰俘關在南韓巨濟島上一個大營房裡。主管戰俘營的美國人，加上國民政府及南韓人員，威脅利誘，使盡各種招術，鼓勵戰俘投奔自由。歷史學家富特（Rosemary Foot）對當時的狀況做出強烈抨擊，但是由於絕大多數戰俘乃是舊日國軍部隊，被解放軍投入戰場當砲灰，他們大多數自由選擇被遣送到台灣，乃是可信的。戰俘營裡，親共和反共兩派競爭，導致好幾起暴動事故，甚至戰俘營的美軍指揮官還一度被親共的戰俘扣住。

蔣經國派出二十三名翻譯官和五十五名「教官」到戰俘營工作。毛澤東同意戰俘可以在國際遣俘委員會面前選擇是否到台灣，於是蔣經國派出更多政工人員，訓練反共的戰俘在面談時如何「正確回答」，不久之後，台北舉行盛大集會，歡迎這些反共義士到台灣展開新生活，蔣經國興奮得頻頻拭淚。這些反共義士有許多是國軍老兵，有一部分則還脫不掉軍旅生活，這些人被編入蔣經國的特戰突擊隊，奉派針對大陸做小規模的突襲，往往也就捐軀或又被逮捕。然而，這支衰疲之師大半成了國民黨日後頭痛的老兵，而這批所謂的反共義士日後成為一個極右的政治團體。（註十八）

美國方面，麥卡錫參議員和他追查政府機關涉嫌共謀的活動，遭到越來越多的抨擊。麥卡錫曾被指責，採用國民政府情報機關提供的僞證——換言之，就是蔣經國手下的傑作。同一時期，《記者》（The Reporter）雜誌、摩斯（Wayne Morse）眾議員及其他美國自由派人士揭發中國遊說團的惡形惡狀。蔣經國和他父親認爲，他應該設法在美國建立良好形象。蔣經國一位親信助理奉命到美國探詢，他若訪美會受到怎樣接待。國務院和國防部都強烈支持邀請小蔣訪問美國，希望藉此機會，擴大蔣經國的「知識境界——其想法迄今仍以蘇聯的影響爲大」。中央情報局分析員稱他是「支持威權派」。

一九五三年九月十二日，蔣經國只帶一名隨員——翻譯官兼秘書沈錡，出發前往美國。當天在台北機場送行者，有五百名政府官員和高階將領。美國外交官觀察印象是，經國讓人覺得「有點可怕」。舊金山、洛杉磯、沙加緬度、芝加哥、底特律、水牛城和紐約市的華僑，無不以盛大酒會歡迎他。有人注意到，他在酒會之後往往走到廚房和廚師聊聊談談。他本人也要求參觀公立學校和工廠。九月二十八日，蔣經國到了白宮，拜會艾森豪總統。

寒暄客套一過，艾森豪提起緬甸的問題。韓戰已經結束，美國的盟國繼續與中立國家緬甸境內一支搞毒品生意流亡的部隊牽扯不清，越來越成爲國際醜聞。蔣經國告訴艾森豪，大約兩千名國軍部隊即將撤退到台灣。（註十九）

十月一日，蔣經國到中央情報局拜會艾倫·杜勒斯。小蔣抱怨，中情局在台北進行的一些合作計畫，某些部分內情連他都被蒙在鼓裡，不得其詳。他提議雙方蒐集到有關中國的全部資訊都應該充分交換，共同取得結論，並有協同一致的後續動作。杜勒斯原則接受他的建議，兩人同意彼此在台灣的單位應就特定項目改善合作關係。杜勒斯並沒有提起國民黨在緬甸的游擊部隊之問題，蔣經國當然注意到這一點。

同一天，蔣經國到國務院去拜訪另一位杜勒斯。客套話說完，國務卿就說，他「聽到我們一些代表反映，將軍的方法有點粗暴」。譯員沈錡沒有迻譯這句話，雙方一時陷入沈默。杜勒斯再次提起，他「聽說將軍在處理安全事務時有點粗暴」。他說，美國人處理顛覆問題時，並沒有侵犯基本人權。他表示，希望將軍能「斟酌國情，採納這些方法」。沈錡把這段話翻譯出來，經國低聲訥訥應話。

蔣經國回到台北後，果然如美國人期望，不僅佩服美國的國力，還讚許它的開放社會。小事一樣令他印象深刻。他在胡佛水壩沒有見到衛兵站崗，他告訴沈錡，由這一點就可以看到美國不簡單。他也發現美國人比他想像中來得守紀律、肯勤奮工作——可不像好萊塢電影裡頭的美國人那樣輕浮。但是，他相信，台灣的情況和美國有別，類似美國這樣的民主、開放社會是台灣遠程的目標。

他並不太介意有人批評他手段粗暴。他認爲，美國對台灣的實際狀況了解有限，再加上仰賴受西方教育的中國人之觀點，扭曲了許多美國人對台灣的認識；在美國批評國民黨的中國人，在中國人當中並沒有「基礎」，不能代表大眾的觀點。他訪美回國後一年之內，台灣抓人事件其實比起一九五一年和一九五二年還更頻繁，不過一九五四年之後，「實際上已不再槍斃人」。蔣經國也明白，儘管杜勒斯國務卿略有微詞，美國給予台灣的軍援以及中央情報局的協助，不論他的方法有多麼「粗暴」，不僅會繼續，還會增加。回到台北之後，他由蔣夫人手中接管了與中央情報局和美軍顧問團的高階層聯絡接觸工作。中情局台北站長奉上級指示，應該比以前更重視與蔣經國發展密切關係。

雖然蔣經國讓美國人印象改觀，包括杜勒斯國務卿在內若干人士，對他仍頗有疑慮。小蔣訪美兩年之後，杜勒斯提到他，還稱他是「反美派可能的領袖」。一九五〇年代對蔣經國不利的情報，發自中央情報局的分析部門，與行動部門對小蔣的評價大異其趣。分析部門的根據是並不欣賞小蔣的「許多國民黨領袖」私下的評論。（註二十）

一九五三年十二月，聯合國大會通過決議案，譴責台北政府在緬甸的活動。台北、仰光和曼谷就撤退游擊隊事宜達成協議。民航公司把五千五百八十三名國軍士兵、一千零四十名眷屬運到台灣。然而，這些撤退的士兵大多是老人或山地人，並非漢人。國軍多數官兵仍留下來，繼續從事鴉片生意。即使經國有心，他恐怕也沒辦法要求所有的游擊隊撤退，但是他很可能指示李彌儘可能把有戰鬥力的士卒留在緬甸和泰國。經國曉得中央情報局也繼續與泰緬邊區國軍部隊有聯繫，雖然他和美方都不贊同鴉片生意，但他們都曉得這支孤軍如何過活。

註一：熟悉這類作業的某中華民國空軍退役軍官，一九九六年五月在台北接受本書作者訪談時所說。原書註四。

註二：王昇一九九六年五月二十五日在台北接受本書作者訪談所說。原書註六。

註三：中央情報局及美國軍事情報官員所說。原書註七。

註四：顧維鈞，《顧維鈞回憶錄》，哥倫比亞大學口述歷史，第H-三四一頁。原書註九。

註五：一九六四年三月十一日國家情報評估（National Intelligence Estimate）第四三之六四號說，國民政府突擊隊「迄今提供的情報不多，或不具價值」。唯一一位盛讚國民政府一九五〇、六〇年代情報表現的中央情報局高級官員，稱它們「比以色列或法國的情報還更精緻」。他是在一九九五年十一月十一日接受本書作者訪談。原書註十二。

註六：高玉樹一九九五年八月三十日在台北接受本書作者訪談時所說。原書註十七。

註七：艾倫．懷汀，〈台灣的神秘人物〉，載一九五五年三月十二日出版的《星期六晚郵報》第一一七頁。蔣經國說明，一九五〇年以後繼續抓匪諜、定罪，是因爲中共依然不斷派特務滲透，國府方面必須採取的對應措施。原書註十九。

註八：根據中央情報局的資料，一九五一年有兩百六十四件顛覆案定讞，每個案子通常涉及兩人以上，因此被定罪人數可能就在六百人左右（見一九五五年四月十六日國家情報評估〈台灣的士氣〉，收在美國外交文件，一九五五至一九五七年，第二卷第四八四頁）。據吳國楨說，一九五二年抓了九百九十八人，若是以三分之一遭定罪的比例推算，表示遭軍事法庭判決有罪的個人有三百三十人左右。不過，對比這個時期其他年份的數字，吳國楨可能指的是有九百九十八「件」案子，不是逮捕九百九十八人。見胡德（Steven J. Hood），《國民黨與台灣民主化》（The Kuomingtang and the Democratization of Taiwan），一九九七年Westview出版公司出版，第三十五頁。一九五四年保安司令部公布，在當年頭三季，破獲八百五十八件顛覆案，涉及嫌犯一千七百四十五人，導致其中五百九十七人被判定有罪，我們把它推算爲全年，則得出約七百五十人遭到定罪。（同上，四月十六日國家情報評估）蔣經國曾對一位訪客透露，一九五四年上半年，「我們平均每個月破獲十三件共產黨陰謀」。（見懷汀，〈台灣的神秘人物〉第一一一七頁）這些話表示，軍事法庭當年判定三百五十至四百人犯下間諜或判亂罪。原書註二十四。

註九：《顧維鈞回憶錄》第H－一七四頁記載，一九五三年國府司法行政部長向胡適說到這個數字，但是顧維鈞本人在一九五四年被告知，綠島人犯只有六千人，見第H三三八頁。原書註二十五。

註十：謝聰敏一九九六年六月四日在台北接受本書作者訪談時所說；不過另一位國民黨籍立法委員告訴他，這個數字要更高，有六萬至七萬之多。原書註二十六。

註十一：這位作家是藍博洲，見一九九七年六月五日出版的《遠東經濟評論》周刊，第七十頁。法務部在一九九〇年代告訴反對黨領袖，槍決案件檔案早已經銷燬。據謝聰敏在一九九六年訪談時所說。原書註二十七。

註十二：高玉樹一九九五年八月三十日接受本書作者訪談時所說。原書註三十一。

註十三：作者一九九六年六月十四日在南京訪問了這位國軍軍官。原書註三十三。

註十四：見韓廉（Joseph J. Heinlein）《政治作戰：中國國民黨模式》（Political Warfare: The Chinese Model），華府，美利堅大學博士論文，一九七四年，第五二一至五二五頁。本章有關台北政工幹校、國軍政戰制度之描述，很多取材自這篇論文。原書註三十六。

註十五：見巴博（Charles H. Barber）〈中國的政工制度〉（China's Political Officer System），載一九五三年七月號《軍事評論》（Military Review）第十頁。巴博少校是美軍顧問團派駐到總政戰部的顧問。原書註四十七。

註十六：溫哈熊一九九六年在台北接受本書作者訪談時所說。原書註四十九。

註十七：見白宮通聯紀錄（詹森總統，艾森豪前總統），美國外交文件，一九六四至六八年，第二卷，第三〇〇頁。原書註五十六。

註十八：丁大衛（David Dean譯按，美國在台協會前任理事主席）一九九六年四月三十日在維吉尼亞州費爾法克斯市接受本書作者訪談時所說。參見卡普蘭（David E. Kaplan），《龍之火》（Fires of the Dragon）第三〇三至三〇四頁。原書註六十。

註十九：顧維鈞《回憶錄》，第G－一三三至一三四頁。沈錡一九九五年八月二十四日在台北接受本書作者訪談時所說。原書註六十六。

註二十：一九五五年四月十六日國家情報評估，見外交關係文件一九五五年至五七年第二卷第四八五頁。由中情局主持的這項跨單位情報評估說，「許多國民黨領袖強烈不喜歡蔣經國，某些人表示，未來一旦發生緊急狀況，他可能會叛逃，甚至可能嘗試把台灣交給共產黨」。原書註七十六。

第十三章　家庭、朋友與敵人

一九五五年，蔣介石已經六十八歲，越來越像是聖哲之君。對美國的保護有信心，經國又替他管事，他可以怡然自得地維持著令人敬畏的領導人形象，比起往常更發展出定型的生活習慣。他每天黎明即起，靜思、運動，與夫人做完早禱之後，就吃稀飯、配醬菜，還喝一杯冷水，然後批閱經國呈送上來的公文。他每天的其他例行項目——獨自沉思、散步三次、讀中國古書和新儒家文章、《荒漠甘泉》、認眞寫日記——都凸顯出他已經不太管日常事務。一九五〇年代追隨蔣經國工作的一位陸軍將領說，即使剛到台灣不久這段期間，蔣介石已經活在「象牙塔」裡，與外界隔絕。蔣介石做所有的「重大決定」，但是越來越仰賴兒子做他的左右手及耳目。

蔣經國也有一套定型的生活習慣。黎明起身，運動之後沖涼。副官在上午六點半就送來一大堆公文，黃色卷宗代表例行事務，紅色卷宗則代表緊急事項。看完公文之後，他自己到廚房吃一頓跟他父親一樣簡單的早餐。跟著他挑出一些公文去見父親，每件公文他都做筆記和建議處理方式。

一九五四年美軍顧問團派駐在總政戰部的政治顧問巴博中校，在過去兩年半裡和經國時常接觸。巴博報告說，經國在處理人事問題上鐵面無私，不講人情，也不考慮誰會受到傷害。可是在其他方面，經國的和藹可親、不傲慢自大，卻讓批評者失去敵意。「許多人在社交場合跟他初次見面後，對他先前的外貌、性格的觀感全都改了。」

《美國新聞暨世界報導》（US News and World Report）周刊特派員馬丁（Robert Martin）自從大陸時期就認識蔣經國，前來台北採訪，跟他見過幾次面，也兩度私底下共餐。馬丁對他佩服得不得了，這樣一個擁有「赤裸裸大權」，被「政客」與部分將領仇恨的人，竟敢輕車簡從，不帶保鑣到處走動、進出餐廳，而且「不矯揉造作、簡樸、客氣」，沒有「國民黨高官身上常見的諂媚逢迎」。馬丁印象最深刻的是經國具有「深入追根究柢的精神；全然蔑視我們所稱的民主權利，可又展現出在此間罕見的忠勤任事、專心致志精神；有一股內心發出的精神力量，驅策他每天上午六點半就起床，全速工作到半夜；而由於他只是個純樸的人，也能夠放輕鬆，享受一下。」

不過馬丁後來跟美國駐香港總領事館官員講話時，又補充一句：別忘了，「他是一個擁有極大權力的人」。一九五〇年代初期和中期到過經國家作客的訪賓，都很驚訝他在長安東路的住所家具陳設樸素，看不出官宦人家的習氣。除了一排電話以外，根本沒有跡象顯示這是島上第二位最有權勢者的住家。經國在家裡招待外國訪客時，通常換上中國式長衫，而且親自端菜。美國學者、作家艾倫・懷汀記得，蔣經國在談到自己學英語發生的糗事，或是兒子們穿著牛仔裝滿屋子亂跑嬉鬧的故事時，黝黑的圓臉冒出笑容的模樣。蔣經國愛看電影，喜歡瑪麗蓮夢露。晚飯後，蔣家人往往擠進吉普車跑到電影院看美國電影。他們跟大家一樣排隊買票，然後在擁擠，甚至有時還有臭味的電影院裡找位子坐下。

蔣經國即使在家，也經常忙著公事；雖然和兒子玩在一起，在他們心目中，他是個嚴父。他對兒子期許很深，他們很怕達不到他的期許。孝勇記得小時候對父親「敬畏得不得了」。孝文、孝武很聰明，據蔣家朋友說，「被寵壞了」；方良若是告訴經國他們怎麼調皮、不聽話，經國就會修理他們。經國希望兒子裡至少有一人進軍校。孝文遵從父親的願望，一九五五年進入陸軍官校。然而到了三年級，孝文聲稱受不了身為總統長孫在同學儕輩中受到的壓力，希望退學。經國動用他在美國軍方的關係，讓孫立人的母校維吉尼亞軍校接受孝文。可是儘管經過一番惡補，孝文的英文達不到美國的大學程度，八個星期之後，他頹然退訓。

蔣經國和美國人打交道時，相當倚重《英文中國日報》發行人魏景蒙。魏景蒙有時候替經國當翻譯，是他的「老友記」、酒伴。有些美國官員形容魏是「幫襯人物」、「弄臣」。經國與他的莫斯科中山大學同學王新衡，交往密切，二兒子孝武還拜王為乾爹。可是當台灣水泥公司推選王新衡擔任董事長，經國對一位助理說，他不能有一位親近朋友在商界地位那麼高，此後就把王當做一般朋友了。（註一）（譯按，這裡一定是錯了。王新衡來台灣後是立法委員，被遠東紡織集團董事長徐有庠延攬去旗下生產洋房牌水泥的亞洲水泥公司擔任董事長。王從來沒在台泥擔任董事長。）另一類型的朋友是不再年輕的「少帥」張學良。經國說服父親把張學良幽居之所由新竹移到北投，准許張學良在若干公共場合露面，但是不准到私人家中作客。大約每個月，經國會帶張

學良出來吃宵夜，謠傳偶爾還有美女作伴。（註二）

蔣經國的一群朋友經常帶著妻子在長安東路蔣家聚會，不時也到陽明山一處招待所飲酒作樂。每道菜端上來，全桌人都把面前的酒一飲而盡，當然划拳是少不了的節目，輸的人不僅要乾一小杯，還得要喝掉整壺酒！男女賓客往往都醉倒到桌下。但是教育長（即使當了總統，他在一九四九年以前就認識的老朋友，仍習慣這樣稱呼他）似乎千杯不醉。偶而，賓客可能穿錯了外套和鞋子回家，但太太當然不能搞錯，但是經國可能是在這些場合，傳出與部屬妻子發生戀情的傳聞。（註三）公開場合，除了蔣方良，他從沒有與其他女人一起出現，但是在一九五〇、六〇年代他顯然有好幾個紅粉知己。

經國權力日增之後，他試圖藉星期天下鄉的機會與普通百姓保持接觸。從一九五〇年起直到一九七八年出任總統，他走遍全省三百二十個鄉鎮，不經預告就到一般人家訪問，甚至到地方上一般小館子隨便吃點午飯。（註四）有時候他還自備乾麵條下鄉。即使在一九五〇年代的台北，他偶爾不帶侍衛，自己開車到處走。有一天開著吉普車回城裡，他還讓一個人搭便車。他問清此人目的地，還特別繞路把他送到。此人有眼不識泰山，謝謝他，賞給他十塊錢小費，經國也不客氣收下錢，回家後交給方良，他說：「你瞧，我今天可賺了一點錢咧！」（註五）

蔣經國與章亞若婚外情生下的孝嚴、孝慈兄弟，此時也在距台北車程一小時的小城新竹成長。他們跟外祖母周錦華、舅舅章澣若以及他的大群子女住在中央街一間小房子。學校同學幾乎全是本省人，因此這對雙胞胎不僅會講國語，自小還會講流利的閩南話。一九五五年，兩兄弟都已經十三歲了，外祖母還沒有告訴他們誰是他們的生身父親。他們還以爲生父淪陷在大陸，沒有逃出來。王昇偶爾來拜訪，看看需要什麼。瀞若依然相信姊姊是被謀殺致死，家人有病也不到新竹的公立醫院看病。王昇一再向他擔保，他的焦慮沒有事實根據，可是瀞若不肯相信。

一九五〇年代末期，兩兄弟進了高中，各自取了英文名字——孝嚴是約翰（John），孝慈是溫士頓（Winston）。這時候，外祖母徵得經國的同意，才把他們的身世告訴他們。兩兄弟聽到自己是蔣總統的孫子、蔣經國的兒子，大吃一驚，他們感到驕傲，可是外祖母嚴切叮囑，絕對不能向任何人透露這個秘密。他們也曉得不會得到著名的祖父、有權的父親公開承認。章孝嚴相信，宋美齡多年來可能悄悄地間接接濟他們。

到了一九五四年，金門、馬祖和更北的大陳列島駐有好幾千名美式訓練、裝備的特種作戰部隊。中央情報局由這些地方發動的突擊及其他秘密活動，依然瞞著駐台北美國大使館。藍欽大使曾在一封電報裡抱怨，爲了要知道中央情報局和美軍顧問團究竟幹什麼，他必須依靠國民政府官員告知，以及「其他小道傳聞」。同時，中央情報局和美軍顧問團也在較勁，互爭對中國大陸發動突擊作戰的主導權。美國的其他單位也來攪局，譬如美國陸軍出了名差勁的第五〇〇軍事情報組，沒有照會美軍顧問團或中央情報局，更沒有通知美國大使，也跑來提供訓練及器材給蔣經國的單位。藍欽溫和地在電文裡指出，蔣經國、中情局、美國軍方這些秘密軍事行動究竟範圍如何，他只能臆測，可是它們攸關本地區的和平或戰爭，需要「比當前更從政策角度來加以注意」。

中央情報局和美軍顧問團不讓大使館知道這些秘密活動，部分原因是他們曉得外交部門一定會說它們挑起事端、無濟於事，尤其是韓戰已經停火，更沒有必要招惹中國。藍欽形容這些秘密活動好像是「拿雞毛撣子去撩撥共產黨大老虎」。這樣撩撥可能激怒北京當局以軍事行動對付外島。一九五四年，藍欽兩度向中華民國外交部長葉公超表達對此一問題的關切。葉公超兩次都乾淨俐落推搪掉藍欽的抱怨，聲稱他了解駐台美國軍方代表對此有相當不同的意見。

韓戰結束之後，蔣總統繼續堅持只有消滅北京共產政權，亞洲才能安定、和平。他告訴美國訪客，他的六十萬大軍可以在沿海地區建立堅強的橋頭堡，然後中國大陸就會有大批義軍揭竿而起，屆時毛澤東就得逃到莫斯科去。蔣介石承認，要發動此一作戰，美國必須先以三到六年時間提升國軍武器和設備的水準，包括協助國軍大規模建立海、空軍武力。

蔣總統曉得他的部隊能力有限，也了解全面進攻大陸一旦失敗，會毀掉國軍的精銳核心部隊，甚至可能導致國民黨政權垮台。跟往常一樣，除非勝券在握，他無意直接由台灣發動反攻或大規模突擊活動。所謂十足的勝算，就是共產政權，包括人民解放軍在內，陷於明顯的崩潰狀態，或是美國預備挑起主要負擔。

針對大陸進行騷擾性質的突襲，雖然符合台北政府的目的，國民政府在執行這類行動時都十分謹慎。韓戰期間跟蔣經國的特種作戰部隊在外島並肩工作的美國軍官及中情局人員都說，國軍拒絕對大陸發動大規模的突擊。有位美國官員接受本書作者訪談時指出，國民政府深怕如果眞的重重傷害中共，中共會採取必要報復手段，把他們驅離外島。從大陳發動的秘密活動，基本上只等於是鼓舞本地區傳統的海盜行爲而已，據美國人說，其結果充其量只是騷擾共產黨而已。

杜勒斯國務卿在一九五〇年曾私下表示支持台灣獨立，並不期待能推翻中國共產黨。他眞正的戰略目標是：圍堵中國、保衛台灣。美國學者唐耐心記述，自從蔣介石不再受羈束之後，杜勒斯設法爭取掌控蔣先生的行動。一九五三年十二月，杜勒斯與外交部長葉公超信件往返，中華民國再度正式承諾，國軍部隊事先若不與美國諮商，得到美方同意，不會進擊中國大陸。（註六）

杜勒斯國務卿決心要避免美國在亞洲捲入另一場地面戰爭。元月間，他宣布「大規模報復」政策（意即依靠核武器，不再像韓戰期間只靠美國地面部隊作戰）業已在遠東生效。可是，圍堵政策和大規模報復的威脅，不久即在中南半島遭到嚴重考驗。到一九五四年，美國對越南的軍事援助計畫已投下十億美元，支付法國百分之七十四的作戰費用。但是在韓戰停火之後，中國的大砲、迫擊砲、彈藥及其他補給品由北方源源流到越盟手中，大大抵銷了美國對法國的援助。艾森豪一度斟酌調派蔣介石部隊入越南增援法軍的構想，但是屬下反映，這麼做有招惹中共大規模介入的危險，他就放棄此一構想。此外，法國本身也拒絕這個方案，指出國軍部隊在越南將「高度不受歡迎」。

三月間，武元甲開始團團圍住奠邊府一萬六千名法國守軍。美國聯合參謀本部提出一個計畫，「動用三顆小型戰術原子彈，摧毀越盟陣地，拯救守軍」。但是，艾森豪和杜勒斯都認爲，只有在中共公然入侵之下，美方才有理由迎戰，並採取如此激烈措施。問題是沒有中共直接介入，北越已經佔了上風。不過，在蔣經國督導下，民航公司飛機由台灣起飛，對被圍困末期的奠邊府提供運補。法國守軍於五月間投降，一萬四千名未戰死者列隊成爲戰俘。可是，美國威脅要動用核武器，倒是促使莫斯科和北京說服胡志明暫時和解，接受南、北越分治。

中南半島妥協和解，乃是中、蘇已經推動一年的和平共存新國際政策之一環。毛澤東接受莫斯科後史達林時期新領導人此一全球戰略，但是他希望向他們及其他每個國家表明，和平共存不代表中國接受台灣由美國永久「佔領」。或許出於這個理由，毛澤東立刻在金門、馬祖發動危機。國、共雙方飛機在金、馬上空交戰，兩邊也互相以重砲轟炸對方。

美方認為中共對金、馬施壓，是即將進襲金、馬的跡象。在世界及聯合國看來，遠東地區即將爆發又一場戰爭。然而，毛澤東幾乎肯定沒有意願在此時針對金門或馬祖，發動重大攻擊。當時許多人認為，毛澤東磨刀霍霍，意在阻撓美國在亞洲籌組反中共的安全同盟，或是蔣介石企盼的中美共同防禦條約之簽訂。其實也不太像。基本上，毛澤東要向國內及世界（包括台北、莫斯科和華府）展示，中國內戰還沒有完，他還未放棄統一中國。

事實上，一九五四年的金門危機給中、美共同防禦條約的構想產生推動力。杜勒斯希望未來和中國保持彈性，並不贊同與台北簽署共同防禦條約。金、馬危機上升，杜勒斯想把危機提到聯合國安全理事會討論、處理；可是蔣總統堅持唯有華府簽約承諾保衛台灣，才肯把案子交到安理會討論。一九五四年十月，杜勒斯和艾森豪勉強同意簽署共同防禦條約，條件是蔣介石「願意在台海採取守勢」。艾森豪要說清楚：「我們不會在我們的夥伴（中華民國）去進攻（中國大陸）時，來防衛我們的夥伴。」杜勒斯拒絕明白把外島納入條約防禦範圍。但是就蔣介石而言——甚至就毛澤東而言——美國與中華民國的同盟條約還有一層更重要的意義：它堅定強化了「一個中國」

原則。

一九五四年夏天，大多數駐台美軍顧問，乃至中國人，都預料孫立人會是國軍下一任參謀總長。孫立人私底下還是繼續對政工制度及蔣總統在金、馬部署大批兵力的做法不以爲然。孫立人對短暫回台述職的顧維鈞說起，蔣總統決定全面防衛金門的計畫，是犧牲軍事戰略的政治考量。顧維鈞提醒孫立人「多加小心，因爲不是人人……會了解或欣賞他的觀點或態度」。

關於孫立人的種種報告傳到蔣總統父子耳裡，使他們相信史迪威的這個舊部有可能即使不在老蔣生前，也會在老蔣百年之後圖謀不軌。一九五四年八月，蔣介石突然解除孫立人的兵權，派他出任位高權虛的總統府參軍長。一九五五年五月，憲兵逮捕孫立人舊部屬郭廷亮，罪名是涉嫌陰謀在軍中煽動叛變。不久之後，憲兵告訴孫立人，他被軟禁了！

蔣氏父子曉得美方一定不會相信這樣一位受到高度尊敬的將領會涉嫌叛亂，可是卻沒有料想到美方的反應那麼激烈。聽完顧維鈞大使說明國民政府對孫案的偵查經過，雷德福上將驚愕得說不出話。他說，孫立人是國軍最幹練的將領，「不可能，也絕對不會是親共份子」。雷德福說：「如果（照控方所說）散布在不同單位的一百位軍官自動加入反對蔣委員長的陰謀的話，中國部隊一定發生極嚴重問題。」這位美國參謀首長聯席會議主席越說越上火，聲稱他同意孫立人的見解，總政戰部不是好制度：「（國軍部隊裡）升遷不依指揮官的推薦，要依政工人員的建議……導致士氣低落……指揮官不能管控部下。」他的結論是，這樣的部隊不能有效地作戰。關於這場對話的報告，一定讓蔣總統父子大爲震驚。

蔣氏父子決定妥協。陳誠主持的調查委員會發現，孫立人在軍中拉幫結派，指示郭廷亮「加強」這方面的活動，對郭廷亮規劃的陰謀也知情。不過，調查委員會又說，孫立人並不曉得郭廷亮是共產黨，也沒有證據顯示孫立人是「陰謀的主要推動者」，建議寬大處理。蔣介石因此下令不進一步懲處，把孫立人責付國防部管束。此後三十三年，孫立人過著被軟禁的幽居生活。

除了孫立人之外，最敢批評總政戰部的就是蔣緯國。緯國一九五五年初由美國回來後，蔣總統有意派他到國防部擔任參二助理次長。參二主管軍事情報，主要是戰術和戰略情報，如敵軍部隊部署等，與國防部情報局主司間諜和反間諜活動有別。不過，它依舊是情報事務，是個敏感的職位。經國向父親建議，緯國英文好，在參三作戰次長室比較能發揮。老先生點頭，發表緯國擔任參三助理次長。

外島的軍事危機持續到一九五五年。杜勒斯向台北提議：如果國民政府肯撤出大陳，美國行政部門將安排一項國會決議案，授權總統不僅協助國府防衛台灣、澎湖，也保護「有關陣地」。蔣介石點頭，經國前往大陳督導撤遷事宜，坐上最後一班船退出大陳。

同一時間，蔣介石繼續在金門、馬祖增強兵力部署。金、馬各有十萬名守軍，大肆構築坑道，廣積糧米彈藥。金、馬增加兵力部署，升高了一旦失守的心理及政治代價，也使美國人不好抽身。四月間，毛澤東熱度降低。毛、蔣各有斬獲。另一個因素是，不結盟國家組織即將在印尼萬隆開會，討論和平共存議題。

美國行政部門雖然剛在國會促成《台灣決議案》過關，現在卻悄悄設法要讓蔣介石退出金門、馬祖。雷德福上將和助理國務卿羅伯森（Walter Robertson）四月間與蔣總統開會時表示，儘管《台灣決議案》經國會通過，艾森豪總統不批准動用美國兵力保衛金門、馬祖。如果國軍肯退出金門、馬祖，美國海軍會限制南起汕頭、北至浙江溫州的中國海岸海路交通。換言之，爲了讓蔣總統肯退出金門、馬祖，美國願意在台灣海峽地區針對共產中國，進行「實質」的交戰狀態。可是，蔣介石拒絕考慮這個突如其來、影響深遠的方案。外島象徵著國民政府與中國大陸仍有關連，這一點比什麼都重要。蔣介石了解，美國提議以海軍限制中國海路交通，加上國軍撤出金、馬外島，等於把台灣地位凍結成爲一個孤立的個別實體。

一九五五年，儘管對外島地位意見分歧，華府和台北似乎關係甚爲密切。中、蘇兩大共產國家雖然意識形態有差異，也似乎合作無間。莫洛托夫宣稱社會主義陣營是由蘇聯和中國一起領導。他們在和平共存策略上尤其合作無間。周恩來在萬隆亞非國家會議上表示，中國希望與所有國家保持友好關係，他提議北京和華府就消除台海地區緊張局勢展開談判。在中國新姿勢之下，許多國家與台北斷絕關係，承認中華人民共和國是代表中國的政府。台北最困擾的是，華府與北京一九五五年八月在日內瓦展開大使級對話。美方向蔣氏父子解釋，對話的目的在於迫使北京在台灣海峽放棄使用武力。但是，國民政府擔心的也正是這一點。如果北京承認不在台海地區使用武力，國民政府威權統治的藉口也就沒了。

事實上，中、美大使級談判進行了幾個月，中方就建議中美發表共同聲明，表明兩國將以和平手段，放棄訴諸武力以解決彼此爭端。中方代表王炳南在澄清關鍵問題時，「表明兩國在此一聲明中所稱之爭端，可包括美國與中國在台灣地區的爭端」。換言之，毛澤東在一九五五年預備簽署中、美放棄武力的聯合協議，中方代表願意在官方紀錄上載明承認，這項承諾適用於與台灣有關之問題。接受北京的提議，對杜勒斯促進台灣海峽長期和平的目標大有裨益，讓台灣地位問題開放等待討論，也可在未來對中國關係上取得彈性。美國談判代表強生（U. Alexis Johnson）大使大爲振奮，急電華府，力促接受中國的提議。

這時候，中央情報局的情報評估分析也預測，即使中、美關係沒有突破，台灣的國際地位將持續惡化，同時中國的外交、軍事和經濟力量將上升。但是杜勒斯和艾森豪擔心，中、美之間在台海地區終止緊張關係的任何協議，不論它對美國公布的目標有何裨益，恐怕會激起蔣介石及共和黨右翼的憤怒反應，甚至惹出許多國家狼奔豕竄，爭相放棄台北，轉而承認北京政府。戰略上來講，這個提議是個好交易；政治上而言，它卻會惹出大亂。美國政府拒絕中方提議，回到往常的要求：北京必須正式、明確「整體而言放棄使用武力，並特別標明不在台灣地區使用武力」。北京一九五五年十二月此一提議，反映出儘管毛澤東跟赫魯雪夫之間，對於和平共存究竟是戰術政策，還是戰略政策，存在哲學思考上的歧見，他在當時準備追隨莫斯科，尋求與美國徹底修睦交好。華府拒絕毛澤東在台灣議題上妥協的提議，對毛澤東過後幾年的激進化，以及最後與莫斯科決裂，扮演了相當角色。美國此後再也得不到類似的提議！

註一：錢復一九九五年八月二十九日在台北接受本書作者訪談時所說。原書註九。

註二：王冀一九九五年十一月十二日在華府接受本書作者訪談時所說。原書註十一。

註三：晚宴情形是一位參加這些活動的親密朋友所說。有關蔣經國與一些部屬的妻子有染（其中之一傳說是某位少將之妻）的故事，來自若干消息來源。消息來源包括班立德（Mark Pratt）〔一九九五年十二月二日接受本書作者訪談〕，以及若干與經國工作關係密切的台北高級官員；不過這些傳言從來沒有得到他的任何密友證實。（譯按，班立德一九七〇年代曾擔任美國駐台北大使館政治參事。）原書註十二。

註四：馬紀壯一九九五年八月三十一日在台北接受本書作者訪談時所說。原書註十三。

註五：某位蔣經國的前高級助理一九九五年八月三十日在台北接受本書作者訪談時提到這段軼聞。原書註十四。

註六：唐耐心，〈杜勒斯與兩個中國政策的台灣根源〉（John Foster Dulles and the Taiwan Roots of the Two Chinas Policy），收於殷默曼（Richard H. Immerman）編：《杜勒斯與冷戰外交》（John Foster Dulles and the Diplomacy of the Cold War），普林斯頓大學一九九〇年出版，第二四一至二四二頁。另參見唐耐心著，《台灣、香港與美國，一九四五至一九九二年》，第三十六至三十八頁。原書註二十三。

第十四章　股掌間的美國盟友

一九五七年，大約有一萬名美國人住在台灣，很大一部分是中央情報局、軍方人員及眷屬。春天的某個夜裡，台北近郊一間小屋，雷諾上士的太太尖聲向丈夫呼救，她正在洗澡，有人偷窺。雷諾拔出手槍，衝出門，一槍打死院子裡一個中國男子。根據台、美雙邊協定，美軍在台北成立軍事法庭審理雷諾殺人案。五月二十三日，法庭裁定雷諾無罪；美國空軍的一架飛機立即把他們夫妻載往菲律賓。

台北新聞界立即大譁。五月二十四日，死者（譯按，劉自然）太太和數百名年輕示威者在美國大使館門口集結、抗議。群眾越聚越多，怒火上升，開始用石頭投擲向大使館。美國代辦打電話給外交部長葉公超要求保護；葉公超聯絡警備總部，要求警總驅散示威群眾。地區指揮官卻說，這類命令必須由總統下達。（譯按，當時美國大使藍欽休假，不在台北；台灣省警務處長是樂幹少將，憲兵司令黃珍吾中將）

李煥聞訊，立刻向蔣經國報告，經國立即趕到救國團總團部（譯按，在台北市昆明街和峨嵋街口今天的力霸百貨公司）坐鎮處理事態發展。群眾越來越暴烈，當他們攀牆進入使館（譯按，在台北市忠孝西路北門鐵路局辦公室西側）時，美陸戰隊衛兵發射催淚瓦斯。葉公超急電經國，請他立刻採取行動。在附近指揮鎮暴隊伍的警總軍官也請示上級，准予恢復秩序。經國卻指示他，不准使用武力，反而派便衣人員混進暴民當中，試圖控制住紊亂局面。

示威群眾突破催淚瓦斯，衝進大使館。美國陸戰隊衛兵退走，暴徒洗劫使館，把大使的保險箱由二樓窗子丟出去。中央情報局人員拍下的照片顯示，警察袖手旁觀不管事。某些櫃子被撬開，中國便衣秘探（中情局想像）抓了一大把文件，趕緊跑了。群眾又跑到美國新聞處圖書館（譯按，在今天中山堂對面的山西餐廳），把它搗毀。經國和李煥通宵未闔眼，指揮應變。

接下來就是交涉、抗議與道歉。美國最後的評估以八月二十七日的國家情報評估形式出現，這份報告由中央情報局主稿，得到國務院和國防部情報部門的聯署認可。報告試圖四平八穩，面面俱到，它說：「雖然某些官員可能曉得有人策劃示威，藉機佔便宜，但是大使館遭洗劫可能不是出於預謀。示威轉為暴亂之後拖延良久才掌控住暴民，反映出政府遇到緊急狀況採取迅速行動的能力嚴重不足。」

暴亂讓艾森豪痛心疾首，可是華府對國民政府不論是在國內或國際脈絡上都有強烈承諾，因而只好刻意淡化處理。美國反應溫和，讓經國及其父親確信台北當局對強大的美國的確也有可以著力影響的地位。

五二四事件之起始是救國團成員不滿雷諾殺人無罪的判決，尋求准予在美國大使館前集會抗議。申請案送到經國本人桌上。回想到自己學生時代的愛國熱情，本身對美國軍事法庭的裁決也的確氣憤不過，經國批准示威集會，但是指示必須和平抗議。可是，群眾受到外來者蠱惑，失去控制。

二十年後，面臨另一場危機，經國告訴李煥，只要他當權，政府部隊就不應向台灣街頭民眾開槍。（註一）自從他在一九四九年底接掌情治安全工作以來，他督導大規模的逮捕、拘禁行動，早期也有數千人遭到槍決；但是這段期間國軍部隊或警察從來沒有對群眾示威集會開過槍。一九八〇年代的一位高級副手當年是救國團團員，他表示蔣經國認爲美國人有錢，可以再蓋一座新的大使館：「讓他們新蓋個大使館，總比讓警察以經國先生名義開槍射殺街頭民眾要好。」（註二）

可是，這場暴動讓美國人對蔣經國疑慮更爲深重。一九五八年，若干共和黨籍資深參議員、眾議員向國務院高聲抗議，也親自向艾森豪總統表示反對蔣經國前來美國訪問。這群議員的發言代表指蔣經國「完全親共」，他的救國團協助煽動五二四砸毀美國大使館事件。竇克森（Everett Dirksen）參議員私下評說：國務院助理國務卿羅伯森是個「偉大的反共人士，可是他的盲點就是蔣經國」。（註三）

美方接受地主國的道歉、賠償之後，修復大使館，買了新保險箱，也預備迎接新大使到任。新任大使莊萊德（Everett Drumright）和藍欽一樣是職業外交官，他秉持美國官方政策立場——中華民國政府的力量、安全和聲望攸關美國重大利益。幾乎在所有的事務上，他比藍欽還更同情蔣介石和蔣經國的觀點。莊萊德打交道的對象是葉公超，在特殊狀況下也直接與蔣總統本人溝通，但是和蔣經國業務交往不深，這一部分是中央情報局不想讓別人分享的連繫關係。

一九五八年早春，雷・克萊恩（Ray S. Cline）也到台北擔任中央情報局站長。中情局在台北的薄紗掩護名稱，已經由西方公司改爲「海軍輔助通訊中心」（Naval Auxiliary Communications Center）。克萊恩是個和藹、親切、眞誠的讀書人。此後四年他和蔣經國建立起來的公、私情誼，在中情局與外國情報首長交往史，都可謂空前融洽。蔣家與克家也走動得很勤。經國的兒子稱呼這位中情局站長「雷叔叔」，經國還請克萊恩太太瑪久莉（Marjorie）替他補習英文，一星期上好幾次課。後來，經國一九三七年剛由蘇聯回國在溪口奉父命寫下的留蘇回憶錄，要出英文版時的序文，還由她協助修潤。

蔣經國夫婦也出席中情局同仁的晚會活動。他們穿指定的化粧服裝，如牛仔襯衫，跟大家一起跳舞嬉鬧。有一天夜裡，經國還披上侍者上衣，在臂上掛塊餐巾，參加「理髮師合唱團」上台獻唱。據克萊恩的說法，人人認爲經國跟大家一樣，是個平易近人的人。有時候，這兩個相貌神似的中年情報頭子，還結伴出去尋樂子。（註四）

在克萊恩的推薦下，美國提供幾架 U2 間諜飛機給國民政府，訓練飛行員駕駛這種高空飛機。中華民國空軍負責維修、駕駛 U2 高空偵察機，但是所有的飛行任務則由中央情報局緊緊握住。U2 偵察飛行成爲在台灣最成功、最重要的合作蒐集情報活動。在這段期間，蔣總統一再要求美方多提供先進的軍事科技。一九五八年一月他提出八項特別大膽的要求。過了四十年，國務院還沒有公布與這些要求相關的文件。然而，可能是疏忽，一九九八年解密的一份備忘錄卻透露，華府批駁不准蔣介石的一項要求——請美方提供核子武器和導向飛彈。（註五）

一九五八年初，印尼一群文武官員在中部的蘇門答臘和東部的蘇拉維西（Sulawesi）發動反蘇卡諾（Sukarno）總統的叛變。三月間，蔣總統在台北接見杜勒斯國務卿時表示，如果左傾的蘇卡諾敉平亂事，將大大增強共產黨在印尼的地位，杜勒斯同意他的觀察，克萊恩和蔣經國隨即擬出一項計畫，提供戰術空中支持以及武器、補給品給這支反蘇卡諾的叛軍。如果不能推翻蘇卡諾，這項聯合行動的第二個目標是，讓印尼共和國分裂——他們的構想假設前提是，蘇卡諾有意把印尼帶進共產陣營。

這項行動立刻就出了紕漏。印尼部隊擊落中央情報局一架飛機，活捉美籍駕駛員帕比。這一來使得印尼共產黨振振有詞，指責在國際關係上淨講法理、秩序的美國，卻秘密支持以武力分化一個聯合國會員國的勾當。蘇聯在美國秘密支援叛軍消息曝光後，也急急供應米格十六戰鬥機給蘇卡諾。

華府旋即拋棄叛軍，政策丕變，轉爲以強化印尼軍隊做爲反共屏障的政策；這時卻發生一個奇特情形。蔣經國底下由中情局支援的 B26 轟炸機出動任務支持叛軍，可是美國卻開始運送武器給雅加達當局，讓他們可以用來敉平叛變。華府已經重新思考，或許還可以挽回蘇卡諾。九月間，杜勒斯私底下跟朋友提到：「蘇卡諾不像蔣介石那樣狂熱……他是個工於心計、手腕靈活的政客」。其實杜勒斯太低估蔣介石，他可比蘇卡諾更把美國人玩弄在掌中。

蘇拉維西起事是偶發的意外，而平時蔣經國的特種作戰部隊其實並不得閒。美軍顧問團培訓三千名國軍官兵爲特種作戰部隊，但是在一九五五年大陳撤退之後，中央情報局和美軍顧問團已經金盆洗手，停止涉及對中國的滲透突擊。最後，華府當局注意到中共在防患未然方面相當成功，遂正式指令駐台北美國機構，制止美國盟友從事這類活動。

但是，蔣氏父子既爭取到莊萊德和克萊恩的撐腰，開始推動升高秘密活動。克萊恩到任後不久，經國和他討論一項方案——美國替台北代訓、裝備三萬名傘兵，一旦大陸爆發大動亂，立可空降進入敵後。莊萊德大力支持這個構想。國務院答覆說，固然不妨小心地與蔣介石討論這個構想，但是過去這類動作可全都失敗！蔣氏父子另外又提出一個必然會遭拒的姿態——提議以國軍兵力組織一支快速部署部隊，可以扮演「保護自由世界在亞洲利益」的救火隊。美國聯合參謀本部答說，亞洲絕大部分國家不會歡迎這樣一支快速部署隊伍，使用它將使共產中國介入事端。

一九五六年二月，赫魯雪夫在蘇聯共產黨第二十屆全國代表大會上宣稱，和平共存是「基本原則」，不是戰術伎倆。這項重大宣布引起聽眾注意，可是其震撼力遠遠不及他接下來的話——他嚴詞抨擊史達林的罪行（鄧小平代表中共列席這項會議）。毛澤東的第一個反應是，自己也發動一個自由化運動——百花齊放運動，鼓勵政治討論與批評。不料，知識份子批評聲浪極大，更鑒於匈牙利發生反共革命，毛澤東突然在一九五七年六月扼殺百花齊放運動，對放膽直言的人士發動鬥爭。他派出鄧小平執行鎮壓，把三十萬名知識份子打成「右派份子」，把數萬人送進勞改營，更有不少人遭到槍決。

八月，蘇聯試射第一枚洲際飛彈，六星期之後，第一顆人造衛星「史潑尼克」（Sputnik 譯按，俄文「人造衛星」之意）也進入地球軌道。包括毛澤東在內，全世界為之震動。史潑尼克升空一個月之後，蘇聯和中國簽訂一項秘密協定，蘇聯承諾提供科學、技術援助，讓中國也能自製核子武器。毛澤東受到鼓舞，開始又有驚天動地、掀起革命大亂的雄心壯志。毛澤東十一月七日到莫斯科參加慶祝布爾什維克革命四十周年，演講時大唱黷武論調。從俄國一回來，他就開始計畫中國農、工業生產要搞「大躍進」；鄧小平熱切支持毛澤東的構想。

一九五八年五月，大躍進正式開始。這項激進計畫對中共黨內政治、毛澤東本身、中蘇關係，乃至一九六〇年代中國激進主義的形成，都產生深刻影響。它也對一九五八年的金門危機產生觸媒作用。大躍進其實就是毛澤東在政治領域裡的史潑尼克——他要把人類社會來個旋乾轉坤的革命改造。

赫魯雪夫在一九五八年七月一日秘密抵達北京，帶來一項他認為可以強化雙邊夥伴關係的寬大計畫——中、蘇合組一支太平洋艦隊。可是，赫魯雪夫來訪前，毛澤東已經接到全國各地傳來陣陣好消息，他的農村大改革計畫一發動，全國風起雲湧響應，情勢一片大好。毛澤東志得意滿，對聯合艦隊之議，提出赫魯雪夫不可能答應的條件。赫魯雪夫提醒毛澤東，處理台灣問題千萬小心，不可孟浪。這類勸說反而使毛澤東不悅，證實他原本的疑心——蘇聯即使沒跟美國串謀搞兩個中國，至少是默許美國放手推動兩個中國。

八月二十三日，中共岸砲在兩小時內朝金門濫射五萬發砲彈。接下來五天，彈如雨下，把金門炸翻了。毛澤東私底下對他的醫生李志綏說，這「純粹是演戲」。他並不想拿下金馬，因爲它們是中國對台灣享有主權的一個連接點，何況「這兩個外島就像兩根指揮棒，讓赫魯雪夫和艾森豪跟著跳舞」。這就是毛澤東版的杜勒斯邊緣政策；他意圖威脅，但是不要侵佔金門和馬祖。

八月間，艾森豪在國家安全會議開會時大爲光火，美國「由於某個人（蔣介石）的冥頑不化，被捲進我們不認爲該做的事（保衛金馬外島）」。但是他不能、或是不曾反駁聯合參謀本部及杜勒斯的論據：由於蔣介石不顧華府強力反對，仍在金門部署十萬名部隊，金門已經是美國的戰略要地，美國現在必須介入，必要時還得動用核子武器保衛它。九月四日，杜勒斯公開宣布，美國將派兵保衛金門。雖然莫斯科就像華府，並不贊同盟友在金門的行動，卻覺得必須跳出來講話，警告美國：「中華人民共和國是我國的好朋友、盟國和鄰居，攻擊它，就是攻擊蘇聯。」

五角大廈專家一致認爲，如果中共繼續砲轟下去，唯有核子武器才能打破它的封鎖包圍。杜勒斯和聯合參謀本部秘密討論必要時，需動用那一型的核子武器。美國急急把可以發射核子彈的八英寸口徑榴彈砲送到金門。美國大規模海、空部隊向西太平洋集結，要去防衛一個美國領導人認爲不應固守的小島。蔣介石部隊持續利用金門爲基地，對大陸進行滋擾突擊，這個事實使得美國現在要出兵保衛金門，似乎有幾分理不直、氣不壯。甚至杜勒斯在一次會議中都不禁說出：「如果這些小島被用作對付大陸的敵意行動之基地，美國怎能期待共產黨節制，不去攻打它？」

金門危機期間，蔣介石、陳誠頻頻與莊萊德會晤，經國與克萊恩則是天天碰頭。國民政府領袖對共產黨的威脅表示憂慮；對於和北京談判勢必徒勞無功，反增危險，提出警告；又重申一旦金門棄守，後果堪憂，力促美國採取堅強行動，打破封鎖包圍，並爭取美國提供更多先進武器。克萊恩在呈送華府的報告中，應和蔣經國的觀點──絕對必要在金門抵抗中共之威脅。經國在砲轟最激烈期間，幾度飛往金門前線視察，有一次還帶回來一片穿甲砲彈命中一座碉堡後炸開的彈殼鋼片，送給克萊恩當紀念品。

蔣氏父子既需要讓美國人相信國民黨政權是強大、穩定的盟邦，同時還得堅稱，國民政府在台灣立足不易，萬一金門外島棄守，它也會垮台。當然，金門對於蔣介石的重要性，就跟毛澤東之重視它，出於相同理由。如果國軍退出外島，兩個中國，甚至台灣獨立，就遠比四年前、或八年前，更像是合乎邏輯的下一步。毛澤東製造、玩弄外島危機，蔣氏父子也很技巧地玩把戲。金門危機的直接結果是，在原來已經排定的大量軍援之外，美國又趕運給台灣價值三億五千萬美元的先進大砲、飛機、坦克、兩棲艦艇及其他物資。其中有最新的空對空響尾蛇飛彈，使中華民國空軍對中共的米格機取得決定性的優勢。可是，蔣介石將因爲讓華府陷於它並不想要的戰爭邊緣而付出代價。

艾森豪堅持，美國一方面爲保衛金門做出備戰部署，一方面也要在這個議題上展現有意願「修好、談判」。他促成美、中大使級對話在日內瓦重新恢復。第一次對話在九月十五日舉行。突然間，在毛澤東指示下，北京宣布停止砲轟金門。大約同一時間，艾森豪和杜勒斯收到美國針對金門局勢動用核子武器方案的全面評估報告，趕緊懸崖勒馬。

十月二十一日，杜勒斯飛到台北，面交給蔣總統一份清單：如果他要防止國民政府被「清算」，就必須照單辦理。這項清單包括：台北政府「當做與大陸政權已經停火」必須做的動作；表現願意與北京「成立停火協議」；強調國民政府不會企圖用武力回到大陸。杜勒斯堅持，台灣必須保證避免突擊行動及類似的挑釁行爲；接受外島問題的任何解決方案，不過這些方案保證不讓一般百姓交給共產黨統治或離開家鄉；檢討「國軍建制的特性，甚或規模，以便達成更大的機動能力……或許亦能減輕台灣人民的負擔」。

蔣介石大爲震驚。杜勒斯要求蔣介石摒退所有隨員，只留下剛發表爲駐美大使的葉公超當譯員。杜勒斯提出警告，國際間視國民政府「好戰……偏好惹起世界大戰」，而且「壽命有限」。杜勒斯又說，「美國是否能夠在現有狀況下長久保護中華民國政府，都大有疑問。」

蔣、杜會談後幾個小時，新任外交部長黃少谷緊急召見莊萊德大使。黃少谷抗議，杜勒斯提出的「建議，具有幾乎撼動中華民國基礎的性質」。它們等於是要求台北當局公開接受「兩個中國」的想法。

當天夜裡，蔣、杜二次會談。蔣介石隻字不提上午杜勒斯的「建議」，反而熱切說明爲什麼需要加強金門防務，反制中共砲擊；中共砲擊已經讓守軍快頂不住了。杜勒斯答覆說，傳統武器沒有辦法摧毀廈門港附近的共軍砲陣地，「這就好比以卵擊石牆」。他宣稱，只有核子武器才有用。請問蔣先生要「美國用核子武器」對付共產中國嗎？蔣總統大爲意外，答說：「或許可以考慮用戰術原子武器吧！」

杜勒斯九月初和聯合參謀本部開會以來已經掌握若干狀況，開始對蔣介石說明箇中問題。要摧毀威脅金門的共軍砲陣地，需要相當於廣島或長崎所用的威力之核子武器，可是這種武器在空中爆炸，對共軍砲陣地並不會有影響；可是在地面或地底引爆核子彈，會造成兩千萬中國人喪生，包括金門軍民統統不能倖免。最後，「動用核子武器就會涉及到台灣，如果用到（蘇聯）核子武器攻擊台灣，台灣也全毀了。」

蔣介石早先接受配備核武器的美國空軍飛機，在美方控管之下進駐台灣，可以說在一九五八年金門危機以前就默認美國有可能動用核子武器對付中國。至少美方有一份情報報告（其內容細節還未解密）在一九五八年九月報告，國民政府想讓「美國對中國動用核武器」。但是誠如駐台灣美軍協防司令日後所說，蔣氏父子對核子戰一直「非常無知」。總之，蔣介石根本沒辦法和杜勒斯爭辯，只能訥訥地說：「如果（在金門危機中）使用核武器會掀起世界大戰，或是將美國捲進大規模衝突，我不會希望用到核子武器。」我們實在不能理解，他事先爲什麼沒有好好思考這個問題。杜勒斯和美國的聯合參謀首長在九月間就已經很縝密思考過，使用小型核武器在空中爆炸來剷除中共的砲陣地。

畢竟美國曾經成功地運用核子威脅結束韓戰，在越南獲取暫時和解。這些成績使得美國政府初步思考，威脅要在金門危機這個戰術情況不利、政治和道義層面又頗有可能釀成大難的狀況中，再端出核子武器。不過，由於艾森豪總統依然有疑慮、美國盟邦不以爲然，加上美國媒體與國會批評聲浪上升，行政部門不能不痛苦地重新評估利弊得失。

杜勒斯在離開台北之前，同意與蔣介石發表一份聯合公報，對於他此行提出的「建議」清單大大沖淡。台北當局在聯合公報中宣稱，恢復中國大陸人民自由的「主要方法」是實行孫中山先生的三民主義，「這個任務的基礎建構在中國人民的心中」。雙方承認「在目前的狀況下，防衛金門、馬祖，與保衛台灣，息息相關」。私底下，國民政府同意由金門撤軍一萬五千人。

杜勒斯儘管公開聲明的語氣和緩，但他向蔣介石說得很清楚，即使保守的共和黨政府在華府當家作主，也不是那麼容易會介入中國的戰事，美國人一般不見得支持「法理」存在「兩個中國」，卻傾向於「事實」存在「兩個中國」的方案。如果北京眞想攻下金門，美國的傳統武器擋不了它，但是也不會動用核子武器。杜勒斯前腳剛走，蔣介石已經和兒子商討蔣、杜會談中碰觸的棘手話題，決定採取一項戲劇性的動作——設法與北京接觸、降溫。

台北向北京接觸，這個消息的來源是中國最高階的一個領導人——喬石。一九九八年交卸全國人大常務委員會委員長職位以前，喬石長期掌控中國的情報、安全部門。一九九四年十二月，喬石告訴當時擔任美國國會圖書館中文部負責人、著名的華裔美籍學人王冀，在中國猛烈砲轟金門時期，蔣介石派人傳話給周恩來說，如果解放軍再不停止砲擊，他（蔣）將不得不聽美國人的——撤出金門和馬祖，屆時時間一拖久了，中國就有分裂之虞。（註六）這個訊息單純地標舉出毛澤東和蔣介石雙方都已接受的一個認識：金門是中國統一的關鍵樞紐。

蔣經國應該是向中共駐香港的情報單位取得連繫，傳遞了消息。中國不久即宣布「單打雙不打」隔天砲轟金門的新政策。對守軍的運補可在雙日進行卸貨作業。危機已經過去！國、共雙方還是敵人，還會趁隙削弱對方，但是在最高層卻有個了解——雙方對維持中國統一都有共識、都互有利益；可是他們各自的超級大國盟友只想在台灣海峽維持和平局面而已。

十二月，華府終於批駁了一月間國民政府爭取核子武器的要求。接下來，蔣介石批准在台灣建立第一個秘密核子武器實驗室的計畫。據蔣經國說，這個想法由他提出。（註七）

國民黨退到台灣時帶來將近五十萬的無眷單身官兵，以及十多萬有眷軍官和老士官。到了一九五九年，至少半數官兵進入三、四十歲的年齡階段，有些甚至年逾五旬。（註八）由於撤退來台的國軍部隊，軍官比例甚高，這時候這些軍官加上士官，人數竟然多過徵集入伍的士兵——形成三十二萬九千人與二十八萬六千人之比。（註九）陸軍還成立一些特別單位（「軍官作戰團」），完全由超額軍官組成。（註十）

由於大陸來台官兵對是否能回老家，或是否在台灣成家，有高度的不確定感，爲了要維持他們的士氣，維繫住政治忠誠，反攻大陸就成爲非常重要的議題。同時，大陸來台官兵一旦退役，如何不讓他們成爲社會或經濟問題，進一步與本省人疏離，也是一個棘手的大問題。

一九五〇年代末期，蔣經國挑起這個重擔，出任退除役官兵就業輔導委員會主任委員。美方體認它攸關台灣的穩定，撥出大筆美援支援退輔會的活動。退輔會提供補助費或貸款，協助退役軍人做小生意，譬如擺設小吃攤或當三輪車伕。台灣的民營企業也遭到重大壓力要配合政府政策。退輔會還成立榮民工程處，雇用約六千個榮民投入建設工程，興建中部橫貫公路。此外，退輔會還挑起責任，提供醫療、收容居留給予無法工作的榮民。後來蔣經國還批准一個構想：發給每個大陸來台退除役官兵「授田證」，准許將來反攻大陸後可以領到一塊地耕作（地點在哪裡，則沒有明訂)。退輔會總共發出去七十多萬張授田證。

台北近郊的榮民總醫院不僅發展成為大型醫療機構,還以醫療照顧品質、醫師專業水準的高超,名聞遐邇。蔣家後來還以榮總做為全家治病看診的醫院。(註十一)蔣經國秉持一向的作風,擔任退輔會主委期間十分重視細節,經常到各地視察。他親自託請國立台灣大學校長錢思亮推薦一群教授,設計一套性向測驗,讓退輔會能依據測驗結果給每個榮民找到合適的工作。(註十二)他經常到中部橫貫公路工程現場視察,與榮民工人一起吃飯,檢查他們的營舍、廁所和文康休閒設施是否完備。有位退輔會舊部屬記得有一次陪蔣經國視察一所收容榮民的痲瘋病醫院。讓衛士大為驚慌的是,經國竟然堅持跟他見到的每個病患握手。有位醫生說,有些病人已經二十年不曾跟任何人握過手。(註十三)

一九五七年,蔣介石在國民黨內設置副總裁的新職位,指派陳誠出任斯職。他希望藉由這個動作,終止外界臆測陳誠與經國不和,互相鬥爭的傳聞。陳誠現在在黨政兩方面都成為蔣先生正式接班人。在絕大多數觀察家心目中,經國仍是台灣第二號最有權的人物,但是他似乎滿意在正式官階上慢慢攀升,他對陳誠執禮甚恭,陳畢竟名義上是他的長官,而且遠自一九四〇年代的三民主義青年團、青年遠征軍時期就一直是他的上司。一九五〇年代初期,經國的安全隨扈堅持他不應再在台北街頭跑步運動了,他考慮改打高爾夫,可是陳誠告訴他:「人人都可以打高爾夫,就是我們兩個人不該打。」此後,蔣經國的主要運動就是下鄉或到陽明山踏青健行。(註十四)

可是,政治角力無法避免還是發生了。陳誠、小蔣之間最嚴重的內鬥事件發生在一九五九年初，陳誠與一群和他淵源深厚的將領聚會之後。聚會中出現一個話題：蔣總統要怎麼安排接班？大家假設老蔣先生會遵守憲法，於一九六〇年不再連任總統。蔣經國的情報人員監聽了聚會談話內容，不久，與會高階將領紛紛退役或改調不帶兵的職位。其中一位將領就是參謀總長王叔銘。經國一直設法與「老虎將軍」王叔銘交好，可是王叔銘和陳誠的淵源更深、關係更堅強。迭受經國提拔的彭孟緝，則升任參謀總長。

蔣緯國大約同一時期調職，可能也和王老虎及其他高級將領異動有點關連。緯國與哥哥關係緊張已經歷有年矣，不過表面上還保持和諧。緯國第一任太太石靜宜難產而死，一九五七年他計畫在東京和漂亮的中、德混血女郎丘如雪組織家庭。蔣經國聽到消息後，問起婚禮地點能不能改。據緯國回憶，這是第一次他當著哥哥的面發了脾氣。不過，他任東京成婚時還是把地點改在中華民國大使館。

一九五八年，蔣緯國出任國防部參五計畫次長。當年稍後，他回到裝甲兵司令部任職，不過這項職務他只擔任不到一年。王叔銘下台後不久，緯國被派到美國，進入美國陸軍防空學校受訓。此後，他從來沒有擔任過空防方面之工作，也不曾再擔任部隊指揮官。

國民黨遷到台灣以後，地方上出現派系爭取國民黨提名，搶著擔任地方公職，以及隨著這些公職而來的利益和權力。在台北等地出現一些黨外人士，在模糊、又有點了解的言論尺度之內批評政府。容忍黨外人士可使國內、國外（尤其是美國）有選舉比較民主的印象。然而，蔣經國的國內安全人員密切監視反對黨人士，如果言行超越尺度或彼此串連合作，就對他們發出警告。黨外人士言行踰越尺度，會受到政府不同形式的騷擾，如果還不知節制，搞不好在未經起訴或大眾不知情之下就被抓起來。

據高玉樹自述，一九五四年他第一次競選台北市長時，國民黨輕敵，不認爲他夠份量，因此允許自由選舉、誠實計票。讓國民黨大吃一驚的是，他竟然乾淨俐落贏得多數票。國民黨中央黨部及警備總部本來想宣布選舉無效，可是美國大使館已經報告高玉樹贏了。他獲悉蔣總統調閱他的背景資料，而幾可確定出於經國的建議，決定批准選舉的結果。（譯按：一九五四年台北市省轄市時代第二屆民選市長，國民黨提名「半山」王民寧，由警務處長轉來競選，卻被台北工專畢業、赴日讀書回台的工程師高玉樹以無黨無派獨立參選人身分給擊敗）私底下，高玉樹對包括美國大使館官員在內的友人形容國民黨外省人政權是不義的獨裁政體，但是他把大部分精力投入改善這個擁擠、污染的首都之建設。三年之後，他競選連任，但是沒有獲准派出足夠的監票員，因而敗給國民黨提名的候選人（譯按，黃啓瑞）。一九六〇年，選舉委員會再次不准他推薦監票員，他放棄競選。（註十五）

杜勒斯一九五八年十月底訪問台北帶來震撼之後，蔣經國的特種作戰中心減少對大陸的突擊、滲透活動。爲了讓相關部門大批人員有事做，經國又開始運補武器、裝備給緬甸的國軍游擊部隊，甚至調派國軍官兵到當地提供訓練。蔣經國的辦公室還提出「大陸工作四點計畫」，強調擴大情報蒐集和心理作戰，靜待「嚴重反共動亂」的跡象，伺機策應。

一九五九年三月，「世界屋脊」西藏果然爆發抗暴運動。根據一般的說法，拉薩騷動之後，謠傳駐藏中國官員計畫逮捕達賴喇嘛，把他解送北京。西藏人湧入拉薩以保護他們的精神領袖。這一來，騷亂擴大。康巴族人（Khamba）襲擊解放軍據點，達賴喇嘛率領大批僧侶、信眾逃離拉薩，進入山區，輾轉逃到印度。

三月二十六日美國國家安全會議開會，中央情報局局長艾倫·杜勒斯報告說：蔣總統「極端焦急，想要有所行動，鼓動西藏抗暴運動繼續下去」。經國和克萊恩提出台北及華府如何提供支援給叛軍的建議。可是，中情局早已與西藏人有了接觸。已經解密的美方檔案材料，有許多地方提到中央情報局在藏胞抗暴運動前後，對反共藏人秘密大量支援及鼓動。（註十六）中央情報局援助西藏的計畫，代號是「ST馬戲團」（ST Circus），包括在美國境內訓練西藏人；事實上它是「根據美國政府一九五一年及一九五六年對達賴喇嘛的承諾」而於一九五六年開始。秘密運補武器給西藏抗暴運動，始於一九五八年九月。（註十七）中情局執行這些活動，得到經國的合作，但是他沒有直接介入西藏內部的行動。一九九六年，國軍某位高階軍官接受本書作者訪談時，證實中情局由台灣對西藏的運補，始於一九五九年以前。這些行動鼓舞了抗暴運動、帶出了激情與謠言，導致達賴喇嘛決定逃出拉薩。

西藏反共抗暴運動起事，莊萊德竟建議華府當局不要和蔣經國聯合作業，他認爲西藏人一概不喜歡中國人，才不管他們是不是共產黨。華府方面也擔心國民政府介入會傷害到印度及其他國家對西藏人的同情。不過，白宮還是批准了一項秘密援助西藏抗暴之計畫，其中包括與台北當局進行「探測性的討論」。這時候中情局顯然已逕自執行自己的計畫，增加對西藏游擊隊的武器空投

作業。根據中央情報局一名前任官員的說法，在西藏抗暴起事之後的秘密運補，是以印度爲基地進行作業。（註十八）

五月三日，蔣介石表示非常不高興，美國竟然沒有跟台北合作利用西藏抗暴發動行動，他表示國軍也會有動作，暗示將以傘兵空降到西藏。但是，此時藏人反抗運動已經瓦解。早在四月二十三日，杜勒斯就報告，反共游擊隊已經慘敗，企圖逃入印度。雖然如此，中央情報局的支援動作沒有中止，不久經國的秘密單位也加進來一起伸援。（註十九）一年之後，雖然艾森豪認爲美方繼續援助無濟於事，只會引起中共對藏人更殘暴的報復，國家安全會議還是批准延續支援動作。

除了在西藏聯手支援抗暴運動之外，國民政府現在也推動與美國在中國其他地方發動游擊行動。這時候，全世界都曉得中共的大躍進釀成大亂。劉少奇取代毛澤東出任人民政府主席，更增添外界猜疑毛澤東地位下降。一九六〇年二月，蔣經國通知克萊恩，有鑒於大陸民情高昂，反共聲浪上漲，蔣總統打算空降兩、三百人一隊的許多突擊隊到四川等地。經國說，他們將在春天開始行動，如有必要可以單方面行動。克萊恩向華府報告，他設法說服台北對這項雄圖「溫和一點」。

艾森豪總統一九六〇年六月到台北訪問，蔣總統表示，在邊境地區若干地點設置游擊基地的時機成熟了；他保證大陸百姓會揭竿而起，導致共產政權覆亡。台北方面有所求於美方者，就是飛機和電訊設備。艾森豪答應他，美方會研究這項方案。回到華府，五角大廈再次研判認定，這項計畫「幾乎必然會失敗，對於台灣和美國都會有不利影響」。不過爲了安撫蔣介石，艾森豪批准爲了「鼓勵大陸反共運動的目的」，美、台要共同計議、規劃。這項計畫的詳細內容還未解密，但是顯然除了規劃、訓練之外，並沒有進一步動作。（註二十）

雖然西藏抗暴悲慘失敗，它卻造成中、印關係緊張，進而導致莫斯科和北京失和。七月十六日，莫斯科照會北京，它決定不僅取消一九五七年秘密發展核武器的協議，還要召回派到中國的所有蘇聯軍、民技術專家。此時，鄧小平已從大躍進的大災禍裡汲取痛苦的教訓，他正在審慎地推動務實政策，試圖彌補大躍進造成的傷害。

註一：李煥一九九六年五月十八日在台北接受本書作者訪談時所說。（譯按：此處是指一九七七年的中壢事件，許信良違紀脫黨競選桃園縣長時，選民懷疑投票所人員違反規定而搗毀中壢警察分局。）原書註七。

註二：馬英九一九九八年三月十日在台北接受本書作者訪談時所說。（譯按：這裡作者明顯錯了，五二四事件時，馬英九只是小學生，怎麼會是救國團團員？）原書註八。

註三：高立夫（Ralph Clough）一九九八年四月二十二日接受本書作者訪談時所說。賓克森這句話是對高立夫說的。（譯按，高立夫一九六〇年代曾在駐台北美國大使館任職，離開公職後轉入學界，研究中國問題，並沿襲哈佛大學教授費正清的說法，提出海洋中國vs.大陸中國的概念。賓克森則是六〇年代美國重量級參議員，曾任共和黨參議院領袖，女婿霍華・貝克（Howard Baker）也任參議員，曾任共和黨參議院領袖，並在雷根總統時期應邀替他跨刀，擔任過白宮幕僚長。）原書註十。

註四：費浩偉（Harvey Feldman）一九九九年一月告訴本書作者這個故事。譯按，費浩偉也曾在台北美國大使館任過職。原書註十二。

註五：國務院一九五八年十二月三十日備忘錄，收在《美國外交關係文件一九五八至六〇年》第十九卷第五〇九至五一〇頁。原書註十三。

註六：王冀一九九五年十一月二十八日在華府接受本書作者訪談時所說。原書註四十六。

註七：這是蔣經國一九七五年向立法院做半年一次的（施政）報告時透露的消息。見《中國季刊》（China Quarterly）一九七五年十二月出版第六十四期，第八〇八頁。原書註四十八。

註八：一九五九年中華民國武裝部隊有六十三萬人，其中美國軍援計畫資助六十萬人。原書註四十九。

註九：一九六一年六月二十日《國家情報評估》第四三之六號，〈中華民國政府前景〉。孫立人於一九四九至五〇年間首開徵集台灣人當兵的作法。一九五一年，有一萬二千至一萬四千人左右的台灣人被徵兵入伍，想必是在孫立人部隊服役。然而一九五一年之後有好幾年，並沒有徵集台灣人當兵。見一九五四年九月十四日《國家情報評估》第二九五號，〈直到一九五六年台灣可能的發展〉，收於《美國外交關係文件一九五二年至五四年》第十四卷第六三七頁。原書註五十。

註十：前任駐台美軍軍官所說。原書註五十一。

註十一：姜必寧一九九六年六月五日在台北接受本書作者訪談時所說。原書註五十四。

註十二：錢復一九九五年八月二十九日在台北接受本書作者訪談時告知。台大校長錢思亮就是錢復的尊翁。原書註五十五。

註十三：王紹堉一九九六年五月十一日在台北接受本書作者訪談時所說。原書註五十六。

註十四：郝柏村一九九五年八月二十五日在台北接受本書作者訪談時所說。原書註五十七。

註十五：高玉樹一九九五年八月三十日在台北接受本書作者訪談時所說。（譯按，一九六〇年黃啓瑞在沒有強勁對手挑戰下順利蟬聯，但不旋踵即涉嫌台北市公共汽車管理處購車弊案遭到停職；政府派周百鍊代理市長。一九六三年，高玉樹挑戰周百鍊成功，再度入主台北市政府。中央旋即在一九六七年把台北市改制爲院轄市，照樣讓高玉樹擔任官派市長，稍後才把他調到中央擔任交通部長。台北市民則一連近三十年沒有選舉市長的機會，直到一九九四年省市長民選。）原書註六十二、六十三。

註十六：國務院歷史家在《美國外交關係文件》第十九卷第X至XI頁序言裡很不尋常地評論說，由於中央情報局的地位，他們在編輯有關西藏抗暴運動事件的文件時「不符法令要求的完整及精確標準」。譬如，《外交關係文件》引用中情局在抗暴事件剛發生之後所起草的《西藏行動評估》（Review of Tibetan Operations）時，就略掉八頁文稿，因爲中情局不肯解密。從略掉這八頁的前後文檢索，顯示它們包含中央情報局一九五九年三月以前在西藏秘密活動的詳情，見一九五九年四月一日杜勒斯呈艾森豪，中情局致白宮之備忘錄，收於《外交關係文件一九五八至六〇年》第十九卷，第七五二至七五三頁。原書註六十七。

註十七：見一九六八年一月二十六日致三〇三委員會之備忘錄，收於《外交關係文件一九六四至六八年》第三十卷第七三九至七四二頁。另參見克瑙斯（John Kenneth Knaus）《冷戰孤兒：美國與西藏人生存之鬥爭》（Orphans of the Cold War: America and the Tibetan Struggle for Survival）一九九九年版。季辛吉後來在一九七〇年代初期下令停止西藏秘密活動計畫。原書註六十八。

註十八：中央情報局不肯把內容解密，可能就是這個原因——它會讓印度政府難堪。原書註七十二。

註十九：當時駐東南亞的一位中央情報局官員一九九六年接受本書作者訪談時所說。原書註七十五。

註二十：見一九六〇年六月十九日白宮艾森豪、蔣介石通信備忘錄，收於《外交關係文件一九五八至六〇年》第十九卷第六八四至六八七頁，原註二即是本書引文出處。艾森豪同意進行某種規劃，可以由蔣介石一九六〇年十二月十四日向艾森豪致謝之函見其端倪。這封謝函收於同一卷第七四八頁。原書註七十九。

第十五章　中國大躍退

整個一九五〇年代，乃至一九六〇年代，外省人佔台灣地區人口的一成半，但是中央政府、軍隊、國民黨中央、大型國營企業幾乎每個高階職位，全給外省人佔了。在地方上，外省人的主導地位一樣無所不在。例如，一九六三年全島二十四個縣市警察局長，沒有一個台灣人，一百二十個分局長當中，只有五個台灣人。（註一）

本省籍人士除了國民黨之外，找不到其他政治組織可以依附。安全管控嚴峻實質上使得民間連溫和表示反對都不敢。警備總部找不到太多對象需要鎮壓或甚至嚴重「警告」。可是，還是有五千名左右台灣人被當做政治犯拘押，做爲對有心反政府人士的活教材。（註二）

可是，國民黨維持法律與秩序不單是靠高壓鎮懾，它在多數台灣農民、商人群中享有程度不等的支持，因爲他們不僅是政府經濟政策的受益人，也是國民黨推動政治穩定的受惠者。民間企業主有八成是本省人。一九四九年台灣農民約三分之二是佃農；到了一九六〇年代初期，已有三分之二農人自己擁有耕地。這些新地主社會地位和自尊大幅提升，產生榮譽感和責任心。結果之一是，他們以選民乃至候選人的身份積極參與國民黨掌控的地方選舉。（註三）然而，一般認爲，如果允許出現活躍、自由的在野反對勢力，農人、商人對國民黨的支持很快就會消逝。

有些黨外政治領袖，如台北市前任市長高玉樹等，希望美國能支持他們以黨外身份在有限的地方政治與選舉中參一腳。可是在一九六〇年代中期，高玉樹等人很痛苦，因爲他們覺得縱使他們有心合作，並沒有得到外省人善意回應，也沒有得到美方理解。不過他們還是繼續在蔣家父子所允許的有限度之參政體系內努力。華府並沒有對台灣直接施加壓力以放鬆此一限制，但是美方與台灣境內對這個問題的態度逐漸起了變化。

少數本省人開始在政府及國民黨內受到重用；蔣經國拔擢台籍人士徐慶鐘出任國民黨中央黨部副秘書長，徐氏回過頭來提拔他一位台籍學生、農業專家李登輝。李登輝成爲學界、官場一個非正式組織「農經派」成員。一九六〇年代農經派的主幹人物是中美農村復興聯合委員會秘書長蔣彥士——一位擁有美國明尼蘇達大學農業博士學歷的浙江老鄉。

蔣彥士由美國回國後，在農復會裡晉升極快。一九五〇年代初期蔣介石指示高級助理，要注意物色青年才俊，提供給經國儲才養士。有一天蔣彥士突然奉召晉見蔣總統，稍後即接到經國的電話；又隔不久，經國就來拜訪他。（註四）蔣彥士在一九六一年升任農復會委員；多年下來，他與蔣經國發展出深厚的公私情誼。外界謠傳，他們倆交情好原因之一是，蔣彥士也喜歡夜裡出遊，與女人廝混。

蔣彥士官位上升，也提拔李登輝。蔣彥士和台灣島內都不知道李登輝還在台灣大學農業經濟系唸書時，曾秘密加入共產黨外圍組織。

根據有些報導的說法，李登輝成為中共黨員或候補黨員。但是他不久就得到結論：共產主義與他的基督徒信仰有太多衝突，因此在一九四七年二二八事件之前就正式向他所屬小組申請退黨。在二二八事變當中，知道李登輝加入中共外圍的人，不是被殺就是逃到大陸，李登輝的身份沒有曝光。一九六五年，李登輝得到洛克斐勒獎學金到康乃爾大學唸書。蔣彥士把李的博士論文《台灣經濟發展過程中農工部門間之資本流動》介紹給蔣經國注意。雖然這篇論文題目不動人，但經國顯然對內容相當欣賞。李登輝一九六九年回到台北，被派任為農復會農村經濟組組長。一九七〇年，在蔣彥士和徐慶鐘促請下，李登輝加入國民黨。李遂和經國一樣，先為中共黨員或候補黨員，然後再加入國民黨（蔣經國則是恢復國民黨黨籍）。

台北的經濟技術官僚和國際開發總署（Agency for Internaticnal Development）合作，擬訂一套十九項基本改革方案，加快經濟發展，把台灣推動到可以不再需要美援的地步。許多國民黨元老依然矢口歌頌公營事業，不喜歡私人資本（包括日本與美國來台投資在內），也強烈反對改革。（註五）經國雖然傾向支持國營事業，卻沒有介入此一政策辯論。陳誠及主要的經濟規劃官員都大力推動改革計劃，蔣介石立即表態支持他們。

根據中央情報局的資料，一九五〇年代末期起，北京好幾次透過種種祕密管道企圖與台北領導人接觸。一九三七年陪蔣經國坐火車橫跨西伯利亞的康生，在中共黨內聲勢上升，他和鄧小平可能是發送訊息的人士之一。中共表示，中國統一之後蔣介石可以居榮譽職，台灣可以自治，也將大赦「戰犯」。雖然中國送出秋波，但沒有得到台北回應，經國也不曾向克萊恩透露北京派人傳話、接觸。美方與北京有自己的雙邊接觸，經國也希望維持一條秘密管道，以備他日再發生類似一九五八年金門危機事件時可以派上用場。

儘管有秘密管道互通款曲，蔣經國手下情報單位對大陸局勢的評估，依然非常政治化。例如，蔣經國的分析人員就沒有察覺到中、蘇關係之間快速的動態變化。在一九六一年他們依然堅稱北京、莫斯科交惡是要讓自由世界失去提防意識的奸計。不過，經國本人對底下分析人員提出來帶有宣傳意味的情報起了疑心。爲了取得比較平衡的觀點，他在國防部內成立一個特別單位，聘請文職學者擔任研究分析人員。後來這個單位演變成獨立的智庫「國際關係研究所」，逐漸由留美回國學人主導。（譯按，國際關係研究所一九六〇年代末期由立法委員仲肇湘主持，後由吳俊才接棒，與國立政治大學合作，改組成爲「國際關係研究中心」，遷至木柵現址迄今。）

從美國人的觀點來看，與經國合作的秘密情報作業，還是在通訊攔截及空中偵察這兩方面最成功，兩者都由美方緊密控制。從一九五八年起由國軍飛行員駕駛的U2間諜機，就中國快速發展的核子武器及飛彈計劃，提供了非常獨到的情報。國軍U2偵察機多年來共有三架遭中共擊落，第一架被擊落發生在一九六二年八月。國軍高階飛行員不滿中央情報局掌控住U2的勤務，但台、美繼續維持此一分工方式。由於這是以台灣爲基地進行的秘密活動最成功的兩個項目之一，中央情報局根本不願放棄對U2的掌控權。

籲求民主的聲音並不只限於台灣人，一九五〇年代有個外省人雷震讓國民黨非常頭痛。雷震主持的《自由中國》半月刊，主張軍隊國家化、開放地方自治、實施內閣制等等改革措施。支持蔣總統的保守派人士開始懷疑陳誠秘密鼓動雷震等知識份子，以增加自己的接班機會。經國和他父親寬容雷震的批評，一則是爲了表示開放，一則是因爲《自由中國》與留居美國的著名學人胡適有關係。（譯按，胡適之掛名《自由中國》半月刊發行人。照出版法，雜誌文章責任要由發行人負責。）此外，雷震堅定的反共立場，主張一個中國，也使政府很難鎮壓他。雷震主張只有透過和平方式——意即把台灣轉化爲繁榮的民主楷模，才是光復大陸的不二法門。就知性上而言，這個論點可能讓經國心有戚戚焉，因爲日後他本人就採行這個方式。

雷震後來由理論、知性的論述轉向組織工作，就游走在許可的邊緣。一九六〇年他開始計劃籌組新黨「中國民主黨」。成立有競爭力的政黨，就是對政權的直接挑戰；但是國民黨內現在對於如何回應意見分歧。副總統陳誠，更重要的是他身邊的人，希望在本省人當中建立支持的基礎，主張寬容。陳誠公開聲明，反對黨只要不是「軍閥、地痞、流氓的政黨」就可以成立，讓政治觀察家嚇了一跳。這番話被解讀成——雷震得到綠燈，可以通行。（註六）

蔣經國則採取強硬立場，反對雷震組黨。他跟若干美國觀察家有同感，認爲「如果一個有效的政治反對黨可以成立，它無可避免會變成一個台灣人的組織，把國民黨勾書成是外省人主導的政黨……在乾淨的選舉中，國民黨幾乎註定必敗無疑」。（註七）南韓強人李承晚一九六〇年在一次選舉舞弊後遭到主張民主運動的學生推翻，使得蔣介石父子對於讓任何反對勢力在台灣抬頭，戒心很高。可是美國的政策走向也讓他們極爲關切。杜勒斯一九五八年十月底對蔣介石的一席話，其跡象年復一年更加明顯——美國——不分共和黨、民主黨，基於美國的利益和理想，都傾向兩個中國政策。同一時期，冷戰已經轉爲爭取第三世界民心向背的鬥爭，美國開始對本身及盟國的人權也持較高標準。一九六〇年秋天，民主黨提名的總統候選人甘迺迪強調美國的道德領導。經國和他父親認爲，一旦反對黨在台灣出現，美國人會全力推動它的發展。最好的辦法是別讓這隻毒蛇猛獸進來，但是得留個印象：來日不見得沒有機會。

陳誠針對反對黨發表溫和談話後不久，國內安全單位就奉蔣經國核准，鎮壓中國民主黨。透過威脅利誘手段，新黨一名領袖出國，兩名領袖遭到不明人士毆打，還有若干人營業執照被吊銷。九月間，安全單位逮捕雷震及一位助手。陳誠由報上獲知雷震被捕。

雷震以涉及共黨陰謀推翻蔣介石的罪名，被軍事法庭判處十年有期徒刑。艾森豪政府起先對雷震案大爲光火。國務院電報打到台北給莊萊德大使，關切雷案是「具有政治動機」，「中華民國政府任何凍結政治現狀的政策，將與美國長期以來的政策目標——朝向負責任的代議政府努力，俾能吸引台灣人民更加支持，直接產生衝突」。這份電報甚至建議：「提出美國對導致李承晚垮台事件的態度……或許可以間接表示，美國希望中華民國政府不要犯下同樣的致命錯誤。」

莊萊德立刻建請華府當局不可造次。他回報說，由於雷震堅定要籌組反對黨，蔣經國的確力主逮捕雷震。莊萊德說，華府可以十拿九穩不必猜測，因爲蔣父子鐵定會採取他們認爲的一切必要方法來「維繫政治控制，包括運用武力」。他認爲，美國若是試圖改變情況，一定沒有用，因爲蔣氏「已預備好抗拒美國的干預」。莊萊德宣稱，美國若想在台灣推動超越蔣家父子認爲明智的民主改革，並不符合美國利益，並舉出自由選舉會使國民黨敗選這個嚴峻事實。他又舉出一個頗有爭辯餘地的結論——他提出警告，由於「台灣人大多是沒有原則的機會主義者」，若是美國堅持開放民主，國民黨垮台，就會引起局勢不安定，「對美國利益是個大災害」。華府自此不再就雷案對蔣總統父子有進一步的施壓。

到了甘迺迪宣誓就職美國總統時，中國實施大躍進政策卻釀出大亂的相關消息頻頻傳出。每人平均稻穀量由一九五七年的二百零五公斤，驟降至一九六一年的一百五十四公斤。雖然還要過了好幾年，大家才曉得有兩千多萬人喪生；很明顯，營養失衡已經遍及各個層面。農村地區，包括蔣氏老家溪口，到處可以看到肚子脹腫的人。不久，難民成千上萬由廣東湧進香港。

自從一九四九年以來，這是第一次反攻大陸的希望乍現曙光！但是蔣總統跟過去一樣，除非中國內部接近崩潰或爆發內戰，他不願孤注一擲，採取大動作。一九六一和六二年大陸狀況並未符合這些條件。但是，鑒於大陸經濟大亂、難民大量逃出、中印（度）爭端上升，北京與莫斯科交惡也不再是秘密，蔣總統必須表現已經按捺不住、要發動反攻的姿勢。他的領導地位、國民黨的統治、美國強大的親國府遊說團體，乃至海外華人的殷望，在在逼得他必須表態。何況，通常蔣總統疾言厲色要求對大陸採取軍事行動，都會導致美國多給些軍事設備來安撫盟友的效果。

因此，蔣總統在一九六一年初指示經國，開始秘密規劃突襲中國大陸。（註八）參謀總長彭孟緝提出兩套劇本：一是由緬甸反攻進去，一是直接跨越台灣海峽進攻。蔣總統比較偏向由緬甸出兵的方案。（註九）過去兩年，經國奉父親命令，業已運送數千名精銳的特種部隊士兵進入緬甸北部地區。這支精銳雄師與一九五三、五四年「撤離」之後留在緬甸的五千五百多名游擊隊及其眷屬會合。兩軍會合後，開始跨越邊境進入中國，對中國進行新的試探性突擊。一九六一年一月初，經國派出國防部參二情報次長賴名湯到緬甸視察反攻的前景。

仰光和北京對於這些國民黨游擊部隊在得到生力軍支援後的騷擾動作煩不勝煩，雙方成立秘密協議，聯合針對國民黨在孟八寮（Mong Pu Liao）的基地發動作戰。孟八寮是民航公司飛機由台灣起飛、取道泰國進來的主要起降基地。緬甸及解放軍部隊發動攻擊，佔領此一基地，國軍部隊退入寮國。緬甸軍在佔領的基地發現有美國最近出廠的武器，還有五噸美製彈藥。（甘迺迪總統的）國務卿魯斯克大爲震怒，台北一九五三、五四年曾明確保證會與滇緬邊區游擊隊切斷一切關係，現在已經違背此一保證。魯斯克訓令莊萊德大使以罕見的嚴厲詞句指責蔣總統行動「鹵莽」，並要求所有的國軍部隊完全撤離此一地區。莊萊德沒有直接去見蔣總統表達華府的立場，他另透過克萊恩請蔣經國代爲轉達。國務院替白宮起草了一份備忘錄，它指出美國不宜針對這個議題，或其他議題，對蔣總統施加重壓，因爲「台灣在我們圍堵中國共產黨擴張主義壓力的戰略作爲上，扮演極重要角色」；這些戰略作爲包括「由台灣出發或在台灣島上進行的各種情報作業，它們要靠中華民國政府的合作」。

不過，在華府強烈反應及部隊在緬甸失利的情勢下，蔣家父子只能再次同意撤出軍隊。四月間，台灣宣布已撤回四千兩百人，但是不承認對滯留在寮國以及緬北山區的六千名游擊隊和眷屬有任何責任。不到幾個月，據報導中央情報局開始雇用這些國民黨宣稱管不到的孤軍擔任傭兵，在寮國西北部替美國的秘密活動效命。

蔣經國的部隊由緬甸撤回的同一個月，中央情報局在古巴豬玀灣事件慘敗，凸顯出認爲流亡部隊小規模兵力反攻，就會掀起大眾高擎義幟起來反抗強大的共產政權，有多麼愚蠢。蔣總統父子曉得，甘迺迪入主白宮，可比艾森豪政府更會排斥反攻大陸的念頭。可是，一九六一年六月，中央情報局台北站報告，蔣介石又在規劃跨越台灣海峽的反攻計劃。蔣經國告知克萊恩，台北將在八月一日開始動員，定於一九六二年一月或二月發動作戰。蔣經國告訴克萊恩，蔣總統已經向三軍總司令說明，不能期待美方在計劃反攻之前就來支持，「但是一旦國軍部隊在大陸任何地方建立橋頭堡，美國人一定就會提供一切必要援助」。

克萊恩在呈報給華府當局的報告中，並沒有表達出懷疑蔣總統會放手一搏，賭定了美國一定伸出援手的魯莽。一旦國軍反攻大陸失敗，中共進擊台灣，台灣抵抗又失利，這項計劃已規劃好，蔣總統和其他一小群政府領導人，「將由台灣疏散到某一安全地點」。後面這一點明顯意在讓美國人心裡有數，反攻一旦失敗，台灣有可能丟掉。七月間，克萊恩回到華府述職時，他向甘迺迪總統的國家安全事務特別助理麥克喬治・彭岱（McGeorge Bundy）提出警告，國民政府對於美國的政策方向十分不安，他們有可能眞正執行起自殺性的反攻登陸作戰。克萊恩主張，爲了安撫蔣介石，美國應該和他聯手「對大陸進行某種偵察任務」。在克萊恩不懈的推動下，甘迺迪總統批准了蔣經國特戰中心幕僚擬定的一項計劃，空投六支由二十人組成的突擊隊進入華南。幾個月之後，兩支突擊隊空降進入大陸，但是不旋踵，隊員不是被殺、就是被捕。

彭岱對克萊恩有了深刻印象。十月間，在彭岱的授意下，沒有告知莊萊德大使或駐華府的葉公超，克萊恩與蔣經國就處理外蒙古加入聯合國問題達成協議。台北原本誓言一定否決外蒙古入會，即使因此失掉在聯合國中攸關重大的支持亦在所不惜。蔣家父子與克萊恩折衝交涉時，同意了台北不會否決外蒙古加入聯合國，但是台北方面這項「讓步」，換來甘迺迪保證，如有必要，美國將動用否決權，否決北京加入聯合國。蔣總統果然再次以不利的動作要脅，爭取到美方重大承諾。

一九六二年一月，中國大陸動盪不安的消息頻傳，蔣總統父子再度背著莊萊德大使，與克萊恩秘談。蔣先生告訴克萊恩，他希望了解甘迺迪總統是否覺得時機合宜，可以就「中華民國政府介入大陸的條件是否可行、必要，或至少由自由世界戰略觀點而言是可欲的」來交換意見。蔣介石表示，他在做任何動作之前，肯定會跟美國諮商，但是「他希望能有美國同情與支持，即使國際因素或許使美國對於同情保持緘默，」台北當局。蔣先生現在熱切地接受中、蘇分裂的事實，宣稱俄國人不會干預。二月間，彭岱訪問台北，蔣先生再次爭取至少「默契同意」他反攻大陸，或許亦秘密提供後勤支援。彭岱含糊其詞，不置可否。莊萊德大使和克萊恩都列席這項談話；莊力促華府不要斷然回絕掉蔣總統的懇求。他警告說，否則，蔣先生可能被激怒，鋌而走險。

雖然克萊恩已贏得彭岱的信賴，甘迺迪總統的遠東事務助理國務卿哈理曼（Averill Harriman）卻對莊萊德大使產生偏見，認爲他已被國民黨掌握，太過傾向接受台北當局的立場。莊萊德在台北駐節四年之後，奉調離開；過後不久，哈理曼飛到台北與蔣總統會晤。蔣介石告訴哈理曼，反攻大陸的時機已經成熟，他若沒有動作，「可能會失去控制」。哈理曼答說，他不怕蔣先生會失去控制，他強調要忍耐，對大陸情勢需要有更好的情報。哈理曼離開台北幾週，蔣介石要求克萊恩轉達另一個口信給甘迺迪總統，如果國民政府不能呼應民意壓力，儘早有行動對付大陸，會有喪失「對台灣領導及控制」的風險。蔣經國本人也提醒克萊恩，萬一蔣總統下台，可能會爆發軍事政變，或許就爆發「反美運動」。

蔣經國表示，過去空投進入大陸的突擊隊一隊二十人，規模太小。如果要保持成功的希望，空降的突擊隊每隊至少兩百人，比較有勝算。他要求美方提供五架電子定位的C－123飛機，來執行這些秘密任務。克萊恩回到華府，力陳蔣總統所說，如果中華民國政府所請被駁回，他可能被迫下野，不是沒有道理。一旦蔣總統被趕下台，台灣必然陷入不安定的亂局，各種針對北京的聯合情報任務就會發生危險。克萊恩在國家安全會議開會時，當著甘迺迪總統的面，大力促銷蔣經國的最新方案。魯斯克國務卿指這是「愚蠢」，但是哈理曼贊成再以一些動作安撫蔣介石。甘迺迪同意可以開始聯合訓練與規劃兩百人一隊的空降部隊，但是他強調，在雙方政府同意條件成熟之前，不得有空投的動作。他也表示，可以撥給兩架經國所要求的（五架）特殊C－123型飛機。可是，這次會議中最有趣的一項決定是：彭岱「很堅定地」訓令克萊恩，要他告訴蔣經國，新任美國大使履任之時，大使將接管過去由中情局所扮演的特殊政治角色。

新任駐華大使是海軍上將退役的柯克（Alan G. Kirk），他在一九四四年六月盟軍諾曼第登陸戰之役，擔任美國海軍艦隊司令。柯克與蔣介石是同一世代的人，又是傑出將領，可以很權威地告訴蔣先生，針對裝備良好、陣地堅強的敵軍進行兩棲作戰其可行性究竟如何。但是柯克直到七月才到任。這段時候，蔣經國加緊在山區秘密進行軍事訓練，並在金門、馬祖增加兵力部署。克萊恩回到台北，他、經國和美軍成立一個作戰規劃小組，稱之爲四二〇小組，評估中華民國政府空降最少兩百人一隊的計劃。同一時期，他們同意與經國的特戰中心合作，再空投九支二十人一隊的突擊隊，試圖與地下抗暴組織取得連繫。蔣總統又提出一份清單，要求美方提供十六架 B-57 轟炸機和二十至二十五艘登陸艦艇。

中央情報局非常滿意克萊恩在台北的工作表現，調他回華府擔任主管情報分析的副局長。兩蔣也很高興，因爲克萊恩現在升官了，居於更能影響政策的重要職位。他也果然劍及履及，運用身爲負責全面情報分析的中情局高階主管地位，推動蔣氏父子對大陸局勢的研判意見及應對方略。克萊恩在五月十七日的會議中向甘迺迪總統報告，大陸當局的控制「正在崩潰中」，蔣介石很難把軍事行動推遲到十月以後。克萊恩力促甘迺迪提供 B-57，因爲要壓制中國的伊留申 IL28 型轟炸機有必要動用；而且台灣的兩棲作戰部隊也需要登陸艦艇。這次會議後幾天，蔣經國交給中情局台北站一份計劃大綱：擬派出游擊隊發動及支援福建及廣東的反抗運動，然後搶攻登陸台灣對岸四個地方。克萊恩不屈不撓爭取到中央情報局局長麥康（McCone）的支持，麥康力促魯斯克和甘迺迪批准美軍開始準備空戰及兩棲作戰器材，以便隨時支援國軍反攻大陸。

毛澤東顯然對於甘迺迪要派一個諾曼第登陸戰的海軍宿將到台北當大使，有他自己一套解讀：在國軍一旦反攻時，柯克可以對國民黨提供專業意見。因此，人民解放軍沿著華東海岸大幅加強兵力部署。這時候，甘迺迪和身邊顧問認爲，日本式的歌舞伎（kabuki）已經演得差不多了。六月二十三日，美方代表在華沙會談上告訴中國方面，表示美國將在言行上與國軍反攻大陸，劃分界線，如果台灣眞的反攻，美國會尋求恢復和平。甘迺迪接著針對這個議題，發表一份更含糊其詞的公開聲明。

柯克終於到達台北履新，晉見蔣總統。柯克的意見是，沒有美國大規模的海、空、後勤支援，蔣總統的計劃肯定要失敗。他說，美國不能支持中華民國反攻大陸，也不會暗助台灣跨海進攻大陸。台灣若有反攻大陸的行動，勢必嚴重擾亂區域之穩定。他又告訴蔣總統，甘迺迪已經裁定目前的狀況還不宜提供B-57轟炸機及登陸艦艇給台灣。九月份這次會談之後，蔣總統不肯再接見柯克。（註十）

十月間爆發古巴飛彈危機，使得美國人在考量動用核子武器時更是顧慮良多，同時也促成美、蘇想要設法防止意外發生戰爭，要控制住核子武器的擴散。這一來又使中蘇爭執猶如火上加油。就在古巴飛彈危機十天的對峙期間，中共在喜瑪拉雅山區對印度發動大型攻擊。中方把印度打得頭破血流後，退回原先的防線。毛澤東顯然藉這個動作教訓印度及蘇聯別招惹中共。中央情報局針對局勢發展，開始執行另一輪「解救西藏人脫離中共佔領」的秘密行動之緊急應變措施；中情局此舉幾可確定是與蔣經國的特戰部隊合作，也可能與印度政府合作。這段期間，原先已與中情局協議好的聯合行動展開了，九支二十人一組的國軍游擊隊空降進入中國大陸。中共安全單位再度捕殺這些滲透隊伍。北京也指控美國助長整個行動。

柯克旋即因心臟病辭職，新大使賴特（Gerald Wright）又是一位退役海軍將領，對反攻大陸同樣帶來負面訊息。儘管有這些挫折，蔣總統公開談話依然宣稱要光復大陸，私底下亦不斷拿出新計劃纏住美國人不放。一九六三年三月，蔣介石再度修書給甘迺迪，聲稱中國大陸動亂急劇升高，台灣政府不能再不理會人民要求迅速採取行動的心聲。可是，這時候，國民政府的高級官員，包括國防部長在內，已經私底下告訴美國外交官，別拿蔣先生的話當眞。（註十一）一九六三年五月，新任中央情報局台北站站長提出與克萊恩一年前的報告大相逕庭的評估報告，認爲「中華民國政府可能也不預期目前共產中國的局勢，或目前的國際局勢，有利於中華民國政府反攻成功。中華民國政府甚至在規劃針對大陸的小型作業時，已展現審愼小心及缺乏整體計劃」。

一九六三年六月，中國共產黨發表長文，分二十五點，抨擊蘇聯的意識形態路線。赫魯雪夫建議兩黨在莫斯科秘密會談。鄧小平率領中共代表團與會，會談歷時兩個星期，沒有得到共識。三個月之後，蔣經國到達華府與美方會談。他帶著蔣總統提議進攻大陸的一封信；這項計劃代號「秘龍」（Secret Dragon），國軍預備海、空並進，空降許多支一百至三百人爲一隊的游擊隊，以及由海面潛入多支三百至五百人爲一隊的部隊。它的目標還是與往常一樣，意圖引發大陸革命抗暴。

蔣經國九月十日與國家安全事務特別助理彭岱會談，會談中他對此一計劃低調處理，表示削弱及推翻共產政權的方法應該是「政治多於軍事」；他強調國民政府並沒有計劃大規模進攻大陸。不過，他力促美國和台灣合作，設法摧毀中國共產黨的飛彈基地及核子設施。翌日，蔣經國見到甘迺迪總統，努力說明「秘龍」計劃將是在華南佔領一、兩個省的第一步，不是大規模的進攻。他要求美方提供五架 C–130 運輸機（美方答應提供五架 C–123，其中四架已經送達）。答覆甘迺迪的問題時，經國表示有把握可以把三百至五百人的特種部隊空降到中共核子設施附近。甘迺迪再次強調，必須對中國大陸內部情勢掌握更充分的資訊。

進攻中共核子設施是蔣經國九月十四日與中央情報局局長麥康會談的焦點。兩人會談的結論是：雙方要研究增進「打擊中國共產黨政權的能力」，譬如是否針對大陸核子設施等戰略目標進行破壞行動或攻擊。但是會談備忘錄再次強調，執行這類行動必須雙方取得協議，應該「避免有引爆世界衝突風險的行動，或者行動一旦失敗將傷害到雙方共同利益的動作」。

蔣經國提議針對中國核子設施下手，有可能是刻意呼應中央情報局本身最近提出的方案。照克萊恩的說法，根據 U2 偵察機取得的資料研判，中情局預料北京將在一年內試爆第一顆核子彈，因此向甘迺迪總統建議了幾項對策。譬如向赫魯雪夫提議，美、蘇聯手攻擊中國核子設施；或是由台灣發動突擊隊，炸毀這些設施。甘迺迪業已考量和蘇聯聯手，「限制或防止中國核子發展」的可能性。然而，接下來幾個月，美國政府研判得到結論：中國的核能力不大，只會產生邊際的戰略及政治衝擊；於是乎，借重國軍突擊隊針對深處中國內地核子設施攻擊的構想，就此擱置。

蔣經國第二次訪問華府之後，幾乎不再有任何美國領袖擔心他的意識形態、思想立場。反倒是，兩蔣開始擔心美方是否靠得住。經國回到台北後不久，西貢爆發軍事政變，推翻南越總統吳廷琰，殺害了吳廷琰和擔任秘密警察頭子的弟弟吳廷儒。蔣經國一九六〇年曾在台北接待過吳廷儒，並應越方之請，派遣王昇到西貢，就南越軍隊成立政工制度提供顧問意見。一九六三年政變不久，各方紛傳美國政府在背後支持楊文明將軍爲首的政變領袖。西貢政變讓蔣氏父子更堅決認定有必要維持，甚至加強國軍部隊的政治監督制度。三週之後，消息傳到台北——甘迺迪總統遇刺身亡。蔣經國是第一個趕到美國大使館致哀的國府官員。

在這個多事之秋，陳誠生病，後來診斷出來得了肝癌。一九六三年十一月，中國國民黨第九屆全國代表大會拔擢多位高階情治首長出任中央委員，如總政戰部主任、國防部情報局局長、警備總司令紛紛入圍。陳誠對這些變化非常懊惱、失望。十二月，蔣介石接受陳誠副總統辭去行政院長的兼職，出人意外地挑選技術官僚財政部長嚴家淦出任行政院長。一般公認嚴家淦幹練、聰明、清廉，但是政治上「軟弱」，不可能挑戰經國的權力。嚴家淦與蔣夫人的關係深，得到國民黨內所有大老的支持和接受。由於他過去專注建設開發，台灣人也喜歡他。

台灣的經濟蓬勃發展，成績傲人。在這一年告一段落的第三期四年經濟建設計劃把國民生產毛額提升百分之三十五，每人平均所得提升百分之十九，工業生產增加百分之七十二，成績格外亮麗。然而，政治上這一年卻似乎流年不利。戴高樂總統承認北京政權，關閉法國駐台北大使館。中國在劉少奇、鄧小平帶領下，似乎由一九五九至六二年的經濟混亂中逐步復原。

同樣在一九六四年，接替蔣緯國出任裝甲兵第一師師長的趙志華將軍，發動一場跡近鬧劇的政變失敗後，蔣緯國的政治前途可謂就此斷送。一九四八年底的徐蚌會戰中，趙志華是緯國的副手，被俘後逃出。蔣經國的政工人員對這類軍官通常都保持高度戒心，可是緯國力保趙志華。此後十四年，趙一直忠心耿耿追隨他。可是一九六四年一月二十一日，他召集全師官兵、裝甲車集合，透過麥克風宣布要開往台北，接管政府，理由是蔣總統未能堅強有力領導反共。

數千名官兵嚇了一跳。一位高階政工高喊支持，跑上講台；此君不是向趙敬禮，而是伺機把他制服在地。政變歷時兩分鐘就落幕。蔣介石對緯國長期支持趙志華大爲震怒，這個兵變事件使緯國的事業前程蒙上陰影。

著名的本省知識份子彭明敏也逐步走向和蔣氏政權對抗。彭明敏私底下與少數思想相近的學生討論政治局勢。蔣經國的特務密切監視這些集會，一九六四年初警備總部逮捕了印製主張台獨傳單的彭明敏和兩位學生。接下來的審判過程吸引了海外極大注意，尤其是加拿大和美國特別關切。經國決定輕判，只判決彭明敏有期徒刑八年。坐牢七個月，彭明敏簽署一份由情治人員起稿的悔過書，得到總統特赦，出獄回家。

蔣經國也繼續允許高玉樹等本省籍政治人物有一些活動空間。一九六四年台北市長選舉，在蔣經國點頭下，選務機關准許高玉樹可以舉薦監票員——他對全市三百六十個投開票所，派出五百名監票員。雖然國民黨對市長選舉投下極大資源，還秘密支持另外一位「無黨無派」候選人分散高玉樹票源，但高玉樹險勝；另外，無黨無派候選人在台南市和基隆市亦當選市長。（譯按，台北市有五位候選人，國民黨周百鍊，以及高玉樹、陳逸松、李銈源、李建興；台南當選人葉廷珪，基隆當選人林番王。）

註一：田弘茂，〈不確定的未來：台灣的政治〉（Uncertain Future: Politics in

Taiwan），收於歐士南（Robert B. Oxnam）和卜睿哲（Richard C. Bush）編：《中國摘要：一九八〇》（China Briefing: 1980）（一九八一年科羅拉多州包爾德市西景出版社出版）第六十九頁。原書註一。（譯按，台北、高雄兩市在一九六三年還未升格爲院轄市，全台只有二十一個縣市，當時新竹市、嘉義市也沒有升格爲省轄市，何來二十四個警局？除非把鐵路、公路、工礦警察局等列入，或是作者弄錯，還是田弘茂先生原作另有所本。）

註二：見一九六八年二月四日《紐約時報》。原書註二。

註三：見一九六三年三月二十二日台北美國大使館第A七三四號電報，〈台灣的異議聲音及造反的可能性〉（Taiwanese Dissidence and the Prospects for Insurrection），收於國家檔案館 RG59，國務院文卷，第三六六九盒。本書作者當年供職駐台北美國大使館，與柯姆（Peter Colm）共同起草這份報告。原書註三。

註四：蔣彥士一九九五年八月二十九日在台北接受本書作者訪談時所說。原書註五。

註五：李國鼎：《中華民國在台灣的經濟改革》（Economic Transformation of Taiwan, ROC）（倫敦，一九八八年出版）第一一一頁。原書註九。

註六：見一九六〇年六月四日《紐約時報》。原書註十三。

註七：說這句話的人不是蔣經國，而是莊萊德大使分析局勢之語；不過經國必然大有同感。台北美國大使館一九六〇年十月七日電文，收於《美國外交關係文件》第十九卷第七二五至七二六頁。原書註十四。
註八：中央情報局一九六一年六月二十七日由台北發出的報告。原書註二十二。
註九：錢復當年是陳誠的英文秘書，這是他一九九五年八月二十九日接受本書作者訪談時所說。原書註二十三。
註十：柯克在一九六二年九月六日晉見蔣總統，高立夫在一九九五年十一月二十日接受本書作者訪談時敘述這段經過；高立夫曾負責替詹森副總統起草背景文件。原書註四十八、四十九和五十。
註十一：台北美國大使館一九六三年二月二十二日第A六四九號電報；一九六三年三月二十三日第A七五七號電報。不把蔣介石的籲求當一回事的人士裡頭有國防部長俞大維，及蔣介石的老朋友──總統府秘書長張群等人。原書註五十四。

第十六章　國防部長

一九六五年一月，行政院長嚴家淦派蔣經國出任國防部長。有一天，有位美國國會議員在駐台北大使館二等秘書李鶴伯（Herbert Levin）陪同下，拜訪這位新任部長。這位議員表示希望國民政府能在今後幾年內光復大陸；他又說，問題關鍵在於共產黨如果控制一個年輕人超過十年，這個人就「永遠是個頑強的共產黨員了」。經國本身就在莫斯科浸淫共產主義之下十二年，聞言點點頭，轉過身給李鶴伯「一個西方式的眨眨眼」。（註一）

當年春天，陳誠逝世，得年六十七。在陳誠死前許久，經國已是台灣實際的大老闆——除了經濟、金融財經這個重要領域之外，他無所不管。蔣總統已經高壽七十有八，越來越不介入日常事務。由於視力減弱，老先生很少讀書看報，幕僚也不讓他接觸到不順心的新聞。陳誠過世之後，經國讓嚴家淦繼續以他及手下一批務實、市場導向的技術官僚希望的方式去管理經濟事務。但是，實際上，在台灣人人都曉得，經國的非正式權勢現在也已經延伸到這些領域。

蔣經國也是幕後與美國交涉敏感的國際事務（如前一年法國承認北京事件）之關鍵人物。儘管華府已經表明不要再透過情報管道和台北有高階層政策討論，兩蔣依然可以拜託克萊恩擔任主要的對話人。可是，克萊恩和中央情報局局長麥康依然無法推銷蔣介石的提議——運用國軍部隊參與越戰，以及摧毀中共在大陸的核子設施。

一九六五年春天，中南半島戰事急劇升高，中蘇失和由意識形態差異擴大到兵戎相見，親北京的印尼共產黨在雅加達政變失敗後實質上已不復存在，北京全面外交政策也變得越來越激進。經國傳話給中央情報局，表示他父親希望再跟克萊恩談話。華府方面對於老先生一開口，就趕快派出他親自指定的美方代表去見他是否明智，也產生冗長討論。後來克萊恩獲准再次飛到台北。抵埠之後，克萊恩在美國大使館代辦陪同下，與蔣氏父子有一次短短會談；稍後，經國帶著老朋友到日月潭與老先生做五個小時的密談。蔣總統堅稱，反攻大陸的時機「就在當前，一旦錯失，就沒有機會了」。克萊恩回到華府力陳蔣先生的主張，但是「華府沒人理會」。美方搞不清，蔣總統究竟是爲了歷史紀錄和向國內右翼人士表態，還是老糊塗了。

蔣經國本身對他父親越來越像唸經般的喊叫反攻大陸也不全然置信。克萊恩到訪之後不到幾星期，經國與中央情報局新任台北站站長會晤（中情局現在用「美國陸軍技術群」爲對外名稱），坦承他對光復大陸及美、中（華民國）關係的立場是：國民黨政府固然必須培養回到大陸的希望，俾便維持在台灣的士氣民心，我這一代的主要人物明白，要在中國大陸重新建立一個非共政府，可能需要相當長一段時間——或許在他們有生之年都看不到。不過我們希望盡其在我，不錯失擊敗中共野心的機會，並且爭取堅強地位來削弱北平（北京）政權……使年輕一代的（國民黨政府」領袖……感到他們的主要目標……和策略，應該是與美國維持親密、合作的了解，並且支持美國的東亞政策。

不久之後，蔣經國到華府參加若干高層會談，忠實負責地提出他父親最近的軍事行動計劃。經國和美國國防部長麥納瑪拉（Robert McNamara）會談時表示，他父親要他留下一份「概念性的文件」，提議攻佔中國西南五個省份。這項計劃代號是「火炬五號」。不過，經國強調，火炬五號不是一項行動方案，還需要雙方再研究。他強調的重點是，美國和中華民國需要像眞實的夥伴或盟國行動，不只在共產中國問題上，在整個亞洲的政策和戰略上都得共進退。他告訴麥納瑪拉，光復大陸要靠「爭取到百姓及共軍武裝部隊的向心」，問題在於如何善加利用中華民國的力量而不要觸發大戰。

他在和魯斯克國務卿等人會談時針對北京的意圖提出分析，被美方認爲客觀、中肯。他說，他懷疑中國共產黨會直接介入越南或東南亞。和詹森總統會談時，經國指出，他提出若干軍事方案，但是他的主要目標不是以軍事行動對付大陸，而是要與美方「有深入、持續」的諮商，以便「整合」美國及中華民國對整個亞洲的政策，不是只顧到中國政策。照蔣經國的說法，大陸將因其內部動態關係影響到它的發展，台灣在長期改造中國的進程中，將要扮演經濟、文化、社會和政治模範的角色——跟雷震宣揚的主張相當接近。美國官員歡迎蔣經國坦率表明台灣當局立場，他們認爲經國此行訪美，刻意展現台灣當局彈性大，願意接納美方觀點。美方的回報是答應改善諮商，多做共同研究。

蔣經國也重申他父親從前的提議，國軍樂意支持自由世界在亞洲的利益。克萊恩在蔣經國結束訪美行程之後，再度促請國家安全會議決定動用國軍部隊投入中南半島，但是國務院和國防部再度認爲這項建議太危險，美國的盟國一定會強烈反對，而不肯接受它。至於秘密工作人員則是另外一回事。在蔣經國一九六五年訪問華府之時，他手下的特戰中心已派出數百名軍人到越南，成爲第三大的外籍代表團。其中最重要的是一隻特戰部隊「海燕部隊」，由天主教神父阮樂化率領。台北還以其他方式協助南越。最重要的就是民航公司和美國航空以台灣爲基地，支持中央情報局在整個中南半島的空中活動。在王昇一九六〇年初訪西貢之後，越南武裝部隊仿照蔣經國的制度，也成立它們的總政戰部。

南越新的軍人執政團以阮文紹將軍及空軍將領阮高祺爲首，得到經國幕後援助，在一九六五年中期掌握大權。蔣經國在西貢的情報人員安排某一華僑富商提供資金給阮文紹，也協助安排阮文紹與中央情報局建立關係。

但是，經國並沒有把一切希望押在台灣與美國的關係上面。一九六五年六月，蔣總統批准他的建議，把秘密研發核子彈的計劃從研究階段推進到發展階段。某些「國府高階官員和總統顧問」告訴蔣總統，台灣發展核武器的曼哈頓計劃，在經濟上欠穩當、技術上不易實行、政治上不明智。但是經國對這項計劃負起全部責任，指派唐君鉑將軍主司其事。軍方的研發單位「中山科學院」成立一個超級秘密單位，負責實驗室工作，唐君鉑亦規劃出一套策略，取得必要的反應爐、精鍊設備器、濃縮鈾及投射技術。唐君鉑延攬的團隊裡有位剛從軍校畢業的年輕科技軍官張憲義。可是，中情局這次腳步夠快，業已吸收張憲義替它效命當間諜。

蔣經國一九六五年出任國防部長之後，搬到海軍招待所「七海新村」居住。七海新村比起長安東路寓所要大，位於圓山飯店附近營區。（註二）這時候，經國已經五十六歲，終於接受醫生的勸告，節制喝酒；另有一說是他完全戒酒。一九五〇年代末期他學國畫消遣，可是由於腳部開始疼痛——糖尿病的癥兆——不能久站，一九六〇年代中期就放棄這項嗜好。他和極親近朋友的酬酢飲宴，持續到一九六九年出任行政院副院長時才停止。這些聚會和往常一樣，就是談天說笑，當然免不了划拳助興。但是現在經國是指定「代表」替他拚酒。如果有美國人受邀出席，中國人總是想讓他們不醉無歸。一九六〇年代，中央情報局有位站長新到任，「醉得像隻狗」抬回家去。（註三）

根據某些消息來源，蔣經國在一九六〇年代停止與其他女性的情緣交往。還有人說，他還繼續著婚外情，直到一九七〇年代，只是比較節制，溫和多了。有一則故事來自女主角的朋友，指他追求台灣最有名的平劇演員顧正秋，可是由於她芳心已屬另一位已婚男子任顯群，與任顯群生了兩個小孩，因此一再拒絕蔣經國的愛慕情意。任顯群後來出事，因為他為來台的一位表親作保，一九五六年以間諜罪嫌遭到逮捕。任顯群受到牽連，被判處不長的刑期，但是謠傳是經國設計，不要任顯群礙了他的好事。但是，雖然顧正秋對於愛人，子女的父親被捕十分憤怒，她顯然並沒有責怪經國。她求見這位有權有勢的愛慕者，央求他設法寬恕任顯群。據這則流傳的故事說，經國並沒有趁危佔顧正秋的便宜，只是遺憾地拒絕釋放任顯群。（註四）

儘管有這些謠傳的或實際的婚外情，它們都沒有擾亂經國的家庭生活。方良遵照她丈夫定下的規則，但是有些事則自行作主。一九五〇年代末期，由於女兒孝章的反對，她放棄打麻將這項嗜好，可是依舊抽菸。她另外學打高爾夫和保齡球，也到學校做義工。一九五〇年代她有一小圈朋友，其中有些是「白俄」，這些白俄的丈夫，中國人、美國人都有，還有的是民航公司的飛行員。到了一九六〇年代，由於經國職位越來越高，她不方便再跟他們來往。她的英文很好。有一次在晚宴上，一位來台北訪問的美國國會議員天眞地問方良：「妳是什麼？白俄，還是赤俄？」她毫不猶豫就答：「我想你可以說，我生下來是一種人，後來卻長成另一種。」（註五）

蔣經國有次對一位助理說：「治國易，治家難。」他一向忙碌，時間不夠用，可是很重視家庭責任。有位年輕人毛高文，是經國母親毛福梅那邊的遠親，即將前往美國留學，來向這位聲望隆崇的表親辭行。經國對他的計劃垂詢甚詳，問了一小時話，還筆記記下毛高文的回答。多年之後，毛高文告訴作者，他當時就想：「他眞是認眞啊！」

孝文在堪薩斯州一所小型學校讀了一陣子，就轉學到加州的阿姆斯壯學院。他邂逅、娶了一位美麗聰慧的歐亞混血女郎徐乃錦。徐乃錦的祖父徐錫麟在一九〇七年企圖行刺清廷一位官員，遭到凌遲挖心的極刑。她母親瑪麗亞・伯丹（Maria Bordan）是德國人。孝文和徐乃錦在加州拉古納海灘市一座天主教教堂結婚，婚後到華府讀了一年書，一九六一年，她給經國添了第一個孫女——棕髮碧眼的友梅。蔣夫人給了小女嬰取了英文教名「瑪嘉瑞特」（Marguerite）〔另一個教名是妃娜・瑪莉亞（Faina Maria）〕，但是一般人都稱呼她友梅。（註六）

蔣經國除了不准兒子經商之外，還訂下嚴格規矩，避免給人蔣家仗著權勢地位發財的印象。他告訴媳婦，即使用她自己的錢，也不能買她喜歡的跑車，也不可以跟她父母一道到澳洲旅遊。

孝文是個聰明、英俊、幽默的年輕人。他送朋友書法捲軸時落款題名「醉兵」。可是，他沒有父親的好酒量。孝文還不到三十歲，台北榮民總醫院的醫師就告訴他有糖尿病，可是他酒照喝不誤。

有一天，國營事業台灣電力公司總經理孫運璿，陪同蔣總統參觀一所新發電廠。老先生把孫運璿拉到一邊，拜託他幫孝文找份工作，指導他做個能貢獻社會的人。孫運璿先安排孝文到台電見習，一年後把他擢升爲台北一個小辦事處的經理。（註七）由於這層關係，經國與孫運璿熟識起來。孫是個工程師，曾在美國田納西流域管理局受過訓。蔣經國不久就把孫運璿延攬至政府做事，使孫成爲第二代技術官僚的重要成員。

蔣經國膝下四個子女，他和女兒孝章最爲親近。直到臨終前，他的桌上一直擺著女兒孝章、孫女兒友梅的照片。七海官邸的僕人形容孝章是非常善良的女孩，可是個性強。（註八）當她要到美國唸大學時，經國拜託國防部長俞大維轉請他在美國的兒子俞揚和照顧她。孝章旋即愛上已經四十歲、離過三次婚，在美經商的俞揚和，預備嫁給他。蔣經國聞訊大爲震怒。他反對這椿婚事的理由是，男、女年紀相差十八歲，男方又是三度離婚。另外，蔣經國也認爲女兒不宜嫁給商人，這跟兒子經商並沒有兩樣！蔣夫人寫了一封英文信給經國——她的中文一向不怎麼高明——要求他接受孝章的決定。當孝章回台北省親時，經國趁著週末到日月潭，父女倆花了好幾個小時划

船、交談。孝章答應他，在她未完成大學學業以前不會結婚，父女兩人盡棄前嫌，恢復感情。（註九）

可是，孝章回到美國不久，就和俞揚和跑到內華達州雷諾城結婚。消息傳到台北，經國正在吃午飯，氣得把飯桌都掀了。方良躲到房裡哭，以頭撞床柱。（註十）最後，他們夫婦倆也只能接受女兒的決定。徐乃錦生下蔣友梅的同一年，孝章也產下兒子俞祖聲。不久，經國爺爺已經跟祖聲、友梅在地上翻滾、嬉玩。可是，他從來沒有眞正接納孝章的丈夫，因此小倆口越來越少回台北作客。

至於經國的次子孝武在一九六〇年代上半期正處於桀傲不聽話的青春期。跟他大哥一樣，孝武讓父、母親傷透腦筋。可是，他在課業上比較用功，也是經國三個兒子當中，唯一自視未來要從政、當領導人的一個。小兒子孝勇就比較不讓父、母親操心。經國最引以爲傲的是，孝勇進入陸軍官校預備班唸書。

每到聖誕節和感恩節（後者是蔣夫人最愛的一個美國假日），全家人就到總統官邸團聚。到了一九六〇年代末期，蔣家人丁可謂不少：除了老先生和蔣夫人之外，經國和方良夫婦帶來四個子女（如果孝章在台北的話）、一媳一婿、一個孫女兒、一個外孫；緯國和再娶的太太丘如雪，帶來兒子蔣孝剛；此外，還有一位年輕女性桃樂詩・吳，是蔣先生已經去世的妹妹的孫女兒；加上他已故世的同父異母哥哥的幾位後代。除了章亞若生下的雙胞胎及其子女之外，老蔣總統所有的孫兒女及後代，都是歐亞混血兒。晚餐前，全家先到周聯華牧師主持的教堂做禮拜。張學良也會帶著他終於正式迎娶的趙四小姐參加做禮拜。

蔣經國繼續遵守他早年的決定，不見他的兩個非婚生子章孝嚴和章孝慈。在將家人當中，只有老先生、蔣夫人、經國，或許再加上緯國，曉得他們的存在。一九六〇年，孝嚴、孝慈進入台北市郊的私立東吳大學讀書。孝慈後來專攻法學，不過他在東吳唸的是中國文學系。孝嚴則著重公共服務，尤其志在擔任外交官。兩兄弟唸大學時必須打工，賺生活費，王昇偶爾會提供「一小筆錢」周濟。可是他們還是常常得申請緩繳學費。即使在最好的朋友面前，他們也絕口不提自己是蔣經國的兒子。大學三年級後的章孝嚴，在救國團活動裡十分活躍，曾參加大學生的暑期政治幹部訓練營。蔣孝武也參加，可是並不曉得營裡有位異母兄弟，其他學員當然更無從知道了。

蔣總統過去的紅粉知己也一一凋零。「姚媽媽」姚冶誠在桃園終老（譯按，姚在台中逝世，居浩然有詩證其事，聲稱是老蔣「泣血台中不認姚」），緯國定期去探視，奉養她。經國的「上海姆媽」陳潔如在一九六一年出現。她得到周恩來的協助，獲准由大陸移居香港，住進經國為她購置的一棟房子。一九六五年，陳潔如收下經國派人送來的十七萬美元，交換她的回憶錄草稿，並保證不會出版回憶錄。（譯按，陳潔如回憶錄英文本九〇年代再現，台北傳記文學譯有中文本。）

彭明敏一九六四年獲釋後就失業，賦閒在家。一九六六年初，意外地出現一位官員到訪，表示國防部長蔣經國想「聽聽他的建言」。彭明敏踏進部長辦公室時，經國起身迎接這位前政治犯，問候他的家人，也問起有什麼事需要他幫忙。鑒於經國態度親切，彭明敏表示希望能回到大學教書。經國暗示他會試試看。不久，彭明敏被邀請到經國的「智庫」國際關係研究所擔任研究員，彭謝絕了。其後幾年，彭明敏繼續遭到跟監，不過他偶爾仍與想法相近的知識份子來往。同時，經國不時派出情治人員向彭明敏表示，「國民黨內的自由派」依然希望能說服他參與體制內的改革運動。

蔣經國雖然打動不了彭明敏的心，卻成功爭取一名台獨運動大將回歸。一九六五年五月，長年在東京領導台獨的廖文毅公開揚棄台獨運動，飛回台灣。當局旋即把向廖文毅及其家人沒收來的財產發還——毫無疑問，這是廖文毅和蔣經國協議的一個重要條件。（註十一）

一九六六年，國民大會選舉蔣介石爲第四任總統，同時勉強通過蔣經國推動的一項臨時條款修訂案，允許辦理中央民意代表補選，以反映台灣地區人口成長的實際狀況。這次補選要在三年之後才舉行，只有二十六名立法委員的名額有待選舉，亦即大約整體委員的百分之五。不過，國民黨在蔣經國的指導下，已經採取意義重大的小小第一步，要讓佔人口多數的台灣人在中央民意機關裡有若干代表席次。

同一時期，國民黨的組織部門在蔣經國的緊密掌控之下，繼續成功地辦理有黨外人士參選的地方選舉。蔣經國的策略是舉辦乾淨選舉、公正計票，以吸引有聲望的黨外人士參選，然後依靠嚴格的競選限制（包括什麼能說、什麼不能說）以及國民黨巨大的財力優勢及掌控媒體，來爭取多數席次的勝選。可是，當台北市長即將屆臨改選時，王昇等人向蔣經國提出警告，首都若是繼續讓高玉樹這類的黨外人士主政太危險。經國同意這個見解，安排好由他父親宣布台北市升格爲院轄市，市長改由中央政府委派。可是，在經國推薦之下，蔣總統又令大家吃了一驚，派高玉樹為改制院轄市後的台北市市長。高玉樹雖不痛快，也只能接受此一安排。高玉樹奉派之後，經國跟他見面，建議他以後應注重改善貧民日常生活，少搞拓寬馬路、種樹及「建防空洞」。

外省籍老兵由軍中退役的比例上升，可是軍官、士官比例依然大過充員士兵，顯示出經國不想動作太快，影響到軍隊體制的穩定。陸、海、空三軍將領實質上仍全是外省籍，但是蔣經國了解，這個現象一定要改。

他把高階將領召集到日月潭開會。有一天晚餐後，經國散步回來，有一群將領在陽台納涼聊到把本省人晉升到高階，在安全上有何風險。他駐足聽了一會兒，打斷眾人談話，他說：「各位，這是一個嚴肅的題目。如果我們不把本省人當做中國人看待，我們的麻煩就大了。」（註十二）蔣經國不久就讓五百名將軍、兩千名校官（全是外省人）退役，同時本省人進軍校就讀的人數亦穩定增加，第一個本省人亦授階為將官。

外省籍士兵和高齡榮民是台灣最大一群窮人，他們的處境一向受到經國的關切。有一天他拜訪總統教堂的主牧周聯華牧師，討論老榮民的士氣。經國說，老榮民思家之心日益上升中。有些現役的外省老兵及退役榮民，經常到海邊朝著大陸方向燒香。蔣經國說：「這是形上學領域的問題。」他問周聯華，願不願意到國軍部隊走走，「向他們傳道」。

周聯華思考了幾天，開始走訪國軍若干單位，和大群官兵討論個人價值觀和宗教信仰。經國告訴周聯華，陸軍官兵不太了解他傳的道理，空軍官兵也有同樣的困難，但是，政工人員因為同樣關心官兵心靈問題，非常了解他的傳道。

美援計劃照原定規劃於一九六五年六月正式終止。台灣當年的經濟成長率百分之九，每人平均所得是一百七十四美元（一九六五年的幣值）。就一九九〇年代末期的標準來看，這個數字似乎很低，可是它代表的是過去十五年迅速成長的成績——是僅次於日本的全世界最高成長率。自從一九五〇年以來，美國提供台灣的經濟援助總金額高達十四億美元。這是以每人平均數值而言，美國授予外國經援最大的金額。經援在一九六五年以後，以貸款、剩餘糧食銷售及技術援助的形式繼續供應。此外，就跟日本經濟在一九五〇年代興盛，是拜韓戰相關之軍事採購所助一樣，台灣開始因中南半島戰爭大蒙其利。一九六五年美國在台灣軍事採購，用到中南半島戰場的金額達到一億三千萬美元。

就當時住在台灣的人來說，消費、教育、公共衛生水準的上升有目共睹。政治上也明顯起了發展。民間部門不分商業、製造業、農業一片欣欣向榮，幾乎全發生在「本省人部門」。

註一：李鶴伯一九九七年十月九日在紐約，與本書作者通電話時所說。原書註一。

註二：本節所述蔣經國個人及家庭生活，取材自本書作者對他的助理、親信秘書、經國家的中、美友人以及家庭成員的訪談紀錄。二手資料另予標明。原書註十九。

註三：有位丈夫當時在中情局服務的華裔美國人，一九九五年十二月與本書作者的電話交談。原書註二十。

註四：許倬雲一九九七年十一月十九日與本書作者通電話時所說。顧正秋的回憶錄並沒有提到蔣經國追求她。參見顧正秋，《休戀逝水》（台北，時報出版公司，一九九七年）。原書註二十一。

註五：某位前中央情報局官員一九九六年所說。原書註二十二。

註六：蔣家一位家庭成員一九九九年二月十日給本書作者的信裡透露。原書註二十四。

註七：孫運璿一九九五年八月三十日在台北接受本書作者訪談時所說。原書註二十五。

註八：翁元，《我在蔣介石父子身邊的日子》（台北，書華出版公司，一九九四年版），第二三四至二三七頁。原書註二十六。

註九：當時經國身邊一位助理所說。這位助理記得這封信，是因爲經國看不清蔣夫人的英文字跡，他奉命把它打字整理出來。原書註二十七。

註十：王美玉，《蔣方良傳》（台北，時報出版公司，一九九七年），第七〇至七二頁。有位蔣家成員說，當時俞揚和並不富裕，他和孝章住在舊金山一間只有一個臥室的小公寓。這段話以及方良的反應是一位蔣家成員，一九九九年二月十日給作者的信中所述。原書註二十八。

註十一：見一九六五年六月十七日《遠東經濟評論》周刊第五四至五五頁。原書註三十四。（譯按，廖家是雲林、嘉義一帶望族，他本人曾留學美國，得化工博士學位。回台後，經國畀以曾文水庫建設委員會副主任委員之職。）

註十二：Lodge Loh 一九九五年九月十三日在台北接受本書作者訪談時所說。原書註三十六。

第十七章　經濟起飛

到了一九六六年，情勢已經很明顯，美國不惜投入金錢、性命來制止它認定的中國共產黨在中南半島的擴張。美國的干預反過來讓毛澤東相信，他在一九五〇年的世界觀一點也不錯：「美帝」氣燄必須被遏制，革命動力只要有機可乘就得推進。在阿爾及利亞、剛果、拉丁美洲和印尼的事件發展，似乎證實了世界政治的極化現象。它們也使毛澤東急切地決定要把他的黨和中國社會進行革命大改造。這一來掀起了無產階級文化大革命鋪天蓋地而來的大浪潮，毛澤東要在中國社會裡清除僵化、因循、追求私利的惡習，他認爲眞正的社會主義在蘇聯淪亡就是出於這些惡習。毛澤東因此整肅了鄧小平，因爲他就是共產黨人的具體縮影——這個特質卻是「小鋼砲」多年來被毛主席倚爲股肱的主因。鄧小平帶著他的第三任太太和五個子女，被打入牢裡。

大陸因而動亂不安，內鬥頻仍，彷彿《荒漠甘泉》讀者的祈禱得到上帝回應了。爲了利用紅衛兵搗毀中國傳統文化做文章，蔣總統發起一項「中華文化復興運動」。蔣經國公開宣稱，只要大陸義軍揭竿而起，國軍六個小時之內立可出動馳援。他命令特戰中心更加緊研究跨海反攻的可能方案。

儘管台北當局擺出姿態，蔣經國手下的中國事務觀察家並不認爲共產主義已瀕臨崩潰邊緣，主要原因是人民解放軍依然鞏固團結。王昇表面上只是總政戰部副主任，但實際上則主導這個單位，他每週兩次與美國大使館政治參事丁大衛（David Dean）會晤，交換對大陸局勢發展的看法。很讓美方意外，王昇的分析相當客觀。（註一）

美方和中華民國政府經常在談的中共威脅世界和平，現在讓蘇聯等許多國家越看越當眞。毛澤東宣布蘇聯「社會帝國主義」和「美國帝國主義」一樣邪惡。他和林彪號召全球掀起「人民戰爭」，支持印度、緬甸、泰國、馬來西亞和菲律賓等國家的毛派游擊隊。毛妻江青陣營裡的激進派，接管了對外政策。紅衛兵放火燒毀北京的英國大使館，也騷擾蘇聯外交官及其眷屬。對毛澤東的造神運動——「毛主席是全世界人民心目中的紅太陽」——達到堪與吹捧史達林、希特勒等量齊觀的地步。

極端主義在中國抬頭，加上台北對美國在中南半島行動的重要性，暫時強化了蔣經國寄望美、台夥伴關係緊密發展的希望。到了一九六七年，駐台美軍及中情局人員加上眷屬，人數已達兩萬人。好幾架配備戰術核子彈的美國幽靈噴射機，依然駐在台中清泉崗機場，一旦越戰升高，中國像韓戰時期一樣介入戰局，它們就可以用來對付中國。

可是這時候也有一股惱人的逆流。華府與一般西方國家越來越透露跡象，想跟毛澤東修好，也不管他的革命行徑有多麼極端，只因爲他已經不再是蘇聯的盟友。艾奇遜曾經預料中、蘇關係會破裂，屆時就會替美國與中國之間關係正常化打開大門。爲了和中國打交道，美國參議院外交關係委員會提出「圍堵而不孤立」的概念，建議美國應該以把中國納入國際社會爲目標。（註二）地緣政治方面，也出現變化之徵兆。一九六七年六月，中共試爆氫彈，而且詹森政府雖然投入數十萬兵力在越南戰場，卻制壓不住越共叛亂。

雖然與中南半島相關之活動在台灣仍保持在高檔，台灣在美國政府裡最重要的盟友——中央情報局，開始削減它對蔣經國以中國爲目標之行動的慷慨資助。中情局縮減台北站編制員額，也取消以大陸爲目標的若干聯合計劃。中情局甚至出售它擁有的民航空運公司，也取消了特殊的低空偵察飛行任務，後者多年來一直對中共防空設施進行偵測和繪圖。台北站站長通知蔣經國，這些特殊裝備的偵察機即將撤走，通常很冷靜的經國冒火了。中情局站長解釋說，美國新的人造衛星偵測功能高明，才使得這項活動沒有必要繼續下去，可是經國認定美國主要是爲了中止對中共的挑釁。（註三）爲了表示他的不悅，經國一連好幾個月拒絕跟台北站站長見面或談話，也關閉了聯合作業室。

不過，若干中情局和國府的情報作業，如U2高空偵察飛行、通訊攔截等項目依舊照樣進行。雙方甚至開始一項新的合作項目——以跨地平線雷達站監測中共發射飛彈。不過，趨勢已經明顯：美國和台灣的情報機關「彼此開始提防太過合作」。中情局台北站注意到，台北政府高層官員對他們的世界地位「有某種不舒適的感覺」。

美國悄悄抽身的跡象上升，蔣總統依然偶爾對來訪的美國代表大談美國應支持他反攻大陸。

可是，經國說服他父親對美國人表示，雖然反攻大陸仍得三分靠軍事，現在明顯是政治手段優先，展開七分政治反攻之後「可能才需要若干軍事行動來清理殘局」。經國批准一項「強化敵後作戰方案」，明白摒棄反攻，原因是國際局勢不利反攻，也因爲反攻大陸反而會讓共產黨人團結。這個方案要求以政治戰、心理戰優先，期待以台灣的經濟、文化及其他成績影響中國大陸的政治事務。當時，這套構想聽來相當遙不可及，可是到了一九八〇年代可就實現了。

到了一九六八年，經國曉得他期盼與美國建立緊密戰略夥伴關係的希望要落空了。在越共發動春節大攻勢，羅伯・甘迺迪和馬丁路德・金恩相繼遇刺之後，美國陷於沉鬱局面，反戰、反軍方的浪潮相當強烈。十一月一日，詹森總統停止轟炸北越。四天之後，尼克森當選總統。尼克森長久以來是國民黨好朋友，可是一年前已宣稱，世界不能把中國摒棄在國際社會之外。國民政府在聯合國的地位也持續滑降。

一九六八年夏天，中、蘇關係惡化導致蘇聯情治單位國家安全委員會（KGB），對蔣經國投出有趣的試探球。毛澤東認定，美、蘇簽署反核子擴散條約，以及莫斯科侵入捷克，乃是蘇聯未來可能對中國施加軍事壓力的前兆。周恩來稱蘇聯入侵捷克是「最公然無恥、典型的法西斯強權政治的樣板」。蘇聯紅軍急調好幾師兵力駐防中、蘇邊境，其中還包括火箭部隊，配置核子彈頭的地對地飛彈。（註四）

蘇聯入侵捷克的兩個月之後，《倫敦晚星報》（London Evening Star）駐莫斯科特派員，俄國籍的維多・路易（Victor Louis）〔又名維他利・葉夫金尼耶維契Vitaly Yevgeniyevich〕向中華民國駐東京大使館新聞組官員接觸。路易表示，他希望到台灣訪問。台灣情報機關立刻、而且毫無疑問正確地認定，路易是KGB特務；蔣經國不曉得莫斯科葫蘆裡裝什麼藥，但是這個要求又相當誘人，不好棄之不理。他同意准許路易來訪，並要他的好朋友，已經擔任行政院新聞局局長的魏景蒙做爲接待的窗口。他在此時沒有告訴美國人路易即將來訪——這乃是國民政府與蘇聯自一九四九年以來的首次接觸。

路易抵達台北，與魏景蒙多次會談。他說，由於北京政府對蘇聯敵意深重，莫斯科有意與蔣介石修睦；他建議，雙方可互在對方首都設立貿易代表處做爲開端。接下來，路易提出一個令人意想不到的說法：現在是國民政府光復大陸的最佳時機，而關鍵就在俄國中立與否。他說，莫斯科將視國軍攻打大陸是內戰，只要台北能讓蘇聯相信，一旦重掌大陸，它不會讓美國在中國設立基地就行。

路易旋即由中國內戰、蘇聯保持中立的說法更進一步，表示由於毛澤東對雙方政府都是威脅，雙方應研究如何合作，推翻毛澤東。魏景蒙按照蔣經國的指示告訴路易，蘇聯若能廢止一九五〇年的中蘇友好同盟互助條約，「可以有助於台北調整思想」。同時，國民政府樂意討論雙方有什麼合作範圍，譬如蘇聯供應彈藥、軍事設施及情報等等。魏景蒙表示，如果國軍對大陸發動進攻，蘇聯能幫忙的就是在中、蘇新疆省邊界製造另一場危機。至於美國駐華基地這個問題，蔣經國指示魏景蒙答覆說：國民政府將追求「獨立自主的外交政策」。

蔣經國其實非常懷疑。他懷疑路易銜命來訪，是蘇聯對北京搞心戰的一記招數。不過，照局勢發展來看，中、蘇危機會導致大規模軍事衝突，倒是比以往更可以說得通。蘇聯肯支持國民黨對付中國共產黨，這個構想很自然會讓經國怦然心動。他這一生裡有好幾次相信這種事有可能發生。他授權魏景蒙表示，推翻毛澤東之後，可以把中國的東北和西北劃爲中蘇合作特別區——這個構想他在一九四六年一月曾經向史達林提過，只是沒有下文。魏景蒙也向路易強調，雙方政府之間的重大問題，必須由「最高當局」決定。

經國同意路易以外國記者身份來見他。十月二十九日，賓主以俄語交談，經國絕大部分時間談論蘇聯的情況。（註五）但是他倒是向路易提起，一旦國民政府光復大陸，可以「考慮對美關係」，暗示有可能重新考慮對美關係。雖然經國對蘇聯派密使來接觸相當持疑，他已預備好要這麼說，因爲情勢很明顯，台灣、美國之間要發展長期的戰略夥伴關係，已經不可能實現了。

他指示魏景蒙應該與路易繼續在歐洲保持連繫。路易離開台北的次日，經國不經意地告訴美國大使館代辦丁大衛，他最近剛見過「由《倫敦晚星報》來的記者，此人俄國話說得很好」。中情局台北站非常懊惱，經國竟然沒有先跟他們透露路易到訪。（註六）

路易到了香港，向《華盛頓郵報》記者提到他剛到台北採訪；這一來全世界都曉得，引起各方臆測——毫無疑問，蘇聯本意就是要讓各方猜測。北京痛斥「蘇修已墮落到要利用蔣幫政治僵屍」。台北媒體則形容中、蘇邊境事件是「中共侵略蘇聯」。一九六九年國民黨召開第十次全國代表大會，宣稱毛澤東製造中、蘇邊境危機，旨在轉移各方對中共內部問題嚴重的注意力。台灣方面停止以詞語謾罵蘇聯，名稱具有反蘇意味的若干政治團體，接到命令改名。台北的媒體和官方談話開始用「反毛」一詞代替「反共」。十一月二十六日，北京向華府提議，翌年二月在華沙恢復會談。

此後三年，魏景蒙六度出國與路易會晤。一九九〇年代中期，蔣經國的助理說，魏景蒙在政治上很天眞，誇大了路、魏對話的重要性。但是一九六九年，中、蘇軍隊的確在新疆及東北邊境交火，廝殺。經國認爲値得維持路、魏對話。莫斯科增調部隊到邊境，也向美國試探，如果蘇聯攻擊中共在新疆省羅布泊的核子設施，美國會有什麼反應。蘇聯亦傳閱一份秘密文件給東歐盟國，討論針對中共發動先下手爲強攻擊的構想。就跟派出路易接觸經國一樣，毫無疑問這一招也是向北京示警。

兩大共產國家戰雲密布之際，尼克森總統闡釋他的「關島宣言」。他在關島發表的這篇聲明，強調美國會支持她在東亞的盟國及友邦，抵抗共產黨作亂，但是這些國家必須承擔起保衛自己安全的主要責任；換言之，不要指望美國派兵參戰。不久之後，尼克森和他的國家安全顧問季辛吉，明顯地開始採取一些「小步驟」來緩和與中國的緊張關係。就現實面而言，尼、季兩人視與北京修好是地緣政治上的大動作，可以改變全球均勢，也有助於越戰達成和平，是政治上能接受的結局。尼克森政府取消七類美國公民不准到中國旅行的禁令。是年秋天，尼克森在聯合國發表演說，表明美國希望與北京對話，就像她和蘇聯政府一樣能商量討論。十二月，華府准許美國公司可以跟中國進行「非戰略性質」商品的貿易往來。最具有象徵意義的是，第七艦隊停止在台灣海峽的巡弋。

國民黨內許多強硬派人士認爲，在台北政府越來越孤立之下，國民黨更得加緊掌控。他們認爲如果政府對要求民權的聲音，即使有最小的讓步，國民黨的外省籍人士很快就會交出大權及特權，甚至中國統一這個基本的政治承諾也保不住。但是在蔣經國爲首的改革派來看，世局發展多艱，台灣內部情況變化，更需要漸進，有控制的擴大政治參與。（註七）

爲了推動改革，蔣經國安排李煥出任中國國民黨省黨部主任委員，以張寶樹出任中央黨部秘書長。蔣經國、張寶樹、李煥採取一項非常重要的長期目標——國民黨必須成爲全民的、民主的政治組織，即使最後會由台灣本省人主導，也勢在必行。這一個漫長的改革進程涉及到吸納更多台灣人進入國民黨領導階層，同時審慎、小心地培養與控制溫和的在野勢力之成長。（註八）

在李煥督導下，國民黨迅速調整縣、市級黨部的人事。過去幾乎全由外省人擔當的主委，在一年內，換上三分之一的本省人出任，還有很多本省人進入中央黨部任職。全省舉辦了一次乾淨的縣、市級選舉，省議會七十一席議員，國民黨贏得六十一席；十五個縣長席次，國民黨候選人當選了十四席。可是，黨外人士贏得了高雄、台中和新竹的市長。反對派的本省人（包括國民黨派任的台北市長高玉樹）現在掌控了台灣四大都市的三個，代表「黨外」勢力普受都會及受過良好教育的台灣人之支持。（譯按，當時新竹、嘉義兩市都還沒有升格爲省轄市，此地作者說新竹市長是黨外，顯然有誤。）私底下這些新當選的黨外市長痛批國民黨掌控一切的制度，可是一就職他們就專注行政管理與建設開發，以及培養本身勢力。（註九）不論他們多麼仇恨國民黨，他們還是按照國民黨的規則玩遊戲。

蔣經國在一九六〇年代中期及末期，開始延攬新世代的未來領袖——在台灣受教育，再出國深造回台的青年才俊，大部分具有美國學位。蔣彥士、孫運璿等官員構成台灣第二代技術官僚，將在事業上一展鴻圖，第三代的歸國學人擔任政府公職，不僅參與經濟事務，也越來越介入政治策略的諮商。這些年輕的外省籍青年才俊在離開大陸，以難童身份逃到台灣時，只有四至十二歲。他們在台灣讀完中學、大學，與本省人爲鄰居兼朋友一起長大，因此得到比較自由派的觀感。這些人裡面就有經國的兩個雙胞胎兒子孝嚴、孝慈，以及耶魯大學博士錢復。錢復在一九六〇年代末期以三十四歲之齡擔任外交部北美司司長，也曾擔任過陳誠和蔣經國的英文秘書。這一群人當中還有一位生在大陸、長在台灣的本省人連戰，他是芝加哥大學的政治學博士。

一九六九年六月，蔣經國終於承擔起全面管理政府的正式領導角色。老先生提名他爲行政院副院長。七月，他兼任國際經濟合作委員會主任委員，及財經會報召集人。蔣經國對提到經合會和財經會報的議題，仔細聽取簡報，同時反映出他一向的領導作風，與國內企業界及外國投資人進行一系列會談，聽取他們對經濟發展的建言。企業界疾呼簡化行政手續，譬如光是進口汽車就得蓋上一百個印章。經國答應了！他先發動肅貪運動，准許司法行政部年輕的檢察官放手追查涉嫌貪污的黨、政高級官員。當時最轟動的一件大案是「香蕉案」，導致與蔣夫人家族有關係的中央銀行總裁（譯按，即徐柏園）去職。

經濟發展平順，顯然沒有必要有所更張。一九六九年的經濟成長率是百分之十。自從一九五二年以來，台灣經濟已經擴張了十倍。台灣每個學童現在都享有九年國民義務教育。農村越來越富裕，中產階級也在受到良好教育後快速成長，他們從市場上豐富的消費產品中喜孜孜地採購心愛的商品。

然而，經國在家庭計劃這個議題上倒與技術官僚意見相左。李國鼎等高階經濟改革派人士自從一九六〇年代中期，就推動政府推行家庭計劃，希望把已經位居全世界第二高人口稠密度的台灣之婦女受孕率控制住。一九六七年十一月國民黨中央委員會開會，李國鼎力陳人口壓力不僅危及全面就業和人均所得的提升，還可能成爲社會動亂之源。這個議題引起「激烈辯論」，蔣經國是主要的反對者之一。可能是由他的馬克思主義背景出發講話，他力主一個國家擁有更多的勞動人口，它就會更強大。黨內的大保守派和軍方人士對他這個觀點大有同感，也強烈反對家庭計劃，孫中山也曾批評節育是「種族自殺」，相形之下，嚴家淦和整個技術官僚群都支持家庭計劃。蔣總統過去雖然支持孫先生這方面的觀點，現在卻批准在台灣大量生產、分發婦女避孕用「樂普」的計劃。台灣的人口成長率終於穩步地下降。（註十）

蔣經國對家庭計劃的立場也有可能是對保守派做個姿態。大約這個時候，他採取另一個步驟保護他的右側。他已經花了一段時間，勸「大哥」陳立夫回台灣定居，頤養天年。四月，陳立夫接受邀請，結束他在紐澤西的養雞場，飛回台北。雖然陳立夫一九五〇年離開台灣是擔心經國即將逮捕他，兩人顯然已盡棄前嫌，陳立夫鼓勵立法院和國民大會裡的ＣＣ派，要支持蔣經國。（註十一）

十二月，台灣舉行三年前就答應的中央民意機關增額選舉。經國允許各候選人史無前例地抨擊政府，選舉受到種種限制、國民黨花下巨額競選經費，國民黨掌控媒體等等議題，第一次受到傾向黨外的媒體之公開批評。黨外候選人「郭大砲」郭國基和黃信介，抗議本省人受到歧視，政府把極大數額歲入撥給軍方等等。他們甚至要求直接民選台灣省長，結束戒嚴統治。黃信介更大膽表示，反攻大陸已經無望，如果蔣總統繼續長久佔著位置，對國家不利。郭國基和黃信介都當選立法委員，這代表立法院裡首次出現兩位眞正的反對黨人士。（譯按，郭、黃當選的是終身職的增選立委，任期比照第一屆立法委員，可是郭國基當選後，不久即逝世。）

七月，距提名經國出任行政院副院長不久，蔣總統夫婦乘坐的轎車在兩輛安全隨扈汽車前後保護下，駛上陽明山陡坡，要到現在做爲別墅的住處。有輛吉普車急駛下山，越過中線。前導的安全車駕駛緊急踩煞車，蔣總統座車煞不住，撞上它的後頭。老先生由後座衝撞到駕駛座，飽受驚嚇，並沒有受重傷。可是車禍之後，他的健康和心智能力就走下坡了。（註十二）

蔣總統開始有頻尿的問題。美方派了陸軍一名泌尿科專家來檢視，建議老先生動攝護腺手術。老先生猶豫，蔣夫人勸他同意。她依然對美國人有信心。據在場的熊丸醫師說，這位美國醫生在手術時手都發抖。開刀過程順利，可是雖然沒有直接的併發症，老先生從來沒有眞正復原，原本對黨、國大事已少管，此後更難得過問了。蔣總統繼續接見重要外賓，偶爾也露面公開演講，但是，經國除了名義上之外，已是中華民國不折不扣的領導人。

過後不久，蔣家又發生一件預料不到的健康危機。蔣經國的長子孝文已經晉升爲台灣電力公司桃園營業處經理，也曾在金門建一座發電廠，內定要調升一家化學廠總經理。但他還是有酗酒的習慣，每次喝醉就會大罵太太。有一個故事說，孝文一九六〇年代末有一天在台中某酒吧喝酒，跟人打架，酒吧保鑣把他趕出去。孝文打電話給警備總部中區警備分部司令，命令他把酒吧封了，司令聽命照辦。蔣經國聽到這件事，把司令召到台北，以一向的作風告訴這位司令：「你過去工作備極辛苦，應該休息一下囉！」此君辭職。

孝文的糖尿病現在幾乎每個月發作一次。一九七〇年十月十五日，在他即將榮升化學廠總經理之前，他又開懷暢飲，當夜就陷入昏迷狀況。經國頗以自己把糖尿病遺傳給兒子自責，天天到醫院探視孝文。他握著兒子的手低聲呼喚：「孝文，爸爸來看你，請趕快醒過來。」後來，孝文果然醒過來，但是仍在醫院住了近五年，徐乃錦帶著女兒友梅陪他住在醫院內某棟小房子。

經國的次子孝武當年二十五歲。他和哥哥一樣，出名的愛玩，愛追女人——而且也有糖尿病，只是在喝酒方面比哥哥節制。他曾經到慕尼黑政治學院唸書，結識漂亮的汪長詩，也結了婚。最想討好父親的幼子孝勇，由陸軍官校預備班畢業，升爲正期生；經國感到非常榮耀。蔣家總算有人延續從軍的傳統。不幸，後來孝勇操課時傷到腳，最後由陸軍官校退訓，轉進國立台灣大學政治系唸書。

孝嚴、孝慈兩兄弟也在一九六八年由東吳大學畢業。孝嚴進入外交部；一九七〇年派駐比利時期間，與黃美倫成婚。黃美倫是他在東吳大學的同學。婚禮前幾分鐘，他才告訴新娘，他是蔣經國的兒子、蔣介石的孫子。黃美倫大吃一驚，覺得很榮耀。翌年，他們的大女兒出世，孝嚴通知王昇，王昇傳回來經國建議給孫女取中文名蕙蘭。孝慈由東吳大學畢業後，入伍服役兩年，再回到東吳大學，獲得法學士學位。

一九七〇年初，美國副總統安格紐（Spiro Agnew）飛到台北訪問一天。他直接趕到日月潭，與蔣總統兩度會談，並與經國進行約兩個小時的「工作早餐」。經國交給他一份備忘錄，列舉中華人民共和國對台灣及澎湖的威脅。安格紐保證美國會遵守承諾，保衛台、澎，可是對金、馬地位就閃爍其詞。安格紐針對美國對北京的政治意向說了一些話，意在安撫——畢竟安格紐根本就被蒙在鼓裡，不曉得尼克森與季辛吉正在試探與中共實質和解——他的話其實並沒多大意義。

美國在中南半島的軍事行動現在雖緩下來，規模依然很大，台灣依舊是個重要的後援基地。華府依然把台灣當做針對中國的一個非常關鍵的情報蒐集基地——非常關鍵，指的是美國如果繼續把中國當成嚴重的軍事威脅的話。但是在台北與美國之間的政治交往，乃至發展戰略夥伴關係的概念，則實質上每個月都在消退。繼第七艦隊停止在台灣海峽巡戈之後，美國空軍開始把配備核子武器的B–52轟炸機撤出沖繩，可是美方答應若情勢需要時，它們會回到日本。經國下令撥款三千萬美元，擴建台灣好幾個空軍基地的跑道及其他設施，歡迎B–52進駐這些基地。可是，華府從來沒有認眞考量此一可能性。

此時，中國遊說團在美國的影響力也大幅衰退。固然，中華民國還是具有強大的友人（如友台國會議員安排三艘〔譯按，應是兩艘〕潛水艇移交給台灣），可是，重要的組織如「反對中共加入聯合國百萬人委員會」等已逐漸乏人支持。越戰，以及它給美國社會帶來的動盪，使許多美國人預備接受和北京修睦。

一九七○年春天蔣經國到華府正式訪問，試圖探究尼克森究竟預備向北京做何讓步。美方盛大歡迎這位來自台灣的訪客。身爲行政院副院長的蔣經國，只是內閣的第二把手，被安置在通常接待行政首長或國家元首的布萊爾賓館。東道主認爲他們接待的是蔣介石總統的繼承人。不過，尼克森和季辛吉腦海裡第一要務是，與北京正在進行中的秘密接觸，以及一旦與中國關係突破後，對台灣可能會有什麼影響？經國到訪前幾個星期，國務院才剛把一份報告送交季辛吉，它的內容是：美國是否可能與北京達成放棄武力對峙之協議，以及中、美關係改善後之影響。如果美國與毛澤東領導的中國之關係，能照尼克森與季辛吉的期望發展，那麼他們就希望能緩和台灣的反應，維持台灣的穩定和繁榮。台灣的反應緩和節制，可能紓緩保守派共和黨人必然的怒火。

尼克森總統在橢圓形辦公室和蔣經國晤談七十五分鐘——與一位副閣揆晤談這麼久，並不多見。會談中，尼克森採用經國本身接見訪賓的技巧——多問問題，少表達意見。中華民國外交部次長沈劍虹以譯員身份陪同蔣經國與會。沈劍虹說，尼克森「非常注意聆聽」蔣經國說話，但是就美國對北京關係「未做任何承諾」。尼克森解釋，美國與中方的交談是試探性質，不會影響到美國與中華民國的友誼。他說：「美國不會拋棄她的盟國和友邦。」

當天晚上在歡迎蔣經國的盛宴上，尼克森舉杯致意，重申他的政府決心在國際事務上與中華民國堅定站在一起。然而，經國心裡也明白，美國這番承諾也未必就與美、中關係突然間大有改善互不相容。他也曉得，台灣問題是美、中關係能否突破的關鍵。事實上周恩來在不久之前才透過羅馬尼亞傳話給尼克森，周恩來重申他的公開談話立場：「我們之間只有一個問題有待解決——美國佔領台灣的問題。」

爲了表示尊重蔣經國，四月二十二日，季辛吉跨過賓夕法尼亞大道親到布萊爾賓館與經國晤談。兩人關室單獨會面，以英語交談了半個小時。據當時擔任季辛吉中國事務助理的何志立（John Holdridge）說，這是非常罕有的安排——尤其是訪賓只是行政院副院長。（註十三）季辛吉向蔣經國問起，如果中、美會談由華沙易地到華府或北京舉行，他會有什麼反應？這個問題本身就已經透露雙方談話已經十分嚴肅認眞了。白宮把中、美下一回合的華沙會談延期到五月二十日，以免距蔣經國結果訪美日期太近。事後，沈劍虹問經國，季辛吉是否傳達任何其他重要訊息。經國笑而不答。

蔣經國亦與國務卿羅吉斯（William Rogers）、國防部長賴德（Melvin Laird）等美方高級官員會晤，他們全都向他保證，美國堅定支持中華民國。蔣經國和美國人打交道的經驗沒有他父親豐富，但是他並不天眞。尼克森是他見過的第四位美國總統。更重要的是，蔣經國在評估世界趨勢時比他父親更宏觀、更客觀。即使不在此行之前，也必定在此行之後，他比大多數美國觀察家看得更清楚，美國與中共首次同時看到，雙方建立良好關係，彼此互利。

與季辛吉晤談後兩天，蔣經國來到紐約，預備向東亞美國工商協進會（East Asian-American Council of Commerce and Industry）發表演講。蔣經國一行及隨扈的美國秘密勤務局保鑣、警察，在中午過後不久抵達富麗堂皇的廣場大飯店。經國看到台獨聯盟約二十五個留學生守在飯店門口附近，高舉標語，喊著抗議口號。他從轎車下來，步上台階；當他正要推開人旋轉門時，門旁大理石柱後跳出兩個持槍男子。其中一人開了槍，紐約市警局一名便衣眼明手快，把槍推開，子彈從經國頭上飛過。這位便衣和隨行的軍事副官溫哈熊（譯按，溫是蔣的辦公室主任），把刺客抱住，制服在地上。其他的安全人員也抓住另一個共犯。

經國稍微停了一下，看看現場的混亂，然後就進入大廳，坐電梯到餐會會場。幾分鐘後警察追上他，報告一切已經掌握住，把搶下來的槍給他看看。蔣經國表示，希望和企圖行兇的刺客談談。警方認爲不妥。經國就泰然自若向來賓發表演講，隻字不提幾分鐘前他差點遭謀殺。回到下榻的旅館後，他打電話回台北給方良，叮囑她不必擔心。當天夜裡行程表排的是華僑團體盛大歡迎晚會。經國的助理和安全人員都勸他不要出席；紐約警方還建議他立刻離開紐約市。經國說：「不用再說了，一切照行程進行。」

差一點打死蔣經國的年輕人名叫黃文雄，是在康乃爾大學攻讀工業工程的台灣籍留學生。經國的安全單位立刻清查黃文雄在康大的交遊接觸關係。他們發現，台灣知名的農業專家李登輝夫婦在康大期間，雖然沒參加台獨運動，卻在台灣人圈子社交生活很活躍。不過，李登輝夫婦並不認識黃文雄。安全單位對這位李教授注意起來。但是內政部長徐慶鐘，和剛被經國拔擢爲行政院秘書長的蔣彥士，都向老闆擔保，李登輝和黃文雄以及台獨運動沒有關連。

黃文雄的同謀人是他的連襟妹夫鄭自才。兩人在過堂時都認罪不諱，交保後也都棄保，並逃往瑞典。鄭自才後來被遣送回美國，坐了五年牢，黃文雄則潛逃無蹤。蔣經國回到台北時，一萬多人到機場迎接。

蔣經國訪美回國後不久，又到西貢訪問，考察尼克森主義對中南半島的影響。此時，正是美軍大舉進入柬埔寨，掃蕩北越游擊基地的時候。尼克森決定將美軍撤出越南，但也不排除偶爾有大膽、積極的剿共行動。北京方面，國防部長林彪藉口美國攻打柬埔寨，抨擊周恩來與美國試探修好的政策。在美軍打進柬埔寨三週之後，北京取消預定五月二十日在華沙召開的中、美會談。蔣經國清楚看到他在西貢的東道主前途堪憂。經國仍在南越訪問時，尼克森宣布美軍預備再撤出十五萬名部隊。這裡頭的教訓已經很嚴峻——台灣需要自立自強，也必須建立全民支持的基礎。

一九七〇年六月十九日，國務卿羅吉斯呈遞備忘錄給尼克森提出警告，台灣在聯合國所獲得的支持正在快速瓦解。他提醒尼克森，可能需要改採「雙重代表權」對策。共和黨、民主黨及獨立人士之中不乏支持以「兩個中國」爲解決台灣問題之計的聲音，此時迅速再浮上檯面。許多人認爲這是合邏輯的一個方法，既可讓中國進入國際社會，又可支持台灣人民的權利及利益。可是，季辛吉和尼克森都明白，如果美國推動「兩個中國」成功，不僅打開不了和解修睦的大門，還會把美國捲進與中共長期對抗的僵局。

經國現在已經肯定尼克森有心在他第一個四年任期內，就與北京開啓中、美關係新紀元。雖然他相信尼克森會遵守諾言，對台灣、澎湖提供美國軍事保護傘，他也擔心美國與中共交好會永久掃除美國與國民黨政府之間的戰略關係。它也會撕毀在台灣實施一黨統治的理論基礎——國民黨聲稱它是代表全中國的政府——並且會嚴重傷害到台北以中華傳統文化保衛者自居而在國內外得到的道德力量之基礎。（註十四）

蔣經國訪問西貢回台之後，展開一連串變革以強化掌控，譬如他把軍方高階主管全數異動。現任各軍種總司令都是經他親手拔擢，但是換上一批更年輕的軍事首長，可以更強化軍隊的效忠程度。蔣經國以行政院長嚴家淦的名義也調整了若干閣員。同時，台灣的原子能委員會成立一個核能研究中心，表面上的宗旨是研究核能的和平用途。被中央情報局吸收的張憲義，在這個單位的地位與職責也穩步上升，他隨時把發展偷偷捎給中情局。

蘇聯的軍事威脅像一桶冷水，對毛澤東可以有醍醐灌頂的功效——現在蘇聯紅軍大軍壓境，在中、蘇邊境部署了四十個師具有核武器的兵力。文化大革命的結果是全國大亂，經濟停滯，實質陷入軍管、派系鬥爭失控，也使毛澤東的發燒腦袋清醒過來。聯合國之內對「兩個中國」的主張有甚囂塵上之勢，加上華府對北京態度大幅轉變，在在亦使毛澤東和周恩來在籌劃大計方針時，起了重大作用。

一九七〇年秋天，北京收到白宮傳來相當明確的訊號。華府建議在兩個首都之間建立熱線電話，同時尼克森第一次在公開場合以「中華人民共和國」的正式名銜稱呼北京政權。毛澤東決定必須給予這些訊息正面回應。毛澤東對出席八、九月間中國共產黨中央委員會的幹部宣布，中國現在最危險的敵人是蘇聯，他也向同志透露，已經跟美國就恢復兩國關係正在進行交涉。

加拿大在十月與台北斷交，承認北京政權。華府亦公開暗示，明年台北若希望保住聯合國席次，必須接受「兩個中國」的安排。同一個月，路易和魏景蒙在維也納再次碰頭。路易強調，克里姆林宮內的親中派正在抬頭，他要求台北提供情報支持「即使毛澤東去世，共產中國還是會繼續仇俄」的說法。事實上，在中國共產黨秋天中央委員會之後，以及魏、路維也納密會之後，北京與莫斯科關係顯著改善。中、蘇兩個共產主義政府的大使都各自回到任所，在十月一日、十一月七日雙方國慶日也都互相交換親切的賀電。路易告訴魏景蒙，來年三月蘇聯共產黨全國代表大會，對於蘇聯對華政策的未來方向，將有關鍵性的重大決定。他說，蘇聯方面希望台北證實，莫斯科與台北原則同意進行軍事合作。（註十五）

魏景蒙十一月回到台北，向蔣經國報告。談話結束前，魏景蒙拿出一個信封，是路易託他送達。魏景蒙說，這是蔣方良離散三十三年的姊姊寫的一封信。經國打開信封，讀了一遍，說：「沒錯，這是她姊姊寫的信。」他旋即把信揉成一團，丟進要送銷燬的機密文件堆中，經國命令他：「別跟任何人提起這封信。」蔣經國這麼做似乎很殘忍，但是顯然是因為方良開始得了憂鬱症，經國可能怕她讀了信更加沮喪，斷然做此處置。他可能也想到，蘇聯或許想利用方良姊妹關係，如果消息傳出去，台灣可能又重掀風波，恐怕「經國親俄，甚至是地下共產黨員」的謠言又起。

一九七〇年行將落幕，台灣多數人民根本不太介意世界局勢。他們只顧快樂過日子，做生意。美、台貿易已超過二十五億美元，高雄加工出口區共有一百二十家製造業、生產工廠成天忙碌。這一年，全台灣工業生產增加了百分之十七。

註一：丁大衛一九九六年四月三十日在維吉尼亞州費爾法克斯接受本書作者訪談時所說。原書註三。

註二：「圍堵而不孤立」這個概念由鮑大可（Doak Barnett）提出。原書註五。

註三：高立夫一九九五年十一月三十日在華府接受本書作者訪談時透露。原書註七。

註四：本節取材自一九九五年五月台北《中國時報》討論路易事件的系列報導。這一系列報導則根據魏景蒙日記爲本。本節亦大量取材作者在一九九五、一九九六年與多位蔣經國部屬及美國官員的訪談紀錄。另外，亦可參見《遠東經濟評論》周刊，一九六九四年月三日，第七頁，以及一九六九年八月七日，第三一八頁。原書註十五。

註五：錢復一九九五年九月六日在台北接受本書作者訪談時所說。原書註十六。

註六：丁大衛一九九六年四月三十日接受本書作者訪談時所說。原書註十七。

註七：李煥一九九八年三月九日在台北接受本書作者訪談時所說。原書註十九。

註八：同上註。原書註二十。

註九：當時作者在駐台北美國大使館擔任政治官，專注台灣的政治發展和態度，經常與黨外政治人物接觸。台灣政府並不鼓勵這些接觸，外交部不只一次向大使館抱怨這類會晤太具挑激意味。原書註二十一。

註十：李國鼎一九九五年九月七日在台北接受本書作者訪談時所說。原書註二十四。

註十一：陳立夫一九九六年五月二十九日在北投接受本書作者訪談所說。原書註二十六。

註十二：熊丸一九九六年五月三十一日在台北接受本書作者訪談時所說。另參見翁元，《我在蔣介石父子身邊的日子》，第一二八至一三一頁。原書註二十九。

註十三：據何志立一九九七年十月十日在華府與本書作者通電話時所說。何志立不記得見過這次會談的內容報告。季辛吉則透過助理告訴作者，他不記得當時說些什麼了。原書註四十一。

註十四：蔣經國對地緣政治迅速變化的分析評估，是本書作者採擷一九九五、九六和九八年訪問他當年多位高級副手的談話資料所整理出來。這些人包括蔣彥士、李煥和當時受器重的年輕一代，如錢復等人。原書註四十九。

註十五：見一九九五年五月三十日台北《英文中國日報》。原書註五十二。

第十八章　行政院長

一九七一年三月，北京邀請美國一支乒乓球隊訪問中國。次月，尼克森總統宣布美國將發放觀光簽證給來自中國的個人及團體，並取消不准中國商品進口的禁令。林彪一伙人爲了對抗毛、周路線，支持河內針對南越大規模攻進寮國，發動類似春節大攻勢的進攻；周恩來則主張漸進、審愼的反應。林彪又採取另一個更危險的作法，企圖推動中、蘇局部緩解，或者至少是對中國的兩大敵人採取平衡對待。莫斯科似乎有所回應，對中國共產黨做出種種退讓，並提議雙方簽訂互不侵犯協定。季辛吉即將前往北京密訪前夕，《人民日報》警告說，黨內出現「敵人間諜」，「潛伏叛國賊」，「與外國有不當關係」；事後來看，顯然是影射林彪。

七月九日，「季博士」取道巴基斯坦祕密抵達北京。周恩來訂下與美國和解的所有條件，全都涉及台灣。他要求美國，承認台灣是中國的一部分，定下期限由台灣撤軍，廢除一九五四年的中（華民國）美共同防禦條約。季辛吉接受第一個條件；表示一旦越戰結束，可以開始減少駐台美軍部隊；對於第三項要求則態度含糊。他提出，美國願支持中國加入聯合國，但是表示美國也要支持台北保持在聯合國大會的席次。他說，以一個中國爲基礎的全面關係正常化，將在尼克森總統第二個任期內完成。

季辛吉完成任務，秘密離開北京。距尼克森總統在電視公布他和密使的外交傑作之前半小時，駐台北美國大使馬康衛（Walter MacConaughy）急電中華民國外交部，照會這一發展。馬康衛和國務卿羅吉斯也是在不到一小時前才接到消息。國民政府外交官嗅到一點味道，但是依然很困擾，美國總統竟然把事情保密到家，只肯給台北不到一個小時的預警。錢復立刻替將總統、嚴家淦和蔣經國起草一份備忘錄。外交部長周書楷以電話向其他高階官員報告這則消息。經國立刻電召錢復到他辦公室做報告。

錢復急忙趕往總統府。蔣副院長請錢復分析季辛吉這個人和他的戰略思想。討論之後，他下令以行政院長嚴家淦名義，發表一項溫和的聲明，表示消息來得「非常突然」，照例批評共產黨，然後聲稱中華民國不會向「任何暴力或強權」低頭。翌日，國民黨報紙及獨立的報紙都宣稱再也不能信賴美國；國民大會指責尼克森「背叛」友邦。但是整體反應可謂非常鎮靜。

季辛吉離開北京時，他和周恩來都表現出勝利的心情。中國內部對季辛吉到訪的反應，雖然保密了好幾個月，卻是至爲極端。根據中國政府日後的指控，林彪陰謀殺害毛主席，奪取大權，但是忠誠官員發現陰謀，林彪帶著妻子、兒子及幾位共謀者搭乘軍機逃亡。這架軍機飛進外蒙古領空，朝蘇聯方向奔去，然後突然改變航線，墜毀在戈壁沙漠，機上人員全部喪生。林彪顯然認爲毛澤東擁抱美國等於宣告自己的政治死亡，可是這也使得他有了政治、道德的正當藉口可以發動軍事政變，推翻毛澤東。

「季辛吉驚奇」在國際間引起極大影響。原本長期支持國民黨政府的國家，以及傾向以「兩國中國」解決聯合國代表權的國家，紛紛棄台北，就北京。尼克森八月間批准羅吉斯國務卿在聯合國內推動中國雙重代表權的解決方案。蔣介石低聲抱怨他「寧爲玉碎，毋爲瓦全」，可是台北終究還是同意順應時勢，實質上接受丟掉安全理事會席次，保住聯合國會員身份的方案。由於蔣總統健康迅速退化，這個戲劇性的決定基本上由經國裁決。（註一）

可是，一九七一年十月二十五日聯合國大會表決的結果是，接納中華人民共和國代表，「排除蔣介石的代表」。尼克森和季辛吉努力展現出他們力圖替台北拉票的形象，希望藉此緩和共和黨親蔣右翼人士的驚惶，也使台灣反應不致太激烈。包括羅吉斯國務卿在內的國務院官員，認爲他們已不遺餘力全面力保台灣在聯合國大會的席次。可是，當全世界曉得大會表決當天，季辛吉要回到北京安排尼克森明年親訪中國行程，美國再怎麼盡力遊說各國支持台灣，也都前功盡棄！

台灣被排出聯合國對國民黨自尊可謂一羞辱性的打擊，可是民眾及官方的反應仍然相當鎮靜。事實上，這個挫敗反倒對台灣產生穩定效果，強烈凸顯出外省人、本省人現在風雨同舟，同一命運。華府代表台灣出面在紐約強烈拉票的表現也產生效果。台灣不太害怕美國有心撤除安全保護傘。甚且，毛澤東轉向美國，實際上也終止了中共對台軍事施壓的可能性。

這一年稍早，行政院新聞局和國民黨中央第四組核准台大教授楊國樞擔任總編輯的新刊物《大學雜誌》發行出版。支持《大學雜誌》的是一批本省籍及外省籍的自由派知識份子，他們絕大多數是老師、教授、作家，也有少數「新興青年企業家」。《大學雜誌》立刻表現出政治色彩高過學術色彩，刊登主張「振興國力結構」，明白要求全面改選中央民意代表機關的文章。

《大學雜誌》也尖銳批評政府，美國把沖繩交還日本時，竟然未能阻止美方不要把釣魚台列島交出去。位於台灣東北方這幾個無人居住的岩礁，由於新聞報導說附近蘊藏石油，突然間變成十分重要。主流媒體和立法院、監察院若干民意代表也加入批評陣營。一下子全台各大專院校紛紛冒出保釣委員會，帶動出校園知識份子狂飆、史無前例的時代。

安全單位和警備總部奉蔣經國之令，對保釣運動密切監視，但是沒有採取直接行動打消它。保釣議題在國民黨籍愛國青年，尤其是在救國團裡活躍的外省青年當中頗有吸引力，他們渴望能有某種崇高目標可以結合本省青年一起奮鬥。當時還在台大唸書的馬英九回想，當年他們一批參加保釣運動的朋友還受到嚴密監視。馬英九曾與一夥本省、外省學生，一起到機場對日本大使投擲雞蛋。

為了警告青年知識份子，不要有太高的政治期望，蔣經國三月間下令逮捕一位著名的外省籍異議份子李敖，以及彭明敏教授昔日的獄中友人、學生謝聰敏、魏廷朝。抓這些「尋常的嫌犯」表示實際的顛覆危機不大。謝聰敏日後告訴本書作者，他被三大情治機關審問、拷打，最後頂不住屈服，誣攀李敖從事反政府陰謀活動。

異議人士並沒有因此就退縮。十月十五日，與《大學雜誌》有關連的大學師生發表《國是宣言》，主張厲行法治，要有多元、開放的社會。連署人譴責「特權集團」「傲慢、老邁……脫離群眾」。台灣大學出現前所未有的討論言論自由的集會。經國這時沒有彈壓取締，反而邀請《大學雜誌》主要成員參加座談會。他在會中聽取這群知識份子的意見，宣稱「青年應該多講話，多關心國事」。他還寬赦了一小批政治犯。

八月二十九日，台南巨人少棒隊在美國贏得世界少棒聯盟賽冠軍。這是台灣三年內第二次奪魁。估計全台灣有一千萬人透過電視觀賽——換言之，全省三分之二男女老少犧牲睡眠，觀賞電視實況轉播。巨人隊凱旋歸國，萬人空巷，半數台北市市民，不分本省、外省人歡迎他們。這個事件反應出台灣人民的生活方式和態度起了重大變化，譬如家家戶戶普遍擁有電視機，對於西方運動項目的狂熱，以及對台灣的表現成績與有榮焉。

若干具有重要性的社會、經濟變革繼續演進。現在全島有六千多個民間組織，連同分支部就有兩萬兩千個單位，從扶輪社、佛教組織到蒐集中國鼻煙壺的團體，無所不有。有百分之八十的學生進入中學讀書，大學學生人數亦增加五倍，新世代大體而言比較不會自動尊重權威。固然大學校園裡有些學生熱切討論政治，街頭上也出現長髮青年，短裙女郎嬉鬧玩耍。警方竟然出動員警，把長髮青年請進派出所強制代爲剪頭髮，不過反抗、叛逆風氣一點也起不來。

尼克森由華府出發進行一九七二年劃時代的北京行之前，經國向駐台北美國大使擔保，台灣政府在台灣地區不會有「不尋常的活動」去觸發事端。幾天之後，蔣經國從電視轉播上看到尼克森抵達北京，周恩來迎接他等等鏡頭。尼、毛初會的鏡頭沒在電視上出現，因此電視觀眾漏聽到毛澤東的第一句話：「我們共同的老朋友蔣介石委員長，可不贊成我們見面啊。」二月二十七日晚間，經國閱讀通訊社報導上海公報。有關台灣的關鍵段落是：

美國認知到台灣海峽兩岸全體中國人都聲稱只有一個中國，台灣是中國的一部分。美國對此一立場沒有異議，它重申它的利益在於台灣問題由中國人自行以和平方法解決。有鑒於此，它重申其最終目標是把全部美軍及軍事設施撤離台灣。同時，它將在區域緊張局勢減低的情況下，逐步減低其駐台部隊及軍事設施。（註二）

雖然美方的聲明沒有明白宣稱台灣是中國領土的一部分，它在政治上和心理上所宣示的意義是相等的。尼克森由上海飛回美國，主管東亞事務助理國務卿葛林（Marshall Green）和季辛吉的助理何志立，銜命到台北向台灣領導人簡報訪問經過。經國雖然與美方代表有親切、冗長的談話，蔣總統卻「沒時間見他們」。蔣經國出奇的鎮靜。他沒有責備美方，但是強調只要共同防禦條約和美國軍事援助持續，他就「不太困擾」。（註三）根據經國日後的說法，美方向他擔保，美國打算尋求與北京關係正常化，這並不代表要建立外交關係。可是，美方代表堅稱，他們只是告訴蔣經國，美、中（華民國）政治關係將會持續下去。（註四）

上海公報發佈之後，各方開始猜測，台灣現在是否會打蘇聯牌，台北外交部長周書楷被赫斯特報系記者問到這個可能性時，表示中華民國不排除「與魔鬼握手」。周書楷表示，台北和莫斯科之間可以舉行類似華沙會談的接觸。於是乎，謠言四起，有一個說法是，蔣經國有意把澎湖出租給莫斯科，做爲海軍基地。（註五）《中國時報》發行人余紀忠報導各方對於與蘇聯結盟的正反意見——反對聲浪遠遠勝過贊成聲音。經國指示發表聲明，不會打蘇聯牌，三個月之後，周書楷下台。（註六）蔣經國也派三十八歲的錢復出任新聞局局長，換下他的老友魏景蒙。錢復一上台，就停止魏景蒙鍾愛的一些秘密外交活動，包括與路易的接觸在內。

蔣經國經過三十七年的歷練之後，決定正式出面管事。他的父親當然同意，嚴家淦交卸行政院長的兼職，專任副總統。一九七二年五月二十六日，立法院以三百八十一票（總額三百九十四席）通過蔣經國出任行政院長。他第一道公開聲明就重申光復大陸國土的決心，可是也強調在台灣推動行政革新，掃除貪污。他要求民眾原諒他「少說話」，以便「多做事」。他繼續倚重財政部長李國鼎、經濟部長孫運璿爲首的財經團隊，但是也起用若干本省人出任要職，譬如，徐慶鐘爲副院長，張豐緒爲內政部長，黨外人士台北市長高玉樹爲交通部長。人事命令發表前，蔣經國召見高玉樹，邀請他入閣。高玉樹猶豫，經國表示他預備推動十大建設計劃，其中六項是交通建設，「我需要借重你」。高玉樹不怎麼相信經國這一席話，可是也沒有辦法，只好接受調職入閣。

國民黨從日本人手上接收台灣已歷二十七年，經國派出第一位台籍省主席。謝東閔是所謂的「半山」，也就是日據時代離開台灣到大陸加入國民黨，在黨、政界工作，等到一九四五年光復才回來的台灣人。從「半山」這個稱呼就曉得他們的心思只有一半是台灣人。

蔣經國升任院長，可謂恰逢其時。七月間，老先生心臟病發。新聞界得到的消息是病情不嚴重，只是輕微肺炎。實際上，老總統不再視事已久。他不再接見來訪貴賓，大部分時間住在士林官邸，都是躺在床上或坐在輪椅上。蔣經國每天到官邸晨昏定省，只向他報告好消息，也不再拘泥形式，向他請示重大決定了。（註七）蔣夫人長久以來已接受經國將會繼承父親權位的事實，現在把自己的公開活動局限在類似全國婦女反共抗俄聯合會（譯按，簡稱婦聯會）的組織上。（註八）

蔣經國主持行政院院會，要言不煩，通常四十分鐘就可以散會。「他討厭形式，也不喜歡囉囉嗦嗦。」他以扳弄手指頭或合掌撫臉表示不耐煩。通常要讓拖得太久的報告中止，他就撫下額。（註九）他處理國民黨中常會的方式也一樣。由二十一位中常委組成的中常會，其中有五位大保守派，針對台灣在國際社會越來越孤立的情勢，這些保守派只會更緊抱著黨的正統。可是，經國從來不跟他們爭辯。（註十）

他在主持第一次院會時就強調重視協調、廉潔和形象，發表公務員「十誡」，各級官員不得到酒家食堂、黑色咖啡館、歌廳，也不得有鋪張浪費的婚喪典禮，或其他幾項不當娛樂。警察開始到上述場所檢查，查對客人身份證；幾個公務員因爲辦了奢華鋪張的婚禮，遭到免職處分。蔣經國尤其嚴懲受賄、瀆職的公務員。調查局逮捕了五十多名涉及走私的公務員，其中好幾位在警備總部任職。檢察官還偵辦行政院人事行政局局長王正誼收受營造廠大額賄款的弊案。王正誼是蔣經國的表弟，曾任老蔣總統機要秘書。蔣經國親自批准逮捕王正誼及判處無期徒刑；有位稅捐處副處長更處以死刑。

經國昭示內閣閣員，中國人幾千年來都受到做官的傲慢對待，簡化官僚作風唯一的方法就是一切公開化。他決定除了國防經費、外交經費之外，國家預算一律公開。國民黨政府史上第一次，甚至可以說是中國歷史上破天荒第一次，人民可以看到至少一部份稅款花在什麼項目上。（註十一）《大學雜誌》在一九七三年六月號宣布，蔣院長執政第一年「是政府遷台以來最有成就的一年」。

蔣院長繼續以剛柔並濟的方法對付黨外在野勢力。一九七二年十二月選舉將屆，一百多名黨外政治人物在台北某飯店集會，呼籲修改選舉罷免法規。這是黨外人士一九六〇年以來首度正式集會。政界新秀康寧祥和「小鋼砲」郭雨新、黃信介是會議的主導人物。康寧祥曾經幹過加油站加油工，現在是台北市議員，將是未來台灣民主政治轉型期的重要角色。在選舉將屆之際，康寧祥帶頭主張候選人有權在每個投（開）票所派監票員，以及自辦政見發表會。他兩度被警告，違反了「動員勘亂」基本國策，競選期間，蔣經國不斷接到報告，詳述黨外候選人挑撥性質的集會之言行，並建議他應該辦幾個人，包括把康寧祥抓起來。王昇還說，康寧祥是匪諜。經國不理會這些報告。（註十二）

開票結果，蔣經國非常滿意。選民投票率逾七成，國民黨提名的候選人當選率高達百分之九十七，囊括全部的縣、市長。由於有些席次禮讓無黨籍人士，國民黨未提名候選人，因此黨外當選比例高出百分之三。

雖然康寧祥日後被認爲是相當保守的反對黨人士，早年他可是「體制內」政客中比較激進的一員。他在立法院的質詢，包括針對政府首長的發問很尖銳，但並不爭論不休。蔣經國問部屬，

為什麼國民黨籍立法委員問不出這樣的問題？後來，他邀請康寧祥喝茶，兩人討論起立法議程上的一些議題。（註十三）

除了一些大保守派仍然喃喃抱怨之外，國民黨內多數高級官員接受經國的決定，允許立法院內出現嘈雜的反對黨聲音。本省籍黨外人士只是一小撮人，似乎在可預見的將來，不會構成威脅。包括軍方及情治單位在內的若干強硬派，認為反對派發洩發洩並無大礙，還可向美國人表示台灣的自由開放了有進步。的確有些美國學者就撰文表示台灣民主政治前景「頗為鼓舞」。

但是知識份子遭受到來自不同源頭的壓力。幾位被扣的學者獲釋之後，台灣大學校長（譯按，閻振興）把哲學系十四位最活躍的教授、副教授、講師、助教統統解聘，箝制了一九七一年以來台大校園常有的論政集會。（註十四）一九七三年十二月，《大學雜誌》刊登一篇文章，要求國民黨開放黨禁，准許成立反對黨之後，總編輯楊國樞受到壓力，辭去總編輯職位。《大學雜誌》內部本省人、外省人之間的歧異浮上檯面。在蔣經國主動延攬下，與《大學雜誌》有關連的幾位年輕學者，大部分是外省人，受邀進入政府及黨部工作，保證他們可在體制內促進改革。許多人接受延攬。（註十五）在官方許可的政治體制之外的異議運動，陷入低潮。校園內具有改革意識的外省籍教授，繼續扮演忠誠的反對黨角色，主張穩健擴大民主、結束戒嚴。（註十六）

尼克森震撼使得台獨聲浪降下去，也使台灣反對運動暫時失去動力。它也使得外省人永久掌控政權的前景動搖。一九七三年八月，蔣經國告訴馬康衛大使，要加強團結，台灣必須要有「更開放的社會」，而面對北京來勢洶洶的統一運動，台灣非加強團結不可。他認為，台灣這樣一改，與中華人民共和國高下立判，必然得到人民支持。

勞務密集的產品，如玩具、衣飾、鞋類等等的出口，是台灣一九六一年以後經濟大幅成長的基礎。一九七〇年代，在蔣經國和他的技術官僚領導下，工業逐步轉向生產製造高科技產品。經濟部在一九七〇年合併好幾個應用工業研究機構，成立台灣工業技術研究院，以促進此一國家目標。台灣到美國留學，得有科學、工程方面高等學位的人才，首次大批回流，回到國內服務。

但是，國營事業繼續佔有台灣經濟極大比重。蔣院長的第一道經濟對策涉及到政府大量投資，他下令推出十大建設計劃，包括興建東岸鐵路、南北高速公路、桃園國際機場、幾個新港口，以及鐵路電氣化工程；另外還有開闢資本密集工業以生產石化、鋼鐵、鉛、銅等產品。這些公、民營合作計劃在這位前馬克思主義派的工程師心目中，相當重要。

十大建設初步估計成本高達五十億美元。實際支出則超過此一估算的兩倍以上。有些觀察家說，適逢全球經濟大危機，台灣沒有力量完成這些宏偉計劃。蔣經國的答覆是：「我們今天不做，明天就會後悔。」軍方將領擔心國防預算會有下降的壓力。可是，國內儲蓄提供了六成需要的經費，政府債信良好，又向國外借貸籌足其他經費。國防支出不減反增。（註十七）第一代的技術官僚李國鼎等人受到蔣院長熱誠的號召，支持絕大部分的十大建設項目。有一天同車前往開會，討論南北高速公路建設計劃，財政部次長王紹堉問李國鼎，財源哪裡來？李國鼎答說：「放心，我們先開始做，再想辦法籌錢。」

蔣經國是在世界能源危機，全球經濟走疲的大環境下，推出此一雄偉的建設開發計劃。台灣的出口佔國內生產毛額的百分之五十三，可以說是在國際經濟危殆下，特別脆弱。一九七四年，台灣遇上巨額貿易逆差赤字，國民生產毛額年增率只有百分之一點一。行政院只好加稅，並大幅提高利率、電費以及瓦斯、石油等的國內售價。蔣經國並不滿意靜待自由市場對這些措施發生反應，他下令政府以低價供應黃豆、小麥，並對若干商品定下價格上限。

儘管物價騰升，全球經濟不景氣，蔣院長下令十大建設照原定時程推動。政府擴大公共支出，刺激了經濟，在台灣沒有經濟衰退而走出石油危機的能力上，扮演相當重要角色。事實上，一九七四年台灣國民平均所得還增加到四百六十五美元。十大建設創造出完整的工業體系和基本建設，可支持下一波的高科技產業。（註十八）蔣經國又推動農業改革，取消強制性的稻米肥料交易制度、降低農村稅率、訂定保證收購之糧價，修訂農地買賣條例以鼓勵大型化機械耕作。（註十九）他還尋求分散台灣的出口市場，以免過度依賴美國及日本，同時加速核能發電。

毛澤東已經臥病很長一段時候，現在講話都很困難，「身體稍微動一動，就呼吸困難」。他變得越來越怪僻，不易捉摸，可是頭腦神智仍很清楚。他的老敵人蔣介石比他大六歲。毛澤東不像蔣先生，此時他還當家做主。醫療檢查發現周恩來得了癌症，毛澤東卻不准醫生動手術，深怕周恩來有個三長兩短，集結在毛妻江青身邊的激進派，就沒人可以制服。突然間，他又在內部權力鬥爭中祭出一招，在周恩來的舉薦下，讓鄧小平復出。

一九七三年三月，鄧小平又回到中共中央，周恩來把大部分涉外事務交給他。鄧小平立刻宣布北京準備好可以跟台北直接談判統一的問題。他說，在現階段，「優先考慮和平方式……（統一）」。滯留大陸、依附中共的老國民黨人透過公開、私下管道，向蔣家父子招手。但是，經國不予理會。他告訴《紐約時報》記者：「與中國共產黨的接觸，就是自殺行爲，我們沒有那麼愚蠢。」

蔣經國認爲，在台灣只要出現疑慮，認爲他與大陸秘密接觸，尋求和解，甚至在當時考慮放寬人員接觸，不僅在台灣人當中，甚至在外國投資人當中，都有可能產生強烈、甚至動亂的反應。他針對台灣在國際間的孤立地位，有三項基本對策，其中的兩項——經濟快速成長，以漸進、穩健方式推動全民共識政府——將因爲這些猜疑，受到傷害。

蔣經國拒絕和北京秘密談判，很自然就推演到，不管中美關係如何改善，台北都得盡最大努力與美國強化雙邊關係。季辛吉在對華交涉上的揮灑空間，比起水門事件以及尼克森一九七四年辭職之前，可以說小了許多。福特總統新政府照會蔣經國，雖然美方仍將繼續與北京推動關係正常化，但是「現有的關係形式符合我方需要」。即使是這麼說，華府的下一步——把外交承認由台北轉向北京，已經很明顯，只是時間早晚罷了。因此，蔣經國決定盡一切努力，爭取美國國內對台灣的同情，並針對中共在美國華僑社會及留美學生中影響力日增的現象，採取反制行動。做法之一就是一切公開、開放。外交部和新聞局增加許多經費做公關、推廣工作。許多美國國會議員、新聞記者、各界人士受邀到台灣參觀，台北也撒下大筆經費在自由中國協會（Free Chinese Association）等社團、中文報刊，以及美國的遊說及公關公司上面。經國也擴大採購美國軍事設備，它強化了勢力強大的美國國防工業業者對台利益。然而，更重要的是，兩國民間貿易往來有爆炸性的成長。

一九七一至一九七八年之間，台、美進出口貿易總額由十三億美元，激增至七十四億美元，台灣享有大幅順差。（註二十）蔣經國派出好幾個「赴美採購團」到全美各州採購物資。美國政府在強化雙邊經貿關係上亦予以配合，鼓勵民間投資並提供擔保。十大建設有數十億美元是來自美國方面。不過，美國企業界同時也看到中國大陸商機無窮，不想破壞商機。

蔣經國爭取美國民心支持，還有另一面。據報導，國民黨政府情報機關甚至建議在美國製造暴亂，如郵寄炸彈給親北京的美國學者等等。但是，我們沒有證據顯示，經國曾經認眞考慮類似計劃，甚至早先傳說台灣計劃謀殺周恩來，恐怕也是不可靠的傳聞。（註二十一）不過，他的確批准在華府的中華民國大使館增派三十名情報官員（譯按，此係誇大說法），也在美國各城市增設好幾個總領事館。（註二十二）一九七五年，國家安全局計劃向美國某「黑社會」組織購買二十枚先進魚雷，經國批准；不料，供貨人是聯邦調查局地下人員。就在聯邦調查局即將收網，就本案抓人時，白宮下令透過私下管道向蔣經國提出嚴正交涉。駐台北大使安克志（Leonard Unger）向蔣經國提出措詞強硬的抗議，經國把涉及本案的駐美官員召回國內。（註二十三）

蔣經國爲了這件購買魚雷案，非常難堪。但是就跟他從前經歷的情報工作失利（包括台北當局和美國中央情報局聯手的許多計劃在內）一樣，這件事並沒讓國民政府付出太大代價。從新派到華府中華民國大使館的情報頭子汪希苓，比起前任負責人還更像「牛仔」。汪希苓曾跟隨在蔣總統身邊，擔任了五年的海軍侍從副官，也認識蔣經國。上級給他的命令顯然並沒有要求他降低在美國的秘密活動，只指示他要更加謹慎。他一到職，就積極吸收華裔美國人提供來自聯邦調查局等美國政府機關的機密文件與資料。他也設法吸收赴中國大陸的華裔美國人，在大陸蒐集情報。他還增加預算，資助反中共的示威活動，並在美國校園滲透中國人、台灣人學生團體。據說汪希苓還是「中央情報局長期重要資產」，換句話說，就是未經上級批准，把自己政府的事報告給中央情報局——也或許是他得到上級許可，只是中情局認爲他沒有！（註二十四）他極有可能是後面的狀況，因此台灣當局才會選派他到華府擔任情報頭子。

蔣經國也命令加快發展核武器的秘密計劃。到了一九七三年，利用購自南非的鈾和購自加拿大的一座四千萬瓦反應爐，台灣的科學家已經取得進展。華府成功阻擋了台灣向法國及英國公司購買提煉設施及服務的交涉，不過台灣已早先一步得到若干重要零組件。一九七四年九月，中央情報局宣稱台灣「在五年左右的時間內」有能力製造核子武器。蔣經國這項秘密計劃成了中情局駐台人員挖空心思要蒐集資訊的對象。（註二十五）中情局潛伏在中山科學院核能所裡的特務張憲義（此時已晉升爲上校），定期與中情局人員在台北密會，傳遞消息。

一九七五年，蔣孝文全家搬到陽明山住。在副官及護士隨侍下，他可以走動，也能講話，不過據一位朋友說，他經常不曉得自己在說些什麼。由於和父親不能溝通，友梅和祖父變得格外親近，即使只有十歲，她可以坐在祖父書房裡，和他一聊好幾個小時。

小兒子孝勇還住在七海新村。由陸軍官校退訓後，他自台灣大學政治系畢業，此時仍無意從政。由於父親不准子女在民間機關任職，孝勇進入黨營事業中興電工公司，並於一九七三年與方智怡結婚。小兩口在七海新村住了幾年，直到有了小孩才搬出來。一九七四年，蔣夫人到美國，診斷出得了乳癌。她沒有告訴年邁臥病的丈夫，先做放射線治療，後來同意接受乳房切割手術。

次子孝武和媳婦汪長詩先後在一九七一年生下女兒友蘭、一九七二年生下兒子友松。蔣夫人給友蘭取英文名字亞莉桑德拉（Alexandra），給友松也取了英文名字江納生（Jonathan）。孝武在外頭有女人，夫妻倆不斷吵架，有時在家裡也大吵，讓經國非常苦惱，父子關係變得很緊張。有時候，蔣院長接到兒子在外頭胡作妄爲的報告，氣得全身發抖，痛斥孝武。有時候，蔣經國還把他關在七海新村，指示侍衛不准他出去。後來，汪長詩和孝武離異，回到歐洲，但是依照中國人習慣，把子女留在台灣。

孝武由中國文化學院中美關係研究所拿到碩士學位，到輔導會擔任參事。一九七六年，他似乎稍微節制住酗酒習慣，進入由國民黨及政府掌握的廣播界工作，很快就升任黨營的中央廣播電台主任。（譯按，另外還在輔導會設立的華欣文化事業中心掛主任銜）。由於憧憬著父親與國家敵人從事秘密鬥爭的事跡，他與情治機關高階官員發展出交情。

一九七○年代中期，孝嚴、孝慈這對雙胞胎兄弟已經三十歲出頭，在各自事業領域小有成績。經國告訴王昇，等他和方良百年之後，他要他們「認祖歸宗」。孝嚴派在華府大使館工作，並在喬治城大學修課，得到國際關係碩士。在華府任職期間，他和黃美倫又生了一個女兒，經國取名蕙筠。一九七七年，孝嚴調回台北，先在外交部北美司擔任科長，後升爲副司長。孝慈在美國苦讀六年，課餘兼在餐廳當跑堂、幹安全警衛，終於先後得到南美以美大學政治學碩士、杜蘭大學法學博士。孝慈回到台北後，在母校東吳大學法律系擔任教授。孝慈娶趙申德爲妻，育有一女一子。

註一：見費浩偉一九九九年一月給本書作者信函。原書註五。

註二：巴德（William Bader）和柏格能（Jeffery T. Bergner），《台灣關係法》（The Taiwan Relations Act），第一五九頁。原書註十六。

註三：何志立一九九七年十月十日在華府接受本書作者電話訪談時透露。原書註十七。

註四：莫瑟（Leo Moser）一九九七年十二月十一日接受本書作者電話訪談時透露。（莫瑟曾任國務院中華民國事務科科長。）原書註十九。

註五：見一九七三年六月十一日《遠東經濟評論》周刊。原書註二十。

註六：余紀忠一九九六年五月二十四日在台北接受本書作者訪談時透露。原書註二十一。

註七：本書作者一九九五、九六年訪問了好幾位蔣經國部屬，承他們見告。另參考蔣孝勇一九九六年五月十九日，及熊丸一九九六年五月三十日在台北分別接受本書作者訪談的紀錄。原書註二十四。

註八：夏功權一九九六年五月二十九日在台北接受本書作者訪談所說。原書註二十五。

註九：錢復一九九五年八月二十九日、一九九六年五月十六日接受本書作者訪談紀錄。原書註二十六。

註十：張祖詒一九九六年五月十六日在台北接受本書作者訪談所說。原書註二十七。

註十一：同上註。原書註三十二。

註十二：見錢復、張祖詒之訪談紀錄及費浩偉之信函。原書註三十五。

註十三：康寧祥一九九五年九月一日在台北接受本書作者訪談時說到，又張祖詒的訪談也提到。原書註三十八。

註十四：陳鼓應，〈一九七〇年以來台灣知識份子的改革運動〉，《亞洲關切學人通訊》（Bulletin of Concerned Asian Scholars）一九八二年七至九月號，第三十五頁。原書註四十。

註十五：陳鼓應，前揭文章，第三十六頁。這些接受延攬的人士包括關中、魏鏞、李鍾桂、丘宏達等人。原書註四十一。

註十六：見陳鼓應，前揭文，第三十六頁。這些自由派學者主要有楊國樞、胡佛、李亦園、李鴻禧和黃越欽（譯按，後二人爲本省籍）。原書註四十三。

註十七：李國鼎，《中華民國台灣的經濟轉型》（Economic Transformation of Taiwan, ROC），倫敦一九八八年出版，第二六八頁。原書註四十五。

註十八：高棣民（Thomas B. Gold），《台灣奇蹟中的國家與社會》（State and Society in the Taiwan Miracle）紐約一九八六年出版，第九十八頁。原書註四十八。

註十九：高棣民，前揭書，第一〇六頁。原書註四十九。

註二十：見高立夫，〈蔣經國對中國大陸及外在世界的政策〉（Chiang Ching-Kuo's Policies toward Mainland China and the Outside World），收於冷紹烇編，《蔣經國領導中華民國在台灣的開發》（Chiang Ching-kuo's Leadership in the Development of the Republic of China on Taiwan），一九九三年美利堅大學出版，第一三九頁。原書註五十四。

註二十一：見卡普蘭，《龍之火》（Fires of the Dragon）第一四七、一七七頁。卡普蘭引用的「美國參議院報告」，其實是「由委員會參事葛連諾（Michael Glennon）爲小組委員會起草的個人報告」，頗有爭議，委員會若干委員指責它「具有黨派偏私意見、不專業」（見一九八一年九月四日《遠東經濟評論》週刊）。這類謀殺行刺方案並沒有不合國民黨情報機關的個性，也沒有不合一九六〇年代美方情報機關的個性。可是，我們找不到證據指說它曾被認眞考量。原書註五十六。

註二十二：〈台灣間諜在美國及陳文成教授之死〉，這是一九八一年七月三十日及十月六日，美國眾議院亞太事務小組委員會，以及人權與國際組織小組委員會的聽證紀錄，見十一至十六頁，三十七頁。原書註五十七。

註二十三：卡普蘭，前揭書，第一八四至一九一頁。原書註五十八。

註二十四：卡普蘭，前揭書，第二四二頁。原書註六十。

註二十五：魏士曼（Steve Weisman）和克羅思尼（Herbert Krosney），《伊斯蘭炸彈：對以色列和中東的核子威脅》（The Islamic Bomb: The Nuclear Threat to Israel and the Middle East），第一五二至一五三頁。原書註六十三。

第十九章　老成凋零

一九七五年一月，鄧小平重新回到中共中央政治局，掌管黨的日常事務。他給政府訂下方針，要走理性、徹底的工業、科學、經濟發展的路子，更平反、起用了文革期間被打下去的幹部。鄧小平下令開釋大批國民黨囚犯，其中有將近三百人是關押了二十五年的高級軍官。北京宣布有十位前國軍將領將取道香港，前往台灣。

可是，蔣經國指示，只有一九五〇年以後突擊大陸被俘人員，可以被考慮回台灣定居。其餘的人雖然多數歷盡戰亂、關押，且依然忠於蔣委員長，卻只能留在中國、或滯居香港，過著悽苦日子。其中有一個獲釋國軍軍官，就在香港旅館裡自殺身亡（譯按，張鐵石上校）。蔣總統可能根本沒聽到這些坐了多年苦牢的國軍舊屬的呼聲。這一年，他的健康狀況顯著衰退。經國曾要他的弟弟緯國別進父親房間，因爲人太多，會使空氣不新鮮。有一天，老先生的醫生熊丸發現臥房的門半掩半開，經國站在床旁邊，背對著父親，面朝窗子在講話。熊丸覺得這是很奇怪、不尊敬的行爲，就示意護士進去瞧瞧蔣院長在說些什麼。護士退出來報告說，他在背誦《孟子》。

一九七五年四月五日是清明假期的最後一天。熊丸當天夜裡正在士林官邸院子裡欣賞夜空繁星。他剛進到屋裡，預備就寢，接到值班醫師緊急呼叫。老總統心跳停止了！熊丸披上袍子，趕到樓下老先生臥室。他先注射一劑強心針，老總統恢復心跳。蔣夫人聞訊趕來，在老先生心跳再度停止時已陪侍在側。醫生打了第二劑強心針，預備第三劑時，她嘆了氣說：「不用打了。」這時距午夜還差幾分鐘。這時候，由台北到高雄，全島突然雷電交加，大雨傾盆注下。即使得到哈佛大學學位的官員也認爲，此一現象恐怕不是巧合。

世界各地觀察家在撰發老蔣先生逝世的新聞時，多數認爲他寬容貪瀆和無能，才把中國拱手讓人。可是，國內的官方追悼卻是空前莊嚴肅穆。電影院等娛樂場所停止營業一個月。沒有人敢打牌、打高爾夫。電視台一連四天只播放黑白的蔣總統生平事跡，以及國葬相關的新聞。蔣家兩兄弟循古禮給父親穿上壽衣。後來，緯國很不高興，經國在守父靈日記中，居然隻字不提他這個弟弟在守喪期間做什麼——事實上，根本就沒提到緯國的名字。

蔣老先生無論在世、辭世，他的心顯然不在台灣。官方遵照他的遺言，沒把遺體安置在日後在台北市興建的中正紀念堂，供民眾瞻仰，而是暫厝在距離台北五十公里桃園縣山區慈湖一間樸素的房子，置放在黑色石棺裡。他仍在等候「光復大陸」，回到中國才安葬。

老總統撒手人寰不到十二小時，嚴家淦宣誓繼任總統。蔣經國形式上提出辭呈。國民黨中常會全體無異議通過，慰留他續任行政院院長，並推舉他爲國民黨中央委員會主席。雖然蔣經國足不出戶，守喪三十天，根本沒有傳聞有人挑戰他的領導地位。

蔣總統過世之後二十五天，西貢淪陷。蔣經國守喪期間，接見安克志大使，對於美國吃敗仗的影響有一番長談。他告訴安克志，西貢淪陷固然會使共產陣營暫時志得意滿，長期而言卻會增強北京和莫斯科之間的衝突。那時候，可沒有太多觀察家預卜到這一幕。一九七〇年，蔣經國見到南越的發展，認識到爭取民心支持的重要性，西貢政權全面潰敗更使他點滴在心頭。

蔣經國在他父親逝世後，宣布大赦減刑，有三千六百名受刑人蒙福，其中約兩百人是政治犯。這是到此時爲止，對於反對勢力展現出的最大善意，可能也只有在他那位比較不寬恕的父親過世之後，他才會採取的姿態。蔣經國接下來把核准新刊物登記、發行的權力，由警備總部移交到錢復擔任局長的行政院新聞局。不過，國民黨的文工會和警備總部仍然保有取締、關閉刊物的權力。

八月，錢復核准康寧祥、黃信介等黨外人士申請發行《台灣政論》。主要由台灣人主導的這份刊物，立刻提高政治批判的程度，不僅抨擊國民黨，呼籲全面改選中央民意代表，還公開要求本省人、外省人之間的權力分配要更平均——在以前，這可是大禁忌！《台灣政論》第五期刊登在澳洲任教的一位中國教授（譯按，邱垂亮）文章，主張台灣人民若不是推翻國民黨獨裁政權，就只有起而奮鬥，早早跟祖國統一這兩條路可走，這一來踰越了言論尺度。蔣經國同意警備總部的看法，認爲這是「煽動叛亂」，准許勒令停刊。五月，兩位知名的黨外人物以「意圖以非法手段推翻政府」罪名被處徒刑。軍事法庭了解得有上意支持，把黨外立法委員黃順興的三十名親友依叛亂罪處刑。

美國在中南半島潰敗，激起蔣經國把注意力擺到台北的秘密武器發展計劃，尤其是飛彈的發射系統這個項目。一九七五年初，中山科學院派出十五位工程專家到麻省理工學院接受慣性導航之高級訓練，佯稱是研製商用導航器材所需。蔣經國針對報章的報導，向立法院報告時透露，台灣研究核子武器的時間可以推溯到一九五八年，政府在一九七四年就有能力製造核武器。可是，蔣經國宣稱他本人曾建議著手製造，老總統卻否決此案，堅持絕不用核武器「傷害自己的同胞」。

事實上，針對武器及發射系統的研究從來沒停下來。台灣工程專家在麻省理工學院幾乎要完成慣性導航課程時，有其他學生跳出來指控台北打算利用訓練得到的知識建造武器發射系統。國務院借助中央情報局間諜提供的資訊，拿這些指控當藉口，要求麻省理工學院取消課程。台灣工程專家只好打道回府——不過他們到劍橋來進修想得到的知識，大部分也已取到，並沒有白跑一趟。一九七六年六月，國際原子能總署也在張憲義提供的情報引導之下，發現含有五百公克鈾的十桶廢燃料失蹤。八月二十九日《華盛頓郵報》在政府消息來源佐證下報導，台灣已經秘密提煉濃縮鈾有一段時候，也在製造供核武器使用的鈽。

華府要求蔣經國拆除提煉設施，把相關器械設備運回美國。蔣經國與安克志大使談話後，接受美方的要求，並核示送交美國一份外交備忘錄，保證台北「從來沒有意圖發展核子武器或核爆設施，也沒有進行任何與提煉過程有關之活動」。一九七七年一月二十三日，蔣經國也發表一份聲明，支持卡特總統全面禁止核子試爆的籲求。他指出，台北在一九七〇年就簽署禁止核子擴散條約，早已承諾絕不發展核子設施。私底下，蔣經國下令提煉計劃暫停，但是研究工作照常進行。

周恩來於一九七六年一月八日逝世。這時候，中共黨內激進派成功地說服毛澤東再度反對鄧小平。由毛婆江青控制的報紙公開抨擊鄧小平和已經作古的周恩來。這一年的清明節是四月四日，民眾擁到天安門廣場擺置花圈，悼念周總理。次日，群眾聚會轉為暴力，到了夜裡，抗議者放火燒了公安局。五營安全部隊，一萬名民兵奉調開進廣場，毆打、逮捕示威群眾。

江青說服毛澤東，天安門廣場上的「反革命」活動是鄧小平躲在幕後教唆，整個革命都陷入危機中！中央政治局奉孱弱的毛主席之命，解除鄧小平一切黨、政職務。文革期間竄升上來的前湖南省黨委書記華國鋒，成為毛、周職位的接班人。這回，鄧小平南下廣州幽居。

九月九日午夜剛過幾分鐘，江青衝進紫禁城二〇二號樓毛主席那間有防地震強化設施的臥房。毛澤東的生命跡象已經非常弱。她對著圍在病榻旁的醫生和幾位政治局委員大聲說：「究竟怎麼啦？」毛澤東欽點的繼承人華國鋒客氣地答說：「江青同志，主席正在跟李醫師講話哪。」

李志綏醫生對著病人低聲說：「沒事，沒事，主席，我們可以想辦法。」可是這時候毛澤東卻闔上眼，心電圖出現平直線。醫生滿臉驚慌，望向江青。她高聲尖叫：「你們這些人幹的好事！你們統統要負責！」其實她色厲內荏，心裡頭比任何人更害怕。

蔣經國獲悉毛澤東死訊，對安克志大使說，鄧小平極有可能會復出掌權。他從中共媒體上一再抨擊鄧小平，研判出中共黨內某些抓著實權的人深怕他這位昔日同學東山再起的潛力。這時候鄧小平還在軟禁中，他的復出可不是一般人共同的預期。蔣經國心裡明白，鄧小平一日復出，剷除激進派，美、中關係全面正常化的機會勢必大增。他沒有把這個推論告訴安克志。四個星期之後，一群資深政治局成員發動陰謀，逮捕江青及她同夥的「四人幫」，推舉華國鋒爲黨主席，並召請鄧小平回京。後毛澤東時代正式開鑼！

蔣經國不時就大陸局勢及美國事務諮商的一個對象是國際關係中心副主任魏鏞。魏鏞是外省人，在美國攻讀政治學及國際關係，教書授課歷十五年。蔣經國對世界局勢能有平衡、理性的分析，魏鏞這些學人、顧問不無貢獻。

宋楚瑜也是蔣經國延攬在身邊，不時諮商的一個歸國學人。湖南出生的宋楚瑜，以二十一歲之齡離開台灣，到美國進修八年，得到柏克萊加州大學碩士、喬治城大學博士。錢復出掌行政院新聞局，舉薦宋楚瑜接替他出任蔣經國機要秘書。一九七四年宋楚瑜開始追隨蔣經國，直到他撒手人寰爲止，發展出情同家人的關係。

一九七六年十一月，中國國民黨召開蔣介石過世之後第一次全國代表大會。四十八位初次入選的中央委員裡頭，有十六個本省人，李登輝和台北市長林洋港都在其中。新一屆中常會有二十二位中常委，其中五人爲本省人，比一九七二年那一屆的三人，多出兩人。

毛澤東既逝、四人幫垮台、鄧小平復出，中國的國際地位日益上升。台灣的全球地位開始走下坡。自從一九七一年七月季辛吉密訪北京以來，已有五十個國家和台灣斷絕外交關係。一九七七年，國民政府似乎已經日薄崦嵫，快被美國拋棄了。四月二十日，國務院新任東亞助理國務卿郝爾布魯克（Richard Holbrooke）告訴蔣經國，卡特總統意圖繼續推動與北京關係正常化，但是「會影響到它的每件事」，都會跟台北政府諮商。八月間，郝爾布魯克再次到台北，就國務卿范錫

（Cyrus Vance）訪問北京的會談經過向蔣經國簡報。郝爾布魯克說，美國不會接受與中華人民共和國關係正常化，而「傷害到台灣人民的安全與福祉」，但是他證實中、美討論到這個條件，也就等於暗示中（華民國）美共同防禦條約會宣告中止。范錫的確曾經告訴鄧小平，美國預備中止共同防禦條約，由台灣撤走全部美軍，並與中華民國斷絕外交關係。（註一）

蔣經國對郝爾布魯克重申，世界上只有一個中國，中華民國代表這個國家概念。他承認目前看來，這麼說似乎有些牽強，但是它才是解決台灣與大陸問題的唯一方法。會談結束前，他還向卡特總統問候，表示很高興美國有一位「偉大的新總統」。

從會談的氣氛來看，經國很滿意能夠掌控住新挑戰，化險爲夷。不過，他還是必須盡其所能來減緩事態演變的步調。蔣總統過世五個月之後，蔣夫人帶著十七名侍衛僕從及許多箱行李，飛往紐約治病。現在，她開始忙著打電話動員美國重要人物出面支持台灣。蔣經國也批准發動一人一信運動，號召台灣居民發出了二十五萬封信給卡特總統，敦促美國不要拋棄老朋友。在不同單位贊助邀請下，數百位美國意見領袖來到台灣親眼目睹它的繁榮和安定。《紐約時報》和其他美國報刊出現整頁的廣告，闡明台灣的地位。這些廣泛的民間交流和種種公關活動產生若干效果。民意調查顯示，美國多數民眾贊成與北京建立外交關係，但是不同意與台北斷交。台灣的報界密切盯著報導美國越來越傾向北京的消息。台灣省菸酒公賣局的香菸盒上都印了蔣氏父子喜愛的警句：「莊敬自強，處變不驚」。

汪希苓在美國也加強活動，動員留學生和華僑團體去影響民意及國會的意見。對台友善人士把有關美國對兩岸政策之內幕資訊，傳遞給台灣方面。（註二）有一次錢復不小心說溜了嘴，對一位美國官員提到，他曾讀過一份美國機密文件。（註三）聯邦調查局已經注意到汪希苓的活動。聯邦調查局反情報部門事實上已經滲透到汪希苓的秘密間諜網——絕大部分是華裔美國人組成——對於台灣的情報活動頗能掌握。（註四）一九七七年六月，聯邦官員做出機密決定，把台灣列入必須盯緊的國家之列！這些國家榜上有名是因爲「其情報活動對美國國家安全有敵意，或是頗有顧慮，因此必須對它們採取反情報活動」。這表示，聯邦調查局、國家安全局、中央情報局都開始密切監視中華民國駐美官員的活動。

一九七七年秋天某日，汪希苓與大陸出生、在台受教育的新聞工作者劉宜良共進午餐。總政戰部早先培養劉宜良當新聞記者和特務，他也從國防部情報局拿錢，報告他到大陸旅行的見聞。可是，劉宜良在大陸，又把台灣的狀況報告給中共情報單位。當他回到美國，卻又把他在台灣和大陸的接觸情況，提供給聯邦調查局。汪希苓告訴劉宜良，多年來他的文章讓國家很難堪。他訴諸劉宜良的愛國情操，拜託劉宜良對蔣家的批評不要那麼尖銳。劉宜良答應以後寫文章可以不那麼犀利。不久，他就後悔答應汪希苓這檔事，筆鋒一轉繼續痛批蔣經國，指他是「中國最後一個皇帝」。汪希苓原本已經向上級報告他請劉宜良吃飯，劉已經答應以後不痛批蔣經國，這下子大爲震怒。（註五）

卡特政府提倡人權，對台灣也產生影響。預料卡特上台後會強調這個議題，蔣經國在一九七六年十二月二十五日發起台灣以次年爲「人權年」。他宣稱台灣的人權有保障，只是鑒於共產黨威脅，爲了確保秩序，必須限制某些自由。蔣經國一九五〇年代初期以來，與外賓私下談話，就經常這麼說。但是他一公開宣布，就使得政府在理論與道義上都落入守勢，每當它對個人自由的原則有所扞格，就得找到藉口把它的行動合理化。

蔣經國強調，中華民國政府的人權紀錄，其實沒有外界別有用心之人渲染得那麼差。監獄受刑人犯中只有二百五十四人被控叛亂罪，而其中只有一人被處死刑。他邀請世界各國可以派觀察員親自到台灣瞧瞧。海外的台灣籍反對運動人士則說，全島有八千名政治犯。美國參議院一個小組委員會就人權問題召開聽證會，事後的資料明顯顯示，蔣經國的數字十分接近事實。某些觀察家指出，在台灣處理叛亂罪時，蒐證極小心，抓人也很審愼，判刑也不算太重。國務院第一份人權報告的結論是：「一般人自己過生活，並不掛慮政府是否高壓。」

十一月台灣地區舉辦中央及地方五項公職人員選舉，它對台灣這種控制下有限的民主，提供很好的見證。李煥此時是救國團主任兼國民黨中央黨部組織工作會主任，負責甄選候選人及國民黨全黨輔選工作。國民黨期待李煥再締造大勝佳績。中央常務委員會不理睬李煥的意見，決定地方級選舉和中央級選舉合併辦理，同一天進行投開票作業。李煥的意見是選舉分開來辦，國民黨比較易於集中資源。同時中常會也不接受李煥的建議，決定國民黨籍縣市長若有資格連任，一律提名，不問他們在職期間的政績表現及民意支持度如何。

投票日之前，李煥向蔣經國報告，基於黨上述的決定，國民黨有可能丟掉幾個重要席位。蔣經國表示，黨應該好好運用自己的優勢，但不該允許有作弊行爲。他說：「我們只要掌握百分之五十一就可以。」（註六）投票當天，作弊之傳聞繪聲繪影，到處都有。大約下午兩點，中壢某投票所的選務人員被人看到，協助不識字的一對夫婦投票。黨外候選人（譯按，脫黨競選桃園縣長的）許信良的監票員高聲抗議。群眾圍攏上來，威脅這位選務人員。警察把他帶到投票所對面的中壢警察分局保護。群眾圍在分局前，人數越聚越多。許信良的助選員呼籲群眾冷靜，答應到法院去申告選舉舞弊。有人高喊：「法律有什麼用……法院是他們家開的啦！」大約下午四點鐘，群眾砸毀中壢分局玻璃窗，放火燒毀好幾輛警車。

警方把面臨的困境向台北警政署報告，警政署立即請示行政院長蔣經國如何處理。經國匆匆召集一批官員到院長室來開會。有人建議派國軍部隊恢復秩序；鎮壓警察已在現場，警備總部有個單位也在附近。蔣院長宣示：「我們不用軍隊。」中壢分局長接到命令，任何情形都不得朝群眾開槍；他在暴徒打到二樓時，才命令部屬發射催淚瓦斯。但是，催淚瓦斯起不了太大作用，警察由樓上一個緊急出口爬出去。後來火勢延燒到警察宿舍及附近民房，群眾才散去，有人急急回家搶救自己的房子財產。

這次五項公職人員競選，總共有一千三百一十八個席次，國民黨「只」贏了百分之七十六，但是丟掉好幾個縣市長寶座。國民黨大老告訴蔣經國，李煥應該爲敗選負責。蔣經國召見李煥，對他說：「許多人批評你，我曉得敗是敗在黨的決策，但是你最好還是辭職。」蔣經國派另一位他在三民主義青年團裡的老幹部潘振球，代理台灣省黨部主委。

除了指導國內、國外事務之外，蔣經國也越來越插手經濟政策。他成立一個比較傾向干預主義的「經濟設計委員會」，由俞國華擔任主任委員。經建會仿傚日本通商產業省，重新集中經濟決策權，負責總體規劃、訂定項目優先順序，協調，並且做部門評估。經設會的中心目標是：培養台灣有能力「開發新產品，提高附加價值，並且垂直整合其電子工業」。

台灣地區現在有半數住在都市，許多農村人口其實受雇於地方工業，或暫時在城市裡工作。蔣經國下鄉巡察時看到過去的農民社會一片興旺富裕，但是他並不是樣樣滿意。到處見到「豪華公寓」、「豪華汽車」、「豪華假期」的廣告，讓他很不痛快。他討厭「豪華」這個字眼。台灣每人平均所得爲九百美元。同等重要，甚至可以說更重要的一點是：財富分配越來越均衡，比世界上任何資本主義國家更爲均富。到了一九七六年，平均所得居底下百分之四十的人，其所得總額佔有率由百分之十一提升到百分之二十二；最富有的前百分之二十人口，其所得總額佔率由百分之六十一下降至百分之三十九。

註一：費浩偉（一九七八年九月奉派爲國務院中華民國事務科科長），一九九九年一月給本書作者的短簡提到。原書註二十三。

註二：卡普蘭引述兩位未具名的人士涉及此事；他說，中央情報局一九七七年發現台北的情報局利用外交郵袋由泰國走私海洛因進入美國，顯然是要供做活動經費。見卡普蘭，《龍之火》，第二四三至二四四頁。但是台北在一九七〇年代中期已經很有錢，如果握有卡普蘭所聲稱的證據，卡特政府至少也會要台北召回汪希苓，不過汪希苓好端端的還在華府任職，並沒有被召回。原書註二十七。

註三：班立德一九九八年七月給本書作者的短簡裡提到。原書註二十八。

註四：班立德一九九八年六月二十四日與本書作者電話交談時提到。原書註二十九。

註五：見卡普蘭，《龍之火》，第一七五至一七六頁，及班立德一九九八年七月八日給本書作者的信。原書註三十一。

註六：班立德一九九六年十二月十四日接受本書作者訪談時所說。原書註三十八。

第二十章　分道揚鑣

一九七八年中，嚴家淦總統任期屆滿，決定下台，推薦蔣經國繼任。從金門到台北到台南，各地民眾聽到國民黨決定提名蔣經國爲黨的候選人，交國民大會表決選舉的消息，莫不舞龍舞獅，大放鞭炮，慶賀祝禱。全國院校校園亦張貼海報，稱讚中樞領導得人。蔣經國挑選七十一歲的台灣省主席「半山」謝東閔做爲他的副總統搭檔；當選之後，提名孫運璿爲行政院長組閣。

一九七八年三月二十一日，國民大會一千兩百多位代表以幾近無異議的票數，投票選出蔣經國爲總統。兩個月之後，他在盛大典禮中正式就職。當年蔣經國追求未遂的平劇名伶顧正秋，雖已年華老去，仍然粉墨登場，特別公演，祝賀國家新領導人上任。可是，有人注意到新任總統的愛女孝章及其家人並沒有從美國回來參加就職典禮。次日，總統府照會各新聞媒體，請人家不要稱呼他「領袖」。同時，府裡也有話交代——以後在任何場合絕對不要喊新總統「萬歲」，這個恭祝之詞就隨著蔣介石、毛澤東等等歷代中國統治者走入歷史。蔣經國說，現在是民主時代，他只是個普通黨員、普通老百姓。

人人都注意到卡特總統派來一個低階特使團祝賀，而且他的國家安全顧問布里辛斯基（Zbigniew Brzezinski）還挑在蔣經國五二〇就職日那天抵達北京訪問。蔣經國要錢復起草一份備忘錄，縷析假如美國宣布斷交，國民政府會面臨什麼樣的政策挑戰，有什麼樣的對策方案。

他的用意是審慎、務實地處理台灣獨特的國際局勢。台北在對外代表的國號、國旗等方面，越來越展現出彈性。四月間，台灣的中華奧林匹克委員會展現出政策大逆轉，宣稱只要台北會籍不動，不反對北京加入國際奧林匹克委員會。五月二十九日，經國總統接見美國駐台北大使安克志，重申台北政府「完全反對」美國與中華人民共和國之間關係正常化，但是他表示，如果美國仍然一意孤行，希望它能向台灣擔保美、台關係將與過去一樣。這等於是已經接受無法避免的事實！安克志在呈報給華府的電報裡做了結論：不論美、中關係正常化這劑藥有多苦，包括美國與台灣斷絕外交、軍事關係在內，經國仍希望與美國保持華府能接受的密切關係。

同一時期，鄧小平在中國正順著反文革浪潮，從事穩固權力的動作。他宣布教育方面採行務實政策，知識份子和改革派開始撰文大談「實事求是」與「實踐是檢驗眞理的唯一標準」。學生們張貼大字報披陳文革的可怕，並在公園、校園張貼鼓吹民主改革的大字報。鄧小平也忙著處理國際事務，包括蔣經國早先就預期到的中國與越南齟齬上升的狀況。由於中、越交惡，中、蘇關係也又緊張起來，蘇聯在邊境又增加駐戍部隊。黨內左翼勢力消褪，鄧小平重啓對美交涉，設法把力主中、美儘速建交的白宮國家安全顧問布里辛斯基在五月間弄到北京訪問。

六十八歲的蔣經國貴爲總統，有一個專屬醫療小組照料他的健康和醫療需求。醫療小組召集人姜必寧醫師爲他做了第一次體格檢查，發現新元首相當健康。他多年來每天注射胰島素，可是這時候糖尿病已獲得控制。他的心臟狀況良好。他不好運動，但是幾乎每周都下鄉視察，足跡踏遍山區及不同的建設工地。可是蔣總統第一次體檢完不久，就開始抱怨腿、腳不舒服。（註一）

不過，蔣經國仍舊不太注意攝食。他對身爲父親醫生的好朋友熊丸都說：「人有需要聽醫生的話，但是也不能聽太多。」由於他要求家人不得浪費，隨便把剩菜倒掉，全家經常吃剩菜剩飯。他們全家還是住在七海新村，只是做了總統，廚房由專業的西廚和中廚師傅接管，不過他家的伙食費與老蔣先生來比，只是箋箋之數。（註二）

政府替國家新元首購置一輛防彈凱迪拉克轎車，可是他把新車送給副總統謝東閔使用，自己照樣坐用了多年的別克汽車，於是乎往往在公開場合出現一個有趣的景象：副總統坐著漂亮的新轎車剛出現，後面來了一輛舊車，來人竟是總統！蔣經國搬進他父親在總統府裡的大辦公室。但是儘管腿腳不方便，有部下或客人進入辦公室，他依舊起身招呼。

一九七八年，台灣情治機關展現出不僅繼續嚴查叛亂案，對於逾越政治活動許可尺度的人士也沒有放鬆。警察指控八個人涉及中壢事件暴亂，並沒收了上萬冊論述一九七七年選舉和動亂的書刊。九月間，少數敢言的民營報紙之一的《台灣日報》遭受當局壓力，把報紙轉售給政府。（譯按，傅朝樞在台中地區辦的《台灣日報》被迫賣給王昇主持的總政戰部，傅遠走香港辦《中報月刊》，再轉到美國辦《中報》。《台灣日報》在軍系控制下近二十年，才在一九九六年八月轉售給新聞工作者顏文門。）

不過，台灣政治氣氛依然昂揚。反對人士穩定地擴大辯論的領域。民眾對預定在十二月底舉行的國會改選，興趣穩步加溫。省議會若干議員強烈批評警方，十月間有一家重要報紙更提出終止戒嚴的議題。康寧祥在立法院質詢時，呼籲蔣經國採取明確措施，走向政治民主。蔣經國的回應是，強調要達到民主的理想，必須兼顧到現實，需要「一步一步」來。他指示軍方不要影響士兵及其眷屬在即將舉行的選舉中如何投票。同時，他也指示情治機關不要滋擾反對派人士。

年底的選舉，立法委員有三十八席，國民大會代表有五十六席即將由選民票選。黨外候選人組成一個聯誼會，統籌、協調他們的競選活動。聯誼會在康寧祥領導下，發表十二項政治主張，包括呼籲停止戒嚴、大赦政治犯、直接民選省、市長等等。這些政治主張可謂史無前例。主要媒體（大部分由忠誠的國民黨黨員所擁有）首度刊登黨外候選人的照片、姓名，甚至政見。十二月間，許多報紙還報導大約五百名反對派候選人及支持群眾聚會的消息。警備總部試圖勸導新聞媒體少報導，卻無功而退。國民黨中央黨部文工會主任楚崧秋，公開表示報界的開放是「好現象」。電視台及廣播電台幾乎全由政府或國民黨掌控，實質上繼續不理會反對黨的任何新聞，但是年底的競選活動及選舉本身已是重要的向前一大步。

可是，國際局勢發展立刻使得島內選舉辦不下去。十一月三日，似乎是回應越南與波帕的柬埔寨及中國交惡的情勢，莫斯科與河內簽訂一項新的友好合作條約。過去一年裡，親蘇派軍人在阿富汗和南葉門奪得政權；早先一年在衣索比亞政變成功的孟濟祖・海勒・馬里安姆（Mengistu

Haile Mariam）以及安哥拉、莫三鼻克共產政府也都明確投入蘇聯陣營。西半球方面，親卡斯楚的勢力在尼加拉瓜和格瑞納達奪得政權，共產游擊隊在薩爾瓦多似乎也即將全面得勝。蘇聯勢力蒸蒸日上。中國和美國都感受到迫切需要推進彼此的戰略關係。一九七八年秋天，中國本身與日本簽署和平友好條約，鄧小平發出訊息，在美、中關係正常化脈絡下可以對台灣議題採取彈性態度。卡特剛在國會劇烈抗爭下，取得國會同意（一九九九年底）交出巴拿馬運河，現在預備推動承認北京了。中、美開始就正式建立外交關係展開認眞的秘密談判。

中華民國大使館除了地下秘密管道之外，在美國行政部門和國會裡也有許多友人，可是台北對中、美秘密談判卻毫無所悉。卡特及其僚屬，就跟尼克森、季辛吉一樣，刻意保密。蔣經國曉得卡特亟欲在任期屆滿前與北京達成協議，可是他認爲這一步還有相當長時間才能達到。美國官員曾經向蔣經國承諾，在做出決定前，美方至少會跟他諮商。十二月十三日，中、美雙方在北京就建交公報的秘密談判差一點失敗，障礙出在唯一一個未決的問題——未來美國對台灣的武器銷售問題。鄧小平向美國駐北京聯絡辦事處主任伍考克（Leonard Woodcock）抗議，如果美國與中華人民共和國關係正常化之後還繼續出售武器給台灣，蔣經國一定趾高氣揚，他怎麼會肯跟鄧小平談判中國的統一？最後一分鐘，鄧小平決定在這個議題上，雙方再讓一步。美方接受暫時停止對台軍售一年，以後則無限制，中方則在紀錄上表示，強烈反對美國對台灣的軍售行爲。卡特接獲報告，雙方談判已有突破，立刻決定兩天之後公布，並訓令國務院在消息發布前兩個小時才通知蔣經國。稍後，改成在公布前十二個小時才通知台北當局。（註三）

十二月十六日台北時間晚上十點（譯按，應是十五日晚上十點），台北美國大使館接到「加急」電報，指示安克志大使立刻趕到駐台美軍協防司令部接聽重要電話。美軍協防司令部是唯一一個美國機構，具備安全電話線路可以與華府談話，不虞遭到竊聽。安克志大使出門時竟沒有交代護衛的陸戰隊值勤官他的行蹤；政治參事班立德好不容易在美國大學俱樂部慶祝耶誕晚會會場，找到穿著禮服、結鮮紅領結的安克志大使。安克志和班立德趕到美軍協防司令部；在午夜前不久終於和國務院台灣事務科科長費浩偉通上電話。費浩偉要安克志立即向蔣經國提出照會，說明卡特總統即將宣布與北京達成協議，自一月一日起建立外交關係，同時亦與中華民國斷絕外交關係。安克志對於這則消息也感到十分突兀，十月間他在華府述職時，他和費浩偉才講好，將經國需要有兩個星期的預告時間，俾便就斷交事宜妥善安排。（譯按，十二月十六日台北時間晚上十點，應該是嚴重錯誤，因爲卡特是美東時間十二月十五日晚間在電視上公布中、美建交消息，台北、華府冬天時差十三小時，卡特晚上九點鐘宣布，台北是十六日上午十點。因此，安克志被找的時間可能是十二月十五日台北時間夜裡十點。）

台北時間將近凌晨三點鐘，安克志通過電話找到蔣經國的助手，新聞局副局長宋楚瑜。安克志告訴宋楚瑜，他有緊急事情必須面報蔣總統。宋楚瑜找到經國的秘書，再回電話給安克志，確定上午九點鐘接見。宋楚瑜再打電話把錢復叫醒。錢復暗忖，沒有別的理由可以解釋安克志緊急求見。宋才剛到家，安克志的電話又追到。安克志對於只給台北當局提前兩小時通知，十分困惱；他要求儘早晉見蔣總統。宋楚瑜問他：「是那件事發生了嗎？」安克志只肯答說：「我必須見總統。」

宋楚瑜又趕到官邸，叫醒總統，報告說安克志大使緊急求見。安克志和班立德趕到七海新村官邸，正式照會美方的決定；錢復、宋楚瑜也在場。蔣經國相當鎮靜。他告訴安克志，美國將會後悔這項決定。中華民國一向是美國的朋友和忠實盟國，以後仍將如此。共產黨絕對不會是美國的朋友或盟國。安克志要求國民政府在上午八點以前不要對外洩漏他傳遞的消息。蔣經國沒有答應。他說：「我是中華民國的總統，對我國人民的安全負責，我會採取我認爲的必要行動。」

安克志和班立德告辭後，蔣經國交代宋楚瑜通知幾位官員緊急開會。宋、錢兩人立刻照蔣經國指定的名單，分頭打電話。上午七點鐘，大夥兒趕到七海新村。外交部長沈昌煥表示辭職負責，經國說暫時不急表態。會議進行到早餐之後，大夥兒再轉到國民黨中央黨部出席中常會。卡特一宣布，中華民國政府的聲明也透過電視、廣播播放。宋楚瑜等人認爲，政府立刻反應，有助於全國民眾保持鎮靜。中常會決定，把七天後要舉行的選舉中止。上午十時，經國在衛星電視上注意卡特做出如下宣布：

在一九七九年一月一日，美國承認中華人民共和國是中國唯一合法政府……同一天……美國將通知台灣即將中止外交關係，美國與中華民國之間的共同防禦條約也將遵照條約規定予以中止……未來，美國人民和台灣人民將在沒有官方政府代表、沒有外交關係之下，維持商業、文化及其他關係。

卡特又加上一句，「我國與中華人民共和國之間關係正常化，不會危及台灣人民的福祉」，以示安撫台灣。但是這樣的保證似乎並沒有作用。台灣的外交地位完全消失。當天夜裡，蔣經國透過電視轉播發表演講，號召全國百姓自強、自信。他說，美國違背條約承諾，「對整個自由世界產生極爲不利的影響」。中華民國不會跟共產政權談判，也不會放棄光復大陸的神聖使命。私底下，蔣經國也告訴僚屬，不必擔心，只要堅定、加倍努力。他保持一貫的務實作風，專注加強外人來華投資。（註四）

儘管本身冷靜對應，蔣經國顯然同意在控制之下展現對美方的怒意。卡特宣布對台斷交之後連續兩天夜裡，成群的抗議青年對台北美國大使館投擲石頭與雞蛋。陸戰隊衛兵一度發射催淚瓦斯，驅趕攻打大使館的暴徒。美國外交官員認定救國團在背後策劃這些抗議活動。越南部隊在耶誕節侵入柬埔寨，兩週之內就佔領首都金邊，彷彿證明了卡特和鄧小平的地緣政治考量相當有理。中國派駐聯合國安全理事會的代表陳楚，譴責蘇聯利用越南充當「亞洲古巴」，要在全球建立霸權。

十二月二十七日，美國副國務卿克里斯多福（Warren Christopher）抵達台北，擬就未來美、台之間非官方關係的架構，進行兩天的交涉談判。錢復在機場冷淡接待克里斯多福。安克志和班立德也在機場迎接長官。車隊駛出機場大門，一群抗議民眾開始對美國人座車投擲油漆、雞蛋和石頭。車子被擋，停了下來，群眾更加激烈，把車窗打破。有一個人甚至伸拳進車內，毆打克里斯多福臉部，把他眼鏡也打破。在低身躲閃前，班立德和陷入重圍的同僚看到使衣人員試圖阻擋最激烈的攻擊，甚至挺身攔阻在車窗前。

經過半小時，攻擊突然停止，車隊迅速離開現場。神經大大緊張，可是沒有人受重傷。顯然台北當局精心規劃這場動亂——路邊連流動廁所都佈置好——一則要展現暴烈，一則又沒人受傷。次日早晨，大約兩萬名群眾擠在外交部前廣場，高喊反美口號，並以踐踩花生以示對卡特總統的不滿。這項群眾示威迫使第一天的談判延遲。美國外交官員相信，王昇動員救國團和總政戰部的特務策動這些活動。（註五）

蔣經國終於在十二月二十九日接見克里斯多福。蔣經國表示，台、美未來關係必須依照五項原則處理——「現實性、持續性、安全、法理及政府關係」就第五項而言，他指的是雙方必須建立政府與政府層級的機制來處理兩國間的關係。克里斯多福答覆說，這一點斷然辦不到。會談可以說是沒有結果，在極其冷淡的氣氛下結束。

一九七九年一月一日，美國與中國正式開啓外交關係新紀元。早先幾天，安克志大使晉見蔣經國辭行，蔣表現良好風度，頗爲和善。華府方面，國務院按照條約規定提前一年止式照會國民黨政府，中（華民國）美共同防禦條約將在一年後失效。卡特政府也透露他在最後一分鐘對鄧小平的讓步——同意對台灣停止軍售一年。卡特此舉對台灣業已相當脆弱的神經構成沈重打擊，衝擊程度比起一九七一、七二年季辛吉密訪北京、台灣退出聯合國，尼克森親訪中國發表上海公報還更嚴重。新台幣黑市交易價格大跌，台北股市挫跌近一成。鄧小平和中共在全世界聲勢大振，台灣則更加震盪。中國方面，在鄧派催動下，知識份子和城市青年之間迅速萌生改革的籲求。成千上萬學生張貼傳單、宣言和詩文，呼籲促成一個更公義的社會。紫禁城之西有一個地方成為民運人士發聲最著名的地方，立刻被世界稱為「民主牆」。鄧小平也宣布這些言論是「個人權利合適的表現」。

《時代周刊》選出鄧小平為一九七八年年度風雲人物。他旋即於一月二十九日抵達美國訪問。這位中國共產黨權力最鼎盛的領導人，在美國旋風式的訪問六天（包括戴上牛仔帽在德州參觀騎馬表演），風靡了美國人民。鄧小平回到北京兩週之後，解放軍發動「懲越戰爭」進攻越南，逼它把精銳部隊撤離柬埔寨。中、越之間這場不宣而戰的交火有一個重要後果——說不定鄧小平本意就是如此——就是把中國軍方的注意力從解放台灣調開，轉移到對付蘇聯集團，而越南現在已是旗幟鮮明的蘇聯集團一員。三月五日，中共解放軍撤出越南，可是仍持續一段時候對越南展開砲轟和擾襲活動。這是共產國家之間最慘烈的交戰。

儘管鄧小平在美國受到熱切歡迎，美國保守派和自由派參議員（包含打算在一九八〇年向卡特挑戰民主黨總統候選人提名的愛德華．甘迺迪在內）聯手起來決定支持美國持續對台灣遵守承諾。這些參議員不滿行政部門要中止共同防禦條約，竟然沒先跟他們諮商。（譯按，美國憲法明訂參議院對總統執行外交政策有「諮商及同意」advise and consent 的權力）高華德參議員私底下提議台北發動全面遊說工作，爭取維繫共同防禦條約及政府對政府的關係。共和黨人尤其亟欲與行政部門全力抗爭。某些國會議員趕往台灣，展現他們對台灣當局的支持。

蔣夫人再度出現，預備領軍作戰。她依然自認，與美國人打交道，她是不作第二人想的最佳人選。她和孔家甥侄從十二月十六日起就一直透過電話，鼓勵美國友人制止卡特的計劃。年初（譯按，應是十二月下旬，蔣夫人召見才在年初），外交部次長楊西崑抵達華府，蔣夫人召見他，告訴他：「你最好別處理對美國人交涉」，她要蔣經國最不喜歡的表親，她的外甥孔令侃，來負責對美交涉。楊西崑回答說，他奉總統之命來美國交涉，有責任做好工作。（註六）

蔣經國也極力運用美國國會對卡特政府的反彈。他批准行政院長孫運璿公開促請美國國會議員保護台灣利益，同意在美國展開又一波公關活動，並指示楊西崑堅持某種程度的非外交官方關係，即使是聯絡辦事處或總領事館都可以。但是他也打算避免跟卡特總統攤牌對決。杜爾（Robert Dole）參議員代表「以實力爭取和平聯盟」邀請蔣經國立即來美國，與卡特政府對抗，他婉謝此一邀請。蔣夫人對於他如此自制大為震駭，美國的親台人士也因而疑懼。美國傳統基金會主張把卡特和鄧小平的整個協議作廢；它向台北當局抱怨說，傳統基金會總不能「比教宗還更加天主教」。蔣經國面臨國內以及美國保守派人士的強烈抨擊，依然表現有彈性的務實作法，反映出他對台灣充滿信心，縱使彷彿全世界都拋棄了台灣，他還是認為台灣可以走出拂逆。他也理解，與美國民主黨撕破臉決裂，是大錯特錯。台灣仍需要在美國爭取廣泛的同情。

卡特決定堅守對鄧小平的承諾，在跟楊西崑交涉時，美國外交官堅持「非官方」關係的形式，其實在絕大多數面向上，它已等於是「實質」的正式關係。楊西崑這下子遲疑難決。最後，國務院要脅，雙方若不能在三月一日以前達成協議，美國將關閉中華民國在美各地總領事館，也停止美國政府在台灣一切作業。蔣經國授權楊西崑接受美、台非官方關係的架構——美方設立「美國在台協會」（American Institute in Taiwan，簡稱AIT），台灣駐華府辦事處則稱爲「北美事務協調委員會」（Coordination Council for North American Affairs，簡稱CCNAA）。（註七）蔣夫人不能公開批評蔣經國，但是她責備楊西崑讓步太多。蔣經國則在楊西崑回到台北時，親到機場迎接，表示他支持楊西崑。

蔣經國的兩手策略——與行政部門談判，向國會裡的台灣友人申訴——功不唐捐。卡特政府向國會提出《台灣授權法》（Taiwan Enabling Act），打算針對與台灣協議妥當的「非官方」關係，賦與法律核可之地位。這項草案訂定美、台之間六十多項條約、協定繼續有效，包括出售濃縮核子燃料給予台灣核能發電反應爐的條約在內。可是，國會兩黨議員攜手合作，強化法案對台灣有利的部分，最顯著者就是安全的議題。鑒於卡特提出的《台灣授權法》草案隻字未提台灣安全，國會修正通過它，易名爲《台灣關係法》（Taiwan Relations Act）。《台灣關係法》重申了即將廢止的共同防禦協定中十分類似的承諾：美國與北京建立外交關係係奠立在期待台灣的未來以和平方式決定的基礎之上；任何試圖以非和平方式，包括杯葛或禁運，解決台灣的未來之作爲，將被美國視爲對西太平洋和平與安全的威脅，構成美國嚴重關切；美國不會理會中華人民共和國的觀點，將繼續提供防衛武器給台灣；美國將抵抗針對台灣的安全或社會經濟體制施加的任何形式之脅迫行徑。

《台灣關係法》做出這些修正，乃是台灣的政治勝利，也是蔣經國個人的勝利。把美國對台灣安全利益的關切，涵蓋杯葛與禁運，似乎更超過原有共同防禦條約的規定。台北在最後一分鐘也取得美方讓步，獲准在美國維持八個「非官方」的辦事處──華府原先堅持只准設四個辦事處──此外，雖然美方形容雙邊新關係道地非官方，他們默認台北的公開聲明，指未來美國在台協會和北美事務協調委員會的運作具有「官方性質」。

蔣經國在國內精心規劃提振國民信心的運動。官員、媒體、作家和其他民間人士透過電台、電視，發表演講，打出口號，一再強調團結自強。蔣經國宣布國防預算提高百分之十二。國民踴躍捐款給自強救國基金，購買軍機。政府透過警備總部由黑市買進新台幣，穩定幣值。溫和派的黨外人士在康寧祥領導下，初期亦參加全國團結大遊行。經過這種種努力，台灣民心迅速穩定，恢復樂觀。台灣的經濟恢復攀升的活力。美、日等外國投資，很快就超過前一年的水平。若干觀察家認爲美、中關係正常化，對台灣反而是利空出盡，實際上改善了它的投資環境。

十二月十六日，人民解放軍停止了一九五八年開始的對金門、馬祖「單打、雙不打」的砲擊，國軍也停止反砲擊。國民黨現在面臨中共更活躍、更集中的和平攻勢。新年元旦，北京全國人民代表大會發表《告台灣同胞書》示好，提議兩岸開放經貿、旅行和通訊。北京的對台辦負責人廖承志也發表致蔣經國「老弟」的一封公開信，提議國、共第三次合作，完成國家統一的愛國目標。廖承志和蔣經國半個世紀以前在上海是同學，兩人當年都是左傾學生。廖承志主持的對台辦，更在中國各省遍設分支機構，建制到達縣市級。各地對台辦雇用上十萬名幹部，大部分是舊國民黨員、國軍軍官或他們的眷屬親友。台辦向台灣、東南亞、全世界的華人親友發動信海攻勢，呼籲兩岸修好。

蔣經國對這一波和平攻勢的反應，可比鄧小平了解的還更精緻、敏銳。鄧小平認爲，北京雖然沒有達成美國停止對台軍售的目標，兩岸關係的政治動態已經起了根本上的大變化，逼得台北有可能跟它的宿敵修好。然而，蔣經國了解，北京現在熱切鼓勵兩岸之間擴大經濟、社會、文化交流，長期下來對台灣是利大於弊。如果兩岸人民旅行、貿易往來審愼發展，必可提升台灣在全中國的形象和影響力，鼓勵大陸正在萌芽的民主運動。可以說在一九八〇年代，兩岸修好的舞台已經布好。（註八）

可是，蔣經國不認爲一九七九年是朝這個方向採取具體動作的時機。台、美斷交使國民黨陷於守勢，內部團結和穩定是最優先的要務。因此，蔣經國及其政府猛烈抨擊北京示好，並宣布「不妥協、不接觸、不談判」的三不政策。但是，不久就有跡象顯示，蔣經國打算逐漸修正「三不政策」，他默許台灣人民和商界的民間交往行動。（註九）

一月二十九日，蔣經國在國民黨中常會裡提案成立一個高階小組，研議反制中國共產黨政治攻勢的戰略與戰術。他認爲，光採守勢並不夠，「我們也必須學會如何發動政治攻勢」。會後，他召見王昇，指示他去領導負責這項任務的特殊單位。他說，台灣在對抗北京時不夠「創意、積極」，必須發動「對大陸的統戰攻勢」。（註十）長期目標就是在中國境內製造一股逆流——同情以台灣模式，而非中國模式統一中國。

這個秘密單位代號「劉少康辦公室」，它規劃的措施其實就是擴張早先的資訊戰，破壞北京的宣傳，促進台灣的形象。譬如，提醒台灣人出國要小心，不要墜入中共透過親戚朋友施展的統戰伎倆；推出「孝親月」活動，彰顯台灣尊重傳統價值，與中共成爲鮮明對比。（註十一）

這項活動不致於需要佔掉儼然島上第二號最有權勢人物——王昇——的全部時間。王昇擔心會「毀了他聲譽」的「攻勢行動」就是他熟稔的秘密作戰。規劃的秘密行動中最秘密的一部分就是，對於在國內、國外涉嫌受到中共利用的人士，施加人身恐嚇。爲了這個目的，情治機關在台灣首度與極右派團體建立關係，至少也跟在台灣活躍的一個外省人幫派有了連繫。結果就跟蔣經國的本意南轅北轍——嚴重傷害到台灣的形象和道德力量。我們沒有直接證據把劉少康辦公室和這些活動扯到一起，但是幾乎可以肯定它們在蔣經國和王昇談話時提到的「攻勢行動」之中。劉少康辦公室負責協調台北當局可能影響到對北京政治鬥爭的一切戰略與作業決定。國防部情報局與黑道掛勾，也是這一類的重大決定。

劉少康辦公室只有二十名幕僚，遷入台北市黎明文化公司大樓上班。王昇投下大部分時間在劉少康辦公室，但仍續任總政戰部主任，也是蔣經國在國內全面安全事務的非正式顧問。劉少康辦公室提出構想方案，得到蔣彥士和行政院長孫運璿背書之後，送請蔣經國做最後核定。

註一：姜必寧一九九六年六月五日在台北接受本書作者訪談時提到。原書註七。

註二：翁元，《我在蔣介石父子身邊的日子》，第二六六至二六九頁。士林官邸原先伙食採買金額大，反映出老蔣總統夫婦常常招待訪客、親友用餐費用。原書註十一。

註三：本節大量取材作者對許多人士的訪談紀錄，包括：宋楚瑜（台北，一九九五年九月十三日），錢復（台北，一九九六年五月十五日），安克志（馬里蘭州，一九九五年十二月四日），王家驊（台北，一九九五年五月二十四日），還有班立德一九九八年未註明日期給予作者的短箋，費浩偉一九九九年一月所做的評注及口頭意見。原書註十九。

註四：蔣彥士一九九五年八月二十九日在台北接受本書作者訪談時所說。原書註二十二。

註五：班立德一九九八年七月八日給本書作者的短箋提到。原書註二十三。

註六：楊西崑一九九六年五月二十日在台北接受本書作者訪談時所說。原書註二十八。

註七：唐耐心，《台灣、香港與美國，一九四五至一九九二年》，第一三六至一三七頁。北美事務協調委員會駐華府代表處首任代表夏功權，就是一九四九年撤退到台灣一片亂局中，陪著蔣介石父子的飛行員、領航員。原書註三十。

註八：王昇一九九六年五月二十五日接受本書作者訪談所說。蔣經國對兩岸關係新動態的看法，取材自作者在一九九五至九八年間，對於蔣經國在一九七九至八七年之間若干親信部屬的訪談紀錄，這些受訪人士包括：王昇、李煥、錢復、蔣彥士、馬英九、余紀忠、楚崧秋、馬樹禮、邵玉銘、宋楚瑜等人。原書註三十五。

註九：尼洛，《王昇：險夷原不滯胸中》（台北，世界文物出版社，一九九五年），第三五五頁，引述王昇對「三不」政策對台灣人民負面效應的看法。原書註三十六。

註十：王昇，一九九六年五月二十五日訪談紀錄。尼洛，前揭書，第三五三至三五七頁。馬可思（Thomas A. Marks），《中國的反革命：王昇與國民黨》（Counterrevolution in China: Wang Sheng and the Kuomintang），第二六〇頁。原書註三十七。

註十一：尼洛，前揭書，第三八五至三九六頁。郝柏村著、王力行採編，《郝總長日記中的經國先生晚年》，台北天下文化，一九九五年，第一二一至一二二頁。在歷史上，夏朝帝王相被寒浞所殺，相之子少康及長滅掉寒浞，光復夏王朝，史稱「少康中興」，這應是劉少康辦公室寓意所在。原書註四十。

第二十一章　高雄事件及軍法大審

台灣如果要做爲中國的楷模，就必須繼續朝向全面民主前進。蔣經國批准國民黨中央黨部及台灣省黨部十四個重要職務的人事異動。新人大部分年輕、溫和，且是學界出身的改革派，本省籍、外省籍都有。省黨部主委宋時選（蔣經國的表親）指派許多具有大學學位的年輕台籍幹部出任地方縣市黨部主委。到了一九八四年，縣市黨部主委有半數是年輕的台籍幹部。

一九七九年三月十日，照中國舊曆算法，是蔣經國七十大壽。依照傳統習俗，這是一個重要日子，應該盛大慶祝。可是，經國拒絕親友給他辦壽宴的好意，特別選生日這一天，坐船到馬祖，與駐軍共進早餐，晚餐則與軍官們共食，吃了一碗麵。四月，他主持耗資七千萬美元興建的中正紀念堂啓用典禮。中正紀念堂佔地二十五公頃，宏偉的大門頂上鑲刻著「大中至正」四個字。蔣經國深信，台灣已經平安度過與美國斷交的震撼，而且更堅強，一如他所料。

關鍵就是展示實力與決心，同時展現他有心帶領台灣走向自由化與法治化。但是他也發現，政治上放寬鬆，無可避免就導致更強的自由派（本省人）壓力，以及保守派（舊日國民黨的外省

人）的反壓力。（註一）

外省人似乎比本省人更加不安。一九七九年，國民黨內分裂情勢是播遷來台之後最公開的一段時候。五月底，一群上年歲的資深中央民意代表要求終止島內所謂的「思想污染」，警告說反對派人士已經給台灣的「共產化」開門。右派從他們的觀點出發，有理由擔心蔣經國和改革派逐步朝向「有管制的自由化」走。一個以改革派為主的領導階層主張立憲民主，又怎麼能夠繼續限制反對運動，不讓他們有權組織反對黨？保守派人士的研判也沒錯，他們認為黨外反對派勢力日盛，在美國得到的支持呼聲也日增，不會滿意半調子的改革。借托克維爾（Alexis de Tocqueville）的話來說，威權政府開始改革自己的時候，也就是最危險的時候。

不過，政府與本省人反對派之間的政治鬥爭也反映出儒家處理危險、競爭情勢的作風——雙方都避免全面對抗，領導人威權自重，卻有心改革，反對派亦溫和而不激烈。

有一場不尋常的慶生會就是一個例子。一九七九年一月，當年在中壢事件中當選桃園縣長的黨外人士許信良等知名異議人士未經許可，在桃園與高雄縣橋頭鄉及鳳山市集會遊行。（譯按，高雄縣黑派掌門人余登發涉及吳春發匪諜案被抓是台灣民主運動一個重要轉折。本書作者沒有交代此事，卻直接跳到黨外人士抗議余被捕而遊行，是比較突兀。）次日，台灣省主席林洋港或許希望吸引蔣經國青睞，迅速對許信良行為展開調查，威脅要把他停職。黨外領袖為示支持，五月二十六日藉替許信良慶生祝壽為名義在中壢辦活動。警備總部發函給康寧祥等每一個參與籌辦的政治人物，警告說：「倘若發生影響到社會秩序的任何不幸事件，一切後果都由閣下及其他主辦人負責。」蔣經國在事件前就接到報告，他的指示是：只要守秩序，照規矩來，警方不應干預。

慶生會當天，中壢彷彿舉行慶典拜拜，熱鬧繽紛。數千人（其中也有幾位美國觀察家）在廣場遊蕩，翻讀一些禁書，觀看民主牆上張貼的彩色海報。許多便衣及穿制服的警員在旁監視，但沒有行動。下午五點，三、五百名黨外人士到一家餐廳吃便當，喝飲料。兩小時後，大約兩萬人聚集到廣場上聽演講。許信良在會中還訕笑監察院正在審查彈劾他的案子。他說，這次慶生會是「台灣史上最大規模未經核准的和平政治集會」。

王昇等強硬派對於當局在中壢慶生會中顯示的寬容態度相當不安。改革派（主要在行政院新聞局及黨部）和強硬派（主要在情治機關、中央委員會和立法院、國民大會）之間的角力加劇。甚至中常會的討論也越加激烈。居於少數的大保守派雖然沒有直接攻擊蔣經國，但越來越激昂，責備一些「叛國」現象勢將傷害到國民黨。蔣經國像往常一樣揉手、靜聽，不說話。在中常會外，他放出的訊息是他「個人在推動對話政策」。（註二）

康寧祥申請發行新刊物《八十年代》，已經由蔣經國新近提攜的宋楚瑜主持的行政院新聞局，以及楚崧秋的中央文化工作會批准了申請案。《八十年代》總編輯江春男有心把這份刊物辦成溫和反對派的論壇。江春男公開宣稱，他要避免刺激的文字，走可被接受的批判言詞路線。八月，行政院新聞局又批准另一位反對派立法委員黃信介擔任發行人的刊物《美麗島》。《美麗島》就和《八十年代》大異其趣，採取對抗性、法律邊緣策略。黨外路線在這個時候開始分歧，一派是康寧祥、江春男等屬於主流、溫和反對派，一派是新起、比較激進的人士，後來被稱爲「美麗島」集團。

北京民主運動的特色是油印通訊盛行，台灣街頭也開始出現油印的刊物，例如《潮流》專門報導反對派活動，以及批評政府的言論。這些刊物也和北京的「地下」刊物一樣，不踰越煽動叛亂的禁地——在台灣，採用親共、支持台獨或以武力推翻政府的文句就是踰限。但是，它們批評的內容尖銳，反映出原先不准的尺度已有放寬的跡象。蔣經國的改革派部屬仍繼續和知名的黨外人士有個別、非正式的會談。

同一時期，極右派雜誌也出現在書報攤，大陸籍人士組成的反共激進團體也放言高論。像是反共義士（早先成員是蔣經國一九五三年接運到台灣的韓戰戰俘）、鐵血愛國會等狂熱的民族主義團體。另外，由大陸遷到台灣、原已奄奄一息的黑道幫會也開始死灰復燃。右派組織七月間召集一項會議，主張「消滅」「不忠貞愛國」的黨外反對人士。軍方報紙對右派團體給予正面報導。這一年夏天、秋天，據信是反共義士和鐵血愛國會的右派份子搗毀《美麗島》雜誌在全台各地的辦事處，以及黃信介的住家。

改革派的動力持續到秋天。在蔣經國的背書之下，國民黨的溫和派如宋楚瑜、陳履安和文工會主任楚崧秋等人，設法讓國家建設研究會成立政治外交小組討論這方面議題。蔣經國宣布，旨在招攬學人、華僑的國建會「絕不迴避政治議題」。問題越尖銳、越敏感越好，「政府必須越果斷、清晰地去處理。」島內敏感的人士都曉得這是在講民主改革。《中國時報》和《聯合報》開始刊載文章，支持選舉及其他改革。

本省籍的《美麗島》集團聲勢大振，普受歡迎，雜誌發行量在十萬至三十萬份之間。事實上這份雜誌成爲組黨雛型，它有政黨路線主張，它在全台各縣市成立辦事處，又主辦街頭活動。《美麗島》雜誌以紀念世界人權日的名義，申請准予十二月十日在高雄舉辦夜間燭火遊行。

警備總部以預計有三萬人參加遊行，會危及社會秩序爲由，駁回申請。康寧祥反對進行非法集會，黃信介等人則決定照樣辦理，不理禁令。很顯然，過去一年警方未能就集會遊行及出版品管理辦法嚴格執行，使得《美麗島》這批人相信，蔣經國不能、也不會利用武力遏制大眾表達政治異議。

王昇和其他情治官員把迫在眉睫的危機向蔣經國提出報告。蔣經國重申他的指示：在民眾騷亂時，警察必須打不還手、罵不還口。（註三）派到現場的憲兵也不攜帶武器。十二月十日上午，蔣經國以主席身份在國民黨十一屆四中全會上發表一篇重要演講。他昭告七百八十位黨代表，一九七九年「是本黨歷史上最艱險的一年」。他提出創造理想、模範社會的願景——大約類似四十年前他在贛南提到的願景。

現在他把這個模範當做是未來改造中國的理想所繫。蔣經國指出，對岸經濟凋疲，社會紊亂，他相信中國大陸人民一定會問，「我們爲什麼不能有像台灣那樣的國民經濟？」他宣稱：共產黨控制的中國，「一定得順應人民的期望改變」。他又重申「絕不與中共談判、絕不妥協」的政策，堅定不移。然而，他的長篇演講，主題是台灣的民主：

確認厲行民主憲政是國家政治建設所應走的大道，必將繼續向前邁進，決不容許後退。今後當更積極致力於健全民主政治的本質從發揮公意政治功能，加強法治政治基礎，提高責任政治觀念三方面同時並進。

他又加上，國民黨內有志改革之士（不分老少）都接受：「重視民權自由的保障，更重視國家社會的安全，使自由不致流於放縱，民主不致流於暴亂，以建立安定的民主政治。」

當天下午六點鐘，群眾開始聚集在《美麗島》雜誌高雄辦事處前。演講者手持擴音器猛烈抨擊政府，誓言一定堅持遊行。大約此時，南警部司令（譯按，常持琇）在火車站與黃信介碰頭。常司令告訴黃信介，可以准許群眾在《美麗島》雜誌辦事處前集會，但是不准遊行。常司令也說，群眾備有火炬、鐵條和化學品；黃信介向他擔保，主辦單位會讓集會和平進行。

到了夜裡八點四十分，演講者已把數千名民眾情緒煽動到高度興奮狀態。《美麗島》雜誌總經理施明德，爬上載著擴音器的卡車頂上，領導一群年輕人開始移動。旁觀者參加進來，群眾越聚越多。數百尺之外，奉令打不還手的憲兵，隔街站成一線。遊行群眾擠過這道防線，可是在集會地點的暴徒竟然攻擊附近的安全部隊和警察分局。暴亂持續到半夜，鎮暴部隊才動用催淚瓦斯，驅散民眾。當天夜裡，共有一百八十三名員警，九十二名示威群眾受了傷。（註四）

反對派人士向美國在台協會官員證實，安全部隊沒有動武，試圖以盾牌擋住攻擊者。但是他們也指責，某些情治機關安排黑社會幫派滲透到集會裡，挑撥暴力，製造可以壓制反對人物的藉

口。（註五）

馬紀壯一九七九年擔任蔣經國的總統府秘書長，他在一九九五年八月接受本書作者訪談時，被問到：國防部情報局有沒有介入其中？他答覆：「沒有證據顯示究竟這麼說是眞、是假。」從負責國內安全事務者的觀點來看，類似美麗島集團所鼓動、這麼嚴重的國內反對風潮可以被北京的統戰運動所利用，必須以盡可能加以壓制。

如果情治機關涉入其中，可能還有另一種方式，即私下鼓勵黑社會幫派，或是鐵血愛國會這類極右派團體滲透進群眾之中，挑撥暴力行爲。中央情報局和國務院並沒有掌握內幕資訊，但是當時涉及台灣事務的重要官員，相信這種情況不無可能。（註六）另一方面，外國觀察家和許多照片、錄影帶證實，是反對派領導人把群眾挑激到狂熱地步，而且施明德本人領導群眾攻擊憲兵。康寧祥認爲「可能情治人員先有挑釁動作，但是反對派沒有掌握好群眾，以致群眾照著煽動者的意思起了反應」。總而言之，另一場可能大流血的對抗過去了，成千暴民攻打警方，而警方遵奉蔣經國命令，絕大多數嚴重傷勢落在政府人員方面。（編按，此處說法與時報出版、新台灣研究基金會規劃的《珍藏美麗島》頗有出入，讀者可兩相參照。）

第二天上午，國民黨十一屆四中全會與會人士對於高雄暴亂大爲震撼。這些忠黨愛國之士當然非常憤怒。蔣經國也慌了。就在他演講社會需要和平、安寧的同一天就發生暴亂，彷彿嘲弄著他。高雄事件也震撼了改革派的核心，像是負責與美麗島集團等反對派人士對話的關中，就浩嘆由於黨外領袖言行不一，雙方不可能相互了解。幸好警方自制，加上暴力大部分是一面倒的情形，初期倒使政府方面普受同情。不僅與國民黨有關係的團體譴責暴徒，受尊敬的《自立晚報》與若干黨外公職人員也責備暴徒。（註七）李登輝代表台北市民，致贈新台幣兩百萬元給負傷的憲警人員。

國民黨因之反彈乃是可想而知的事情。中央委員選出王昇及若干高階軍事將領進入中常會。許多位學者改革派被解職。可是，同時也有好幾位蔣介石時代的大保守派被要求退休，台籍中常委由五人增加爲九人，佔整個中常會的三分之一。

蔣經國召集一個特別小組評估如何處理高雄事件。考慮幾天之後，他批准逮捕美麗島集團首要份子，同時把《美麗島》及溫和的《八十年代》統統停刊。他決定大舉鎮壓，一則是要在國民黨內維持團結一致，也是因爲他覺得若非如此，可能會滋生更多暴亂，以致改革的進程失控。十二月十四日，情治機關一舉抓了黃信介以降一百多個反對派帶頭人士。《美麗島》雜誌社總經理施明德逃逸，得到基督教長老教會高俊明牧師等人的掩護，潛匿一陣子。

十二月間的事件卻使人對王昇及軍系勢力上升產生疑慮。稍早，南韓總統朴正熙遭到軍方情治部門陰謀刺殺，激起一陣猜疑，深怕事變在台灣重演。蔣經國在十一屆四中全會閉幕式的講話，全力表明政府力守民主憲政的決心。他保證，（原本因台美斷交而）中止的國會選舉一定會恢復，而且明確摒除「軍事統治」的可能性。

一九七九年裡，美國、台灣之間的「非官方關係」逐漸出現頭緒。職業外交官葛樂士（Charles T. Cross）於六月間抵達台北，擔任美國在台協會處長。美國在台協會華府總部（事實上是位於波多馬克河對岸維吉尼亞州羅撒玲市）第一任理事主席丁大衛（David Dean），曾在一九六〇年代中期在台北美國大使館擔任政治參事，丁大衛與妻子瑪麗成爲蔣經國夫婦的好朋友。丁大衛九月間訪問台北，蔣經國告訴丁，他要和美國改善關係，他引用一句中國諺語「打落牙齒和血吞」，表示中華民國不能憑恃情緒和憤怒過日子。（註八）就美方的觀察，儘管發生高雄事件及後續種種發展，（中、美關係）正常化的創痛在台灣似乎已經利空出盡，台北表現「更有興趣進行各種實務問題，俾能迎接未來的挑戰」。

讀到台灣發生暴動的報告，鄧小平一定在心裡忖想，蔣經國究竟怎麼一回事，會允許這種暴力抗議發生。一年前，鄧小平支持北京出現民主牆，現在他卻努力要在後毛時期的中國，界定言論自由的尺度。一九七九年三月，他發表四大原則，闡明什麼是可以接受的政治行爲，基本上就是重申四個堅持：堅持社會主義路線、堅持無產階級專政、堅持中國共產黨的領導、堅持馬列主義與毛澤東思想。此後十年，鄧小平對於「黨有可能、也有必要民主化」這個理念，一直愛恨交織，拿不定主意。北京和台北一樣，一方面希望有更開放的政治制度，一方面認定需要維持黨的統治，兩股力量之間的緊張關係主導了領導階層的動態關係。

一九七九年，中國共產黨正式接受「社會主義生產的目的是符合老百姓一般需求」這個概念。這項哲學基礎的大轉變不僅打開了走上競爭性消費社會的路，也沖走了政治上必要絕對控制的合理化基礎。中國的自由派人士現在可以力主，如果要達成類似台灣消費社會的現代化，政治制度就得伴隨著經濟改革而更加開放。鄧小平一系的自由派也跟蔣經國的左右一樣，認爲可以漸進方式達成更自由、活潑的政治制度，不會嚴重威脅到黨的控制。這批自由派包括胡耀邦、趙紫陽這兩個鄧小平欽點進入中共中央政治局的幹部。胡、趙率領中國走入新紀元，他倆不僅是「柔性威權主義者」，在見識上也比較傾向人道和世俗的觀點。

然而，一九七九年秋天，民主牆還是太辛辣、有威脅性；毫無疑問是在鄧小平許可下，北京市定出明確規則，限定大字報何者、何地可以張貼，等於是終結了民運的自發性和民主性。民主牆最知名的大字報作者魏京生，因涉嫌叛亂罪名，在十月、十一月公開受審，遭判處徒刑十五年。雖然民主牆封閉、魏京生被判處禁錮，自由派理念在中共高階層當中似乎仍然相當有活力。

一九七九年十二月二十五日，蘇聯軍隊入侵阿富汗，佔領幾個大城市，把原本莫斯科捧上台的共產黨籍總統哈費祖拉・阿明（Hafizullah Amin）送上斷頭台，另立新領導人，並由蘇軍一肩挑起阿富汗境內「平亂剿匪」的責任。這一著棋使得蘇聯領導人陷入泥淖，最後對蘇聯國內政治趨勢、知識界趨勢產生重大衝擊，因而影響到包括台灣與中國大陸在內的世界政治。有位蘇聯外交官在北京對某位美國外交官員提到：「現在輪到我們了！」——指的是美國在越南的經驗教訓，蘇聯在阿富汗重蹈覆轍。（註九）另一個結果是，中國進而相信蘇聯正在從事包圍中國的鉗形布局。這一來，連帶強化中、美非正式的戰略夥伴關係，因而使中國改革派力量加強。此後十年，國際事件，以及中國、台灣、蘇聯三地的民主運動起起落落，都彼此交織，起了作用。

蔣經國年輕時工作認眞，但還能和友人放輕鬆，喝酒、談天、說笑。現在他已經高齡七十，有病，身體行動受到限制。體檢透露他有攝護腺癌。一月十六日，他在榮民總醫院接受攝護腺手術。一月十八日，政府公布他接受手術的新聞——這也是中國領導人有史第一遭的新鮮作風！蔣經國很快就恢復工作，但是變得比較安靜沈思，至於他內心的思考則跟往常一樣，不太跟別人說。有一天，姜必寧陪他搭飛機到金門，途中總統一言不發，也沒有看公文或書報，他的視線投向窗外，沉思。

蔣經國很快就決定了處理高雄事件的策略：他要展現出強人領導者的形象，嚴懲有罪者，輕罰誤入歧途者，同時向大眾擔保，他逐步開放政治制度的決心未變。二月一日，警備總部把五十名遭扣押者交保釋放，四十一名交保候傳，另六十一人是在押嫌犯。最後，三十二名被告送交普通法院，由檢察官依毆打員警及一般刑事犯罪起訴；黃信介及施明德（潛逃一陣子也被捕）等爲首八人則以叛亂罪起訴，送軍事法庭審理。起訴書宣稱，被告對罪行坦承無諱，軍事檢察官鑒於被告合作，知所悔改，將建議法庭從寬量刑。

國民黨的學者改革派以及楚崧秋等溫和派主張軍事法庭公開審理高雄事件。美國在台協會台北辦事處處長葛樂士也力促台北當局讓全世界及台灣人民看清政府對被告的指控。他聲稱，反對勢力並沒有那麼強大，國民黨反應過激，對本身反而不利。（註十）台灣民眾擔心暴亂、不安定，一般都支持政府處理高雄事件的做法，但是對被告的同情已漸上升。（註十一）更重要的是，美國方面的媒體和人權團體把反對派領袖描繪成受害人，強調高雄事件是政府「先鎮後暴」的傳聞。最後，蔣經國裁定，軍法審判過程公開，被告在庭上的聲明也准許報紙報導發表。（註十二）

二月二十八日，也就是一九四七年二二八事件紀念日，中午過後不久，兇手潛入高雄事件八大被告之一，省議員林義雄住宅，砍死他的高堂母親和六歲雙胞胎女兒之一，另一個女兒受重傷。但是兇手沒有拿走值錢財物。蔣經國聽到這件慘案，立刻准許林義雄交保，並懸賞重金給任何可以提供破案線索的人。警方亦展開大規模偵查。

絕大多數台灣人民相信，是極右派團體或是外省籍幫派執行這項「殺雞儆猴」行動。他們不認為蔣經國曉得此一陰謀，可是也懷疑他能夠、或有意願偵破本案，揪出眞兇。（註十三）有些美國官員猜疑幕後人物與鐵血愛國會有關係。美方也聽到一種謠傳，指蔣經國的兒子孝武和林宅血案有關連。根據一個消息來源，孝武有一回和朋友開懷暢飲，對鐵血愛國會成員提到：應該「給他們〔林義雄家〕一點教訓」。林宅血案歹徒行兇手法殘暴，駭人聽聞，而警方迄今未能偵破，更進一步傷害國民黨的形象，尤其在美國新聞界和人權團體心目中，國民黨形象江河日下。（註十四）

蔣經國接受官方調查報告的說法——兇手顯然是與林義雄有個人冤仇或政治冤仇。可是，這段時期，他在國內的情治安全單位，很可能得有劉少康辦公室的許可，與有力量搞出兇殺案的黑社會幫派，開始發展關係。根據竹聯幫資深人員的說法，台灣情治單位在一九八〇年與曾經坐牢服刑，出獄後已退出江湖的竹聯幫前幫主陳啓禮接觸。台灣的國內安全、警務在蔣經國、王昇緊抓之下，基本上，上海灘的幫會或黑道早先在台灣並不存在。據報導，國民黨在香港與三合會等黑道仍有聯繫，可是黑道在國民政府情報機關裡並沒有重大影響力或角色。（註十五）《龍之火》的作者卡普蘭聲稱，由一九四九年以迄一九七〇年代結束，青幫或中國大陸其他著名三合會組織，都沒能在台灣的黑道活動中建立據點。「直到一九八〇年代初，反對黨開始構成重大威脅，黑社會才公開露面，不過大部分是從事政治遊說，不是以黑道幫會面貌現身。」（註十六）鐵血愛國會就是這樣的團體。

竹聯幫不是秘密黑道，而是一九六〇年代典型的台灣街頭幫派，成員大多是外省人。一九八〇年，國防部情報局人員接觸竹聯幫「教父」陳啓禮時告訴他，保衛國家需要借重竹聯幫的愛國精神。情報局人員說：「現在反對黨越來越大膽，找一些本省人幫會支持，利用他們打擊國民黨的政治活動和黨籍候選人。國家需要竹聯幫來反擊。」據報導，某些高階情治官員反對吸收黑道；王昇也矢口否認知道有運用幫會搞秘密活動的決定。他堅稱，如果眞的有這種接觸，一定是國防部情報局擅自作主，絕對沒有得到上級核准。（註十七）

但是，要說國防部情報局或國家安全局在這麼重要的事情上片面做出決定，也實在說不過去。很有可能是王昇以劉少康辦公室的名義批准此一決策。王昇等人可能說服他，偶爾會需要借用非官方或「民間」的秘密工具執行不合法或見不得人的行動，以保護國家安全利益。（註十八）

高雄事件八名被告之軍事審判，始於三月十八日，它可以說是史無前例的公開大審。國際特赦組織及其他人權組織都派出觀察員，美國及其他非官方關係之外交官、外國新聞記者也紛紛申請旁聽。起先，政府想限制分配給國內媒體旁聽的席次，後來決定取消。獨立的新聞媒體每天以兩、三頁全版報導，因此把反對派的政治觀點呈現在八百萬名讀者眼前。被告在庭上陳述，他們一連多天被剝奪睡眠、不停地偵訊（新聞界稱之爲「疲勞轟炸」）之下，才招供認罪。審訊過程雖然對外公開，量刑定罪其實早有定論。四月十八日，軍事法庭裁定所有八名被告叛亂罪名成立。軍事法庭原本打算把施明德處以死刑，可是蔣經國傳話，不得有任何人遭處死刑。只要他在位擔任總統，他「不允許台灣島上有流血」。（註十九）

軍事法庭判決，施明德處無期徒刑，黃信介有期徒刑十四年，其餘六名被告全部處有期徒刑十二年。（譯按：這六名被告是姚嘉文、林義雄、張俊宏、呂秀蓮、陳菊、林弘宣。）罪名重，刑期尚稱溫和，美國輿論卻大譁。六月間，軍事法庭以窩藏施明德罪名，判處長老教會總幹事高俊明等九人，最高六年的徒刑，美國負面的輿論反應更加激烈。國民黨和政府原本在高雄事件上得到台灣民心支持，卻一變而成爲民主運動得勝。

長老會人員被捕判刑，讓虔誠的教友台北市長李登輝極感痛苦。當時，李登輝獨子也因患癌症去世，李的痛苦尤深，考慮到要退出政壇，去當牧師傳道。他把這個想法向朋友和教會牧師提出來請教。周聯華等教會人士勸他，他只會是個平凡的傳教士，但是留在政界，將會是個偉大的政治領導人。李登輝因而決定留在政界。（註二十）

軍法大審過後不久，國民黨內、立法院及軍、情機關的鷹派，向蔣經國抱怨，認爲公開審判使國民黨受到嚴重傷害。蔣經國召見中央文工會主任楚崧秋（他是推動公開審判，獲得採納的建言者之一），表示很滿意在高雄事件及其後的處理中，沒有人喪生。楚崧秋也認同事情發展平順。

蔣經國提到黨內對楚崧秋批評之聲日盛。他說：「或許你該換換工作了。」（註二十一）楚崧秋調任中國電視公司董事長，接替李煥。一九七七年中壢事件後即任中視董事長的李煥，轉任高雄中山大學校長。

因台、美斷交中止的選舉，政府排定十二月六日恢復舉行，反映出蔣經國逐步走向代議民主政治的決策。新法令把開放改選的立法委員增加爲七十席，比起一九七八年的名額增加百分之七十八。由大陸選出的資深立委仍有三百人左右，通常步履蹣跚出席開會者只有一百人左右；立委大幅增額表示一個眞正的代議機構至少已經可望、亦可及。

註一：有關蔣經國在這段期間的思考及政治動態，美國在台協會台北辦事處一九七九年十月二十六日第〇三八八〇號電文，一九七九年十月二十三日第〇三八三六號電文，有非常中肯的分析。原書註三。

註二：美國在台協會台北辦事處一九七九年十月二十三日第〇三八三六號電文。錢復一九九六年五月十六日在台北接受本書作者訪談。原書註八。

註三：宋楚瑜一九九五年九月十三日在台北接受本書作者訪談所說。原書註十五。

註四：有關高雄事件當天夜裡的暴亂，取材自約翰・凱普蘭（John Kaplan），《軍法大審高雄事件報告》（The Court Martial of Kaohsiung Defendants），柏克萊加州大學出版社，一九八二年，第十六至二十頁；陳鼓應，《一九七〇年以來台灣知識份子間的改革運動》，以及一九七九年十二月二十八日菲爾・庫拉達（Phil Kurata）在《遠東經濟評論》周刊上的報導。原書註十七。

註五：高玉樹一九九五年八月三十日在台北接受本書作者訪談時所說。另參見美國在台協會台北辦事處一九七九年十二月十一日第〇四六八三號電文。原書註十八。

註六：前中央情報局官員一九九六年在華府接受本書作者訪談時所說。班立德一九九六年十二月一日在華府接受本書作者訪談，也有這個表示。原書註二十。

註七：見一九七九年十二月十二、十四、二十六日《自立晚報》。原書註二十四。

註八：丁大衛一九九七年四月二十二日在維吉尼亞州接受本書作者訪談時透露。原書註二十七。

註九：這是蘇聯駐北京大使館一名高級官員，一九八〇年十月二十一日對本書作者發表的意見。原書註三十。

註十：葛樂士一九九六年四月四日、一九九七年十二月一日分別接受本書作者訪談，及通電話時所說。原書註三十五。

註十一：康培莊（John F. Cooper），《一九八〇年的台灣：踏進新的十年》（Taiwan in 1980: Entering a New Decade），載一九八一年一月號《亞洲調查》（Asian Survey）第五十四頁。原書註三十六。

註十二：楚崧秋一九九六年六月六日在台北接受本書作者訪談時所說。原書註三十七。

註十三：美國在台協會台北辦事處一九八〇年三月十日第〇一一五七號電文。原書註三十九。

註十四：卡普蘭，《龍之火》，第三〇五頁，及一九八〇年三月二十一日《遠東經濟評論》周刊第三十八頁。原書註四十。

註十五：見凱撒琳．葛萊芙（Kathleen Graf），《竹聯幫與劉宜良兇殺案》（The Bamboo Gang and the Murder of Henry Liu），塔虎脫大學一九八七年碩士論文。又，費浩偉一九九九年一月給本書作者短箋裡也提到。原書註四十一。

註十六：見卡普蘭，《龍之火》第三六六頁。卡普蘭沒有舉出消息來源，也說一九四九年有成千三合會成員逃到台灣，「悄悄又納入政府體系。軍方及情治機關官員發現，要升官晉級經常需要憑藉是青幫、洪幫成員才能如願。據說，蔣經國和他父親一樣，長久以來就是青幫幫員，利用三合會來鞏固他緊抓住軍隊。」在中、港、台及美國，有一百本左右談論蔣經國的書本、文章，不論它們對經國是友善、中立、不友善或敵意十足，沒有一篇可以證實此一說法。反而，蔣經國不喜歡幫派倒是一再出現。作者訪問了許多人士，也都反映出相同的結論。原書註四十二。

註十七：王昇一九九八年三月十三日在台北接受本書作者訪談時所說。原書註四十五。

註十八：這是涉及台灣事務的若干美國外交官的看法。參考范美麗（Mary von Breisen）一九九八年四月一日與本書作者的電話通話。原書註四十六。

註十九：余紀忠一九九六年五月二十四日在台北接受本書作者訪談所說。原書註四十七。

註二十：周聯華一九九六年五月十七日在台北接受本書作者訪談時所說。原書註四十八。
註二十一：楚崧秋一九九六年六月六日在台北接受本書作者訪談時所說。原書註四十九。

◀ 民國三十九年二月，宋美齡自美返國，蔣經國陪同前往金門勞軍。（章孝嚴先生提供）

▼ 留俄同學會成立大會時攝於台北勵志社。（章孝嚴先生提供）

◀

民國三十九年七月，蔣經國奉派為中國國民黨中央改造委員會委員，出席委員會議。（國民黨黨史會提供)）

◀

出席中央改造會議。（國民黨黨史會提供)）

▶

民國三十九年九月，蔣經國在軍中推行克難運動，由參謀總長周至柔陪同。（國民黨黨史會提供）

▼

民國四十一年，蔣經國以中國青年反共救國團團主任身份，主持台北市各高中學生入團宣誓儀式。（國民黨黨史會提供）

◀
蔣經國在金門砲戰期間（民國四十五年），留影於前線戰壕。（國民黨黨史會提供）

◀
（國民黨黨史會提供）

▶
蔣介石父子巡視前線時所攝。（國民黨黨史會提供）

▼
民國四十三年，與大陳島守軍合影。（國民黨黨史會提供）

▲
蔣介石、宋美齡與蔣經國巡視中部橫貫公路。（國民黨黨史會提供）

◀
視察榮民生產事業。（國民黨黨史會提供）

▲
擔任退輔會主任委員時，親自率隊踏勘中部橫貫公路路線，乘坐吊籃越過山谷。（國民黨黨史會提供）

▶
（國民黨黨史會提供）

◀
民國四十二年，蔣經國首次訪美，會晤艾森豪總統。（國民黨黨史會提供）

◀
民國五十二年九月，再度訪美會見甘迺迪總統。（國民黨黨史會提供）

民國五十四年九月，三度赴美會見詹森總統。（國民黨黨史會提供）

贈友人。（章孝嚴先生提供）

▲
民國五十五年三月十四日，隨同蔣介石參觀美國勇往號航空母艦。（國民黨黨史會提供）

◀
（國民黨黨史會提供）

▶

參加國家建設研究會。（國民黨黨史會提供）

▼

民國五十九年五月一日，蔣經國訪美歸國。（國民黨黨史會提供）

◀
（國民黨黨史會提供）

◀
（國民黨黨史會提供）

◀
（國民黨黨史會提供）

▶

（國民黨黨史會提供）

▼

（國民黨黨史會提供）

◀

(國民黨黨史會提供)

◀

(國民黨黨史會提供)

▶
（國民黨黨史會提供）

▶
（國民黨黨史會提供）

▲

攝於長安東路寓所。（國民黨黨史會提供）

▲
與孝武合影。（國民黨黨史會提供）

▶
親吻孝章的臉頰。（國民黨黨史會提供）

◀
（國民黨黨史會提供）

◀
（國民黨黨史會提供）

▶

抱著孫女友梅，喜開顏笑。
（國民黨黨史會提供）

▼

蔣孝文結婚後，全家合影。
（國民黨黨史會提供）

▶

「台灣的轉捩點」，民國六十九年三月三十一日的《新聞週刊》。

▼

民國七十三年三月，蔣經國連任第七任總統，李登輝副總統向總統致賀。（國民黨黨史會提供）

第二十二章　海島與大陸

蔣經國在高雄事件之後彈壓激進的反對派，宣示出他絕不寬容街頭暴力。現在，他要展現另一新貌。他對國民黨的選務部門交代，即將舉辦的選舉務必民主、乾淨。他說，國民黨「進行改革，不是爲了贏得選舉；而是在改革的道路上舉辦選舉」。

反對陣營的激進派領袖大部分關在牢裡，無法參與競選；可是，他們的家屬和辯護律師卻披掛上陣，成爲候選人。同時，溫和派的反對人士也繼續以他們的方式奮鬥。《八十年代》被禁，康寧祥並不氣餒，又申請發行《亞洲人》雜誌。行政院新聞局和國民黨中央文化工作會准予發行。《八十年代》總編輯江春男，出任新刊物總編輯。他希望藉由《亞洲人》「投射出西方民主國家忠誠的反對黨的形象……由於傳統中國文化，把批評視同叛亂，這項任務很艱鉅，不易成功。但是如果我們失敗了，台灣人溫和的反對就會死亡，取而代之的將是樂於訴諸暴力的激進派。」

江春男的話聽在改革派（不論是青年學人或是蔣經國麾下的自由派大將）耳裡，不啻是悅耳的音樂。可是，警備總部不久就找到理由查禁《亞洲人》；康寧祥、江春男又申請辦《暖流》，軍方不久又把它查禁。黃信介的弟弟（譯按，黃天福）也申請辦一份反政府的刊物《鐘鼓樓》（Political Monitor），同樣難逃警備總部查禁、停刊的命運。

一九八〇年十二月的選舉活動沒有發生重大事故。黨外人士在避開諸如主張台獨、直接抨擊蔣家最挑釁性質的題目之外，幾乎是暢所欲言，百無禁忌。政府方面的回報是，阻止右翼團體及老兵組織擾亂黨外候選人的集會和競選活動。選舉結果可說是蔣經國和他的改革同盟大勝。立法院七十名增額立委選舉，反對派人士只當選七席，康寧祥是其中之一。

蔣經國與任何國家的聰明政客在選舉年的做法無殊，藉由立法議程爭取民眾支持執政黨，尤其重視爭取勞工和中產階級的向心力。從一九七九年開始，政府提案，經由立法院通過範圍相當廣泛的自由派經濟、社會法令。譬如增加新的國民福利、修訂公司法，成立特別法庭處理勞資糾紛等。最低工資由每月六十七美元調昇爲八十四美元，勞工得享有從業單位年營利盈餘的若干百分比做爲紅利，公司發行新股應提撥百分之十至十五由員工認購。其他的法案還有設置勞工購屋貸款專案；大幅增建國民住宅；提高對貧戶的福利賑濟等。最有意思的是一項中國歷史上、思想上，前所未有的立法——頒布實施「國家賠償法」——國民個人權益、自由，若因可歸咎於公務員或代表政府執行業務之公司的傷害，可以訴請國家賠償損失。

雷根一九八〇年當選美國總統。由於這位共和黨候選人在競選期間承諾要和台北的中華民國重新建立官方關係，他的勝選可以視爲台灣的重大勝利。但是蔣經國明白華府的對華政策受戰略事實的影響，美國的輿論反覆無常。他並不期待雷根會有大幅更張。雷根是他必須打交道的第七個美國總統。他其實也了解，如果雷根與台北恢復官方關係，中、美關係和兩岸關係都會爆發重大危機，後果難料。台北必須又全面依賴美國，而最歡迎此一結果的恐怕非台獨運動莫屬。

美、台恢復官方關係的任何動作，也會使得業已在一九八〇年初恢復的美國對台軍售益加複雜。卡特政府在一九八〇年已核准將近三億美元的對台軍售案，賣給台北船艦空防用飛彈、一千枚托式反坦克飛彈及發射器等「防衛性」武器。可是，中華民國採購計劃的爭取重點是先進的美製噴射戰鬥機。如果要達成此一目標，就必須悄悄進行交涉，而且必須在美、中關係合理平穩的脈絡中進行；這一點也是美國駐台北「非官方」代表葛樂士在和國民政府官員談話時一再強調的觀點。

台北對於自己想買那一種先進或 FX 型軍機，壓到美國大選結束才做出決定。雷根大勝之後，外交部次長錢復強烈建議台北當局節制，不要對華府新政府有太多要求。（註一）《遠東經濟評論》周刊請教蔣經國，他對雷根政府有什麼期望？蔣經國並沒有提到雷根在競選期間聲稱要與台北恢復官方關係這件事，只答說：「我們期待台灣關係法受到忠實履行。」

的確，台、美斷交瞬即兩年，台灣的孤立感已逐漸消散。蔣經國政府繼續其強勁、日益彈性的政策，加強與外國政府及國際組織的關係，必要時亦不惜接受所謂非官方或非外交關係的安排。這些關係數量上大增，在性質上亦開始加深、加廣。

台灣的商業前景看好。台北企業界人士越來越樂觀，認爲中國大陸市場頗有可能開發成台灣機械工具、消費者產品的天然市場。有些人更預見到台灣製零組件和材料將會流入大陸剛出現的

「經濟特區」。受北京控制的香港《大公報》宣稱中國擁有豐富的資源、龐大的市場，適合與台灣經濟互補互利。中國政府對外經貿部宣布，台灣產品可免關稅。兩岸透過香港的雙邊貿易金額雖小，但已在成長中。

同時，台北當局在經國許可下，首度發出訊息，准許、甚至希望可以與大陸有某種人民對人民的接觸往來。《聯合報》報導，台灣的農業計劃發展協會理事長宣布，如果中共想要農業「台灣化」，該會樂意提供助臂，「以改善我們同胞的生活水準」。《聯合報》還有一篇文章，引述一位台灣學界人士的話，在海外與大陸出來的人接觸，可以有助於開啓他們的心智。同樣在這一年，台北當局又大幅放寬規定，准許老百姓自由申請護照。頭十個月就有十五萬人申請護照，許多人前往香港，再轉入大陸老家探望。「三不政策」中的兩不，迅速受到侵蝕。這項政策上的寧靜革命，反映出蔣經國的信念。

一九八〇年兩岸間接貿易金額大約三億美元。在福建省福州、廈門港口碼頭上，外國觀察家經常可以看到堆著台灣製電視機和其他家用電器品的紙箱。警備總部一再警告民眾，這種交易行爲違法，可是把這些物品直接運送到大陸港口的台灣漁民，根本不予理會。（註二）康寧祥公開指責「三不」成了「僵硬的政策」，「違背台灣人民的利益」。他宣稱：「台灣最終的生存，要依賴大陸的善意。」（註三）

雖然國際貨幣基金（International Monetary Fund）一九八〇年就把台灣逐出會籍，中華民國並不擔心。台灣外匯存底七十億美元，外債則大約僅只三十五億美元。工業研發費用增加約百分之五十八。台灣與東南亞、西歐，甚至東方集團之間的貿易亦蒸蒸日上。外國銀行紛紛在台北開設分行。台灣的資本家首次在海外大幅投資。由於伊朗與美國衝突，引爆全球第二次石油危機，台灣進口石油成本翻升一倍，可是政府應變有方，立刻提高汽油價格，加速發展核能發電計劃。經濟繁榮有助於把階級界限、族群分立（本省、外省之分）消弭。所有階級的家庭都設法藉由同一策略——工作勤奮、受教育、儲蓄來攀升社會階梯。

台北市長李登輝定期出席行政院院會。他擔任高級官員已近十年，雖然算不上蔣經國的圈內核心幹部，他刻意利用每週兩三次見到總統的機會，請益市政問題。李登輝得到蔣經國的指點，受惠良多，也藉請益的機會讓總統注意到他用功任事。有一次，台北市幾個學生因市政府過失淹死，蔣經國召見李登輝，強調需要展現痛悔及同情，李登輝立刻趕到死者家去拜訪、致哀。

李登輝在美國唸過書，通曉英文，學人從政，身材高大、溫和有禮，基督徒，善於處理人際關係，也是一流的行政管理人才。（註四）此外，他個人也和幾位反對派領袖友好。（註五）蔣彥士繼續提攜這位台灣籍後進，認爲他是國民黨未來的棟樑。（註六）蔣彥士、王昇等人已經開始認眞思考繼承問題。七十二歲的蔣經國總統腿腳一直疼痛不已，晚上難以成眠，經常要服用鎮定劑。

談到下一世代領導人，不由得就要提到蔣經國身邊一群年輕、留美回國的才俊。一九七八年台北國民黨機關報《中央日報》刊登哈佛大學法學院畢業的馬英九一篇文章；馬英九當時在波士頓一家著名法律事務所擔任律師。馬英九這篇文章探討共產主義爲什麼無可避免的必然潰敗。他的論點是共產主義難逃自然法則，遲早會覆亡；經國讀了大有所感。在一九八〇年代初期，這還是少有的奇異想法，但是蔣經國早已信服此一觀念。馬英九也在台北報章上發表若干文章，探討台灣如何應付與美國斷交的局勢。一九八一年九月，蔣經國約見馬英九，三個月之後，馬英九被延攬出任總統府第一局副局長。

一九八一年十一月的地方公職人員選舉也相當平順，沒有傳出暴力、作票或騷擾反對派候選人的情事；有些黨外領袖對投開票作業的公正表示滿意。各地議會七百九十九席，國民黨贏得百分之七十七席次，黨外推薦三十一名候選人，也當選了十九位。全省十九個縣市長，黨外當選四席。選舉之後，行政院長孫運璿大幅更動內閣人事，新閣員平均年齡比舊閣員年輕了几歲。觀察家認爲新人反映出國民黨改革派勢力抬頭。

台籍人士竄出來亦是一個明顯跡象。陳守山成爲第一個台灣本省籍的警備總司令——由於陳守山是個「半山」，又受王昇提攜，其實此一任命案的劃時代意義沒有那麼大。前任警備總司令汪敬煦調任國家安全局局長，汪敬煦與王昇關係亦十分親近。

一九八一年，鄧小平加緊向蔣經國示好。北京先停止了紀念一九四七年二二八事件的例行活動；七月間，新上台的中國共產黨主席胡耀邦邀請蔣經國等國民黨官員回老家瞧瞧。這還只是起頭而已，九月間，中國發動全面和平攻勢，發表中國統一的九條原則，包括台灣可以維持自己的軍隊，充分自治，不干涉台灣內部事務，甚至可與台灣領導人一起來領導、治理中國本土。北京各種聲明開始強調，國民黨和共產黨有共同的歷史傳承。中共中央還下達指令給溪口的黨委，要他們修繕豐鎬房，以及蔣經國母親、祖母的墳墓。中國也表示願以優惠價格賣給台灣石油、煤和藥物。

鄧小平還就他的「一國兩制」統一模式，提供法理架構。他指示修訂中華人民共和國憲法，賦予台灣和香港「特別行政區」的特殊地位。「特別行政區」享有「高度自治」，亦即對它們現有的經濟、政治、社會和司法制度有控制權。北京單獨代表中國在國際舞台出現，可是台灣和香港將享有「相當的外交權處理一些涉外事務」。爲了進一步改善氣氛，人民解放軍還由台海對岸的福建，撤走相當數量的部隊。

文字上，台北的「三不」政策還繼續存在，但是親國民黨的報紙開始出現文章，認爲在可預見的未來，中國非常不可能武力犯台；和平、漸進與中國統一是正確的道路，可以先從通郵、旅遊和間接貿易先做起。美國布朗大學教授高英茂是個台籍學者，發表一篇類似的文章，被蔣經國約見，聽取他進一步闡明觀點。在此後數年裡蔣、高幾度晤談，蔣經國只問問題，高英茂只好一路說個不停。不過，蔣經國很顯然同意高英茂的分析。（註七）

雷根政府一上台，高華德（Barry Goldwater）、赫姆斯（Jesse Helms）等參議員要求政府批准出售先進戰鬥機給台灣。行政部門內部爲此意見分歧，爭論不休。白宮高級幕僚，包括國家安全顧問艾倫（Richard Allen）在內，支持美國對華開放，但是也願意強化美國對台關係的性質，不惜冒觸犯北京的風險。雷根競選期間發表與台北恢復官方關係的聲明，就是艾倫所起草的。可是，國務卿海格（Alexander Haig）跟他的兩位前任一樣，把鞏固對北京戰略關係視為最高優先。起先海格佔上風，白宮原本有意邀台北派高階代表出席雷根總統就職典禮，經海格力陳，打消邀請。北京在公開場合、私下場合都一再警告，出售FX或其他先進戰鬥機給台灣，將使中、美之間剛萌芽的戰略關係終止。

一九八一年稍後，中央情報局和美國國防部研究的結論是，台灣的防務還不需要這類先進的戰機。葛樂士本身贊成出售FX戰鬥機給台灣，繼續勸國民政府官員要有耐心。國民黨領導階層內部也就台灣要多堅強、多公開來推動爭取FX而產生激辯。夏天時，雷根透過一個「非美國人管道」傳遞私人訊息給蔣經國，向他擔保台灣可以得到「某種蔣經國可以接受的先進飛機」。海格並不曉得有這個訊息，它似乎是由艾倫出的主意。（註八）這個「管道」就是（新加坡總理）李光耀。他在六月間訪問華府，與雷根總統促膝密談，不久即前往台北與蔣經國有一番內容密而不宣的談話。（註九）李光耀是美、中、台三角關係幕後交涉穿針引線的重要人物。接到這個訊息後不久，行政院新聞局七月十五日發表蔣經國「一份非常權威、重要的政策聲明」，稱譽雷根是「有原則、堅強反共的人」，因此台灣在對美關係上應該有耐心，「以最大的耐心與堅毅，步步地推進」。（註十）

十月間，雷根在墨西哥坎昆市（Cancun）南北高峰會議見到中國總理趙紫陽。趙紫陽重申北京堅決反對對台軍售，強調承認北京對台灣享有主權的原則，才是確保台灣安全、維持現狀的最佳辦法。接下來，北京逼促華府訂出明確日期，終止華府對台一切軍售。它又升高警告宣稱，如果美國銷售FX戰鬥機給台灣，中國將降低與美國的外交關係。

此後一年，海格得以主導美國的對華政策。他勸服雷根總統，基於美國重大戰略利益，華府必須儘早解決卡特政府遺留下來的軍售問題。海格給雷根呈了一份備忘錄，聲稱由於卡特在處理軍售問題時顯有不當，以至美中重要戰略關係岌岌可危。華府終於宣布，不會批准出售FX型戰鬥機給台灣，但是將會批准在台灣生產沒那麼先進的F-5E戰鬥機。美國駐北京大使恆安石（Arthur Hummel）開始與中方交涉對台軍售問題的新諒解。

鄧小平當家作主的新紀元在中國大陸迅速揭幕之際，蔣經國也更注意如何把台灣的改革經驗推展到中國大陸。至少自從一九七〇年代初期起，蔣經國就相信，長期而言，台灣要盼望永續生存，就得做爲成功的政治、經濟模範。現在，鄧小平的經濟改革在大陸如火如荼展開，蔣經國越來越清楚看到，台灣政治進展也會在大陸鼓舞起同樣的動能。他從過去的經驗曉得，一旦政治改革的進程開始，就很難倒轉。關鍵在於如何創造一個進程，不僅要維持台灣的安定，還要能推廣到整個中國。（註十一）宋楚瑜、馬英九和其他受蔣經國提攜從政學人開始公開表示，台灣模式事實上可以在大陸取得和平勝利。宋楚瑜一九八一年曾經在演講裡提到：「現在我們是更好的抉擇。當我們談到光復大陸時，可能不是直接去做，而是提供一個不同的抉擇。」

蔣經國把他的意圖告知美方。當年稍早，在李潔明（James R. Lilley）離開華府到台北接任美國在台協會處長之前，與蔣經國關係密切的一位著名中國人拜訪李潔明。此君顯然是替蔣經國總統傳話，提到蔣先生有四點計劃。第一點是民主化，包括全面選舉。第二點是台灣化，外省人掌權的日子行將結束，本省人必將全面逐步出任要職。第三點是「完成前兩點的關鍵」，也就是大幅提升國民所得和生活水準，這個目標則需要有更多的基礎建設，更重視科技與出口。第四點，也是最震撼的一點，就是「與中國發展工作關係」。（註十二）

台北歡迎李潔明出任新職。李潔明是由中央情報局退下來的傑出官員，與雷根政府關係密切，與副總統布希的交情尤深。（註十三）蔣經國不信任國務院型的駐台北代表（不過丁大衛是個例外），反而與美國中央情報局或軍官出身的美國人關係比較融洽。葛樂士除了官式接見外，從來沒見過蔣經國。可是，李潔明多次到七海官邸晉見，關室密談良久。蔣經國一向友善、節制，在李潔明的印象中，他是「一個高瞻遠矚的強勢領導人」。

一九八二年蔣經國因視力減弱，住進榮民總醫院接受視網膜手術。住院期間，他批准讓中國大陸代表隊到台北參加世界盃女子壘球錦標賽。劉少康辦公室建議蔣經國准許北京代表隊參賽。王昇也跟蔣經國一樣，相信逐步開放和大陸接觸，對台灣利多於弊。可是，北京卻出人意表，不肯前來台北參賽。不過，外交部北美司新任司長告訴李潔明，雖然這次沒有接觸成功，以後還有機會。這位北美司長不是別人，正是蔣經國的兒子章孝嚴，他最近才攜眷由華府調回台北。

一九八二年五月，美國與北京戰略利益的優先性，充分呈現在雷根分別致鄧小平、總理趙紫陽和中共中央主席胡耀邦三個人的信函裡。雷根給胡耀邦的信由海格的部屬起稿，他在信上重申美國信守一個中國的原則，又說：「我們不會讓美國人民和台灣的中國人民之間的非官方關係，削弱了我們對此一原則的信守。」蔣經國最感興趣的，應是雷根致函鄧小平說到：「我們完全認知到一九八一年九月三十日九點方案的重要意義。」這裡的九點方案訂下北京對兩岸統一的條件。雷根告訴趙紫陽說：「美國期待在朝向兩岸問題和平解決進展的脈絡下，很自然就使台灣對武器的需求降低。」副總統布希一九七〇年代中期，曾任美國駐北京聯絡辦事處主任，傾向於海格的觀點，他在雷根這些信發出後，到北京官式訪問，傳達了相同的修好訊息。

以高華德、赫姆斯和塞蒙德（Thurmond）爲首的保守派參議員，以及雷根白宮的多數幕僚，在中國議題等國際問題方面，與海格意見嚴重不合。他們在幕後推動雷根開革海格。高華德決定到台灣走一趟。啓程前，他鐵定與雷根有一席談話，我們也很可以假設，六月四日抵達台北的高華德，向蔣經國簡報海格與北京談判的始末，也請他不用擔心——雷根不會批准違背《台灣關係法》及對台灣安全承諾的美、中協議。我們倒是明白知道，高華德向蔣經國擔保，雷根一定會信守承諾，給台灣「某種先進的飛機」。

高華德訪問台北不久之後，海格手下外交官和北京談判代表，就雙邊公報草稿達成協議。美國保證對於售予台灣的武器「量與質」設限，申明對台軍售將逐漸縮小，「經過一段時間後達成最後的解決」。在這份不尋常的文件中，中方不再要求「確定時間」中止美國對台軍售，也默允美方把承諾減少對台軍售、最後則停止軍售，跟中方聲明「其大政方針是力求和平解決台灣問題」的說法掛鉤起來。高華德和白宮裡親台灣的保守派，獲知這項中、美公報草稿內容時，大爲震怒。六月二十三日，高華德在雷根與一批國會議員會晤的場合，痛批海格在美、中談判走勢上，對總統、他本人及其他人都扯謊，沒有說老實話。（註十四）

兩天之後，雷根沒讓海格有機會替自己辯解，就告知海格，他會接受他送上來的辭呈。一九八二年六月二十五日，海格遞出辭呈，指控有人躲在暗處搞「游擊戰」，破壞他對外交政策的經營管理。（註十五）七月九日，二十八個保守派團體的代表警告雷根，如果他同意減少對台軍售，將有「非常劇烈的反彈」。雷根陣營裡的親台派在一九八〇年大選之後失勢，卻因此事又佔了上風。雷根認爲他不能從與中方已講妥的公報草稿後退，但是爲了彌補其影響，他在七月十四日批准對蔣經國提出的「六項保證」，包括美國將信守《台灣關係法》的規定；美國過去沒有、將來也不會訂下終止銷售武器的日期；美國不會企圖壓迫台北和北京談判。此外，白宮宣布有意多賣F–5E戰鬥機給台灣，數量超過十二月間已核准的架數。稍後，美國也同意安排，讓台灣提前向西德購買過剩的F–104戰鬥機。（註十六）

雷根最後只略加修改就批准了由海格起草的中、美公報。李潔明向蔣經國報告中、美協議的最後定稿時，蔣氏反應「非常均衡、理智」。雷根私下派高華德傳達的承諾和擔保，讓蔣經國相信，中、美公報對美國之對台軍售，不會產生實質差異。

美、中公報八月十七日正式公開後，美國政府補充一份澄清聲明，雷根總統亦在記者會上講話，聲稱對台軍售減少是與北京承諾和平解決台灣未來地位連結掛鉤的協議。兩者掛鉤是一個重要環節，可是它卻是非正式的關鍵。北京迫於雷根的聲明，也得澄清立場，因此發表聲明強調絕無明示、暗示的連帶關係存在。（註十七）蔣經國的忍耐、節制策略再度產生效用。除了F–5E和F–104之外，他曉得台灣最後還會得到新的先進戰鬥機。事實上，美中八一七公報在美國產生的政治分歧，倒是令台北獲益。自從一九六〇年以來，國務院和國家安全會議的領導人，首次高度同情台灣，不過它仍信守美國要對中國開放的承諾。

雖然八一七公報本質上是個負面衝擊，民眾認爲它是對台灣安全的又一個打擊；可是島內民心因而凝聚，台灣獨立的聲音又弱了下去。康寧祥甚至率領黨外四名國會議員（譯按，這四人行是康寧祥、張德銘、黃煌雄三位立委、尤清監察委員），到華府力爭不應限制對台軍售。島內媒體鼓勵民眾討論，面臨美國最新一波不友善動作，如何才能加強團結、凝聚共識。蔣經國派錢復到華府，擔任北美事務協調委員會駐美代表。另一方面，蔣經國指示參謀總長加快武器研發計劃。核子武器顯然在優先項目上。美國在台協會官員對國民政府高階官員提出警告，反對台灣方面繼續研究或實際製造核武器，不過台灣方面矢口否認有任何類似活動。（註十八）

同一時期，蔣經國也逐漸放寬政府對大陸的姿態，連談判也似乎可以考慮。行政院長孫運璿一番公開談話似乎就是政治氣球。他說，中華民國對於與北京談判的立場，就像甘迺迪總統一九六一年的談話一樣。當時甘迺迪表示：美國絕對不怕談判，但是也絕對不因害怕而談判。孫運璿說：統一應該「以全體中國人民的自由意志」爲基礎，「如果中國大陸與自由中國之間的政治、經濟、社會、文化差距繼續縮小，和平統一的條件就會水到渠成。」

下一個月，廖承志又給「同學好友」蔣經國一封信，表示願意訪問台灣，討論兩岸統一的問題。台北方面很堅定地謝絕廖承志來訪。蔣經國說，共產黨提議兩岸對話，是「舊瓶裝新酒」。他宣稱，中國人民唾棄共產主義，而台灣的成功卻激發人民渴望「自由、民主和繁榮的生活方式」。

雷根總統在職的第一年，台北又發生一樁命案，讓政府顏面無光。一九八一年五月，在美國已取得永久居留權的卡內基・美儂大學統計學教授陳文成回台探親。七月一日，警備總部把他帶走問話。翌日早晨，他的屍體橫陳台灣大學校園內，多處骨折，也有大量內出血現象。美國方面爲之大譁。據美國在台協會台北辦事處處長葛樂士的說法，「有明顯證據顯示官方涉及」這樁命案。美國國會眾議院東亞及太平洋事務小組委員會爲此一事件召開聽證會。

劉少康辦公室在王昇主持下，逐漸插手各方面的國家決策。到了一九八三年，王昇已經養成習慣，召集各部會副首長開會，下達命令，預期這些命令會得到執行。劉少康辦公室已經儼然「太上內閣」。（註十九）照王昇自己的話說，劉少康辦公室「實質上涉及到每個政策問題」。某些高級官員開始見到其中動機可能十分險惡——準備在蔣經國大去之後接班掌權。這一大群政工人員、情治機關人員的網絡，效忠對象除了蔣經國之外，就是王昇；使得他可能具備最強大的權力基礎，在蔣經國殯天之後接管大權。

後蔣經國時代，恐怕已不是假設性問題。一九八三年初的蔣經國，已經不良於行，他告訴醫生，走路「像踩在棉花上」；但是他不肯坐輪椅，而且他還常常劇烈頭痛。他每天到總統府個把小時，可是幾乎所有的會議都在七海新村召開。（註二十）

台北的新聞界此時展現出活力、開放的氣象，密切猜測接班問題——在蔣介石時代，這可是前所未聞的事。孫運璿是個可能人選，可是他已經六十九歲，身體健康並不太好。外國及國內觀察家經常認爲，蔣彥士和王昇在後蔣經國時代的台灣，將扮演重要角色。一般盛傳，蔣彥士本身有心擔任行政院長，王昇則覬覦國民黨中央黨部秘書長。一批中常委和資政（包括沈昌煥和蔣介石的老朋友張群）採取不尋常的動作，私下見蔣經國，說出他們的關切。他們認為，王昇有心當國王。（註二十一）

大約這時候，李潔明認為可能應該邀請王昇到美國參觀。理由和三十年前邀請蔣經國訪美如出一轍——美方希望擴大這位情治沙皇對民主政治的認識與了解。王昇向蔣經國報告美方邀請他訪美，經國問：美國人為什麼這麼做？王昇答說，他也不曉得；並請示，是不是應該婉拒。蔣經國表示不用婉拒，於是王昇公開往訪，拜會國會議員及高級官員。王昇回到台北不久，蔣經國在七海新村官邸召見他。蔣經國對這位老同志說：「劉少康辦公室似乎已經變成另一個領導系統。有兩位中常委來跟我談起這件事。我關心黨內團結，不允許有派系。如果劉少康辦公室繼續下去，我認為它會發展成為派系。」

可是，兩星期後蔣經國又召見他，表示要把他調到另一個不出名的單位，擔任聯合作戰訓練部主任。王昇大吃一驚。他自認為已經竭盡全力避免製造派系。他在台灣及世界各地擁有一萬名門生，可是他聲稱從來沒有結幫成派的念頭。王昇敬禮告退，結束了長達四十五年的一段友情，新任總政戰部主任的人選，蔣經國捨專業政工，挑選陸軍將領許歷農出任。

王昇接下來的言論，讓蔣經國益發相信自己沒做錯。王昇在政戰學校發表告別演說，據報導指出，王昇說出：「殺了一個王昇，沒有用；因為還有好幾千個王昇」，顯然指的是政戰學校有許許多多畢業學生。王昇在給參謀總長郝柏村的一封信裡，自稱是「最反共的人」。王昇後來認為他失寵、貶職，是因爲蔣經國健康大壞，「偏執、妄想」，加上若干「有影響力人物」的陰謀中傷。但是，第一次貶職還不是結局，蔣經國又派孫運璿通知王昇，派他到巴拉圭擔任大使——恐怕是台灣能派去的最遙遠的地方了！

王昇履任前，蔣經國召見他話別。他說，王昇最好「出國做一陣子大使」，否則，「可能成爲派系的焦點」。王昇聲稱，他直率地向蔣經國說：「你應該了解我的……別用自己的拳打自己的頭！」蔣經國沒有理會他的粗魯無禮；他告訴王昇：「我一度當過東北外交部特派員，對我是一大歷練。」他又加了一句頗有玄機、深奧難解的話——「一個人不下游泳池，就永遠不會游泳。」

註一：錢復一九九六年五月十五日在台北接受本書作者訪談所說。原書註八。

註二：本書作者一九八〇和一九八一年在福州、廈門親眼目睹這種景象。原書註十三。

註三：康寧祥一九九五年九月一日在台北接受本書作者訪談時所說。原書註十四。

註四：熊丸一九九六年五月三十一日在台北接受本書作者訪談時所說。原書註十九。

註五：謝東閔一九九六年六月四日在台北接受本書作者訪談時所說。原書註二十。

註六：李潔明一九九六年八月十五日在華府接受本書作者訪談時所說。原書註二十一。

註七：高英茂一九九五年九月四日在台北接受本書作者訪談時所說。原書註二十七。

註八：本書作者一九九八年五月二十八日在華府，訪問了海格這段時期的一位親信助理，承他見告。原書註二十九。

註九：見葛樂士，未出版之回憶錄，第一三〇至一三一頁。錢復和宋楚瑜一九八一年七月十八日對葛樂士描述這封信的內容。原書註三十。

註十：見葛樂士，未出版之回憶錄，第一三〇至一三一頁。錢復和宋楚瑜告訴葛樂士，雷根捎給蔣經國的訊息，是蔣經國對FX銷售問題採取審慎、耐心態度的關鍵因素。原書註三十一。

註十一：蔣經國這段時間的觀點，是本書作者綜合對他身邊老、少親信多次訪談得到的結論。它也符合美國在台協會的分析。見美國在台協會台北辦事處一九八〇年二月二十一日第〇〇八四六號電文。原書註三十二。

註十二：李潔明一九九六年八月十五日接受本書作者訪談時所說。原書註三十四。

註十三：李潔明通曉中文，曾以中央情報局官員身份在台北任職多年；一九七〇年代中期布希擔任美國駐北京聯絡辦事處主任時，李潔明是中情局北京站站長，身份公開。原書註三十五。

註十四：吉伯特（Steven P. Gibert）和卡本德（William M. Carpenter），《美國與海島中國：文獻史》（American and the Island China: A Documentary History），第三十九頁，兩位作者對幾位主要當事人的訪談。這個說法亦符合涉及該談判事宜的美國外交官（包括本書作者）所聽到的背景故事之說法。原書註四十一。

註十五：海格，《警告、現實主義，雷根與外交政策》（Caveat, Realism, Reagan and

Foreign Policy），第一九四至二一五頁，以及高德柏（Sherwood Goldberg）一九九八年五月二十七日接受本書作者訪談時所說。原書註四十二。

註十六：李潔明一九九六年八月十五日接受本書作者訪談時所說。原書註四十五。

註十七：張旭成，《一九八二年的台灣：國外外交挫敗、國內要求改革》（Taiwan in 1982：Diplomatic Setback Abroad and Demands for Reforms at Home），載一九八三年一月號《亞洲觀察》第三十八至三十九頁。原書註四十七。

註十八：本書作者一九九五至九七年在華府訪問了許多此時涉及台灣事務的美國在台協會官員。原書註五十。

註十九：美國眾議院外交事務委員會亞太事務小組委員會人權及國際組織小組，一九八一年六月三十日及十月六日召開《台灣在美特務及陳（文成）教授之死》聽證會紀錄，第六十九至七十三頁。原書註五十五。

註二十：溫哈熊一九九六年五月十七日在台北接受本書作者訪談所說。原書註五十六。

註二十一：姜必寧一九九六年六月五日、李潔明一九九六年八月十五日接受本書作者訪談，都有同樣的說法。原書註五十八。

第二十三章　接班人、掮客、兇手

一九八三年，蔣經國把在華府主持情報工作的海軍將領汪希苓，調回台北擔任國防部情報局局長。劉少康辦公室已經解散，它原先肩負的推薦秘密作戰的任務，現在顯然已落到國家安全局身上。國家安全局局長汪敬煦即警備總部前任總司令。（一般爲示區別，稱汪敬煦爲「大汪」，汪希苓爲「小汪」。）竹聯幫在國防部情報局撐腰下，現在已經發展成爲徒眾數千人的黑道組織。

王昇下台，台灣新聞界膽子爲之一壯。警備總部繼續查禁、取締刊物；行政院新聞局和國民黨中央文工會則迅速批准新刊物登記。在這種已放鬆、但仍堅決掌控的體系下，國民黨的統治地位似乎依然堅如磐石。黨外人士現在分裂爲兩派：主流派以康寧祥爲首，激進派被稱爲「新世代」則以高雄事件被告家屬、辯護律師以及一些年輕人爲主。反對陣營分裂，對當年十二月的選舉無法協調產生候選人，以致許多選區反對派票源分散，康寧祥本人在台北市競選蟬聯立法委員都意外落選。只有六名黨外候選人在溫和的黨外推薦委員會背書下脫穎當選（一九八〇年有九人當選）；不過以高雄事件被告家屬及辯護律師出征的七名候選人，則有四人當選。然而，以國民黨中央黨部秘書長身份總綰選戰的蔣彥士，仍可謂贏得大勝。

蔣經國不跟美國人正面對抗的策略似乎也奏效。五月間，他接受德國《明鏡周刊》專訪時，不肯落入訪問記者的圈套去批評美國，堅稱兩國「還是互相信賴的朋友……天生的盟國」。雷根總統私下傳達的保證，仍然令他滿意。一九八三年雷根政府出人意表，批准出售價值五億三千萬美元的飛彈及其他軍火給予台灣。北京的反應也出奇溫和；鄧小平似乎對中國的對美關係抱持相當樂觀看法。九月間，華府和北京宣布，趙紫陽將在一月訪問美國，雷根則將在四月前往中國進行國事訪問。同時，白宮亦放寬科技轉移到中國的限制。

蔣經國並沒有認爲這些發展對台灣造成威脅。台灣的高級官員開始公開支持與中國貿易往來的主張，最明顯的就是經濟部長趙耀東。行政院長孫運璿私底下也向蔣經國提議，時機已經成熟，台北可以正式准許與中國大陸貿易、旅遊往來。蔣經國也認爲這麼做有利，但是沒有採取直接行動。（註一）台北官方政策不變，兩岸動態關係卻大有進展。北京對台灣商品不課關稅，台北官方也睜隻眼閉隻眼，台灣對大陸的間接出口，以及由台灣赴大陸旅行都大幅增加。但是在蔣經國看來，更重要的是中國在政治上、心理上似乎都起了分水嶺的變化，使得各種可能性都頗有機會發展。鄧小平已經拋棄共產主義做爲經濟制度，不能再走回頭路，也不再以共產主義做爲治國、動員的意識形態。甚且，儘管一九七八年以來中國政治仍有些轉折、反覆，民主運動似乎已越來越強大，得到民眾支持。蔣經國依然認爲最好讓兩岸關係在民間部門繼續自發性的發展，再觀察事態演進。（註二）

蔣經國健康日壞，加上王昇事件，凸顯出有需要確立接班人選了。蔣經國上次住院期間，總統府秘書長成立「八人小組」，以防備總統不能康復或不能執行職務時，可以實施集體領導。蔣經國對這個動作心裡不痛快。他的總統任期還有一年，要到一九八四年五月才屆滿。國民大會將在三月間投票選舉他的接班人——副總統。蔣經國心裡也明白，自己恐怕活不到一九九〇年。

在一九八三年底以前，他確定將以本省籍人士為接班人。（註三）現任副總統謝東閔年歲已高，也沒有太多可信度。另一方面，蔣經國對台灣省主席李登輝的好印象則與日俱增。李登輝擔任省主席期間表現很好，解決許多前任省主席林洋港沒有解決的實際問題。譬如地方人士抗爭，阻擋了北台灣若干防洪工程計劃。李登輝數度到地方上與民眾碰面協商，最後說服地方人士接受防洪計劃有利鄉梓。（註四）

李登輝和蔣經國一樣，也是技術官僚出身，而且也透著不是有野心抓權的形象。除了李登輝做為政治人物、經理人和領導人的才幹之外，在蔣經國個人的意見裡，李具備做為中華民國總統的外表形貌和內在條件。蔣經國想到李登輝身材高大，面帶笑容在全世界的形象，就不由得相當滿意。

蔣經國正在沈思他的最後抉擇之際，有一天早上他讀到李登輝在省議會與議員辯論，駁斥台灣獨立理念的稿子。李登輝向省議會報告說，中國從來沒有摒棄台灣，台灣也絕不能忘掉中國。蔣經國非常高興，當場交代一名高級助理邀請李登輝到幾天之後召開的中常會做報告。

蔣經國要他發表簡短演講，「鼓勵鼓勵」他。李登輝在中常會上就省政做了簡短的報告。他坐下後，蔣經國很難得的在這種場合做出評語：「李登輝同志的表現非常好。」會場上大家一聽，都曉得李登輝將會是新任副總統，因此是蔣經國的接班人——至少可接任國家元首。（註五）

一九八四年二月，王昇雖然才剛到巴拉圭履新不到幾個月，獲准由亞松森回國參加國民黨中央委員會議。蔣經國注意到，許多退役的政工人員到機場歡迎這個前任總政戰部主任。如果他原先還有點疑念，現在則已經十分確信，把王昇送出台灣，乃是一項正確的決定。

國民黨中央委員會議一如往常，在陽明山中山樓召開，但是，這次會議意義格外重大。當然，一般普遍預料全會將會徵召蔣經國競選連任總統。所不知者是他會提名誰做副總統——很可能就會繼承他出任總統。中常會之外，這是一個大秘密。當蔣經國宣布謎底是李登輝時，民眾和媒體都覺得意外，不過中央委員會議迅速通過此一人選。

李登輝獲得提名爲副總統後不久，安全局發現他年輕時，在一九四五至四六年間曾經加入中國共產黨或是與中國共產黨有關連那段往事，趕緊把這一令人驚詫的情報報告給蔣經國。蔣經國聳聳肩，「那也沒有辦法」。（註六）蔣經國必然想起自己年輕時與蘇聯共產黨有更長久的效忠關係。但是，強硬派的情治及總政戰部型的人士對蔣經國選擇李登輝一點也不起勁，尤其聽到這個台灣人有一段見不得人的共產黨經歷這種戒嚴法下的嚴重罪行，更是十分不痛快。（註七）

蔣經國自己的一些家人也不認爲接班問題已經解決。他的兩個兒子孝武、孝勇，弟弟緯國和蔣夫人，現在轉移到關切黨的主席若不歸蔣家人，是否可交給忠心的外省人。他們認爲，黨主席才是抓住實際大權的關鍵。這時候，長久被視爲可能的接班人孫運璿卻中風，此後一直沒能康復，重回政壇。蔣經國挑選忠於蔣家的奉化同鄉，曾留學哈佛及倫敦政經學院的俞國華（七十歲）擔任行政院長。

二月份的國民黨中委全會把中常委擴大，由二十七人增加爲三十一人，台籍中常委增加爲十二人，比重爲百分之三十九。但是，蔣經國遠比過去更倚重他的親信，包括老幹部及年輕的第三代學人從政官員。他把李煥由高雄召回中央，派任爲教育部長。這時候，蔣經國在七海官邸設了一張醫院型的臥床，大部分公事都在官邸，召集一小批「床邊菁英」處理。

蔣方良患了失眠、呼吸急促的毛病，但是比起外觀就明顯衰弱的丈夫，算是健康多了。上了年歲、體弱多病，反倒使夫妻更加親密。他們倆人最大的喜悅就是膝下孫兒滿堂，大者如友梅，二十出頭，在藝術上稍有成就；小者如孝勇在一九七九年生的兒子友常，一九七八年生的兒子友柏。孝文還是半個廢人。孝勇寧願躲開聚光燈，不願涉及讓他二哥著迷的情治圈子。

孝武在與前妻離異後，聘請年輕的台籍女士蔡惠媚做管家兼子女的英文家教。孝武現在是中國廣播公司總經理，也是中華棒球協會理事長，由於台灣少棒隊屢創佳績，棒協理事長的頭銜讓他享有相當不錯的知名度。他仍然愛和電影明星、社會名流廝混，甚至和一些高級情治官員流連聲色場合。到了一九八四年，台北坊間已盛傳蔣經國這位煙不離手、酒不離口，可是工作幹勁十足的兒子可能會是繼承人。反對派人士聲稱蔣經國預備把權柄交給孝武；孝武此時已負責督導他父親的侍衛隊。可是，蔣經國比任何人都更了解自家兒子的缺陷，沒有任何意願讓孝武擔負重要

的政治職位。（註八）

兩個未認祖歸宗的兒子穩健進展令蔣經國很欣慰；但是他依舊沒和他們接觸。章孝嚴身為外交部北美司司長，經常就重大政策議題撰寫報告供總統參考，也處理接待來自美國、加拿大的重要訪客。可是，不像外交部其他司長，章孝嚴從來沒有陪伴貴賓晉見總統。大約這個時候，香港、大陸報章開始出現文章，指出蔣經國有這兩個兒子。孝勇兩度向父親查問，經國都否認有這麼一回事。然而，孝勇和二哥孝武很快就相信傳聞不虛。孝武告訴一位朋友，他相信孝嚴、孝慈為人不錯，可是他們在台北，對他母親永遠是件難堪的事。他試圖阻擾這兩個異母兄長的事業；孝嚴升任外交部常務次長，孝武阻止不成。有一次，中廣訪問孝慈討論教育問題，孝武召見製作人，警告他以後不得再請那個人上電台。（註九）

蔣經國認為時機已經成熟，台北和北京可以進行非正式對話之時，中間人可不少。陳納德的遺孀陳香梅，已經由中央情報局退休的克萊恩，一度都想當兩岸密使。蔣經國都沒理他們，把這個敏感角色只託給新加坡總理李光耀。新加坡基於不希望讓對族裔問題敏感的鄰國馬來西亞不安，與北京或台北均無外交關係；可是李光耀是唯一可以穿梭往來兩個對立的中國首都之世界領袖。李光耀曾在一九七六年五月初次訪問北京，與罹病的毛澤東短暫一晤。一九七八年，中國展開改革新紀元，鄧小平親自到位於馬來半島南端這個經濟昌盛、政治安定的華人城市國家考察。一九八〇年，李光耀第二度訪問中國，翌年，鄧小平派趙紫陽出訪新加坡，親自考察新加坡的成功經驗。

一九八〇年代初期，中國媒體對新加坡社會、經濟紛做有利報導，加上北京高級幹部公私言論對新加坡讚譽有加，凸顯出鄧小平對李光耀治績的看重。李光耀試圖讓鄧小平及中國其他高級官員了解台灣的情勢，包括台灣絕大多數人同情台獨原則，因此中國與台灣在處理統一問題時必須審愼、彈性。（註十）大約在這幾年裡，李光耀開始到台北做對外不公開的訪問，與蔣經國交換意見。（註十一）

蔣經國與李光耀意氣相投，勝過李與鄧小平的交誼。李、蔣都反共，但是務實；兩人都對中國要結束共產主義抱持長期、審愼的樂觀態度。（註十二）反之，鄧小平要藉改革來保存共產主義。李光耀每次到台北，都和蔣經國單獨以好幾個小時時間，交換對中國、對兩岸議題的看法。蔣經國認爲李光耀對這個問題的了解，比任何人都更深入。這是蔣經國與外國政府首長唯一的親密私交。他從來不到機場迎接外國訪賓，只有李光耀例外，幾度親自迎迓。他也指示秘書，在給李光耀的信中加上表述他親切懇摯交好的文字。（註十三）

鄧小平至少有一次透過李光耀，向「我在莫斯科的同學」蔣經國致候。（註十四）鄧小平也對李光耀及其他訪賓陳述如何保護各方利益、解決兩岸問題的看法。鄧小平說，北京絕不派官員或部隊到台灣；不干預台灣的政治或「人事」（意即領導人）問題；統一協定「可以維持一百年」，北京絕不會去更動它。（註十五）

依據鄧小平的說法，台灣可以享有「處理外交事務……簽發特別護照……發放簽證……與其他國家簽訂一些協定……的特別權利」。兩岸關係將是「你不吃掉我，我也不吃掉你；你不要煩我，我也不煩你，各行其是」的性質。鄧小平再次排除北京在簽訂統一協定之前，放棄使用武力的可能性；但是，在統一協定裡則未嘗不可能把放棄使用武力列入。未來在執行協定上發生爭端，則由諮商解決。鄧小平強調，除了「一個中國」的原則，「大陸方面沒有其他絕對的條件。所有的其他條件、方式，都可以談判、調整」。（註十六）

這是台灣可以從北京所獲致的最有彈性之談判起點。可是，蔣經國不認爲他在島內已經凝聚共識，獲得民眾支持兩岸談判，而且中國大陸的局勢條件也還未充分變化到足以讓他展開統一的談判。李光耀和蔣經國倒是都認爲，讓大陸與台灣、新加坡的繁榮、開放社會多接觸，將可導引中國往類似方向演變。蔣經國對德國《明鏡周刊》就說：「重建一個自由、民主、統一的中國，既不是夢想，也不是幻想。」

到了一九八三年，蔣經國認爲，由於鄧小平推動經濟改革和務實外交，中華人民共和國將日漸茁壯強大。如果台灣和大陸能結合，他告訴他的同僚：「中國會有偉大的未來前途。」關鍵在於如何建立一個可行的政治架構？在各種強力理由中，撇開知性及道德上的抉擇不說，這個架構必然是個民主的政治架構。（註十七）

一九八四年九月二十六日，鄧小平在中國爭取統一的長期奮鬥中獲致一項重大成果——與英國達成《中、英關於香港未來的共同聲明》之協議。做爲鄧小平「一國兩制」方案的第一個具體宣示，他和英國首相柴契爾夫人達成協議：香港將在一九九七年交還給中國治理；中國將派任香港特首；解放軍將進駐香港。但是此後五十年，香港可以繼續維持它自己的經濟、社會、財政和政治制度。鄧小平在會談中，請柴契爾帶話給雷根總統，拜託美國協助推動兩岸接觸。《中英香港共同聲明》使鄧小平在中共黨內原本強大的地位更加堅強。中共黨內還是有分歧意見，一派是胡耀邦、趙紫陽等改革派，一派是反對經濟、社會政策徹底變革的保守派；不過，鄧小平最高領導人的權位依然穩如磐石。一九八四年，他南巡備受爭議的深圳、珠海、廈門經濟特區，重申他支持中國對世界開放、力行經濟改革的政策。但是，他依然堅決不讓改革開放脫韁失控。身為共產黨員，他對「改革已顛覆了黨的控制」的指責之聲相當敏感。因此，他也支持推動「社會主義精神文明」的運動；一九八一、八二年，也批准進行反對「精神污染」、「資產階級自由化」的論戰。我們可以看到，台灣的保守派也利用反對精神污染這個口號來抗拒政治自由化。

一九八四年五月，台灣的反對派人士成立「黨外公政會」，揭櫫成立正式反對黨的目標。國民黨內宋楚瑜等改革派，希望反對派能滿意具有政黨之實，不要急著建構政黨的形式。蔣經國在八月間，准許高雄事件四名被告（包括林義雄在內）提前釋放，以示政府的溫和態度。兩位學者撰文說，國民黨面臨反對運動的好戰主張及重大壓力，對策就是選擇性的鎮壓、穩定推動體制自由化，加速吸納台灣人進入體制。（註十八）可是，統治階層的保守派外省人卻越來越驚慌。七月間，汪希苓與竹聯幫幫主陳啓禮會面。據《龍之火》作者卡普蘭的說法，汪希苓有個大計劃，想把竹聯幫培訓、整合成為秘密工作的隊伍，在香港、美國乃至世界各地活動。劉少康辦公室雖然已經解散，對付反國民黨的個人及團體之秘密、非法行動並沒有停止。

汪希苓和陳啓禮第一次會面是在一位著名電影導演（譯按，白景瑞）的家；這也反映出電影業、情治機關和黑社會的關係錯綜複雜。當天在白景瑞家吃飯的主賓是蔣緯國。汪希苓在初見之後，於八月二日作東邀陳啓禮吃飯，做陪的有國防部情報局副局長胡儀敏少將（從大陸時期就追隨戴笠的老人），以及陳虎門上校（譯按：情報局副處長）。汪希苓對陳啓禮說，有個叛徒劉宜良寫了一本書毀謗總統，破壞國家形象；現在這個人又要寫另一本書《吳國楨傳》。汪希苓說：「必須幹掉劉宜良。」陳啓禮當即接受這個任務。

劉宜良曾經答應汪希苓，改寫《蔣經國傳》部分內容，而且還從國防部情報局拿了錢。可是，除了少許刪略之外，他還是發表了它，現在，除了《吳國楨傳》之外，他還計劃寫一本書，談論孫立人生平。蔣經國在吳傳、孫傳兩本書裡都將被描繪成惡棍。（註十九）汪希苓對劉宜良已經忍無可忍，認爲劉已經投向北京。（註二十）

九月十四日，陳啓禮接受汪希苓餞行之後，前往加州安排暗殺行動。一個月之後，三名竹聯幫份子在舊金山市郊大理市劉宅車庫，狙殺劉宜良。不料，位於馬里蘭州米德堡的美國國家安全局電腦，偵錄到陳啓禮由加州和台北的國防部情報局通了好幾次越洋電話。（註二十一）

陳啓禮跟實際動手殺害劉宜良的吳敦、董桂森，十月二十一日回到台北。國防部情報局人員在中正機場迎接他們，稱讚他們幹得好。陳虎門告訴他們，「大老闆」很感謝。後來，董桂森問陳啓禮，「大老闆」是誰？據說，陳啓禮回答，「大老闆」是蔣孝武。

十月底、十一月初，警備總部掃蕩刊載暗示官方涉及劉宜良命案消息的書刊雜誌。政府亦以毀謗罪控訴雜誌上撰文批評的作者。與劉宜良命案不相干，地方法院判定兩個編輯毀謗罪名成立，關進牢裡。反對派其他刊物爲之大譁。內政部反映出強硬派路線抬頭，下令「非法組織」黨外公政會解散。

陳啓禮等人回到台灣三個星期之後，台灣的警察機關發動大規模掃蕩黑道幫派的行動。數千名軍警同步在幾個城市行動，逮捕數百名涉及黑道幫派的人物，竹聯幫也有多人落網。政府原本計劃在年底展開這項「一清專案」掃黑行動，不料卻突然提前發動。警方也從陳啓禮家裡把他帶走。陳啓禮擔心性命不保，大喊他是情報局的地下工作人員。陳啓禮被夙來與情報局較勁的法務部調查局扣押，受到調查局的偵訊。殺手董桂森潛逃出境。國家安全局在汪敬煦領導下，協調、動員好幾個情治機關，進行這場空前的掃黑行動。這位「大汪」就是一九八一年陳文成教授遇害時的警備總司令。若干年後，蔣孝勇認爲「一清專案」目的在把涉及劉宜良命案的兇手抓起來。他說，劉案可能涉及到情治機關的「內鬥」，而且汪希苓也不會自作主張，採取這種行動。（註二十二）

蔣經國十一月十三日上午就接到總統府秘書長就「一清專案」提供的報告。這項報告指出，治安機關抓到一個幫派頭子，此人聲稱是國防部情報局特務，而且出示文件表明身份，他更招認以此一身份，執行了剷除劉宜良的任務。蔣經國大爲震怒，他說：「太不可思議了。依法辦理！」（註二十三）他指示大汪督辦這件事。大汪、小汪顯然起先都認爲他們能成功地否認情報局與劉案有關連。後來，他們發現陳啓禮在美國留下錄音帶，詳述策劃暗殺行動的細節，顯然就向蔣經國報告，情報局人員涉及劉案。他們是否透露大汪的角色，我們並不清楚。蔣經國訓令外交部通知美國國務院，國民政府已經逮捕一個涉嫌殺害劉宜良的黑道人物。可是，外交部不得提到，陳啓禮聲稱是替情報局工作。這項掩飾行動持續了兩個月，據蔣孝勇的說法，令美方非常生氣。（註二十四）

十二月中旬，聯邦調查局告訴美國國務院，證據顯示台灣的國防部情報局涉及劉案。國會眾議員索拉茲（Steven Solarz）宣布要召開聽證會，來決定在美國國內進行恐怖活動，是否構成美國可以停止對台軍售。國務院要求把陳啓禮、吳敦引渡到美國接受審判。蔣經國拒絕，但是保證台北會配合，把本案偵查內容提供給華府。

爲了凸顯這件事的重要，美國在台協會台北辦事處處長宋賀德（Harry Thayer），把總統府秘書長由睡夢裡叫醒，唸給他聽國務院電文裡的十點指示。（註二十五）具有諷刺意味的是，台北方面負責與宋賀德打交道的高級外交官員章孝嚴，他的母親四十二年前就謠傳是被國民黨特務殺害。《八十年代》自己也發動調查，刊出文章指稱官方涉及劉案。警備總部把整期雜誌全部沒收。不久，聯邦調查局出示它掌握的證據，無可抵賴，蔣經國同意，承認陳虎門擅做土張，密謀這項兇殺案。華府說，主謀高過陳虎門。台北就承認汪希苓的副手胡儀敏涉案。但聯邦調查局和國務院都說不止於此，汪希苓也涉及劉案。（註二十六）

一月十三日，聯邦調查局從德州休斯頓一名竹聯幫成員那裡，取得陳啓禮留在美國的一捲錄音帶，它指出汪希苓親自下令指使這樁謀殺案。蔣經國下令把汪希苓等三人免職，交付軍事法庭審理謀害劉宜良的罪嫌。要到一月間，也就是汪希苓等免職後四天，才發表聲明表示政府「非常震驚情治人員涉及本案」，政府已把汪希苓免除國防部情報局局長的職務。又過了好幾天，當局才眞正扣押這位免了職的情報局局長，顯示當局跟他談判條件，要他一肩扛起責任。

蔣經國告訴一位部屬，他對此事感覺「非常痛苦」，一再表示他實在不明白汪希苓怎麼會做出這麼愚蠢的決定。他嘆息說，在劉宜良遇刺之前，台北與華府的關係一向良好。海格下台之後，共和黨政府對台灣的需求十分同情，現在劉案發生，台灣最近、乃至未來可能由美國收穫的成績，恐怕全都斷送了。蔣經國擔心的是，雷根個人對台灣的支持會起了變化，劉案對美國軍售會起什麼衝擊（一九八四年美國對台軍售金額已上升到七億美元），尤其雷根保證要提供台灣先進戰鬥機，不知會不會變卦。

蔣經國在國民黨中常會裡說，幫派份子藉社交往來套住政府官員；他下令政府官員一概不得與黑道來往。他又指派汪敬煦、郝柏村、沈昌煥和蔣彥士四名高級官員成立專案小組，處理當前危機、並研商長期對策。台北新聞界開始出現由官方洩露的消息，指稱蔣經國非常震怒官員涉及劉案，下令清查情治機關，任何人一旦涉案，不論階級多高，一律逮捕究辦。蔣經國同意美方的要求，准許大理市一名警探、聯邦調查局兩名探員到台北，跟被捕的陳啓禮、吳敦談話，做測謊試驗。他曉得美方志在查明台北方面應對劉案負責的層級究竟有多高，包括也想查明他本人事先是否知情。但是，他沒有准許美方跟汪希苓談話。

此時，在美國的公關出現大問題。《華盛頓郵報》描繪台灣政府是「好朋友幹下惡徒行徑」。眾議院亞太小組委員會（同一個小組委員會曾經調查陳文成教授命案）第一天的聽證會，就讓台北灰頭土臉。次日（二月八日），蔣經國改變主意，同意讓美方也跟汪希苓談話、做測謊。汪希苓接受測謊時，對下列兩個問題都否認：他有沒有明白下令殺害劉宜良？（他表示只建議陳啓禮「教訓劉宜良」）；有沒有上級同意此一殺人案？據在場的美國官員說，汪希苓對問題都明顯「侷促不安」，測謊機指針顯示明顯說謊。（註二十七）

這個時候，如果蔣經國事先不知情，現在一定已了解，爲什麼一個「謹慎」、親信的情報首長會涉及到這麼一樁沒有具體利益的危險妄舉？許多間接證據顯示，汪敬煦若沒有下達命令安排兇殺案，至少也批准執行本案。十二年之後，某位蔣經國的多年親密同志說，汪希苓一定替某人掩飾。（註二十八）幾位國民黨當時的高級官員相信，原本的點子出自蔣孝武；多年來王昇一直促使孝武跟情治機關增進關係。（註二十九）蔣孝武涉及劉案的傳言，出現在香港、美國，甚至台灣的媒體上。由於視力差，蔣經國此時依賴幕僚讀報給他聽。很可能是一位或多位年輕助手或資深幹部——也有可能是孝勇本人——在一九八五年初，向他報告坊間傳聞孝武涉及劉案。孝武極力否認此一傳聞，堅稱從來沒見過陳啓禮，絕對跟劉案沒有關係。（註三十）

然而，蔣經國至少已經相信，孝武的生活習性、交友不愼、講話不小心，起碼間接導致劉案。（註三十一）我們幾乎可以確定，蔣經國本人並不曉得有殺害劉宜良的計劃。

蔣經國一九八三年罷黜王昇時，並沒有利用此一機會管束已被放縱去威嚇反對派人士的情治機關特務。蔣經國在任何時候都可以明確交代，搞秘密活動絕對不能從事政治暗殺；可是他並沒有做到。最後，蔣經國也沒有好好教導他這個言行怪異的兒子，或是他的情治首長。這一部分的國民黨政府繼續如化外之民，憑自己的意思一意孤行。

除了蔣經國之外，華府主持對華政策的雷根政府官員，也希望劉宜良案早早結案，儘快忘卻。美國在台協會駐台北官員很清楚，海格去職之後的雷根政府新團隊，「衷心不希望對蔣經國太爲難」。（註三十二）國務院東亞暨太平洋局在助理國務卿伍佛維茨（Paul Wolfowitz）領導下，推動雷根政府批准一項計劃，允許F-16戰鬥機生產廠商通用動力公司（General Dynamics）與台灣合作，在台灣產製所謂的「國造防禦戰鬥機」（Indigenous Defense Fighter，簡稱IDF，譯按，後來命名「經國號」戰機成軍）。IDF大部分在台灣組裝，是F-16的改裝機種，配備不同的引擎和電子設備，大幅降低航程，使它更符合防禦性質。這就是雷根兌現他對蔣經國私人擔保——提供「可以接受的先進戰鬥機」——的方案。

國務院一些外交官員聲稱，IDF違反了一九八二年美、中八一七公報；公報載明，美國對台灣軍售的量與質都不增加，而且要逐步減低。案子送到舒茲國務卿面前裁示。劉宜良命案、索拉茲眾議員召開聽證會，在在都使得IDF案前途不樂觀，但是由於雷根對蔣經國有秘密承諾，回想起來，這個決定早已下達。（註三十三）

白宮希望劉宜良案儘早落幕，還有另一層原因。索拉茲眾議員主持的聽證會還在國會山莊進行之際，錢復透過美國國家安全會議東亞事務主任席格爾（Gaston Siegur）的安排，在他的華府辦公室與諾斯（Oliver North）中校會面。諾斯還帶來尼加拉瓜反抗軍（Contra）領袖卡迭羅（Adolfo Caldero）。卡迭羅說明，尼加拉瓜反對桑定政權（Sandinista）的游擊隊，被美國國會

遺棄，處境危殆。卡迭羅問：台灣的「有錢人」能否捐助一百萬美元給游擊隊。（註三十四）

蔣經國此時是又氣又惱，國防部情報局很可能在他兒子煽動下，雇用黑道到全世界最攸關台灣安危的國家，去執行冷血謀殺案。突然間，錢復報告，白宮要求國民黨不得讓美國國會知情，秘密捐款從事秘密行動，簡直更不可思議。這時候，美國與台北仍與尼加拉瓜這個中美洲國家保持外交關係；事實上台北仍與左翼桑定政權有援助計劃在進行中，最近也才展延一筆几百萬美元的低利貸款給桑定政權。（美國政府此一違憲、非法的秘密活動，在尼加拉瓜造成數以百計的人命傷亡。）蔣經國對於諾斯有此請託大爲高興。爲了安全起見，他下令向白宮查證此事是否有更高層授意？國家安全會議的答覆是：「雷根總統會感謝（台北方面）贊同的反應。」（註三十五）

蔣經國指示國家安全局透過國民黨的外圍組織「世界反共聯盟」來回應美方的秘密請求。世盟主席乃是美國陸軍退役將領辛格勞布少將（John Singlaub），他立即到白宮拜會諾斯。蔣經國要切確掌握情勢，再度查問——白宮會「十分滿意」國民黨捐款給尼加拉瓜反抗軍嗎？美方迅速給予正面答覆。（註三十六）

四月九日，普通法院經過九個小時庭訊之後，判決陳啓禮、吳敦謀害劉宜良罪名成立，各處無期徒刑。十天之後，軍事法庭經過十四小時庭訊，也判處汪希苓等三人罪名成立。汪希苓在庭上說出：「國民黨過去在中國大陸，以及在台灣的早期，都搞過政治殺害活動，只是都根據謹慎規劃的計劃進行。過去十幾二十年，使用暴力則是違反政府政策。」普通法院、軍事法庭的檢察官都沒有深究，在汪希苓之上是否還有其他人可能涉案。汪希苓被判處無期徒刑，但是多數觀察家的看法都沒有錯，過了幾年他就出獄了。在索拉茲主持的聽證會上，國務院主管東亞暨太平洋事務副助理國務卿蒲威廉（William Brown）聲明：「就證物而言，沒有證據顯示國民黨有在美國針對其敵人騷擾或恐嚇的一貫模式」。聽證會得到同樣的結論，因此國會象徵性地做成一項決議，再度要求把涉案罪犯引渡到美國。台北方面也果如預期，再度拒絕。國務院接下來把聯邦調查局能指認出來的台灣情報局駐美特務全部驅離美國。

六、七月間，國民政府透過世界反共聯盟把一百萬美元的秘密捐款（分成兩期）第一期款，匯入諾斯在瑞士銀行秘密帳戶。蔣經國的行事作風向來是對不相干的人保密到家，行政院長俞國華和國民黨中央秘書長馬樹禮根本不知道有這些秘密款項。七月份，郝柏村向蔣經國報告，白宮已經批准 IDF 案子。蔣經國微笑地說：「這是我國軍事外交的重要成就。」（註三十七）

除了情報局特務人員被驅逐出境之外，台灣沒有因爲劉宜良命案，在美、台關係方面付出其他代價。可是，在台灣內部，劉宜良命案卻產生深遠、持久的衝擊。李登輝、錢復、宋楚瑜等留美回國的官員大爲震驚，也深覺羞愧；原本追隨蔣經國多年、已經上了年歲的自由派人士一樣覺得抬不起頭來。一個黨和政府要靠黑道來威嚇敵人，絕不是他們當年選擇投效國民黨的初衷。這一事件也重挫國民黨內保守派以及情治機關的政治影響力及道德權威。從此以後，掃除「文化污染」（意即公開抨擊政府及領導人）的主張已經死了，再也沒有人能信服。

劉宜良命案徹底摧毀蔣經國長期以來對情治機關及秘密行動的信念。他首次改變情報機關的基本目標，下令國防部情報局和國防部特殊情報局（Special Intelligence Bureau）合併，指派一位從野戰部隊出身的將官（譯按，盧光義）出任新首長。這個新單位（譯按，改名國防部軍事情報局）此後只負責蒐集軍事情報。最重要的是，蔣經國禁止在美國從事任何秘密工作。他指示國家安全局集中力量從事情報蒐集、分析及反情報工作，不搞秘密行動。經過一段時間之後，他把汪敬煦調離國家安全局。

蔣經國曉得要改變情治人員的文化洵非易事。他曾經說過，奉派從事特務工作的人，等於是「跳火坑」。經國一反早年吸收優秀青年從事情報工作的做法，現在他明白指示，不再允許把優秀學生、幹部派去從事情報工作。他對李煥表示，那是「負數」，意味著他對創造出這樣一個怪物充滿無力感。蔣經國也下令切斷跟泰、緬邊境游擊隊的關係——自從一九五三年以來，他屢次向美方承諾要斷絕關係，但一直沒有眞正切斷。最後，他下令以後在台灣要逮捕重要的反對派人士及查封刊物，一定要檢具事實，由他親自批可。同一天，他告訴郝柏村，今後要加強拔擢本省籍將領。（註三十八）

註一：孫運璿一九九五年八月二十八日在台北接受本書作者訪談時所說。原書註四。

註二：綜合本書作者在台北對下列人士的訪談所得：王昇（一九九八年三月十三日）、馬樹禮（一九九八年三月十三日）、李煥（一九九八年三月九日）、馬英九（一九九八年三月十日）。原書註六。

註三：余紀忠一九九六年五月十五日在台北接受本書作者訪談時所說。原書註八。

註四：張祖詒一九九六年五月十六日在台北接受本書作者訪談時所說。原書註九。
註五：同註四。原書註十一。
註六：見王力行，〈蔣孝勇的最後聲音〉對蔣孝勇的訪問。載一九九六年九月十五日《遠見雜誌》第一一二至一二三頁。原書註十三。
註七：本書作者一九九五、九六、九八年在台北訪問好幾位國民黨高級官員，他們都有類似說法。原書註十四。
註八：許倬雲一九九八年四月給本書作者的短箋。李煥、林蔭庭，《追隨半世紀，李煥與經國先生》（台北，天下文化，一九九八年出版）第二六八頁。王昇一九九八年三月十三日在台北接受本書作者的訪談。原書註十八。
註九：某位蔣家成員一九九五年八月、一九九六年五月、一九九八年三月，接受本書作者訪談時所說。原書註十九。
註十：馬樹禮一九九八年三月十三日接受本書作者訪談時所說。原書註二十。
註十一：李光耀第一次公開宣布訪問台灣是在一九八五年十一月。中央通訊社一九八五年十一月五日報導李光耀到訪的消息中提到，李光耀「近年來多次到訪，但是這一次是首次公開宣布的訪問行程」。原書註二十一。
註十二：李潔明一九九六年八月十五日接受本書作者訪談時所說。原書註二十二。
註十三：馬英九一九九八年三月十日接受本書作者訪談時所說。原書註二十三。

註十四：王力行，《郝總長日記中的經國先生晚年》（台北，天下文化，一九九五年）第二七八頁。郝柏村一九八五年十二月一日日記，載有蔣經國把他和丁大衛談話內容轉告給郝柏村。郝柏村只說，蔣經國把鄧小平問候告知丁大衛，沒有進一步置評。蔣經國可說是故意讓美方知道鄧小平致候，免得美方從新加坡方面得到消息。原書註二十四。

註十五：一九八三年八月號香港《七十年代》月刊，楊力宇的文章。另參見一九八三年八月五日英國廣播公司《世界摘要廣播，遠東》部分。楊力宇是美國西東大學教授，描述他對鄧小平有一段很長的專訪談話，鄧小平講出這些想法；但是楊力宇沒有說他在什麼時候見鄧小平、講這些話。原書註二十五。

註十六：同上註。原書註二十六。

註十七：余紀忠一九九八年三月九日接受本書作者訪談時所說。原書註二十八。

註十八：周陽山、黎安友（Andrew J. Nathan），〈台灣的民主化過渡〉（Democratizing Transition in Taiwan），載於一九八七年三月《亞洲觀察》第二八三頁。原書註三十一。

註十九：卡普蘭，《龍之火》，第三七五至四〇八頁。原書註三十三。

註二十：班立德一九九八年七月八日給本書作者的信函所說。原書註三十四。

註二十一：同上註。原書註三十五。

註二十二：同註六，王力行對蔣孝勇的專訪，第一一〇頁。原書註三十六。

註二十三：汪道淵一九九六年五月十七日在台北接受本書作者訪談時所說。原書註三十七。

註二十四：同註六，王力行對蔣孝勇的專訪，第一〇九頁。「當父親向有關官員問起這個案子時，他們全都不說實話……或是責怪別人……有些人還否認情治機關涉及此事。」原書註三十九。

註二十五：宋賀德一九九五年十二月六日在華府接受本書作者訪談時所說。原書註四十一。

註二十六：美國在台協會涉及對台事務的官員，在一九九五至九九年間在華府接受本書作者多次訪談時所說。原書註四十二。

註二十七：范美麗一九九八年三月三十日接受本書作者電話訪談時所說。范美麗當時是美國在台協會政治組副組長，與聯邦調查局探員全程出席所有會面情況，包括進行測謊工作。原書註四十九。

註二十八：某位中華民國高級官員一九九六年五月接受本書作者訪談時所說。原書註五十。

註二十九：同註六，王力行對蔣孝勇的專訪，第一〇八頁。蔣孝勇沒有直接點出王昇的名字，只說「劉少康辦公室的人」。孝勇指控王昇，企圖「利用我們兩兄弟間的關係，以便可以制衡或影響我們之中一人」。原書註五十一。

註三十：赫斯（David Hess）一九九六年五月二十六日在台北接受本書作者的訪談所說。原書註五十二。

註三十一：這是蔣孝勇一九九六年接受王力行專訪時的說法。（同註六，第一一〇頁）它也很可能部分反映出他和父親討論這件事時的對話內容。孝勇說：「孝武涉及劉案的印象，八成來自謠言，兩成來自他給人的印象。」一九九六年六月七日蔣緯國接受本書作者訪談，我問他孝武是否涉及劉案，他回答：「是的，有可能。」原書註五十三。

註三十二：范美麗一九九八年三月三十日接受本書作者電話訪談時所說。原書註五十四。

註三十三：本書作者當時在國務院東亞暨太平洋事務局擔任分析主任，也涉及到這項辯論。我個人認爲IDF在文字上、精神上都違背八一七公報。原書註五十五。

註三十四：錢復一九九八年三月十三日在台北接受本書作者訪談時所說。原書註五十六。

註三十五：某位與蔣經國的關係可以追溯到一九四五年的高級軍官兼外交官，一九九六年五月在台北接受本書作者訪談時所說。一九九八年三月作者在台北，與當時外交部某高級官員談到此事，亦經他證實確有此事。有關台灣援外活動，參見九月二十六日《遠東經濟評論》周刊第三十八頁。原書註五十七。

註三十六：同上註，另參見一九八七年五月十六日《舊金山紀事報》：（San Francisco Chronicle）；卡普蘭，《龍之火》第四五八頁。原書註五十八。

註三十七：〈伊朗—尼游之謎〉（Iran Contra Puzzle），一九八七年《國會季刊》（Congressional Quarterly）第A-12頁。另見王力行，《郝總長日記中的經國先生晚年》，第二五四至二五五頁。原書註六十一。

註三十八：馬樹禮一九九八年三月十三日接受本書作者訪談時所說。原書註六十六。

第二十四章　建立共識

一九八五年二月，蔣經國要求蔣彥士辭去國民黨中央黨部秘書長的職務。蔣彥士比起一九三〇年代、四〇年代就開始追隨蔣經國的人士，跟蔣經國的關係更加親密。他的下台與全國最大的信用合作社——台北市第十信用合作社——的倒閉有間接關係。十信案涉及到將近兩億美元的非法放款，其中部分借貸人是政府官員。貪瀆是國民黨在大陸潰敗的主因，現在，繼黑道被情治機關吸收、授意殺人，令全國撼動之後，又爆發堪可比美孔祥熙、宋子文時代的大弊案！（註一）

蔣經國召見財政部長、經濟部長（譯按，陸潤康、徐立德）之後，兩位部長立刻提出辭呈，這可是在大陸時期沒見過的現象。十信弊案爆發後，銀行和外匯制度趨於保守，也反映出蔣總統一向傾向管制的做法又告抬頭。蔣彥士的垮台還有另一個說法。據一位與蔣經國接近的消息來源說，蔣經國拜託蔣彥士幫忙看管孝武，在劉宜良命案爆發後，他覺得蔣彥士沒有盡到責任。

台灣駐日本的非正式大使馬樹禮以七十四歲之齡，回國接任國民黨中央黨部秘書長。蔣經國告訴馬樹禮，他決心在今後一、兩年內推動全面民主改革。他要求馬樹禮召集幾個專案小組，非正式地討論政治改革事宜。通常這些小型、非正式的會議只有四、五個人參加，針對特定的政治改革之正、負面效應，提出各種看法。嚴家淦答應出任召集人。與會人士包括中常委、高階軍官及情治官員，蔣經國信賴的核心幹部、立法院及國民大會裡年邁的保守派，乃至受人敬重的學界人士等。（註二）

蔣經國本人沒有參加這些小組開會，而是偶爾邀一、兩個人到床邊垂詢意見。來賓到達官邸時，他就按鈕把床調整爲坐式，然後對姜必寧大夫說：「對不起，姜大夫，我們有些重要事情要商量。」所謂商量，往往是一面倒，蔣經國一直問話，問個不停。不論來賓持什麼觀點，能被總統邀請到臥榻之側請教，總是令人覺得榮幸。

雖然內政部命令黨外公政會解散，反對派領袖拒絕從命。國民黨則持續研商，使得「黨外」黨似乎多少有點合法性。劉宜良命案審判完結之後，警備總部恢復取締反國民黨刊物的大動作。五月至十月，警總沒收的煽動性質刊物就高達九十七萬六千份之多。儘管警察查禁、沒收雜誌，以毀謗官司箝制，台灣的反對派刊物以及香港各式各樣媒體繼續大量刊載劉宜良案、十信案的內幕，以及與孝武有關的種種傳聞。大爆蔣家內幕的故事，如蔣方良的身世、蔣家財務的消息處處可見。劉宜良撰述的《蔣經國傳》在台灣洛陽紙貴，席格瑞夫（Sterling Seagrave）那本一面倒、尖銳抨擊的《宋氏王朝》（The Soong Dynasty）也十分暢銷。

蔣經國雖然忙著規劃國內政治改革，也相當密切注意中國大陸保守派與自由派之間的權力鬥爭。六月，大陸一份雜誌開始連載蔣經國舊部執筆，記述一些友善往事的文章。十一月，李光耀首次公開到台灣訪問。他由台北第三度進入中國，回程時似乎又秘而不宣在台北小停，才回新加坡。十二月五日，蔣經國和丁大衛會面，故意不經意地提起，最近李光耀經過台北，曾經轉達鄧小平問候之意。李光耀來訪之後不久，有一天馬樹禮向蔣總統讀一份有關中國大陸發展的報告；經國揮揮手，打斷他的話題：「以後別再說『共匪』，說『共產黨』就可以啦！」（註三）

經濟部長李達海四月二十八日公開重申他所謂的政府「長期以來的政策」——不干預與大陸的間接貿易。他引述一份智庫報告，它認爲政府既不需要、也不可能控制對大陸的間接貿易。這個政府出資支持的智庫也宣布新推出一份季刊，提供中國大陸市場資訊。除了數以千計民眾偷偷潛回大陸探親之外，許多台灣生意人也已經經過香港，非法前往大陸旅行。有位立法委員公然讚揚這些人「成功登陸大陸」。官方估計一九八五年商品流通金額約七億美元——大約八成是台灣出口。有一股號稱「港台」風的青少年文化，在音樂、電影、卡拉OK、髮型乃至服飾上，突然間在大陸青少年群中如野火般流行開來，這可是共產中國前所未聞的事！（註四）更撼動人心的是，報章雜誌報導，若干台灣商人已在中國（主要是福建）設廠生產衣服、鞋子、衛生棉等。一九八五年，由香港到中國的直接投資總額約十億美元。而台灣對大陸投資也首度出現估計數字——五十萬美元。

八十一歲的鄧小平，比起蔣經國年長六歲。這一輩子，他喝的酒可不遜小蔣，抽的菸更是有過之而無不及。但是他的身體比小蔣強多了。一九八五年九月，鄧小平宣布退休，不再管日常行政；不過他保有非官式的「最高領導人」頭銜，依然是黨政軍的最高掌權者。

台北方面，這一年夏天，眼科專家發現蔣經國視網膜退化，必須再次開刀；兩位本地眼外科醫生負責執刀。手術之後，蔣經國的身體健康急速走下坡，腳部神經痛也加劇。（註五）即使有年輕副官扶持，他已經舉步維艱，很難走到中央黨部三樓的會議室。馬樹禮建議黨部裝一部電梯，蔣經國不肯。於是，中常會移到台北賓館開會。隔了一陣子，蔣經國覺得在政府建築物裡舉行黨的會議不妥，他才同意裝設電梯。

病，使得蔣經國加快培養李登輝接班的準備工作，兩人經常一起討論國事。不過，李登輝從來沒進到他的臥室，那是外省籍親信才能進去的地方。蔣經國考量到李登輝與軍方毫無淵源，指示參謀總長郝柏村多跟李副總統談話。一個月之後，他又重覆這道訓示，特別交代郝柏村和李登輝討論如何處理劉宜良案。郝柏村遵令去做，與李登輝建立起交情。蔣經國又安排李登輝代表他，向政戰學校畢業生演講，以及出席若干國家大典。爲了展現李登輝處理外交事務的能力，蔣經國派他以特使身份出訪中美洲友邦哥斯大黎加、巴拿馬和瓜地馬拉。蔣經國也告訴美國駐台代表李潔明，他希望李潔明能與李登輝多接觸、多了解，「不要有別人在旁邊」。李潔明和李登輝很快就結爲好朋友，有一次兩家夫妻相偕環島旅行了三天。

可是，接班問題並沒有止息。台灣及國外都有些政治分析家認爲，一旦蔣經國殯天，李登輝只會是有名無實的「虛君」。在後蔣時代，掌控國民黨才是關鍵，許多人依然認爲這一部份將由蔣家人或軍人接班。「我們不認爲李登輝是個強人，可以擊退外省籍強人」乃是一般典型的評語。（註六）少數觀察家甚至繼續看好蔣孝武，因爲他姓蔣，「當變動時期來臨時，可以增加幾分安定」。（註七）。

劉宜良命案之後，蔣經國不再信賴情治機關，孝勇變成父親的親信，每星期二、五要向他報告最新的政情發展。某些反對派刊物開始稱呼孝勇是「地下總統」。爲了澄清事態，蔣經國八月間接受《時代周刊》專訪時表示，他「從來沒有考量過」由蔣家成員繼任總統。當蔣經國獲悉孝武、孝勇兄弟有意競選國民黨中央委員時，就交代秘書長馬樹禮制止。（註八）十二月十五日向國民大會發表講話時，他更是明白地針對在他身後是否有蔣家人或軍人出現主政的問題，答說：「既不能，也不會。」過後不久蔣經國派孝武出任台灣駐新加坡副代表，形同放逐；李光耀答應他，會幫忙「看管」孝武。

半個地球之遙、冰天雪地的莫斯科，另一場領導人繼承的大戲剛剛完成。契爾年科（Konstantin Chernenko）、安德洛波夫（Yuri Andropov）短暫接位，相繼病逝之後，戈巴契夫（Mikhail Gorbachev）以五十五歲之齡，成爲蘇聯共產黨總書記。戈巴契夫及其同志認爲「與經濟、文化、民主和外交政策有關的每件事，都得重新評估」和改造。他想給蘇聯共產主義添上人道、民主的面貌，此一驚人舉動最後導致蘇聯制度的覆亡。就短期而言，他的改革運動給東歐、菲律賓、中國和台灣的民主運動增加了旋乾轉坤、改造歷史的動力。（註九）

一九八五年，國民黨開始更公開推動蔣經國和李光耀在過去幾年慢慢演化的觀點，認爲可以在中國大陸產生深刻的變化。留美歸國出任國際關係中心主任的邵玉銘，公開主張不僅中國共產黨必須實施基本政治改革以求生存，事實上它也有可能改革。「我們相信，大陸開始改革，會產生一種期待的革命，它將嚴重動搖今天共產政權所建構的政治和意識形態基礎；爲了中國人民的生存，共產黨領導人必須尋找其他的建設國家和治理政府的模式。」

到了一九八五年底，每年到台灣的外國旅客及商人已超過一百萬人次。同時，台灣人民出國旅行人數也以萬計，其中包含不少人溜到大陸去。台灣人越來越有餘錢出國旅遊。一九八五年，拿整體國民所得除以台灣一千九百萬人口，得出的數字超過三千美元。一九八五年世界石油價格下跌，對台灣經濟及新台幣幣值產生助長之勢。行政院決定每公升汽油降價新台幣一元，蔣經國認爲降幅不夠大，行政院進一步宣告降價新台幣三元。

一九八五年，也是中國改革派「形勢大好的一年」。在新年之際，已經沒有人批評「精神污染」或「資產階級自由化」。胡耀邦強調高度民主是「社會主義的一個偉大目標」，甚至形同呼應關在牢裡的魏京生，宣稱「沒有民主，就沒有現代化」。甚至，馬列主義毛澤東思想研究所所長蘇紹智都發表文章，呼籲民主改革與個人自由。戈巴契夫認爲共產主義可以人性化、民主化的理念，在中國的青年、知識份子當中找到沃土，甚至若干黨的高級幹部也接納它。

可是，頂尖的最高領導人卻有疑慮。鄧小平似乎一度認爲，中國共產黨要預防史達林、毛澤東那樣的嚴重濫權，有必要引進新加坡式、管控型的民主化。他認爲把小小的民主移植到中共黨內，不會威脅到它壟斷權力，更不會終結中共的統治。可是，現在他卻沒有這麼肯定。一九八六年的頭八個月，鄧小平仍繼續主張政治改革，可是他越來越強調改革結構，而不是改變制度。

這些年下來，台灣的媒體、政客、評論家，不分親政府或反對派，都廣泛報導中國大陸人權運動勃興的消息。因此，國民黨保守派也越來越難以反對島內出現同樣的籲求之聲。台灣存在著一大片非政治的領域；但是，這種傳統的民間社會，集中在家庭、宗親、宗教、嗜好和工作的範圍，差異性不大。它並不包含願意向政府挑戰的團體。不過，在財富日增、民智大開及都市化的大環境下，島內公民社會迅速擴張到有爭議性的領域。消費者文教基金會成立於一九八〇年，動員民眾對米價、核能發電等議題關心。地方及全國性的反污染組織也出現，有些強悍的環保組織，如台灣綠色和平組織還跟國際組織串連，互通聲息。到了一九八五年，婦女運動組織與原住民人權運動，在島內亦蔚爲風氣。甚且，勞資糾紛案件激增，也反映出早先由國民黨及資方主導的工會勢力已告衰退。（註十）追求民權已經蔚爲風潮，誰也阻擋不了。

蔣經國周遭的改革派，認爲他們駕馭著民主的歷史浪潮，但是只有經國先生能夠走過險灘暗礁，能夠說服國民黨及撤退來台的外省人自動放棄獨裁權力。王昇事件和劉宜良命案凸顯出蔣經國大去之後，反動派依然有可能奪得權柄。改革派擔心的是，反動派奪權動作可能會得到蔣氏家族的支持。

蔣緯國即將由軍中退役；蔣經國有意派他出任駐沙烏地阿拉伯大使，或是駐南韓大使，但是他不肯。最後，蔣經國同意派他出任國家安全會議秘書長。這個職位使得緯國具有政治地位，而且可以留在國內，參與國家大事。緯國和他的一幫朋友可能想到，一旦身體衰弱的經國撒手人寰，國民黨領導階層可能會請他出來領導黨。可是，蔣經國本人認爲，若是如此，才是國家和黨的大不幸。

蔣經國希望天能假年，讓他得以執行改革計劃，可是他也曉得時間溜逝得很快。四月十八日，蔣經國的心跳僅有每分鐘二、三十下，非常危險。姜必寧醫師認爲他需要裝心律調整器。進入手術房之前，蔣經國只通知了五個高級官員；他指定的繼承人李登輝並不在其中。鑒於一系列的重大改革仍有待推動，蔣經國認爲時機太敏感，即使是對許多親信，也不宜讓他們知道他要動手術。（註十一）裝了心律調整器之後，蔣經國的心跳恢復正常，但是他依然抱怨呼吸急促。中央通訊社於八月二十六日發布這項手術的消息。這時候，蔣經國終於開始公開使用輪椅，可是在訪客面前，他依然顯得「精神奕奕，掌握下情」。（註十二）

他經常要求宋楚瑜向他報告反對派雜誌報導些什麼消息。有一個例子顯示出，他還繼續高度管事，而且充分掌握政治脈動。一九八六年二月縣市級選舉之前，他預測國民黨在彰化縣、嘉義縣縣長選舉會大敗，建議馬樹禮秘書長，黨不要提名同志參選。由於地方黨部反彈，蔣經國接受折衷方案：彰化縣黨部不提名，嘉義縣黨部則照樣提名；果然，嘉義縣長選舉，國民黨候選人大敗。不過，整體而言，國民黨的戰果相當不錯——高投票率使得執政黨贏得三分之二以上的縣市議會席次。下一個月，國民黨中央委員會產生新的中常委，本省籍中常委人數增加到幾近半數（總數三十一席，十四席本省籍）。

經歷了將近一年在黨內營造共識的準備工作之後，蔣經國現在要進入下一階段，實際執行基本大改革。國民黨中常會在他指示下，成立一個二十四人的政治革新委員會，底下分成兩組，每組各十二名委員，各負責處理三個議題。三個最重要的改革範圍，它們的題目一點也沒有直接透露出探討的關鍵議題：「重振國會功能」，指的是結束資深中央民意代表的長期不改選現象；「研究民間團體問題」，指的是允許反對黨合法化。（註十三）

解除戒嚴是最關鍵的重大改革。一旦政府放棄動員戡亂時期緊急權力，不准組織反對黨以及其他種種對民主政治的限制，就再也交代不過去。錢復等若干青壯派多年來一直向蔣經國建言，認爲沒有必要實施戒嚴法，它的存在只讓反政府人士借題發揮。他們說，台灣根本沒有把許多戒嚴法條付諸實行，又沒有宵禁，納入軍法審判的只有四種罪名。過去，蔣經國答覆他們；「結束戒嚴，政府就不再安全。」現在解嚴的時機已到，他交代孝勇向駐節華府的錢復表示，錢復的意見是對的。

可是，惰性力量依然十分強大。儘管蔣經國和馬樹禮花了一年的功夫溝通。絕大多數中常委（並不僅限於極右派）認爲前途受到眞正民主制度的威脅。立法院、國民大會裡年邁的中央民意代表，當然極力反對。嚴家淦召集的共識凝聚研討小組還是依舊進行會議，直到有一天嚴家淦在會議中中風倒下，才停止運作。蔣經國繼續在七海官邸召集非正式的會議，安撫疏通反動派，偶爾亦親自登門去拜訪這些身體比他還差、風燭殘年的大老。

蔣經國和這些大老講話時，執禮甚恭，洗耳恭聽他們的意見。他固然可以頒佈緊急命令解散立法院和國民大會，可是他覺得必須根據他和父親所奠立的憲政法制從事。他認爲，過渡到法治、民主社會一定要依照憲法辦理，這是非常重要的一點。任何人跟蔣經國磋商時，若是公開反對眞正過渡到民主的構想，不僅不禮貌，在政治上也是不智之舉；尤其高階軍官及情治首長幾乎都是經國拔擢任官，更是必須畢恭畢敬。因此他們只能指出每項改革方案隱藏的問題與危險。譬如，國防部長宋長志就說，如果解除戒嚴，國家可能根基動搖。但是他並不反對，只是提醒：「我們必須小心。」

註一：王力行，《郝總長日記中的經國先生晚年》，第二二四至二二五頁。蔡家另外擁有的國泰信託投資公司也涉及此一危機，因此有人稱它是「國泰弊案」。（譯按，北市十信理事主席蔡辰洲、國泰信託董事長蔡辰男，是國泰集團創辦人蔡萬春兩房妻室生下的同父異母弟、兄。）原書註一。

註二：學界人士如郭爲藩是巴黎大學博士、黃昆輝是科羅拉多大學博士。馬樹禮一九九六年六月二日在台北接受本書作者的訪談所說。原書註四。

註三：馬樹禮一九九六年五月三十日接受本書作者訪談時所說。親國民黨的報紙及政府控制的媒體，使用「共匪」這個字眼直到一九九一年爲止。原書註十四。

註四：高棣民（Thomas B. Gold），〈跟著感覺走：大中國的港、台大眾文化〉（Go with Your Feelings: Hong Kong and Taiwan Popular Culture in Greater China），第九〇七至九二五頁。原書註十六。

註五：姜必寧一九九六年六月五日在台北接受本書作者訪談時所說。與一般傳聞相反，蔣經國並沒有截肢。原書註十九。

註六：見一九八五年十二月七日《洛杉磯時報》。原書註二十四。

註七：見一九八五年四月十五日《基督教科學箴言報》。原書註二十五。

註八：李煥、林蔭庭，《追隨半世紀，李煥與經國先生》第二六八頁。譯按，本書說蔣請馬樹禮制止，可是核對所引李煥書，指的中央黨部秘書長是張寶樹。不知何者正確；但是依記憶，好像馬樹禮才對。原書註二十八。

註九：陶涵（Jay Taylor），《極權主義之興衰》（The Rise and Fall of Totalitarianism），一九九三年版，第一二九至一三〇頁。原書註三十。

註十：蕭新煌，《台灣的新興社會運動及民間社會之興起》（Emerging Social Movements and the Rise of a Demanding Civil Society in Taiwan），載一九九〇年七月《澳大利亞中國事務學刊》（The Australian Journal of Chinese Affairs），第一二六四至七二頁。原書註三十六。

註十一：同註一，第二九九頁。原書註三十九。

註十二：中央社一九八六年四月二十六日。宋賀德一九九五年十二月六日在華府接受本書作者訪談時所說。原書註四十一。

註十三：馬英九一九九六年五月二十五日接受本書作者訪談時所說。原書註四十四。

第二十五章　突破

一九八六年夏天，李光耀又到台灣訪問三天，與蔣經國私下長談，討論中國大陸局勢發展。蔣經國告訴李光耀，他要改造台灣政治體制的計劃之最新動態；兩位好友並就這些改革將對大陸日益滋長的民主運動可以產生什麼動力，交換意見。嘲諷的是，蔣經國的計劃將使得台灣遠比新加坡民主。事實上，就言論與出版自由而言，台灣一向都比新加坡先進。

六月間，蔣經國在他臥室進行的私下研商中，不耐煩地重申他決心引進「逐步推動」的四項政治改革計劃；顯然他有意在一九八七年，也就是一九八六年十二月國會改選之後就宣布這些改革計劃。（註一）同時，本省籍的黨外領袖越來越被好戰份子攻訐，指責他們太軟弱，因而認爲應該要大膽推動改革。鑒於北京和莫斯科的民主運動人急劇進展，使得他們相信國民黨此時此刻一定非常不願意讓人看到他們在國內壓制反對派人物。一九八六年九月二十八日，一百三十五個反對派人物在台北市圓山大飯店集會，黨外領袖突然提議即日起建立新黨，取名爲民主進步黨。與會代表興奮地一致通過。民進黨黨綱主張台灣人民有「自決」權。

副官聞訊，跑進蔣經國臥室向他報告，他點點頭，沒有回應，過了半小時才交代副官通知幾位核心高級官員到官邸開會。黨政軍要員迅速趕到七海新村接待室。蔣經國坐在輪椅上出現，開口就說：「時代在變，環境在變，潮流也在變。」接下來又講了幾分鐘這類有哲學意味的話。他說，國民黨過去「太驕傲、太自負」，現在起，不能再跟從前一樣。（註二）雖然警備總部已準備一份抓人名單，蔣經國卻說：「抓人解決不了問題……政府應該避免衝突，保持鎮定。」（註三）他指示行政院新聞局起草一份公開聲明說，組織新政黨的問題已在研究中，尚待做出決定，目前的政策不變：亦即沒有所謂合法的反對黨。因此，政府在此時並不承認民進黨。他又說，國民黨中常會應加快研究政治革新，公布一個時間表，讓民眾了解黨的改革方向。

警備總部已打電話給所有的日報，「建議」大家不要刊登民進黨組黨消息。《中國時報》董事長余紀忠也是國民黨中常委，當即正告對方：《中國時報》明天早上一定會刊登這則消息。（註四）次日，中常會正式集會討論此一問題，蔣經國重申他的潮流演變，人也得調整做事方法的論點。然後就沒有再進一步討論了。在適當程序完成前，政府不會承認民進黨；但是，對於民進黨人士，政府也不會採取法律行動。會場上沒有人對蔣主席的決定發言批評。（註五）蔣經國安置許多年邁的死硬派，包括若干藍衣社人員在內的中央評議委員會開會，可就是另一番吵鬧景象。討論到民進黨組黨時，有些年邁的中評委就大聲直斥：「叛國！叛國！」（註六）

鐵血愛國會等激進的外省人團體舉行集會，譴責反對派人士組黨的動作，以血書要求政府逮捕為首的叛亂份子。有些大老向宋楚瑜抱怨：「經國太軟弱了。他應該像他爸爸，把他們（反對人士）丟到海裡去！」宋楚瑜向蔣經國報告，他只說：「他們還在抱怨？好好對待他們，但是要堅定。」（註七）由於蔣經國已打算近期內讓反對運動合法化，他不預備大肆抓人，又激起各方抨擊，顯得台灣違背民主潮流。他告訴蔣彥士：「使用權力容易，難就難在曉得什麼時候不去用它。」

中國大陸的保守派對國內政治自由化的傾向，也跟台灣的強硬派一樣不痛快。中共的忠貞份子驚慌地看到俄國境內權力開始鬆懈的跡象。戈巴契夫推行的開放改革，惹出各方面公開抨擊蘇聯共產黨，暴露過去種種可怕的罪行。鄧小平本人警覺到中國國內浪潮也可能鬧成大洪水，淹沒了強大的中國共產黨。鄧小平的反應當然也有個人權力與榮譽的因素在內。當時擔任中國共產黨理論研究室副主任的阮銘，認為鄧小平的家人和副手擔心民主化的過程會使他全面失去權力，導致他們喪失特權和影響力。（註八）鄧小平說要退休，已經說了好幾年，可是當一九八六年胡耀邦開始勸他實際交出權力時，他又疑又怒。（註九）九月間，中共中央全會上，鄧小平強調因政治改革而失去控制的危險。或許是間接回應蔣經國、李光耀鼓舞中國改革的策略，他警告說：「台灣和香港都有人放言高論……要我們實行資產階級自由化，指責我們違反人權。」他提醒大家，在群眾當中，尤其是年輕人當中，有一股「傾向自由主義的趨勢」。

儘管鄧小平連聲警告，九月份的中全會實際上是中共改革派聲勢鼎盛的高點。全會呼籲文化與藝術的自由，宣稱中國向世界的開放不僅在經濟與技術層面，意識形態和文化領域也要開放。非正式、自發性的民主運動開始在校園以及新聞媒體內散布開來。戈巴契夫宣布蘇聯部隊開始撤出阿富汗，還暗示外蒙古境內若干紅軍部隊也可能撤退；中國民眾對戈巴契夫的欽佩更加上升。戈巴契夫甚至表示願意在中、蘇邊境爭議上片面讓步。一九七八年即破裂的中、蘇邊境談判，現在也迅速恢復。

九月間，民進黨「非法」組黨，蔣經國沒有採取取締行動時，腦海裡一定浮現中、蘇最新的事態發展；十月份，他非正式地做出一項重要宣示時，必然也對此念茲在茲。十月七日，蔣經國接見《華盛頓郵報》發行人葛蘭姆夫人（Katherine Graham），讓副手和訪賓都出乎意料之外，他宣布：政府預備「提議」解除戒嚴。《華盛頓郵報》發表的專訪，形容蔣經國「神態輕鬆、自信，腦筋清明」。蔣經國在席間透露，國民黨積極研究讓新政黨可以合法組黨的問題，他預期很快就會得出結論。十月十五日，蔣主席在中常會上又提示，國民黨「必須採納新主意、新做法，以符合變動不居的情勢之需求」。中常會恭順地通過了制訂新的國家安全法以取代戒嚴法、修訂民間團體法和選罷法以允許組成新政黨的議案。

蔣經國相信，軍方及情治機關首長，乃至幾個中央民意機構裡的反彈者，對「體制」的服從，會接受廢除戒嚴法令的既定事實。當專案小組開始起草國家安全法條文時，高階情治首長建議可以讓政府保存對言論自由隨時管束的大權之文字時，蔣經國不同意。他說：「那不是新瓶裝舊酒，換湯不換藥嗎！」

十月底，蔣經國親到機場迎迓一位遠地來的稀客——他的繼母蔣宋美齡。八十五歲的蔣夫人闊別台北將近十年之後，首度回到台灣。公開宣布的理由是，她回來參加十月三十一日故總統蔣公百歲冥誕紀念。可是媒體立刻猜測，保守派人物敦促她回國協助、阻滯即將落到他們頭上的改革巨石。新聞工作者江春男認爲，她有意集結力量促成蔣家家族繼承大權。

蔣夫人對丈夫遺體致哀之後，並沒有飛回紐約長島舒適的居停，反而在舊士林總統官邸長住下來，不時舉行茶話會，邀請若干黨、政、軍官員談話。在她看來，政局一定相當危疑震撼，瀕於失控。她認爲蔣經國歲數大了，身體差了，逐漸控制不住局勢。十二月六日選舉前一天，各大報都刊出一篇蔣夫人的文章。她說：「時下有『即溶咖啡』，或『即飲茶』，然而只有矇騙才能提供立即的民主。狂暴野心份子想要的是從混亂中圖利而不遵循法律與秩序。」保守派畏懼改革的心思，躍躍欲現。

當年的選舉可以說跟美國的任何選舉都一樣，百無禁忌。民進黨候選人敞開「反對蔣家」、「反對一切暴政」的旗幟。有些漫畫把蔣經國糗爲對美國人卑躬屈膝，還有些更大膽把他畫成豬頭豬腦。有些候選人還公然指蔣總統是「豬仔」。這象徵著台灣帝王式總統的日子已一去不復回，也是中國民主史上的里程碑——也可以公開批評，甚至諷刺調侃偉大的領袖。

抗議者並不僅限於言詞抨擊，他們焚燒國旗、國民黨黨旗，還有人向國民黨中央黨部庭院抛進一枚炸彈。戒嚴還沒有取消，警總再度促請蔣總統批准他們逮捕若干位民進黨領袖。蔣經國依然不肯同意。他還釋放十三名政治犯，使得牢裡的反對派人士只剩一百一十人。

投票日前不久，許信良從海外企圖闖關回國。高雄事件之後亡命海外的許信良，被控叛亂罪，現在要飛回台北，希望當局抓他，因而製造群眾同情反對運動。〈譯按，作者在這裡因爲沒考量到余登發涉入吳春發案，才有許之橋頭遊行，監院彈劾、慶生會聲援等等，誤以爲許在高雄事件後出亡國外。許信良是在一九七九年九月已被監院停職後出國，十二月十日才發生高雄事件。許因在海外發起台灣建國陣線，才被通緝。）可是，政府拒絕允許這個通緝犯回國。許信良沒有入境簽證，飛機降落中正機場；鎮暴警察擋住通往機場的道路，大批支持民進黨的群眾進不了機場大廈，與警方對峙。警方用水龍頭、催淚瓦斯驅散投擲石塊的群眾，場面亂成一團。許信良迅即遭警方押上另一架飛機，送出國境。雙方都推出錄影帶，以證明對方先動手，才產生暴力事件。國民黨因控制電視和廣播，贏得上風。

國民黨得票率百分之七十，立法院七十三席改選席次，國民黨佔了五十九位。民進黨也可以聲稱，建黨才三個月，在各項不同職務的競選，提名四十四人，也當選二十三人，已經是一股不可漠視的反對力量。民進黨雖然痛批中央民意機關不具民主性質，當選人卻立即就職，而且絕大部分時間都遵照議事規則行事。蔣經國對這個結果相當滿意。他在新年元旦祝詞裡，情緒高昂，展現善意地說：「同舟共濟，推誠相與，以忠恕致祥和，以理性化偏激，聚合全民的意志和智慧爲推進全面革新的動力。」

全世界的新聞媒體都報導台灣這場自由、民主的選舉。大陸的中國人透過美國之音、英國廣播公司的廣播，甚至從台灣的廣播直接聽到這些新聞。台灣選舉落幕才三天，安徽省合肥的學生走上街頭，高呼「我們要民主！」「沒有民主，就沒有現代化！」的口號。群眾運動十二月十四日、十九日、二十日，相繼傳布到深圳、上海、廣州。有些旗幟質疑共產黨爲什麼不能像國民黨一樣推動民主與繁榮。中國共產黨保守派指控台灣的自由中國廣播電台，鼓動群眾運動。

蔣經國召見邵玉銘，討論中國的現勢，尤其是據傳最近的群眾運動有親台灣的傾向。邵玉銘拿上海的青年抗議者與一九六〇年代文化大革命時期的學生相比。蔣經國卻有不同見解，他說，文革期間，參加者絕大多數是少年，現在的示威者卻是大學生；這是知識界更嚴正表達出政治熱情的表徵。

十一月，鄧小平與胡耀邦在中共中央書記處一項會議中爭吵起來。在台灣選舉、中國學生接著示威之後，鄧小平轉變立場，反對民主路線。十二月三十日一項會議裡，他的口吻像極了國民黨最頑固的保守派；他說：「沒有專政手段是不行的。對專政手段不但要講，而且必要時要使用。……我們的辦法是首先揭露他們的陰謀，儘量避免流血，寧可我們自己人被打傷。但是對為首亂事觸犯刑律的要依法處理。不下這個決心是制止不了這場事件的，如果不採取措施，我們後退了，以後麻煩會更多。」

學生騷亂散布到北京。鄧小平一九八七年一月七日召集黨的特別會議，會中他指責胡耀邦未能堅定對付青年示威群眾。胡耀邦被罷黜掉中共中央總書記的職位，仍保持中央政治局委員和常務委員的位子。趙紫陽接任黨的第一把手。鄧小平發出一九八〇年代第三次命令，發動反「資產階級自由化」運動。

二月五日，國民黨宣布改組高階人事。西方觀察家指出，蔣經國把「黨的高階人事換上一批新生代務實主義者」。宋楚瑜、高銘輝晉任中央黨部副秘書長（另一位副秘書長馬英九留任）；高銘輝是本省人，得有美國南伊利諾大學博士學位。連戰升任行政院副院長，芝加哥大學博士邵玉銘則出任行政院新聞局局長。

蔣經國依然遵照儒家傳統，對老一輩人物執禮甚恭。在他點頭下，立法院正、副院長（譯按，倪文亞、劉闊才）雖已高齡八十二及七十七歲，依然連任。大陸的局勢發展，加上自己隨時有撒手人寰的陰影，刺激他努力要在一九八七年內完成政治革新。

他現在已經下不了床或離不開輪椅，但是每周三照舊出席國民黨中常會。通常他第一個到達會場，好讓副官在沒人看到之下推著輪椅進入會議室。其他中常委都曉得，會議完了，要比主席先離開會場。他的指示不會超過五或十分鐘，給他準備的文件字體有一英寸大。他的左眼已接近全瞎，右眼視力也非常有限。他的臥房的掛鐘特別大，方便他看清楚時間。他告訴姜必寧醫師：「我覺得油盡燈枯。」他繼續躺在床上召見人，聽取意見的做法，也經常單獨在臥房好幾個小時。由於不能看東西，他經常凝視窗外，沉思來日無多要先趕著做些什麼事。雖然明白自己不會馬上殯天，他曉得自己最多只能再活一、兩年了。

蔣經國對於台美關係及台灣的世界地位相當滿意。春天，他告訴丁大衛，對美關係「比以前任何時候都更好」（包括一九五〇年代）。（註十）由於美、台非正式關係，全世界認爲國民政府是個自治的、越來越重要的世界角色。他認爲，長期而言，尼克森、卡特幫了台灣的忙。他們給予台灣前所未有的地位與聲望。甚且，他們讓台灣人民在可以自由做選擇時，有理由支持國民黨的統治，在可預見的將來摒棄台獨主張。（註十一）五月間，蔣經國下令，高雄事件一九八〇年軍法大審猶在牢中的被告，除了施明德之外，全部釋放。

要把秘密情報機關控制好，洵非易事。蔣經國下令特務機關徹底改革已經兩年了，可是他仍然必須時時反覆叮囑交代。一九八五年八月，他指示國防部軍事情報局與金三角地區游擊隊及台灣的幫派份子切斷關係。同年十二月，他再次下令國家安全局和軍事情報局不要在「美國境內從事任何情報蒐集工作」。三個月之後，他對國家安全局頒布新的任務提示，要求新任局長宋心濂不要召集黨、政、軍官員聯席會議。一九八六年九月，他必須再度指示郝柏村轉告宋心濂，國安局不應該在美國吸收特務。他認爲，這些做法「不會給我們帶來好處，只會給美、台關係招惹不必要的麻煩」。

右派中央民意代表針對民進黨加強街頭運動，做出的回應，就是提振現有的組織（如鐵血愛國會）之活力，以及組織新的反制團體。當年年初出現兩個組織，統合了許多右派團體的力量，一個自稱「反共愛國陣線」，一個命名「中華民國愛國學社」。有些分析家指稱，這些團體不但從國民黨的保守派及中央民意機關拿到經費資助，也從軍方和情治機關得到財力支援。每當民進黨辦集會，右派一定舉辦反制活動，有時也不免暴力相向，譬如六月十二日雙方在立法院前就發生互毆。

蔣經國指派中常委成立專案小組研商政治革新方案已歷一年，政府還沒有正式履行承諾開放組黨及解除戒嚴。五月間，蔣經國徵求教育部長李煥接任國民黨中央黨部秘書長一職的意願。馬樹禮已經七十六歲，吃不消每周七天，每天十二小時的這份差事。李煥本身歲數也已七十，他依照官場慣例要辭謝。蔣總統堅持要李煥接篆，他跟李煥長談，表達對改革行動遭到掣肘，遲遲不發動，已經失去耐心；他有三個目標要李煥替他達成。（註十二）

第一，國民黨需要徹底改造才能在完全公開的政治制度裡競爭。他說：「如果我們不重振國民黨活力，人民會拋棄黨……甚至黨員都會流失。」

第二，推動「全面政治民主」，也就是取消戒嚴、允許民眾自由組黨、國會全面改選、解除報禁。

第三，「兩岸統一」。這是他最明確、最強烈的一點，顯示他見到在可預見的未來，甚至在他闔目之前的有限時間內，有必要、也有機會獲致名義上的統一。他說：「我們必須採取主動，踏上統一之路。台灣和大陸終究必須統一。兩岸若不統一，台灣恐怕將越來越難獨立存在。」

美國對兩岸統一這個問題的政策也起了微妙的變化。東亞事務助理國務卿伍佛維茨等保守派希望與中國維持良好關係，但是並不認爲對華關係重要到必須傷害台灣的選擇——雖然大家都不說，台灣的選擇也包括宣告獨立。他們並不預備鼓勵台灣試探與大陸開放來往。伍佛維茨卸職之後，美方政府轉爲強調一個中國的原則，但是兩岸關係必須以和平方法解決。美國因而歡迎兩岸朝這個方向的任何進展。三月五日，國務卿舒茲在上海宣稱：「一個中國及台灣問題和平解決」依然是美國政策的「核心」；美國支持「朝向和平解決台灣問題的持續演進」；美國將追求「培養環境，讓這種發展能持續下去」。國務院提前把舒茲在上海的講話內容告知錢復；錢復氣壞了，指責美方這麼說，等於向台灣施加壓力，逼台灣和北京談判。第二天，李潔明也到七海新村官邸晉見蔣經國。蔣經國只會心微笑地說：「好，好。」（註十三）舒茲的聲明其實吻合蔣經國的決心，因爲他決定兩岸交往加一把勁，鼓勵中國大陸的民主運動。

大約這個時候，鄧小平在北京接見美國維吉尼亞大學教授冷紹烇；冷是嚴家淦的女婿。鄧小平拜託冷紹烇傳話給李煥，他願意派楊尚昆和李煥晤談，時間、地點都可以由李煥指定。冷紹烇把話帶到，李煥立刻向蔣經國報告。起先，蔣經國沒有反應。兩天後，他告訴李煥：「時機還不對。」（註十四）

在李煥推動下，立法院於八月二十三日通過新的國家安全法；七月七日亦一致通過「在台灣地區」取消動員戡亂法令。邵玉銘建議蔣經國模仿美國總統的做法，召開記者會公開簽署解除戒嚴的法令，他還建議用許多隻筆簽署，簽完後把這些筆送給立法委員做紀念。蔣經國不接受這個主意。

七月十四日，解嚴令悄悄生效。內閣把所有不涉及現役軍人的刑事案件，移給普通法院審判。新法依舊不准主張「台獨」，但是這項言論自由上的例外規定，實際上除了招惹批評以外，毫無效用。少數幾次端出來執行，反而傷了國民黨。民進黨繼續正式、大力主張「自決」。政府宣布一九八八年一月一日開始受理新政黨的註冊、登記。事實上，已經有四個政治團體效法民進黨，未經官方批准就建黨了。其中一個「民主自由黨」是極右派、外省人的組織。

李煥和蔣經國都認爲，孫中山一九二四年在鮑羅廷指導下，採取的列寧式政黨架構組織，已經不合時代需求。按照這套架構，國民黨和共產黨沒有兩樣，都是意識形態掛帥的革命黨，都拿出歷史的任務來合理化黨對眞理、道德的壟斷，它們和多元、民主的社會開放、競爭的政治制度根本不相容。國民黨在台灣要爭取民眾支持，就必須以可信服的方式，展現出它比對手更能符合人民的日常需求。在蔣經國起用的留美歸國青年才俊，以及李煥等早先的「少壯派」的影響下，國民黨自從一九六〇年代末期就循這些路線在改造。到了一九八七年，國民黨已經走上蛻化爲現代政黨的路，本省籍黨員佔了絕大多數。立法院裡頭新的國民黨籍立委，絕大多數是年輕的改革派，是在劇烈競爭中擊敗在野黨候選人才得到席次。蔣經國明白表示，他希望黨內領導結構能夠更開放、活潑；他在中常會裡的講話使中常委震撼，他告訴他們，他們太柔順了，以後應該多發言，多講話。

幾乎每個月都會發生一些世界大事，印證獨裁時代將宣告終結，民主政治已成了沛然莫能禦的洪流。一九八七年，雷根和戈巴契夫華府高峰會談之後，冷戰開始快速退潮。蘇聯聲明希望從阿富汗撤軍。南韓方面，學生示威、工人罷工，加上希望能維持住一九八八年奧運主辦權，導致軍事獨裁政權（譯按，全斗煥）同意和平移轉政權給民主政府。蔣經國一年前認爲時代在變、環境在變、潮流也在變的觀察似乎已經得到證明。這一年台灣發生的種種變化，其中最戲劇性的當推開放人民合法前往大陸旅行。（註十五）保守派一輩子仇共、反共，認爲准許台灣人民赴大陸旅行，等於背叛了整個的反共鬥爭。蔣經國還是下令立即取消這道將近四十年的禁令。接下來兩個月裡，申請到大陸探親的台灣居民有好幾萬人。蔣經國很滿意，事實上這也是他鼓勵大陸內部演變的策略之一部分。他對部屬說：「不需要擔心。到大陸看看，可以讓台灣人民了解大陸的情勢；大陸人民也可以了解台灣的情形。」官方限定旅遊理由是「探親」，絕大多數旅客根本不理它。台北的《自立晚報》派兩名記者（譯按，李永得、徐璐）到北京，由北京撰發新聞報導。成千上萬台商投入這股跨海旅行的大浪潮。不久以後，數百家、數千家生產勞務密集產品的台資小工廠，在廈門及其他沿海都市，如雨後春筍般冒出來。

李煥十月間公開宣布，國民黨的政策不再是尋求在大陸取代中國共產黨，而是推動「政治改革、言論自由和經濟自由化」。右派又是臉色鐵青——國民黨當家的中央黨部秘書長竟然放棄了本黨推翻共產黨的歷史責任！但是，蔣經國對來到七海新村抱怨的大老表示，大陸人民有權選擇是要共產黨、國民黨，還是其他政黨來主持政府。（註十六）

蔣經國的改革工作最難的就是中央民意機構的改造。李煥要馬英九加入負責這個任務的專案小組。馬英九先向李煥報告，他說不定會「踩到別人痛腳」，然後埋首起草一份鼓勵在大陸時期選出的全體中央民意代表「自願」退職的計劃，提供退職者優厚的退職金及種種榮譽頭銜（如總統府國策顧問）。保守派向蔣經國進言，如果要全體在大陸選出的立委、國代退職，必須在新的立法院和國民大會裡保留相當席次，以代表大陸各省。蔣經國指示馬英九，「我要你查清楚，民國三十八年政府由大陸播遷來台時，是否曾經發表任何聲明說我們繼續代表整個中國。」馬英九研究之後回報說，中華民國政府從來沒有發表聲明說，它的國會將繼續代表大陸各省份。蔣經國說，既然有這個事實，就不應該劃定席次代表大陸各省。（註十七）

十二月十六日，李光耀夫婦到台北做客五天。他跟蔣經國花了好幾個小時私下密談，討論大陸局勢。李光耀顯然審慎樂觀，認為中國會過渡到新加坡式的政體——一種控制型的民主，至少也還是民主！儘管鄧小平關切、胡耀邦也下了台，中國的自由浪潮似乎仍在高漲。十月間，中國共產黨召開第十三屆全國代表大會，趙紫陽以總書記身份講話，宣布中國迫切需要從事政治改革。蔣經國對於蘇聯境內的局勢發展也看得著迷。戈巴契夫尖銳批評史達林，葉爾辛（Boris Yeltsin）被罷黜在蘇共黨內職位，搖身一變為反對政府勢力的領袖。蔣經國和李光耀都認為，中國歷史已經走到一個歷史性的階段。李光耀告訴經國，如果台灣和大陸不解決政治歧見，最後勢必兵戎相見，以武力解決。（註十八）蔣經國覺得身體不適，沒有親自招待貴賓吃晚飯，他請馬樹禮、俞國華代表他做東。李光耀對老朋友身體健康日漸衰退，十分感傷。

蔣夫人十年來第一次在士林官邸辦聖誕夜晚餐，全家人團聚——蔣經國、方良夫婦，孝文、徐乃錦、友梅這一房，孝勇全家大小，緯國夫妻及兒子，全都到了。熊丸醫師也是當天的客人。當然，孝嚴、孝慈兩家人是無緣與會。蔣經國與熊丸獨處時，原本一直不聽醫生勸告，不肯住院的他，悄悄對熊丸說：「我感覺非常不舒服，請你幫我找個專家檢查一下。」熊丸說，他會立刻安排醫療小組做檢查。第二天，聖誕節，熊丸打電話到蔣先生辦公室預備敲定住院日期。副官說，總統希望延期入院。聖誕節也是行憲紀念日，蔣經國還有一個公開場合必須露面。

儘管李煥和其他人勸阻，蔣經國堅持要參加國民大會傳統的這個行憲紀念大會（由於民進黨鼓動群眾抗爭，情勢緊張）。他說：「你們怕他們打我是吧？沒關係，他們要打就讓他們打好了！一切照常來做。」（註十九）當他坐車前往會場時，三千名示威群眾圍住國民大會呼喊抗爭口號，鎮暴警察以鐵絲網阻擋住他們。幾里路之外，三千名支持國民黨的群眾也在進行反示威活動。會場裡，十一個民進黨籍國大代表掀出「老賊下台」的抗議布條。其他几百多名代表，包括許多被訴求下台的資深代表，在會場裡緊張地四處張望。在場只有少數人曉得，蔣經國希望在此之前就已經宣布資深中央民意代表分期退職，並且公開改選全體立法委員及國民大會代表席次。

蔣經國示意副官推著輪椅上台；歡迎掌聲稍止，民進黨國代繼續高聲喊叫。蔣經國似乎不以為意，繼續向代表們簡短地問好。然後他坐在輪椅上，讓國民大會秘書長（譯按，何宜武）代為宣讀蔣總統大約五分鐘長的講詞。講詞提到必須「改進國會機關的組成」，但是改革不能違背憲法規定（憲法明訂，中華民國政府是代表全中國的唯一合法政府）。蔣經國離開後，民進黨籍國大代表也退席，與場外群眾會合在市區遊行。蔣經國回家路上還面帶微笑。這件事過後不久，宋楚瑜拿一份雜誌給經國先生看，雜誌的封面故事赫然是，蔣經國有意給自己興建一座豪華的紀念堂。蔣先生笑了：「我連給自己蓋棟房子都沒有，幹嘛要蓋個大墳墓呀？」（註二十）

一九八七年是個豐收年，不僅政治革新有進展，蔣經國鼓勵投資高科技產業的政策，得到亮麗的成績。台灣現在是全世界第十大製造業產品出口國家，外匯存底接近四百億美元，以每人平均持有外匯之數值來看，高居世界第一。這一年，台灣在海外投資金額將近二十億美元，大部分投資在中國大陸。官方公布的失業率是百分之二點五。台灣工廠還得進口外籍勞工來協助作業。最令人驚詫的是，平均家庭所得竄升到幾近五千美元。

台灣不再是個賤民國家，不再是美國的附庸衛星國家，也不是受人詬病的獨裁國家。台灣是經濟成長的模範，也是雖然有點亂，卻不折不扣是和平、民主過渡的模範。

註一：汪道淵一九九六年五月十七日在台北接受本書作者訪談時所說。原書註一。

註二：王家驊一九九五年八月二十五日在台北接受本書作者訪談時所說。原書註二。

註三：宋楚瑜、余紀忠在一九九五年九月十三日、九月二十六日分別接受本書作者訪談所說。原書註三。

註四：余紀忠一九九六年五月二十四日接受本書作者訪談所說。另參見王力行，《郝總長日記中的經國先生晚年》，第三一三頁至三一四頁。原書註五。

註五：余紀忠一九九六年五月二十四日接受本書作者訪談時所說。原書註六。

註六：同上註。原書註七。

註七：宋楚瑜一九九五年九月十三日接受本書作者訪談時所說。原書註九。

註八：阮銘，《鄧小平帝國》（Deng Xiaoping：Chronicle of an Empire），西景出版社，一九九二年出版，第一五至一六九頁。原書註十一。

註九：顧德曼（David S. G. Goodman），《九〇年代的中國：危機處理及以後》（China in the Nineties：Crisis Management of Beyond），見席格（Gerald Segal）和顧德曼編，牛津大學出版社一九九二年出版，第一〇六頁。原書註十二。

註十：丁大衛一九九六年八月二十六日在維吉尼亞州接受本書作者訪談時所說。原書註三十五。
註十一：俞國華一九九五年八月二十八日在台北接受本書作者訪談時所說。原書註三十六。
註十二：本節係根據本書作者一九九五年九月二日、十一日，一九九六年五月十八日、一九九八年三月九日訪問李煥的筆記整理。原書註四十。
註十三：國務院某位涉及東亞事務的高級官員二〇〇〇年二月在華府接受本書作者訪談時所說。原書註四十二。
註十四：李煥一九九八年三月九日接受本書作者訪談時所說。原書註四十三。
註十五：馬英九一九九八年三月十日接受本書作者訪談時所說。原書註四十八。
註十六：同註十四。原書註五十三。
註十七：同註十四。原書註五十四。
註十八：同註十四。原書註五十七。
註十九：李煥、林蔭庭，《追隨半世紀：李煥與經國先生》第二五五頁。原書註五十九。
註二十：同註七。原書註六十一。

第二十六章　中國式的民主

一九八八年一月一日，在蔣經國的指示下，政府正式結束對報紙的限證（維持在二十九家）、限張（維持在三大張）的禁令；數天之內，就有兩百家左右新出版物向政府辦理登記，街頭立刻出現許多新興畫報。同時，也有六十多個政治團體申請註冊成立政黨。後來，包括民主進步黨在內，共有二十個政治組織獲得通過，正式成立政黨。雖然已有上述種種自由化措施，對政府及領導人積鬱的怒氣依然未消，許多新報紙、新政黨強烈反對國民黨，全島陷入政治詬罵風潮。當年頭四個月發生七百多起街頭群眾示威活動，幾乎全都唱著反對國民黨的調子。立法院內的民進黨籍委員，強烈反對通過新的集會遊行法，在國會議事堂內首度爆發肢體衝突。

一月十二日，國會改革專案小組通過由馬英九主稿的結束大陸人掌控台灣政治過程時代的草案。馬英九計劃翌日晉見經國先生，報告這個好消息。十三日當天上午，蔣經國抱怨身體不舒服。雖然醫生一時找不到他不舒服的原由，還是替他注射靜脈點滴。蔣經國要見見他的長子孝文。孝文見過父親後，向母親表示，父親病容滿面。下午一時五十分左右，蔣經國在午睡中，突然發生胃腸道嚴重大出血。血液阻礙呼吸，使他陷入休克狀態。由於他身上裝置的心律調整器把心跳維持在每分鐘七十，他的心臟無法快速供應氧氣到全身各部位，醫生還來不及把他送到醫院施救，就已經撒手人寰。熊丸醫師記得，當天下午天氣晴朗，陽光和煦。

行政院新聞局在四個小時後公布了經國先生辭世的消息。當天夜裡九點鐘，李登輝宣誓就職，成爲中華民國（行憲後）第四位總統。中華民國有史以來第一次沒有了強人，可是倒也似乎沒起任何漣漪。翌晨，行政院例行院會，花了兩個小時討論河川污染防治問題。十三年前，蔣介石逝世時，新聞界及高級官員使用過去帝王宮廷的生花妙語來追述撒手人寰的領袖之偉大事功。但是，經國之死，中國四千年來首次不見傳統的溢美讚頌、半宗教性質的諛辭。新聞媒體的評論和個人的悼詞，都集中在蔣經國平凡的一面。

蔣經國與他父親不一樣，刻意不留下治國遺囑。高階官員認爲必須導正此一過失，指示經國的侍從秘書王家驊起草一份文件，表達蔣氏希望國民「堅守反共國策，貫徹民主憲政」的心願。行政院新聞局還特地發表聲明，說明經國先生元月五日當著數位大老及孝勇的面前，口述這份遺囑，並且簽字認可它。（註一）

國民黨在他死後，爲了詆毀反對黨，故意放出消息說，十二月二十五日國民大會發生的事故，加速了經國先生的死亡。不過，蔣氏親信副手表示情況並非如此。他曾經對他們提醒，民主政治會有紊亂脫序，有時甚至令人不愉快的狀況發生，尤其也會有讓領導人不舒服的亂象發生。

蔣經國不會喜歡這些文字遊戲。但是，他若地下有知，一定很高興，康寧祥和民進黨若干領袖也到忠烈祠悼祭。儘管國民黨和黨外政敵彼此不合，經國卻留下一個穩定的民主政治之關鍵條件——競爭者之間要維持某種程度的風度與節制。民進黨和另一個小黨勞動黨，宣布在三十天的國喪期間，停止一切政治示威活動。一月十六日，高等法院對兩名被控直接、公開鼓吹台灣獨立的反對人士，判處重刑。民進黨大爲不滿，但是依然推遲就此一判決舉行街頭示威抗議活動。

次日，李煥召集他的三位副秘書長馬英九、高銘輝、宋楚瑜在上午十點鐘到他辦公室開會。李煥表示，在七月份召開國民黨全國代表大會前，必須先推選出黨的代理主席。李煥宣稱，他認爲李登輝應該像蔣經國一樣，兼具黨、政領導人身份。他的三位副手也都同意此一看法。馬、高、宋三人立即分頭拜訪各位中央常務委員，報告李煥秘書長此一建議。翌日，他們回報李煥，所有外省籍中常委都接受以李登輝爲黨主席的建議，反倒是若干位台灣籍中常委持保留意見。李煥分別向他們進言，使他們也都接受擁護李登輝爲黨主席之議。

行政院長俞國華以資深中常委身份，將在常會中提名李登輝爲黨主席。不料，元月二十四日，俞國華接到蔣夫人一封信。宋美齡表示，最好不要選舉一位代理主席。在蔣夫人及蔣介石的一班老臣心目中，讓一個本省籍人士兼具總統及黨主席職位，形同敲響國民黨歷史角色的喪鐘。俞國華把這個情形告知李煥；李煥表示，依他的意見，中常會應該逕自推舉李登輝爲代理主席。李煥說，稍後他將辭職，並致函蔣夫人道歉，未能遵奉她的指示辦理。俞國華也同意這麼做。李煥旋即晉見李登輝，出示蔣夫人的信函，並說明箇中局勢。李登輝了解，他必須採取低姿勢。元月二十二日一大早，李登輝身著深藍長袍、黑色馬褂，親自主持蔣經國遺體由榮民總醫院移靈至忠烈祠的儀式，並在忠烈祠主持安靈儀式。然後，他和治喪委員會大員輪班，二十四小時守靈。同一時候，參謀總長郝柏村和國防部長鄭爲元也發表聲明，聲稱三軍部隊將堅守先總統經國先生遺志，並支持李登輝領導。

李煥召集中常會在元月二十七日開會。二十六日清晨三點鐘，蔣孝勇打電話到俞國華家裡，強調蔣夫人不希望常會通過這項人事案。翌日，中常會開會前不久，俞國華告訴李煥，蔣夫人一再要求之下，他若是遽然拒絕她，恐怕相當不禮貌。其他中常委抵達會場，了解到這一情勢，大部分都說應該逕自提名李登輝爲代理主席。然而，郝柏村與少數幾位中常委則認同俞國華的看法，認爲可以稍緩再通過此一人事案，以示對蔣夫人的尊重。宋楚瑜卻突然向常會宣布，俞國華同志將提名黨的新任主席。俞國華踟躕，會場一片尷尬的靜默；宋楚瑜對中常會不能立刻決斷，大表遺憾，起身退席。

余紀忠此時起身發言：「黨主席繼任問題關係重大，要向前看，要重團結。」俞國華才同意提名李登輝代理黨主席。全體中常委都投下贊成票。李煥立刻以電話向李登輝報告這個消息。

翌日，新任總統率領國民黨領導人晉見蔣夫人，保證繼續奉行蔣介石、蔣經國父子的遺志。李登輝旋即驅車再到忠烈祠，向拔擢他承擔此一歷史性角色的蔣經國再度致敬。此時，已經有一百二十萬名民眾到忠烈祠瞻仰遺容。元月三十日上午，蔣方良率領孝文、孝章、孝武、孝勇對這位故世的元首、父親、丈夫做最後的訣別。孝文也能依古禮，以孝子身份三叩首行禮。只有家屬及李光耀等少數貴賓得以執紼，陪著經國遺體到慈湖附近的頭寮這個暫厝之地。一路上，上百萬民眾沿路致哀。上午九時左右，全島兩千萬人除了極少數人士之外，全都暫時停止工作；火車、巴士全部停駛；全島寺廟、教堂鐘鼓齊鳴，向經國先生做最後的敬禮。

鄧小平好幾個月以來就擔憂蔣經國的健康，深恐他這位老同學一旦撒手人寰，台灣局勢可能變得益加複雜。聽到經國逝世的消息，他立刻召集中國共產黨中央政治局舉行擴大會議。聽取了台灣事務辦公室和對台工作小組的報告後，鄧小平表示，中國的統一是一件世界大事。

鄧小平宣稱，當蔣經國依然健在時，「中國的統一就不會像現在這樣困難和複雜。國民黨和共產黨過去有過兩次合作的經驗。我不相信國共之間不會有第三次的合作。可惜，經國死得太早了。」

鄧小平又說，蔣經國恪遵他亡父「一個中國」的立場，可是中國共產黨多年來喪失許多機會，和國民黨領導人和平解決若干問題。他感嘆說，直到最近，北京才找到正確的路子——即「一國兩制」。他暗示，其間已有可能產生眞正的進度：「雖然國民黨似乎對我黨這項提議冷漠相對，他們畢竟已經認眞思考它！國民黨內部意見已經出現重大分歧！」

幾個月以後，取代胡耀邦出任中國共產黨總書記的趙紫陽，由於物價改革失敗遭到嚴厲批評時，女性新聞工作者戴晴主張，中國需要有像蔣經國這樣的溫和的獨裁領袖。她說：

蔣經國死的時候，成千上萬人在街頭列隊致哀……島上鮮花販賣一空。爲什麼？他終結了自己家族的統治，取消黨禁、報禁。好吧，我是獨裁者，可是我是最後一位獨裁者。我運用我的權力，確實引進民主……以我國獨特的情勢來講，只有（像蔣經國這樣的）開明專制者，才能終結中國的獨裁專制。

鄧小平是對的。天若假年，讓蔣經國多活幾年，他或許就會「推動統一的原則」。（註二）很可能，蔣經國腦子裡的一些想法，包括李登輝政府往後數年採行的若干措施：快速擴大海峽兩岸之間的文化、經濟交流，包括貿易、通訊、投資和旅遊往來。最有可能的是，蔣經國也預期兩岸會成立半官方的委員會來討論兩岸事務。除了這些務實的交流之外，蔣經國顯然至少也預見到，兩岸可能成立初步通盤協議，可以穩固兩岸長期的和平關係，讓台灣「永久」遵守「一個中國」的原則，可是同時又從學理和實務上強化台灣是個自主、實質的主權體。蔣經國麾下一位年輕的留美政治學者魏鏞，曾經公開主張「一國兩府」，我們或可猜測，蔣經國可能會遵循此一路線，探尋與北京達成協議，包括讓台灣重新加入聯合國大會。很顯然，蔣經國與鄧小平都相信，他們兩人若是攜手，最能就兩岸協議達成妥協方案。

以蔣經國在台灣加速完成民主化進程的作爲來看，很顯然他有意把他的對大陸方案，局限在能在島內獲得接納的一些做法。因此，走向就兩岸統一實際協議的動作，不僅必須視北京的重大讓步（如允許台灣重返聯合國）而定，還得視中國是否更朝向民主發展而定。蔣經國相信，大陸的經濟、文化和民主改革進程，在台灣和俄羅斯經驗激勵下，將使中國走向他和國民黨已經踏上的同樣的自由化大路之上。蔣經國在生前最後一次接受媒體專訪中表示，這個動態關係已經奏效。他說：共產黨已經在改變，要迎合我們的立場，而不是我們去屈就它而變更立場。他相信，在台灣完成民主化，將推動大陸相同的動力，或許數年之內就可見到功效。他的預期並沒有太離譜。（註三）

蔣經國和鄧小平在一九八〇年代中期都把眼光投向未來的歷史，他們不是以舊式的大漢中心統治者角度去看，而是以現代的愛國人士與務實政客角度去看。他們倆人都盼望本身的歷史地位得到認可。兩人希望留給後人的遺緒大致雷同——給予人民繁榮、聲譽與和平，又能維持中國大一統的原則。可是，就蔣經國而言，台灣的安定和進步，需要落實民主政治，亦即勢必要台灣化，可是台灣化對統一的原則卻有潛在的威脅性。因此，他相信海峽兩岸放寬、加深交流，然後帶動大陸中國社會自由化，乃是敦促台灣民主化與中國統一原則相容的唯一途徑。因此，蔣經國的一切目標，均以自由、開放的政治體系做為關鍵中心。

蔣經國或許可以更早推動民主政治，譬如在他父親過世後不久，甚或是他在一九七八年正式出任總統之後，都是一個時機。他的親信副手則說，若是這麼做，恐怕欲速而不達，反而會失敗，激發軍方或右翼的政變，也可能爆發內戰。其次，他們又說，如果當時舉行眞正公平的民主投票，國民黨可能就不會得勝，一旦由傾向獨立的台灣人勝選，可能會激惱中國而爆發戰爭和民間衝突，把美國拖進漩渦，也會改變了歷史的進程。

在一九六〇年代末期至他辭世的十六年當家做主期間（譯按，由一九七二年出任行政院長算起），數百人因為從事民主國家相當正常的政治活動而遭到入獄服刑的命運，劉宜良和林義雄家屬等少數人更不幸賠上性命。然而，整體而言，論者不能不接受溫克勒（Edwin Winkler）的結論：這是一個「軟性威權制度」（soft authoritarianism）的時期。甚且，至少從一九六〇年代末期起，蔣經國和他的政治班底已承諾要奉行眞正的多元民主政治理念。他們的改革不是只求減緩壓力的策略。

蔣經國在一九七八年可能認爲自己還有十年以上的時間，可以完成台灣的民主轉型。台灣和美國、世界的關係起了震撼，不僅是一股強大的刺激力量，也是邁進改革的大好藉詞。事實上，蔣經國竟能把台灣在國際上的受挫，轉化爲優勢，一方面消除台灣本省籍人士心目中的獨立意識，一方面又可用以說服外省人交出權力。他相信，尼克森和卡特的震撼，反倒產生基本上的正面衝擊。一九八〇年代中期在中國、蘇聯和其他地方發生的種種事件，使蔣經國相信，幾乎不敢想像的事也有可能實現——即共產黨專制獨裁會殞亡，中國在改革的浪潮中也會受到影響。這些因素，加上他本身健康日益走下坡，使得他決心放手推動民主進程。當他逝世時，民主轉型的工作仍有許多地方有待進一步推動，李登輝精明地處理本省人、外省人之間的微妙關係，也會完成這些工作。大體而言，到了一九八八年元月，民主政治雖然未臻完善，也相當粗糙，卻已在台灣軟著陸。

鄧小平在一九八〇年代中期，已經成功地洽妥香港、澳門回歸中國的協議，下一個重大優先項目就是把「一國兩制」推及台灣，以達成中國的統一。基於這個目標，鄧小平有強大的誘因要支持中國共產黨內，如胡耀邦、趙紫陽這類自由派改革者。鄧小平了解，中國越是有自由、改革的形貌，蔣經國就越有可能願意、能夠尋求廣泛的兩岸和解方案。蔣經國之死，使北京對於與台北關係獲致突破的期待降低下來，因此就某一不可確知，但相當重大的程度而言，鄧小平對中國民主改革的興趣，也降了下來，不再認爲需要事事節制。

北京的自由派改革人士也差一點成功得勝。蔣經國死後這一年，中國大陸因爲准許零售物價自由浮動，爆發通貨膨脹，使得改革派再次陣腳大亂。縱使如此，在知識份子和青年群眾當中，追求民主的動力已經加快步調。北京大學把毛澤東塑像請出校園。全國人民代表大會目睹與會代表放言表達自己的觀點，甚至投下若干反對票。全國人大亦支持老百姓有權買賣土地使用權，最近才在若干企業得到的權益，甚至也有權自由買賣住屋。中國的沙卡洛夫（Sakharov）——著名的物理學家方勵之——公開批評北京領導人，並主張大陸應該模仿台灣，以台灣做爲改革、發展的楷模。

一九八八年八月，中國大陸電視台播放六集的迷你影集「河殤」，號召要從文化上積極改革的「河殤」，大受民眾歡迎。由於觀點有相當鮮明的自由色彩，甚至台灣的保守人士都批評「河殤」是對中國歷史和文化的一項攻訐。台灣作家柏楊對北京大學學生說，中國歷代皇帝的寶座都沒有變，變的只是代表人上寶座的屁股而已！他發出警語，民主是一種生活方式，不能由外頭強按上來，必須透過能反映人人平等的理念之家庭、學校和社區生活去培養。

基本上，冷戰可說是由雷根和戈巴契夫聯手終結它。蘇聯依據承諾，自阿富汗撤軍。尼加拉瓜內戰停火，兩伊戰爭停止。匈牙利成爲自由國家，東歐各地民主運動風起雲湧。古巴、安哥拉和南非達成和平協定，納米比亞（譯按，前西南非）獲得獨立。戴克拉克（De Klerk）和曼德拉（Mandela）開始會談。一九八九年四月八日，胡耀邦在中共中央政治局會議上突然倒下，胡去世時，中國共產黨內自由派和保守派之間的權力鬥爭鹿死誰手，還難卜高下。

四月二十二日起，以紀念胡耀邦爲名在天安門廣場上的群眾聚會，引爆相對較勁力量的攤牌。據估計，北京上百萬市民走出辦公室和工廠，對示威學生歡呼、鼓勵。趙紫陽和蔣經國一樣，堅持反對向走上街頭抗議、示威的民眾開火鎮壓。如果學生接受趙紫陽更加改革的承諾，退回校園，這項危機很可能就以中國民主力量取得重大勝利劃下句點，而不是以慘遭鎮壓、失敗譜下結局。蔣經國期待台灣與業已民主化的中國統一的心願，可能也已實現。然而，事與願違，學生不肯妥協。五月初，鄧小平開始主導大局。他逼迫趙紫陽下台，下令解放軍以一切必要手段，恢復政府對天安門廣場和北京市的掌控。

一九九六年三月，台灣舉行公民直選總統，這是中國歷史四千年來第一遭！李登輝獲得大勝，票數是次高得票對手——民進黨候選人彭明敏的兩倍以上。一九六〇年代，蔣經國有心延攬彭明敏入黨未果，後來彭繫獄，獲得保釋在外不久就潛逃出境。大選期間台灣海峽的緊張局勢和軍事演習，凸顯出台灣地位問題是中國統一唯一尚待解決的議題。就部分憂心忡忡的美國觀察家，以及台灣島內保守的外省籍人士看來，李登輝似乎對北京採取沒有必要的政治挑釁，且緩步向台灣獨立推進。一九九九年夏天，台灣次屆總統大選逐步加溫之際，李登輝宣布台北未來與北京談判時，將不再依照「一個中國」的規範，而將以國與國的特殊關係做爲談判基礎。不過，李登輝仍繼續宣揚以中國統一做爲目標的原則；在若干觀察家看來，他這一招很聰明地既強化了他在國內的政治地位，又增加對北京的談判力道。依照這個觀點，他的目標依然是口頭唱「一個中國」，除了缺乏「獨立」、「共和國」這些字眼外，實質上吻合了全體台灣人的需求。果眞如此，蔣經國地下有知，也會贊同。

中國在二十一世紀將成爲全世界最大的經濟體，也將成爲一個軍事超級大國。如果中國屆時能像今天的台灣一樣民主，它就不會隨時挑釁、發動戰爭，起碼不會動輒以干戈對付其他民主國家。一個民主的中國未必會完美，但可能會是一個「正常的民主大國」，有榮耀、美德、缺陷和錯誤。這樣的結果將比任何其他變項，對太平洋地區、甚至世界的安定與和平，更具貢獻。如果民主政治在中國眞正勝利、結果，歷史必將記下一筆——台灣替華人社會的開放、自由，奠定極好的典範，而促使這項發展的人——蔣介石之子經國先生的貢獻，也是功不可滅。

註一：一九九八年三月十日，國民黨某位中常委接受本書作者訪問，表示他目睹這份假遺囑。原書註五。

註二：馬英九一九九六年五月二十二日接受本書作者訪談時所說。馬英九也相信蔣經國腦子裡已經有明確的計劃。原書註十四。

註三：這篇訪問刊載於一九八七年十二月號《天下雜誌》。原書註十五。

尾聲

●一九八八年一月十二日，亦即蔣經國逝世前一天，中央情報局潛伏在台灣的間諜張憲義，偕同妻兒子女秘密前往美國，改名易姓過日子。華府再度要求台灣停止核子武器計劃，拆毀有關設備及材料。李登輝政府取銷核武計劃，但是可想而知，仍把藍圖保存起來。

●同一年，李登輝釋放已被軟禁三十三年的孫立人將軍。孫立人要求守衛留下來，因為多年來彼此已培養出感情。這位美國維吉尼亞軍校畢業生在一九九〇年過世。

●一九九〇年，「少帥」張學良恢復自由，攜趙四小姐飛往檀香山。蘇士比負責拍賣他珍藏的藝術品，得款好幾百萬美元，他住進希爾頓夏威夷村一棟公寓。在二十世紀行將落幕之際，這位當年綁架蔣介石、改寫了中國歷史的東北軍首腦，依然坐在房裡遠眺威基基海灘的藍天綠波。

（譯按，張學良今年剛過百歲誕辰，但趙一荻女士已先走一步。）

●蔣孝文一九八九年喉癌不治，逝於台北榮民總醫院，享年五十三歲。

●汪希苓以謀殺劉宜良罪名，被判處無期徒刑，但是只坐了六年牢，在一九九一年與竹聯幫幫主陳啓禮都獲得假釋出獄。陳啓禮現在經商，腰纏萬貫。（譯按，陳啓禮出獄後從事營造廠生意，後爲避開台灣掃黑，避居柬埔寨。）

●蔣孝武皈依佛教，與章孝嚴、孝慈也建立友好關係。一九九一年他卻在台北突然暴斃，死因顯然是心臟衰竭和糖尿病，得年只有四十七歲。

●蔣方良一九九二年飛到舊金山探視蔣孝章、蔣孝勇。二〇〇〇年，她的三個兒子相繼往生之後，寂寥地住在七海新村。

●一九九三年東吳大學校長章孝慈前往中國桂林，給母親掃墓。當年蔣經國送給章亞若的定情物——化粧鏡，交到他手裡。可是在大陸期間，孝慈突然中風，被送回台北。一九九六年章孝慈逝世，僅有五十四歲。

●一九七〇年在紐約廣場（布拉薩）大飯店門口行刺蔣經國未遂的黃文雄，在一九九六年回到台北時已經五十九歲。他在記者會上宣稱，並不後悔當年企圖刺殺蔣經國的決定。

●一九九六年，台灣選民直接選舉產生總統。李登輝迎戰民進黨候選人彭明敏這位流亡海外多年才回到台灣的台獨大老。李登輝（一九九五年）訪問美國及其他動作激惱北京，但在國內則得到人民支持。可是，中國更擔心的是彭明敏。選舉之前，中國在台灣海峽試射飛彈恫嚇台灣人民；美國航空母艦戰鬥群趕往台灣海峽，危機告一段落。

●蔣孝勇成爲李登輝的政敵。他和家人移民加拿大，再遷到舊金山。一九九六年他到大陸治療癌症，到過溪口和北京。同年十二月，他在台北榮民總醫院病逝，得年四十八歲。

●王昇在台灣幹了將近五十年的頭號反共大將，於一九九六年訪問上海，見到中國海協會會長汪道涵。

●蔣孝文和徐乃錦的掌上明珠蔣友梅，也就是蔣經國鍾愛的長孫女，在倫敦嫁給一位保險業主管，一九九七年，友梅生下女兒 Zoe Maria Chiang MacLellan。這位蔣介石的外玄孫女是四分之一華人，八分之一俄國人、八分之一德國人、二分之一英國人。

●蔣緯國成爲強烈反李登輝的「反主流」大老，提議把父、兄遺體遷葬溪口老家。緯國死於一九九七年；他在過世前不久出版一本回憶錄，其中又提到他在一九九六年曾經告訴本書作者的一則不太可信的話——蔣經國跟他都不是蔣介石的親生骨肉。

●鄧小平一輩子都是忠貞的共產黨員，一九九七年二月十八日去世。江澤民率領大小官員致祭。鄧小平仿效周恩來，遺囑交代把遺體火化，骨灰灑入大海。

●一九九八年，五十多年前在大陸選舉出來的退職資深中央民意代表，仍有三百多人還在領取退職金。其中有十三人已經是年齡逾百的人瑞。

●李煥在李登輝之下擔任了一年的行政院長。一九九九年的李煥已經高齡八十一，依然達觀、活潑。

●錢復終於做了外交部長，不過據傳，他並不贊同李登輝處理對美、對中國的外交策略。錢復轉任國民大會議長，旋又改任監察院長。

●蔣夫人宋美齡在紐約歡度一百零二歲華誕，李登輝派人送給她一盆蘭花。

●許信良這位脫離國民黨，涉及一九七七年中壢事件、一九八六年中正機場闖關事件等黨外抗爭活動的人物，成爲民進黨主席。不過，一九九八年，家庭慘遭巨變的前高雄事件被告林義雄，取代許信良成爲民進黨主席。（譯按，許信良在一九九九年脫黨參加公元二〇〇〇年的總統大選，但爲民進黨候選人陳水扁擊敗，林義雄也在該年七月交卸黨主席。）

●出生在一九〇〇年的陳立夫依然住在北投，雖然已近乎全聾，卻對七十三年前擔任蔣介石青年助手的往事，保有鮮明的記憶。

●蔣經國唯一還在世的兒子章孝嚴，在李登輝政府裡官運亨通，歷任外交部長、行政院副院長、國民黨中央黨部秘書長；一九九九年轉任總統府秘書長。但是今年初，在總統選戰戰火熾烈之際，傳出章孝嚴婚外情之後，辭職下台。（譯按，章孝嚴在二〇〇〇年九月赴溪口蔣家祖宅，認祖歸宗。不過蔣夫人宋美齡和蔣孝勇遺孀都不以爲然。）

●宋楚瑜成爲超人氣的台灣省長。根據反李登輝人士的說法，就是這個原因，李登輝力阻國民黨提名宋楚瑜角逐二〇〇〇年三月十八日的總統大選。宋以獨立參選人身份投入選戰，得到第二高票，與勝選的民進黨候選人陳水扁差距十分接近。李登輝選定的國民黨候選人連戰學歷高，資歷完整，卻沒有群眾魅力，得票落居第三。台灣自從一九四五年由日本人統治下光復以來，國民黨第一次失去中央執政權。原本計劃留任國民黨黨主席的李登輝，也被迫辭職下台。（譯按，連戰在六月份膺選爲國民黨主席，規劃黨的改造工程；宋楚瑜四月間成立親民黨，出任主席，力圖東山再起。）

●台灣公元二〇〇〇年總統大選期間，中國再次嚴重警告不得有走向台獨的動作，甚至繼續推遲兩岸統一的談判也不行。陳水扁原本強烈主張台獨，宣布台灣已是主權獨立的國家，沒有必要正式獨立，也不必就台獨議題舉行公民投票。他又說，如果當選，他願開放對大陸直接通商、通航，也願意到北京訪問。陳水扁以百分之三十九強的得票率當選之後，繼續釋放善意聲明，並提名國民黨籍的國防部長唐飛（外省人、前空軍總司令、參謀總長）出任行政院長。

千禧年開端之際

●台灣國民人均所得一萬四千二百美元；外匯存底超過一千億美元，是全世界人均值最高的國家。台灣每十八人就有一家企業公司。只有百分之二十一的人民認爲子女未來會有比他們差的生活，美國則有百分之六十的父母有此想法。

●蔣經國執政時期訂下的外匯交易、資本流動及金融活動之管制，使得台灣安然穩渡一九九〇年代末期的東亞金融風暴。

●台灣生產全世界絕大多數的電腦掃描器、半數以上的顯示器、主機板，以及將近半數的筆記型電腦。

●高達三萬兩千家台商企業在大陸投資逾一百五十億美元，簽訂的投資意向書總額還有三百四十億美元。台灣居民寄到大陸的匯款每年高達十億美元。兩邊貿易雖然照官方規定還是間接往來，金額已達七十億美元。

● 由台灣到大陸旅行的人次已達一千三百萬人次。（有位外省籍計程車司機告訴我，他去了七次。）由大陸來台訪問人數是五萬六千人次。

● 台灣有兩千五百個民間團體，各地分支單位或小組達二十五萬個，會員總數逾一千萬人。

● 包含後備軍人在內，台灣的武裝力量有四百萬男女。中華民國空軍擁有一百架經國號自製戰鬥機、四十架美造 F-16 戰鬥機（最終交貨數字將是一百五十架），以及六十架新購的法國幻象機。這個小島所擁有的先進軍機比中國大陸多。

中國的浙江省，距重新修葺過的蔣經國祖母王太夫人墓不遠的雪竇寺，每年有數千名台灣進香客。台灣人捐錢修繕、修護，也供奉寺僧生活費用。有個小販在走廊販賣塑膠小菩薩佛像。一搖它，胖墩墩的小佛像就大笑。據溪口鎮長說，這就是蔣氏老家人民最喜歡的彌勒佛，永遠笑口常開。

陶涵《蔣經國傳》譯後感

中國國民黨在一場世紀大選戰中，輸掉了它在台灣地區掌控了五十五年的中央執政權。以「台灣之子」自居的陳水扁成爲台灣民主政治歷程中達成政黨輪替的第一人。在行將邁入世紀之交新紀元的當下時刻，台灣的政治前途走向，其實仍然不脫業已辭世十三年的蔣經國他在生前所定下的大方向。

蔣經國一生功業，擺在歷史的浩瀚大洋裡，恐怕還不足以躋身影響世界歷史進展的政治人物之頂尖行列。可是，不折不扣，他都是影響兩岸是否統一的一個關鍵人物；他更是影響到本書譯者這個世代的政治人物。

時報出版公司主編侯秀琴小姐、吳家恆先生邀請我主筆迻譯這本《蔣經國傳》時，我一口答應下來。當時的直覺想法是，我們這一輩戰後出生的嬰兒潮世代，讀書、成長的階段，適逢台灣在威權體系的統治下。沒有參與到政治活動的普通人家，可能不會嗅覺到一股鎮懾的氣息，可是生活的周遭，又似乎永遠有一種難以言宣的力量，提醒著你要「謹言愼行」。大家都有一種經驗，在中小學時代的作文課，一定要選擇「政治正確」的語言，來上一段反共八股。到了唸大學、服兵役的階段，稍微活躍一點的青年學生，多有國民黨爭取入黨的經驗，有時候還挺 annoying。

年輕人童騃的理想主義，對威權體系有著幾許厭惡，對社會不義、官場貪瀆更是十分不恥。忽然間，傳奇中的上海打虎英雄蔣經國要出任行政院院長了，新官上任，打虎豪氣不遜當年，他竟然把自己的表弟——位高權重的人事行政局局長王正誼——揪下來，嚴懲他在經辦內湖中央民代住宅興建工程時收賄之罪。蔣經國正式上了檯面，肩負起中樞領導大責，一出手就吸引了許多青年人的向心力。

這樣的一個政治人物，在黨外身份、政壇人物高玉樹口中，卻又是另一種評價。高玉樹對本書作者陶涵明確提到，蔣經國要爲五〇年代台灣的白色恐怖統治負責任。

從宏觀的角度看，蔣經國協助他父親震懾台灣，實施威權統治（軟性威權主義噬人的利齒，力道也不弱），穩住國民黨政權命脈，其中是非曲直，高玉樹這句評語並不算過當。但是，蔣經國在一九七二年正式出任行政院長，主導台灣大局之後，國內、國外局勢都可謂十分險峻。就國外而言，尼克森推動與北京關係正常化，老蔣總統的「漢賊不兩立」最高決策使得台灣的國際舞台被壓縮到極小。就國內而言，中央民意機關近乎終身職的不能改選，不但阻滯了本省人經濟實力增大後必然會尋求參政、發言的發展，外省籍菁英緊抓著中央執政權的法統基礎，也在動搖中，蔣經國必須在這樣的大框架下，規劃台灣的政治改造工程，殊爲不易。

蔣經國至少從一九七〇年代初期起，就相信長期而言，台灣盼望永續生存，就得在政治上、經濟上，做爲一個成功的典範。他曾經定下四個目標，一是民主化，二是台灣化，三是強化經濟建設，大幅提升國民所得和生活水準，四是「與中國發展工作關係」。回首而顧，我們不能不讚佩蔣經國的高瞻遠矚。

陶涵先生撰寫這本英文《蔣經國傳》，得到余紀忠先生的支持，能夠博採周證，資料蒐集十分詳盡，動筆客觀殊爲不易。哈佛大學出版社能夠決定出版它，對於蔣經國的歷史評價也等於是投下肯定的一票。

譯者愛看書、愛觀察近、現代史，可是在動手迻譯這本書之後，就發現它是生平所遇極難下筆的一本書。首先遇到的困難是如何把作者採用的中文資料，從英文還原到中文的問題。譯者現在卜居海外，能夠接觸取得的中文圖書資料相當有限，因此本書如蔣老先生給兒子的家書等等，都只能由英文字義去迻譯，不夠精確。其次是作者陶涵先生走訪中國大陸若干人物，譯者才疏學淺，無法盡得全貌，實在無從精確譯出。甚且，蔣介石、蔣經國父子一生經歷之官銜、職位多如繁星，頗難一一考據，疏漏、錯誤一定在所不免。

幸好，迻譯本書的過程中，得到許多人的協助。《中國時報》駐華盛頓特派員傅建中先生，是譯者從事新聞工作時所景仰的一位先進，他的博學廣聞啓迪了眾多讀報人（包含譯者在內）對美中台三角關係的了解。譯稿匆匆交卷，承傅先生百忙之中披閱，並提供許多指教與訂正。洛杉磯長青書局負責人劉冰先生，是個古道熱腸的好人，早年曾參與《加州論壇報》（即劉宜良《蔣經國傳》的連載、出版者）的經營，慨然借給我若干書籍參考、覆按。時報出版公司更精心動員了許多資源，協助核查、訂正，這些朋友我暫時無法一一認識、致謝，也只能藉此表達謝意。當然，本書中譯本的任何缺失，譯者應該獨當責任。

蔣經國雖已遠行十三年，兩岸統獨態勢依然混沌不明。可是，時間長河若允許兩岸和平競爭，經濟開發與民主發展必然是主流價值，而這兩者也正是台灣在當今國際地位否泰、剝復演變之所恃。陶涵這本書擺在這個脈絡裡觀察，顯得意義格外深遠。

林添貴　二〇〇〇年九月十八日書於洛杉磯

編號：BC0127	書名：台灣現代化的推手 —蔣經國傳
姓名：	性別：＿＿＿＿ 1.男　2.女
出生日期：　　年　　月　　日	身份證字號：

＿＿＿＿ **學歷：** 1.小學　2.國中　3.高中　4.大專　5.研究所（含以上）

＿＿＿＿ **職業：** 1.學生　2.公務（含軍警）　3.家管　4.服務　5.金融　6.製造　7.資訊　8.大眾傳播　9.自由業　10.農漁牧　11.退休　12.其他

地址：＿＿＿＿縣（市）＿＿＿＿鄉鎮區＿＿＿＿村＿＿＿＿里

＿＿＿＿鄰＿＿＿＿路（街）＿＿＿段＿＿＿巷＿＿＿弄＿＿＿號＿＿＿樓

郵遞區號＿＿＿＿＿＿

（下列資料請以數字填在每題前之空格處）

＿＿＿＿ **您從哪裡得知本書／**
1.書店　2.報紙廣告　3.報紙專欄　4.雜誌廣告　5.親友介紹
6.DM廣告傳單　7.其他＿＿＿＿＿＿

您對本書的意見／
＿＿＿＿ 內　　容／1.滿意　2.尚可　3.應改進
＿＿＿＿ 編　　輯／1.滿意　2.尚可　3.應改進
＿＿＿＿ 封面設計／1.滿意　2.尚可　3.應改進
＿＿＿＿ 校　　對／1.滿意　2.尚可　3.應改進
＿＿＿＿ 翻　　譯／1.滿意　2.尚可　3.應改進
＿＿＿＿ 定　　價／1.偏低　2.適中　3.偏高

您希望我們為您出版哪一類的作品／
＿＿＿＿ 1.歷史　2.傳記　3.回憶錄　4.新聞事件　5.國際大事　6.其他＿＿＿＿＿＿

您希望我們為您出版哪一位作者的著作或回憶錄／
1.＿＿＿＿＿＿　2.＿＿＿＿＿＿　3.＿＿＿＿＿＿

您的建議／

＿＿＿＿＿＿＿＿＿＿＿＿＿＿＿＿＿＿＿＿＿＿＿＿＿＿

＿＿＿＿＿＿＿＿＿＿＿＿＿＿＿＿＿＿＿＿＿＿＿＿＿＿

請沿虛線撕下後對折裝訂寄回，謝謝！

請沿虛線摺下裝訂，謝謝！

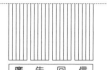

廣　告　回　信
台北郵局登記證
台北廣字第2218號

時報出版
CHINA TIMES PUBLISHING COMPANY
尊重智慧與創意的文化事業

地址：10803台北市和平西路三段240號3樓
讀者服務專線：0800-231-705・(02)2304-7103
讀者服務傳真：(02)2304-6858
郵撥：19344724 時報文化出版公司

請寄回這張服務卡（免貼郵票），您可以——
●隨時收到最新消息。
●參加專為您設計的各項回饋優惠活動。

歷史洪流的重現／時代現場的側記

歷史與現場

寄回本卡，掌握歷史與現場系列的最新訊息

國家圖書館出版品預行編目資料

臺灣現代化的推手：蔣經國傳／Jay Taylor 著
：林添貴譯. —初版. —臺北市：時報文
化， 2000〔民89〕
面； 公分. —（歷史現場；127）
譯自：The Generalissimo's son : Chiang
Ching Kuo and the revolutions in China and
Taiwan
ISBN 978-957-13-3237-6（平裝）

1.蔣經國—傳記 2.中國—歷史 民國
38年（1912-1949） 3.臺灣—歷史 光復以後（
1945- ）

005.33 89014323

歷史與現場127

台灣現代化的推手——蔣經國傳

作　者—陶　涵 (Jay Taylor)
譯　者—林添貴
副 主 編—莊瑞琳
美術編輯—廖慈文
執行企畫—曹秉常
照片提供—中國國民黨黨史會、章孝嚴
發 行 人—趙政岷
總 編 輯—余宜芳
出 版 者—時報文化出版企業股份有限公司
10803台北市和平西路三段二四〇號三樓
發行專線—（〇二）二三〇六—六八四二
讀者服務專線—〇八〇〇—二三一—七〇五
讀者服務傳眞—（〇二）二三〇四—六八五八
郵撥—一九三四四七二四時報文化出版公司
信箱—台北郵政七九～九九信箱
時報悅讀網—www.readingtimes.com.tw
電子郵件信箱—history@readingtimes.com.tw
法律顧問—理律法律事務所 陳長文律師、李念祖律師
印　刷—盈昌印刷有限公司
初版一刷—二〇〇〇年十月一日
二版一刷—二〇〇九年三月三十日
二版十二刷—二〇一九年二月二十七日
定　價—新台幣三九〇元

時報文化出版公司成立於一九七五年，
並於一九九九年股票上櫃公開發行，於二〇〇八年脫離中時集團非屬旺中，
以「尊重智慧與創意的文化事業」爲信念。

Printed in Taiwan

ISBN 987-957-13-3237-6